中国汽车工程学会汽车工程图书出版专家委员会推荐
卓越汽车工程师系列教材

汽车试验教程（第2版）

主编 白云川 陈成法

北京理工大学出版社
BEIJING INSTITUTE OF TECHNOLOGY PRESS

内 容 简 介

本书共十三章，主要介绍汽车试验概论、汽车试验基础、汽车主要参数测定、汽车基本性能试验、汽车环保性能检测、汽车被动安全性能试验、汽车空气动力性能试验、汽车发动机性能试验、传动系与车身密封性试验、汽车环境适应性试验、汽车可靠性与耐久性试验、汽车定型试验、汽车虚拟试验技术以及汽车试验场。

本书可作为汽车相关专业学生的教材，也可作为专业人员的参考书。

版权专有　侵权必究

图书在版编目（CIP）数据

汽车试验教程/白云川，陈成法主编．—2 版．—北京：北京理工大学出版社，2020.6（2024.8重印）

ISBN 978 – 7 – 5682 – 8508 – 7

Ⅰ．①汽…　Ⅱ．①白…②陈…　Ⅲ．①汽车试验 – 教材　Ⅳ．①U467

中国版本图书馆 CIP 数据核字（2020）第 089576 号

出版发行／北京理工大学出版社有限责任公司

社　　　址／北京市海淀区中关村南大街 5 号

邮　　　编／100081

电　　　话／(010) 68914775（总编室）

　　　　　　(010) 82562903（教材售后服务热线）

　　　　　　(010) 68948351（其他图书服务热线）

网　　　址／http://www.bitpress.com.cn

经　　　销／全国各地新华书店

印　　　刷／廊坊市印艺阁数字科技有限公司

开　　　本／787 毫米×1092 毫米　1/16

印　　　张／20.75　　　　　　　　　　　　　　　　　　责任编辑／多海鹏

字　　　数／487 千字　　　　　　　　　　　　　　　　　文案编辑／多海鹏

版　　　次／2020 年 6 月第 2 版　2024 年 8 月第 3 次印刷　责任校对／周瑞红

定　　　价／56.00 元　　　　　　　　　　　　　　　　　责任印制／李志强

图书出现印装质量问题，请拨打售后服务热线，本社负责调换

前 言

△ 汽车试验教程（第2版）

在汽车问世100多年的历程中，试验研究始终伴随其发展的脚步。可以说，没有汽车试验的发展，就没有汽车工业的今天。随着汽车工业水平的提高和测试试验理论、方法、手段的进步，汽车试验也得到了快速的发展。汽车试验是一门系统工程，它贯穿于车辆制造、使用的全过程，包括车辆试验理论和试验技术的应用与研究以及试验的组织管理等。

全书共十三章。第一章概论，介绍与汽车试验有关的基础知识，包括汽车试验的发展概况、汽车试验目的与分类及试验标准等；第二章介绍汽车试验测试系统、常用仪器设备，包括典型汽车试验设备；第三章介绍汽车试验中主要参数的测量，包括几何参数、质量参数与通过性参数测量等；第四章介绍了汽车基本性能试验，包括汽车动力性、经济性、制动性、操纵稳定性、平顺性与通过性试验；第五章介绍了汽车排放污染物检测与汽车噪声检测；第六章介绍了汽车被动安全性能试验；第七章介绍了汽车空气动力性能试验；第八章介绍了发动机性能试验、传动系与车身密封性试验；第九章介绍汽车环境适应性试验，包括低温地区、高温湿热地区、高原地区、戈壁沙漠等地区适应性试验等；第十章介绍了可靠性与耐久性试验；第十一章介绍了汽车定型试验，包括定型试验的实施条件和程序、试验内容以及定型试验报告等；第十二章介绍了汽车虚拟试验技术；第十三章介绍了汽车试验场。

编者结合多年汽车试验教学与科研实践经验，查阅了相关试验项目的最新标准，参考了众多学科前沿文献资料，进行了本次修订。本次修订由白云川、陈成法任主编，董中天、夏均忠、李泽华、金灵、张凯、徐军强等参与编写，安相璧教授对本书进行了审定。

由于编者水平有限，书中错漏难免，恳请读者朋友们批评指正。

编 者

目 录

△ 汽车试验教程（第2版）

▶ **第一章　概论** ·· 1
　第一节　汽车试验的发展 ··· 1
　第二节　汽车试验目的与分类 ·· 3
　第三节　汽车试验标准 ·· 5
　本章小结 ·· 8
　复习思考题 ··· 8

▶ **第二章　汽车试验基础** ·· 9
　第一节　汽车试验中的测试系统简介 ······································· 9
　第二节　汽车试验常用传感器 ·· 14
　第三节　常用汽车试验仪器设备 ·· 29
　第四节　汽车道路试验方法通则 ·· 41
　本章小结 ·· 43
　复习思考题 ··· 44

▶ **第三章　汽车参数测定** ·· 45
　第一节　汽车结构参数测量 ··· 46
　第二节　汽车通过性参数测量 ·· 51
　第三节　汽车轮胎滚动周长测量 ·· 54
　第四节　质心位置测量 ··· 59
　本章小结 ·· 64
　复习思考题 ··· 65

▶ **第四章　汽车基本性能试验** ·· 66
　第一节　汽车动力性能试验 ··· 67
　第二节　汽车燃料经济性能试验 ·· 76

第三节　汽车制动性能试验 ·· 95
第四节　汽车操纵稳定性能试验 ·· 105
第五节　汽车平顺性能试验 ·· 122
第六节　汽车通过性能试验 ·· 135
本章小结 ·· 139
复习思考题 ··· 141

▶ **第五章　汽车环保性能检测** ·· 142
第一节　汽车排放污染物测量 ·· 142
第二节　汽车噪声测量 ··· 165
本章小结 ·· 179
复习思考题 ··· 181

▶ **第六章　汽车被动安全性能试验** ·· 182
第一节　实车碰撞试验设施 ·· 183
第二节　碰撞试验测量系统 ·· 189
第三节　实车碰撞试验 ··· 192
第四节　模拟碰撞试验 ··· 197
第五节　冲击试验 ·· 198
第六节　汽车滚翻试验 ··· 200
第七节　行人碰撞保护性能试验 ·· 201
本章小结 ·· 202
复习思考题 ··· 204

▶ **第七章　汽车空气动力性能试验** ·· 205
第一节　概述 ·· 205
第二节　汽车风洞实验室 ·· 207
第三节　汽车风洞试验 ··· 211
本章小结 ·· 216
复习思考题 ··· 216

▶ **第八章　汽车总成与零部件试验** ·· 217
第一节　发动机性能试验 ·· 217
第二节　传动系试验 ·· 228
第三节　车身密封性试验 ·· 240

本章小结 …… 248
复习思考题 …… 249

第九章　汽车环境适应性试验 …… 250

第一节　概述 …… 250
第二节　汽车自然环境暴露试验 …… 253
第三节　低温地区适应性试验 …… 255
第四节　高温、湿热地区适应性试验 …… 259
第五节　高原地区适应性试验 …… 263
第六节　干热、沙漠地区适应性试验 …… 266
本章小结 …… 267
复习思考题 …… 268

第十章　汽车可靠性与耐久性试验 …… 269

第一节　概述 …… 269
第二节　特殊条件下的可靠性试验 …… 273
第三节　汽车可靠性行驶试验 …… 274
第四节　汽车耐久性行驶试验 …… 280
本章小结 …… 282
复习思考题 …… 282

第十一章　汽车定型试验 …… 284

第一节　定型试验的实施条件和程序 …… 284
第二节　汽车定型试验的要求 …… 286
第三节　载货汽车定型试验 …… 288
第四节　定型试验报告 …… 290
本章小结 …… 291
复习思考题 …… 291

第十二章　汽车虚拟试验技术 …… 292

第一节　概述 …… 292
第二节　汽车虚拟试验系统 …… 294
第三节　虚拟试验在汽车试验中的应用 …… 296
本章小结 …… 302
复习思考题 …… 303

第十三章　汽车试验场　304

第一节　概述　304
第二节　汽车试验场的功用及分类　305
第三节　国内外典型汽车试验场　306
第四节　汽车试验场典型试验道路与设施　311
本章小结　319
复习思考题　319

附录　320

参考文献　323

第一章

概 论

内容提要：

本章的主要内容包括汽车试验的作用、汽车试验的发展阶段、汽车试验技术的发展、汽车试验目的与分类和汽车试验标准。

学习要求：

1. 熟悉汽车试验的目的与分类；
2. 熟悉汽车试验标准的特点与分类；
3. 了解汽车试验的作用、汽车试验和试验技术的发展概况；
4. 了解汽车试验标准的现状及其在汽车试验中的作用。

汽车试验，就是通过实测的手段确定汽车或与汽车相关的某个（些）参数。这里的"参数"一般是指物理量的定量数值，如力、温度、速度或声级等；有些情况下也可能是定性评价。汽车试验贯穿于汽车设计、研发、制造的全过程，为汽车设计提供依据，并对设计出的产品进行验证，同时促进汽车技术的发展，对确保汽车综合性能的稳定、可靠具有重要意义。作为现代汽车人仅仅掌握汽车结构与原理、设计与制造、使用及维护等技术是不够的，我们在日常的工作中经常还会遇到与试验有关的知识，因此，还应当熟悉汽车试验的有关内容。

第一节 汽车试验的发展

汽车的使用条件复杂，对产品的性能、寿命、质量和成本等方面要求高，影响产品质量的因素多，所涉及的技术领域也极为广泛，因而对一些问题的研究还不够充分。技术上许多新的发现和突破，以及新设计的或是新生产的产品，即使在设计和制造上考虑得非常周密，也都必须以试验测试为基础经过试验来检验。试验是帮助我们深入了解汽车在实际使用中各种现象的本质及其规律，并推动其技术进步的一种极为重要的方法。它是保证产品性能，提高产品质量和市场竞争力的重要手段。

汽车试验工程伴随汽车工业的建立和发展而逐渐成长起来，是汽车工程的重要组成部分，它对于汽车技术性能的提高具有举足轻重的作用。可以说，汽车工业发展到今天的水平与汽车试验研究工作是分不开的，没有汽车试验的发展，就没有汽车工业的今天。

因此，近年来人们对汽车试验工程的重视程度越来越高，投入的财力和精力也越来越多，用于试验的设备、设施及手段越来越先进，专门从事汽车试验研究的机构与部门也越来越多。

一、汽车试验的发展阶段

汽车试验技术是随着汽车工业的发展而发展的，汽车工业的发展经历了手工生产、大批量生产、精益生产和现代生产四个阶段。在此四个发展阶段汽车试验技术的发展亦呈现出不同的特征。

在早期的手工生产阶段，由于汽车产品的产量小，人们对其性能和质量的要求不高，因此，汽车试验工作亦处在一种较为原始的状态。汽车试验的主要方法是操作体验和主观评价。尽管如此，汽车试验工作仍受到制造者和用户的普遍重视，任何一辆汽车在出厂之前都要开到道路上去试试；用户在购买之前大多也要上车体验一番；汽车制造商还会不时举行一些展示汽车性能的比赛活动。

20世纪初，福特在伊利·惠特尼发明汽车"标准化部件"的基础上发明的"汽车流水生产线"的建成宣告了汽车大批量生产阶段的开始。随之而来的汽车使用可靠性、寿命及性能方面的问题日渐突出。为了使"流水生产"方式所带来的高效率、低成本得以充分发挥，各汽车生产厂商开始了大量的有关材料、工艺、可靠性、寿命、磨损及性能等诸多方面的试验研究，并推动了汽车标准化工作的长足进步。在此期间的汽车试验除借助其他行业比较成熟的技术和方法外，也逐渐形成了汽车行业自己的试验研究体系，研究出了具有行业特色的试验方法，开发出了符合行业发展要求的试验仪器设备，如整车转鼓试验台、发动机性能试验台架、研究汽车空气动力学的试验风洞、各总成部件的闭式试验台及疲劳试验台等，这些设备除了在结构和控制方面进行了逐步改进外，其原理一直沿用至今。在此阶段，道路试验亦得到了足够的重视，汽车试验场在有实力的大公司开始建设。尽管当时汽车试验的规模不大，范围不是很广，试验设备也比较简单，除少数汽车生产厂家拥有试验场外，汽车的道路试验多在一般公路上进行，但汽车试验工作的基本方法是在这一时期形成的，且为后期的发展打下了良好的基础。

20世纪40—70年代，汽车试验理论、试验设备、试验标准和相关法规都得到了迅速发展，汽车实验技术基本形成一门较系统的学科。汽车结构力学、空气动力学、汽车工况研究等基础性研究工作推动着汽车试验技术的发展。20世纪60年代，随着电子信息技术的不断发展，自动控制、信号传递等方面的仪器不断开发升级，一方面促进了汽车试验学的进一步发展，另一方面也推进了汽车试验仪器日趋精密。

自20世纪80年代起，美国人经过十多年的努力创立了现代生产方式，其间进行了大量的各类试验，从某种意义上讲，现代生产方式的建立过程就是一个需进行各类大量试验的过程，如内部拉动计划的制订、标准化的实施与持续改进、新产品的开发与试制、新车型上线生产的工艺调整与验证、产品质量控制等都需要试验的直接帮助。此外，要想上述各类工作能有效而精准地执行，就必须研究更新、更有效的试验方法和试验用仪器设备，以便有效地推动汽车试验研究的发展。如大量效率更高、功能更强、精度更好的试验仪器就是在最近几年研究出来的。模拟道路状态的电子液压振动试验台就是其中之一。

二、汽车试验技术的发展

一般能了解到的汽车试验方法主要来自国家及行业标准。其实国家及行业标准所涉及的试验内容只是其中很少的一部分。汽车试验的内容很广，它包括：探索性试验，新结构的原理试验，获取原始控制数据的标定试验，为产品、结构改进提供支持的功能试验，产品、工艺的验证试验，整车及总成部件的可靠性、耐久性试验，产品质量控制试验等。

1. 汽车试验内容不断增加充实，试验方法不断完善更新

为了满足人们对汽车日益增加的各项要求，需要不断地增加试验项目和试验内容。此外，汽车功能的扩展，各种新结构、新技术在汽车上的应用也需要增加试验内容。

高等级公路及高速公路的发展带来了汽车行驶速度的显著提高，需要更新试验方法；汽车法规的日渐严格，需要更新试验方法；人们对汽车要求的日益提高，需要更新试验方法。除此之外，试验技术的进步也会带来试验方法的变化。

2. 汽车试验仪器设备功能集成与自动化程度越来越高

为了适应试验方法的变化，不可避免地会有更多、更新的汽车试验用仪器设备推出；为了提高试验精度和降低试验成本，必须有功能更强、精度更好、效率更高的仪器设备源源不断地取代传统的、落后的设备。汽车试验用仪器设备发展的重要特征首先是一机多功能，如近几年开发的汽车道路试验仪器彻底改变了过去一项性能一套仪器的传统，一套仪器几乎可以完成所有的道路试验项目；其次是计算机与网络技术的应用使得汽车试验仪器设备的自动化水平更高。另外，多功能的汽车试验系统越来越多，如某多功能的汽车试验系统就包括汽车车轮定位参数检测、整车性能测试、带 ABS 的制动性能测试、发动机控制系统检测、发动机预热测试和发动机的调试等功能，该系统由计算机集中控制，如此可大大地提高仪器设备的工作效率、降低试验成本。

3. 试验环境室内再现设施越来越完善、功能越来越完备

为了全面掌握各种不同使用环境对汽车整车及零部件各项性能的影响，现在许多试验机构和大汽车企业都建有再现不同使用环境的实验室。实验室的功能由过去的单一功能（淋雨、高低温、风洞）发展到现在多功能于一体的现状。如某风洞实验室除了具有汽车风洞的功能外，同时还具备高低温、淋雨、底盘测功等功能。

4. 试验精度与试验效率要求更高

随着汽车工业精细化水平的发展与汽车产品的性能日益提高，人们希望对汽车产品性能的掌握越来越准确，从而要求试验测试精度越来越高，性能测试结果要最大限度地、真实地反映产品性能。另外，随着汽车工业的快速发展，市场竞争日趋激烈，谁的汽车新产品的开发周期短，谁就能占领市场先机，在竞争中赢得主动。要缩短汽车新产品的开发周期，最主要就是提高试验效率，缩短新产品开发中的试验周期。为了缩短试验周期，诞生了许多快速试验技术，比如虚拟试验技术、快速疲劳试验技术、强化可靠性试验技术、环境实验室等。

第二节　汽车试验目的与分类

汽车试验通常是指在专用试验场，或其他专用场地、试验室内，使用现场专用设备、设施，依照试验大纲及有关标准，对汽车或总成部件进行各种测试的工作过程。当然，也可根据需要在常规道路或典型地域进行相关试验，如限定工况的实际行驶试验、地区适应性试

验等。

试验的目的是对产品的性能进行考核，使其缺陷和薄弱环节得到充分暴露，以便进一步研究并提出改进意见，以提高汽车性能。总之，试验是发现问题的重要手段，是对汽车各种性能做出客观评价的依据。

汽车试验技术是测试技术的一个重要的分支，其试验内容之多及试验规模之大都是其他学科领域所罕见的。对汽车试验进行分类，可以按试验手段分为虚拟试验和实车试验，按评价方式可分为客观评价试验和主观评价试验，但实际工作中常见的分类方法有以下3种。

1. 按试验条件分类

(1) 室内试验

室内试验能以较高的精度来测试车辆及其部件的各种性能，并能消除不需要研究的某些因素，特别是不受环境的影响，且长时间连续进行试验，效率高，尤其适合于汽车性能的对比试验和可靠性、耐久性试验。室内试验不仅适用于汽车的总成部件，也适用于汽车整车。目前，车辆室内试验中已广泛采用电子计算机技术，例如计算机控制、随机负荷加载以及自动分析记录等数据采集系统。试验台架可以模拟实际使用工况，在实际试验中建立台上与实车道路试验相应的关系，以代替一部分道路试验。但汽车行驶阻力、车轮垂直载荷变动等一些真实行驶工况，台架模拟的精确度与真实性并不高。发动机试验台架试验、车辆振动实验室内的试验、环境实验室内的试验、汽车风洞内的试验等均属于室内试验。

(2) 汽车试验场试验

汽车试验场试验是一种按照预先制定的试验项目、试验规范，在规定的行驶条件下进行的试验。近年来试验场试验越来越受到汽车界的重视，因为汽车试验场上可以设置比实际道路更加恶劣的行驶条件和种种典型道路与环境。在汽车试验场上可在不受道路交通影响的情况下完成汽车各项性能试验，尤其是汽车的可靠性、耐久性试验及环境适应性试验，而且由于在汽车试验场上可以进行高强化水平的试验，因此，可以大大地缩短试验周期，提高试验结果的对比性。目前因汽车试验场占地面积较大、建设成本偏高，故成规模的试验场并不多。

(3) 室外道路试验

汽车产品最终都要交到用户手中，并且在不同气候、不同交通状况的地区及不同道路条件的各种路面上去行驶。车辆在实际使用的道路条件下试验，才能全面考核评价车辆的技术性能是否达到设计要求，是否满足实际使用要求，所以室外道路试验是最普遍的试验方法。但是，室外试验容易遭受不可控的干扰，数据重复性较差，各种测试仪器也对车载条件有较高要求。此外，由于车上空间受限，仪器设备以及传感器等安装和测试较为困难，而且室外道路试验的组织与实施耗时耗力。

(4) 使用试验

在实际使用过程中对车辆或车辆的某个指标进行测试即被称为使用试验。通常由试验员对某些行车信息进行记录，如车辆技术状况、操作动作与次数、保养维护项目与维修次数等。使用试验其实就是对日常行驶进行详细记录，其优点是行驶状况最为真实可信；但在实际工况下存在其试验数据记录难、不准确、不规范等问题，试验结果评价可能不符合实际，并不科学。

2. 按试验对象分类

（1）整车性能试验

目的是考核整车的主要技术性能，测出各项技术性能指标，如环保性、电磁兼容性、整车技术参数测量等。

（2）总成及各大系统试验

主要考核机构及总成的工作性能和耐久性，如发动机功率、变速器效率、悬架装置的特性以及它们的结构强度、疲劳寿命、耐久性等。

（3）零部件试验

主要考核汽车零部件设计和工艺的合理性，测试其精度、强度、磨损和疲劳寿命以及研究材料的选择是否合适。

3. 按试验目的分类

（1）质量检查试验

它是围绕着如何保证汽车产品质量所开展的试验。一般是指对汽车产品质量的定期检查试验，对目前生产的车辆产品定期进行质量检查试验，考核产品质量的稳定性。为了及时检查出产品存在的问题，一般情况下试验较简单，通常是针对用户意见，按产品质量定期检查试验规程进行试验，并给出检查结论。

（2）新产品定型试验

它是以考核新开发的汽车产品是否符合设计要求及考核其是否满足汽车法规规定为目的的试验。在新型车辆投产之前，首先按照规程进行全面的性能鉴定试验，同时要在不同地区（如我国华南亚热带、青藏高原、东北寒区等）进行适应性和使用性试验。在定型试验中不允许出现重大损坏、性能恶化及维修频繁等情况。新设计或改进设计的试制样车，则应根据生产纲领规定试验内容。大批量生产的车型，可先以少量（3~8辆）样车考验其设计性能，经改进后再生产小批（20辆左右）样车考验其性能、材料及工艺等。

通常讲，质量检查和新产品定型试验统称为产品检验性试验。

（3）科研试验

为了推进汽车的技术进步所开展的各项试验，如汽车新产品、新结构、新技术、新材料、新工艺等的验证试验以及汽车试验新方法与测试技术、试验标准制定的探索性试验，一般采用较先进的仪器设备。科研试验又分为产品研发试验、材料试验、工艺试验和试验研究试验4种。

第三节 汽车试验标准

试验标准是指试验方法标准、限值标准等。在汽车标准中，试验标准或与试验有关的标准占了很大比重，包括整车、专用车、发动机、传动系、制动系、悬架系统、转向系车轮、车身及附件、电气设备与仪表等方面的技术要求与试验方法。以《汽车标准汇编2019》中收集的自2019年2月前发布的国家标准和汽车行业标准为例，其中共有试验标准41项，包含试验内容或与试验有关的标准超过60项。常用的汽车试验标准目录见本书最后的附录。

1. 汽车试验标准的特点

汽车试验标准具有一定的权威性、通用性、先进性和相对稳定性。

所谓权威性是指试验方法一经形成标准，在试验中就应严格遵照执行，不应随意改变试验方法；若试验中没有严格执行标准，则试验结果就失去了它的严肃性和可比性。通用性是指将试验方法标准作为权威方法，在试验中有一定的指导作用，它适用于不同部门、多种车型的汽车试验。先进性和相对稳定性是相辅相成的。为了保证试验方法的相对稳定，制定标准时就应使之具有一定的超前性。一般情况下，试验标准5~10年或更短时间修改一次。只有经常修改，才能保证其具有一定的超前性。试验标准的先进性有利于促进汽车试验技术和汽车制造水平的发展提高，而试验标准的稳定有利于试验方法的推广执行。

2. 汽车试验标准的分类

任何一项汽车试验都要遵循某项试验标准。汽车试验标准按适用范围分为国际标准、国际区域性标准、国家标准、行业标准、地方标准、企业标准。

（1）国际标准

国际标准是由国际标准化组织（International Standards Organization，缩写为ISO）制定的。ISO是世界上最大的、非官方工业和技术合作国际组织，是联合国的高级咨询机构。我国于1978年9月加入ISO，成为该组织的正式成员（P成员），其英文代号为CSBS（China State Bureau of Standards——中国国家标准局）。凡是由ISO制定的标准，开头都有"ISO"标记，如ISO 2631《人体承受全身振动的评价指南》等。

（2）国际区域性标准

国际区域性标准是由若干成员国共同参与制定并共同遵守的标准。最典型的有欧洲经济委员会（Economic Commission of Europe，缩写为ECE）和欧洲经济共同体（European Economic Community，缩写为EEC）。EEC下属31个成员国，是联合国理事会的下属机构。EEC于1958年开始制定汽车安全法规。ECE法规不是强制性法规，各成员国可选择采用，各国通常在ECE法规基本要求下制定本国法规。EEC汽车安全法规是由欧共体12个成员国讨论制定的，它具有绝对权威性，一旦发布，各成员国必须强制执行。EEC标准号由3部分组成，年份、编号和EEC代号。如：70/156EEC，即1970年颁发的第156号EEC指令。

（3）国家标准

国家标准是各国依据自己的国情而制定的适用于本国的标准。我国国家标准简称GB。美国国家标准协会制定的标准为国家级标准，简写为ANSI（American National Standards Institute），日本的国家级标准简写为JIS。

（4）行业标准

行业标准是为了规范本行业所辖各部门汽车产品试验方法而制定的，如我国汽车行业标准，简写为QC，交通部标准为JT，机械电子部标准为JB等。美国汽车工程师学会（Society of Automotive Engineers，缩写为SAE）制定的标准，简称为SAE标准，它在美国和世界都具有很高的权威。另外，美国《联邦机动车安全法规》（Federal Motor Vehicle Satiety Standards，缩写为FMVSS），是目前世界上最全面、最严格的汽车安全法规。日本汽车工程师协会（JSAE）于1977年成立标准委员会，以JSAE为主，制定的日本汽车工业通用标准，其英文代号为JASO。

(5) 地方标准

地方标准是指在地方政府根据本地区的实际情况，结合国家相关规定与标准制定的在本地区执行的标准。如我国各省（直辖市）制定的汽车排放标准。

(6) 企业标准

企业标准是指各汽车生产企业、汽车试验场，根据本身特点，参考相应国际、国家标准而制定的，它只限于本企业内使用。通常，企业标准严于国家或国际标准，目的是提高本企业产品质量。国外知名的汽车公司和评测机构如 N-CAP 等，通常制定比本国标准更严格的内部标准。为了满足汽车产品出口的需求，我国的一些汽车企业也参照国外的各类标准制定有本企业的标准。企业标准代号通常以"Q"开头。

汽车试验标准按性质分为强制性试验标准和推荐性试验标准。

(1) **强制性试验标准**

强制性试验标准是指为了保障人身健康、安全、保护环境、节约能源而制定的强制执行的标准，这类标准在国外一般称为法规。例如 GB 7258—2017《机动车运行安全技术条件》、GB 11551—2014《汽车正面碰撞的乘员保护》即强制性标准。

(2) **推荐性试验标准**

在我国，凡是标准代号带有"T"的，均为推荐性标准。如 GB/T 12535—2007《汽车起动性能试验方法》等。这类标准无强制性，试验者可参照执行。推荐性标准还可细分为通用性试验标准和定型试验标准。通用性试验标准是车厢单项性能试验标准，一般不分车辆类型，即不管何种车辆，均可用此标准规定的方法进行某一性能的试验。定型试验是车辆定型时进行的试验，定型试验标准因车辆类型不同而不同，如载货汽车定型试验规程、越野汽车定型试验规程等。

3. 汽车试验标准现状

美国、日本以及欧盟各国等世界上的主要汽车生产国都已经建立了比较完善的汽车试验标准体系，并且随着汽车技术的进步和市场需求的变化适时修订、增加。我国汽车试验标准近些年加快了引进、修改、采用国际标准和国外重要标准的步伐，如燃油消耗量检测、排气污染物检测、安全碰撞试验等重要标准陆续制定（修订）并发布实施新标准，与先进国家的差距逐渐缩小。但是整车试验标准中，部分与汽车道路试验相关的标准，比如最高车速、滑行试验等试验方法标准，大多数标龄过长，标准的内容存在老化、陈旧、要求过低等问题，与我国近年来汽车产品技术水平的巨大进步、测试设备和技术的日益提高以及场地条件不断完善的实际情况不符，不利于产品技术水平的进步和测试技术的提高。

4. 汽车试验标准在汽车试验中的作用

依据试验标准进行汽车试验，是最基本的一类试验，对于汽车工业来说，依据试验标准进行的试验只是汽车试验的一部分，很多试验属于探索性的试验，没有标准可循，例如为了制定（修订）标准而进行的验证试验或参数确定试验、研究性试验等。但是不能否认汽车试验标准对汽车试验的指导和规范作用。汽车试验标准的制定是一项庞大的系统工程。标准一经颁布执行，就具有技术上的权威性和一定的法律属性。无论是整车性能试验还是总成及零部件试验，都要在试验标准的指导下进行，以保证实验的严肃性和结果的可比性。

本章小结

1. 汽车试验的目的是对产品的性能进行考核，使其缺陷和薄弱环节得到充分暴露，以便进一步研究并提出改进意见，以提高汽车性能。

2. 汽车试验的分类：按试验条件分为室内台架试验、汽车试验场试验、室外道路试验、使用试验；按试验对象分为整车性能试验、总成及各大系统试验、零部件试验；按试验目的分为质量检查试验、新产品定型试验、科研试验。

3. 汽车试验标准具有一定的权威性、通用性、先进性和相对稳定性。

4. 汽车试验标准分类：按适用范围分为国际标准、国际区域性标准、国家标准、行业标准、地方标准、企业标准；按性质分为强制性试验标准和推荐性试验标准。

复习思考题

1. 汽车试验的定义是什么？进行汽车试验的目的和必要性是什么？
2. 汽车试验标准是如何分类的？汽车试验标准的特点有哪些？

第二章 汽车试验基础

内容提要:

本章的主要内容包括汽车试验中的测试系统、汽车试验常用传感器、汽车试验仪器设备和汽车道路试验方法通则。

学习要求:

1. 熟悉常见测试仪表标识及含义;
2. 熟悉汽车试验常用传感器的基本原理和结构;
3. 熟悉车速仪、负荷拖车和转鼓试验台的结构、工作原理及其应用;
4. 熟悉 GB/T 12534—1990《汽车道路试验方法通则》的主要内容,理解测试系统的一般组成与特性。

汽车试验离不开测试系统,离不开试验数据的采集与处理,离不开传感器和仪器设备,因此,测试系统与系统的特性、误差、测量精度和不确定度等测试系统的基础知识,以及试验数据采集和处理,汽车试验中常用的传感器和仪器设备、汽车道路试验方法通则、汽车试验管理等内容,构成了本章汽车试验基础。

第一节 汽车试验中的测试系统简介

在汽车试验中,通常需要进行各种物理量的测量,以得到准确的定量结果。这种测量一般具有试验的特点,或者与试验相结合,称为测试。在现代汽车试验中,从获得所需的物理量到得到试验结果通常是由一个系统来完成的,这样的系统称为测试系统。

测试系统是由若干相互联系、相互作用的传感器和仪器设备等,为实现一定测试目的而组成的有机整体。测试系统有大有小,可简可繁。复杂的测试系统是由一些基本的测试小系统组成的。

随着现代科学技术的迅速发展,非电物理量的测试与控制技术已广泛地应用于汽车试验中。非电量的电测系统是最常用的测试系统之一。

一、测试系统的组成与要求

1. 测试系统的组成

一个完整的测试系统应包括传感器、信号调节器、显示和记录器、数据处理器及外围设备,另外还有定度和校准等系统附加设备,如图 2-1 所示。

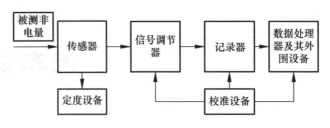

图 2-1 测试系统框

（1）传感器

传感器的作用是将其输入的被测非电物理量转换为电信号。

（2）信号调节器

信号调节器是将传感器输出的电信号变换成传输不失真且便于记录、处理的电信号。通常来自传感器的信号不能直接显示或记录，需要经过中间处理。信号调节器的功能种类有很多，如信号源的阻抗变换、信号的放大、衰减与波形变换、信号滤波和多路信号切换等。根据试验目的可选用不同的信号调节器。

（3）显示和记录器

记录或显示信号调节器输出的信号。显示必要的数据变化图形，供直接观察分析；或将其保存，供后续仪器分析、处理。目前多采用隐形记录方式，即记录信号是数字量，以便于信息的储存和分析；而显性记录则指直观地显示信号的连续变化波形，属于模拟输出。

（4）数据处理器

将记录的信号按测试目的与要求提取其有用信息，通过专用计算机进行信号的各种拾取、转换、运算、记录和存储等工作，如概率统计分析、相关分析、功率谱分析和传递特性分析等。"数采系统"不仅能进行数据处理操作，还具有数据采集的功能，通常可以充当一套完整的测试系统。

（5）定度和校准设备

定度和校准设备测试系统的附加设备。测试前要对传感器及测试系统确定其输入与输出物理量转换关系的定度曲线，并根据一种较高准确度的参考仪器进行校准，找出信号误差进行修正，并确定整个测试系统的精度。

2. 测试系统要求

（1）具有单值、确定的输出—输入关系

要求系统的输入值 x 与输出值 y 一一对应，同一个输入会引起不同输出或者同一个输出对应不同的输入。

（2）满足单向性

被测系统的输出可以对测试系统施加影响，而测试系统对被测系统应没有反作用或者反作用尽量小，即测试系统不能影响被测系统的工作状况。

（3）满足线性度

测试系统或其中某一环节的输出—输入关系呈线性，计量仪表的可显示线性方程，车辆系统在整个测量范围内具有固定的灵敏度。

以上三点由于装置的工作原理和工作环境的限制，往往很难达到要求的绝对值。因此往往只是尽量选择单向性好的传感设备,以尽量消除仪器设备的非线性误差。

3. 测试系统分析

测试系统分析是处理输入量(或被测量)$x(t)$、测试系统的传输或转换特性$h(t)$和输出量$y(t)$三者之间的关系,如图2-2所示。

1)若测试系统的特性已知,通过对输出信号的观察分析,就能推断其相应的输入信号或被测量的量。这就是通常的测量。

2)若输入信号已知,通过对输出信号的观察分析,就能推断出测试系统的特性。这就是通常的系统或仪器的定度过程。

3)若输入信号和测试系统的特性已知,则可以推断和估计测试系统的输出量。这就是通常的输出信号预测。

图2-2 测试系统输入或转换特性和输出间的关系

二、测试系统的一般特性

按照被测试量在测试中的状态,测试系统的基本特性可分为静态特性和动态特性两类。当被测试量不随时间变化或变化很缓慢时(相对于测试时间而言),测试系统的输出和输入之间的关系称为静态特性;当被测试量随时间变化时,测试系统的输出和输入之间的关系称为动态特性。

1. 系统静态特性

测试系统的静态特性表示被测物理量处于稳定状态,输入和输出都是不随时间变化的常量(或变化极慢,在所观察的时间间隔内可忽略其变化而视其为常量)。输出、输入关系一般可用下式表示:

$$y = a_0 + a_1 x + a_2 x^2 + \cdots + a_n x^n \qquad (2-1)$$

式中,x——输入的物理量;

y——输出量;

a_0,a_1,$\cdots$,a_n——常数。

系统及其特性,即取决于a_0,a_1,$\cdots$,a_n的数值,给定一组a_0,a_1,$\cdots$,a_n,在数学上就是确定了一个系统。因此研究静态特性其实就是研究式(2-1)的特性。

实际测试系统的静态特性指标主要以灵敏度、非线性度和回程误差来表征。此外,还有分辨率、零点漂移、温度漂移及测量范围等,可根据测试系统本身的特点和实际应用的要求确定相应的静态特性指标。

(1)零点飘移(零漂)

零点漂移指测试系统即使在没有输入的情况下仍有输出。理想的静态量的测试装置,其输出应为单值,线性比例于输入,即$a_0 \neq 0$,静态特性为$y = a_1 x$,是一条直线。也就是说零点漂移表示为$y - x$关系曲线在纵坐标上的截距,如图2-3(b)所示。

零点漂移不影响输出—输入的比例关系,只是数据曲线不通过原点。对于存在零点漂移的试验数据曲线,可以通过坐标平移来抵消零点漂移。

（2）灵敏度

灵敏度 S 是测试系统静态特性的一个基本参数。测试系统中输入 x 有一个增量 Δx，引起输出 y 发生相应的变化 Δy，则称 $S = \dfrac{\Delta y}{\Delta x}$ 为该装置的绝对敏度，如图 2-3（a）所示。

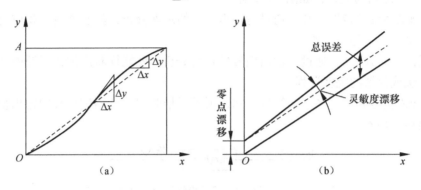

图 2-3　灵敏度及其漂移
(a) 灵敏度；(b) 漂移

对于特性呈直线关系的装置，有

$$S = \frac{\Delta y}{\Delta x} = \frac{x}{y} = 常量 \qquad (2-2)$$

而非线性装置的灵敏度就是该装置静态特性曲线上各点的斜率。例如，某位移传感器在位移变化 1 mm 时，输出电压变化为 300 mV，则其灵敏度 $S = 300$ mV/mm。当测试系统的输出和输入为同一量纲时，灵敏度常被称为放大倍数。

以上在被测量变化时仅考虑了灵敏度的变化。实际在被测量不变的情况下，由于外界环境条件等因素的变化，也可能引起测试系统输出的变化，最后表现为灵敏度的变化。例如，温度改变引起测试仪器中电子元件参数的变化或机械部件尺寸或材料特性的变化等，由此引起的测试系统灵敏度的变化通常称为"灵敏度漂移"。其根源则是这些环境条件因素的变化导致式（2-1）中系数 a_0, a_1, …, a_n 变化所致。如图 2-2（b）所示，常以输入不变的情况下每小时输出的变化量来衡量。显然，性能良好的测试系统，其灵敏度漂移极小。

在选择测试系统（仪器）时，应当注意其灵敏度的合理性。因为一般来说，测试系统的灵敏度越高，测量范围往往越窄，稳定性也就越差。

（3）非线性度

非线性度是指测试系统的输出、输入间是否保持常值比例关系（线性关系）的一种量度。在静态测试中，通常用试验的方法求取装置的输入、输出关系曲线，并称其为"定度曲线"。定度曲线（实际特性曲线）偏离其拟合直线（理想直线）的程度就是非线性度，如图 2-4 所示。作为技术指标，非线性度是采用在测试系统的标称输出范围（全量程）A 内，定度曲线与该拟合直线的最大偏差 B 与 A 的比值，即

$$非线性度 = \frac{B}{A} \times 100\% \qquad (2-3)$$

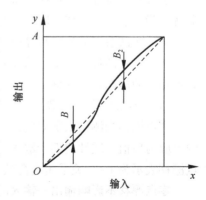

图 2-4　定度曲线与非线性度

拟合直线的确定方法，目前国内外尚无统一的标准，但较常用的方法是通过坐标原点 ($x=0$，$y=0$)，并与定度曲线间的偏差 B_i 的均方值为最小，即 $\sum_1^i B_i^2$ 最小来确定。

（4）分辨率

分辨率又称分辨力或灵敏限，指的是测试装置能将两个相邻的独立细节区分开的最小间隔。当测试系统的输入变化量由无穷小逐渐增大到该间隔时，其产生的输出也将被测到。分辨率与灵敏度相似但不是同一个概念。灵敏度指的是在一定输出下，系统的输出被放大了多少倍；而分辨率则指输入的变动达到一定程度时，输出就会被察觉到。

（5）回程误差

回程误差也叫迟滞误差。它也是判断实际测试系统的特性与理想装置特性差别的一项指标。理想测试系统的输出与输入应是单值的一一对应关系，而实际测试系统有时对同一大小的输入量，其正向输入（输入量由小增大）和反向输入（输入量由大到小）的输出量数值不同，其差值称为滞后量 Δh，如图 2-5 所示。测试系统全量程 A 内的最大滞后量 $\Delta h_{\max}$ 和 A 之比值称为回程误差或迟滞误差，用 E_r 表示

$$E_r = \frac{\Delta h_{\max}}{A} \times 100\% \qquad (2-4)$$

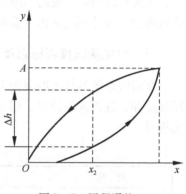

图 2-5 回程误差

回程误差一般是由滞后现象所引起的。在磁性材料的磁化和一般材料受力变形的过程中都能发生，也可能反映仪器的不工作区（也叫死区）的存在，而不工作区则是输入变化对输出无影响的范围。摩擦力和机械元件之间的游隙是存在不工作区的主要原因。为了使测试结果正确，要求测试系统有足够的灵敏度，而非线性度和回程误差要尽可能小。若测试系统静态参数不符合测试要求，则应找到根源所在，并设法排除和采取改善措施，乃至更换测量环节或测试系统。

如果在输入量 x 的某个区间内，系统的灵敏度非常低，输入量的变化不能够引起输出量发生变化，则这个区间即为"死区"。死区的形成是由系统的分辨力有限，而系统在该工作区间的灵敏度又很低所造成的。

综上所述，从静态特性的角度看，良好的测试系统应该具有足够高与稳定的灵敏度和分辨率，非线性度和回程误差则要尽可能小，同时采取措施消除零点漂移。

2. 系统动态特性

测试系统的动态特性是指输入量随时间变化时，其输出随输入而变化的关系。就动态测量用的测试系统而言，必须对其动态特性有清楚的了解，否则根据所得的输出是无法正确地确定所要测定的输入量的。在输入变化时，人们所观察到的输出量不仅受到研究对象动态特性的影响，也受到测试系统动态特性的影响。

为降低和消除测试系统的动态特性给测量带来的误差，对于动态测量的测试系统，必须考察并掌握测试系统的动态特性，判断测试时会产生什么误差。要研究测试系统的动态特性，首先必须建立其数学模型。要从具体测试系统的物理结构出发，根据其所遵循的物理定律，建立起把测试系统的输出和输入量联系起来的运动微分方程，然后在给定的条件下求解，从而得到任意输入 $x(t)$ 激励下测试装置的响应 $y(t)$。

由于测试系统一般都是线性系统，所以它们的数学模型是常系数线性微分方程，经过简单的运算即可求得其传递函数，通过该传递函数即可描述测试系统的固有动态特性。但在实践中对很多复杂的测试系统，即使做出不少近似的假设，也很难准确列出它们的运动微分方程式，况且即使运用上述理论分析方法得出了结果，也需要经过实际测试验证。因此，目前通常采用试验的方法来研究分析测试系统的动态特性。首先，要根据测试系统实际工作时最常见的输入信号的形式，选择一些典型信号。在一定条件下，任意信号均可理解为由一系列不同频率的正弦信号叠加而成。因此，最基本的典型信号是正弦信号。此外，常用的信号还有脉冲信号、阶跃信号及随机信号等。以上述典型信号作为测试装置的输入，然后测出其输出，进而对该测试系统的动态特性作出分析和评价。分析时，既可在时间域进行，又可在频率域进行，并分别定义出一系列动态特性参数。相关内容请参考专业测试技术资料。

三、常见测试仪表标志及含义

在测试系统各仪表的面板上，通常都标有仪表的型号、准确度等级、电流种类、绝缘耐压强度和放置方式等符号，如表 2-1 所示。使用测量仪表时，必须注意识别仪表板上的标志符号。

表 2-1 常见仪表标志及含义

符 号	意 义	符 号	意 义
-	直流仪表	2 kV	绝缘强度试验电压 2 kV
~	交流仪表	↑或⊥	仪表直立放置
≃	交直流仪表	→或⌐	仪表水平放置
1.5	准确度等级 1.5 级		

第二节 汽车试验常用传感器

传感器将被测物理量转化成电信号的装置。汽车试验中需要测量的物理量主要有力、转矩、压力、时间和频率、转速、温度等，通常都是通过测量仪器设备上安装的各种传感器来测量得到所需数据。

一、传感器的组成、分类和标定

1. 传感器的组成

传感器一般由敏感元件、转换元件、转换电路 3 部分组成，组成框图如图 2-6 所示。

图 2-6 传感器组成框图

1) 敏感元件，它是直接感受被测量，并输出与被测量成确定关系的某一物理量的元件。

2）转换元件，敏感元件的输出就是它的输入，它把输入转换成电路参数。

3）转换电路，将上述电路参数接入转换电路，便可转换成电量输出。

实际上，有些传感器很简单，有些则较为复杂，大多数是开环系统，也有些是带反馈的闭环系统。最简单的传感器由一个敏感元件（兼转换元件）组成，它感受被测量时直接输出电量，如热电偶传感器；有些传感器由敏感元件和转换元件组成，没有转换电路，如压电式加速度传感器；有些传感器，转换元件不止一个，需经过若干次转换。

2. 传感器的分类

传感器技术是一门知识密集型技术。传感器的原理各种各样，它与许多学科有关，种类繁多，分类方法也很多。

按照物理原理分类，可分为电参量式传感器（包括电阻式、电感式、电容式等基本形式）、磁电式传感器（包括磁电感应式、霍尔式、磁栅式等）、压电式传感器、光电式传感器、气电式传感器、波式传感器（包括超声波式、微波式等）、射线式传感器、半导体声传感器和其他原理的传感器（如振弦式和振筒式传感器等）。

按照传感器的使用分类，可分为位移传感器、压力传感器、振动传感器、温度传感器等。

3. 传感器的标定

任何一种新研制或生产的传感器在制造、装配完毕后都必须进行一系列试验，对其技术性能进行全面的检定，以确定传感器的实际性能。经过一段时间储存或使用的传感器也需对其性能进行复测。通常，在明确输入—输出变换对应关系的前提下，利用某种标准或标准器具对传感器进行标度称为标定；将传感器在使用中或储存后进行的性能复测称为校准。由于标定与校准的本质相同，故本节以标定进行叙述。

传感器的标定是通过实验以建立传感器输入量与输出量之间的关系，同时确定出不同使用条件下的误差关系。

标定的基本方法是利用一种标准设备产生的已知非电量（如标准力、压力、位移等）作为输入量，输入待标定的传感器，得到传感器的输出量，然后将传感器的输出量与输入的标准量作比较，从而获得一系列校准数据或标定曲线。有时输入的标准量利用标准传感器检测而得，这时的标定实质上是待标定传感器与标准传感器之间的比较。

传感器的标定分为静态标定和动态标定两种。静态标定的目的是确定传感器的静态特性指标，如线性度、灵敏度、滞后和重复性等；动态标定的目的是确定传感器的动态特性参数，如频率响应、时间常数、固有频率和阻尼比等。

二、常用物理量的测量

1. 力的测量

在汽车试验中，力的测量是比较常见的。通过力的测量可以分析和研究零部件、机构、分系统或整车结构的受力情况和工作状态，验证设计计算的正确性，确定工作过程的载荷谱和某些物理现象的机理。

汽车试验中的力传感器，基本上都是采用基于物体受力变形效应的方法，我们称之为应变式力传感器。

(1) 电阻应变式传感器

电阻应变式传感器具有悠久的历史。由于它具有结构简单，体积小，使用方便，性能稳定，可靠，灵敏度高，动态响应快，适合静态及动态测量，测量精度高等诸多优点，因此是目前应用最广泛的传感器之一。在汽车试验常用传感器中，电阻应变式传感器基本不直接使用，而是制造成多种应变式传感器来测量力、扭矩、位移、压力、加速度等其他物理量。

1) 金属的应变效应。

电阻应变片的工作原理是基于金属的应变效应。金属丝的电阻随着它所受的机械形变（拉伸或压缩）的大小而发生相应的变化的现象称为金属的电阻应变效应。

现有如图 2-7 所示的一根金属电阻丝，其电阻值设为 R，电阻率为 ρ，截面积为 A，长度为 l，则电阻值的表达式为

$$R = \rho \frac{l}{A} \qquad (2-5)$$

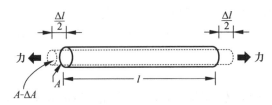

图 2-7 电阻应变效应

当电阻丝受到拉力作用时将沿轴线伸长，伸长量设为 Δl，横截面积相应减小 ΔA，电阻率的变化设为 $\Delta \rho$，则电阻的相对变化量为

$$\frac{\Delta R}{R} = \frac{\Delta \rho}{\rho} + \frac{\Delta l}{l} - \frac{\Delta A}{A} \qquad (2-6)$$

对于半径为 r 的圆导体，$A = \pi r^2$，$\Delta A/A = 2\Delta r/r$。又由材料力学可知，在弹性范围内 $\Delta l/l = \varepsilon$，$\Delta r/r = -\mu\varepsilon$，$\Delta \rho/\rho = \lambda\rho = \lambda E\varepsilon$，代入式（2-6）可得

$$\frac{\Delta R}{R} = (1 + 2\mu + \lambda E)\varepsilon = K_0 \varepsilon \qquad (2-7)$$

式中，ε——导体的纵向应变，其数值一般很小，常以微应变度量；

μ——电阻丝材料的泊松比，一般金属 $\mu = 0.3 \sim 0.5$；

λ——压阻系数，与材质有关；

E——材料的弹性模量；

$(1+2\mu)\varepsilon$——由于几何尺寸变化而引起的电阻的相对变化量；

$\lambda E\varepsilon$——由于材料电阻率的变化而引起电阻的相对变化量；

$\dfrac{\Delta R}{R}$——单位电阻变化量，被称为电阻变化率。

上式表明金属丝电阻的变化是应力引起形状变化和电阻率变化的综合结果。比例常数 K_0 称为金属丝的应变灵敏系数，表示单位应变所引起的电阻值的相对变化。

2) 应变片的结构与种类。

金属电阻应变片分为丝式应变片、箔式应变片和薄膜应变片 3 种。

金属电阻应变片的基本结构大体相同，使用最早的是电阻丝应变片，如图 2-8 所示。将直径约为 0.025 mm 的高电阻率的电阻应变丝弯曲成栅状电阻丝 2，粘贴在绝缘基片 1 和覆盖层 3 之间，由引出线 4 与外部电路相连。这样构成的应变片再通过黏结剂与感受被测物理量的弹性体黏结。

对于金属电阻应变片，材料电阻率随应变产生的变化很小，可忽略，由式（2-7）可得

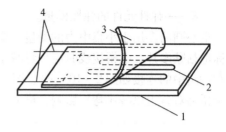

图 2-8 金属电阻丝应变片的基本结构
1—基片；2—电阻丝；3—覆盖层；4—引出线

$$\frac{\Delta R}{R} \approx (1 + 2\mu)\varepsilon = K_0 \varepsilon \qquad (2-8)$$

由此可见，应变片电阻的相对变化与应变片纵向应变成正比，并且对同一电阻材料，$K_0 = 1 + 2\mu$ 是常数。一般用于制造电阻丝应变片的金属丝其灵敏系数多为 1.7~3.6。

用应变片测量应变或应力时，在外力作用下，被测试件产生微小的机械变形，粘贴在被测试件上的应变片随着发生相同的变化，同时应变片的电阻值也发生相应的变化。当测得应变片电阻值的变化量为 ΔR 时，便可得到被测试件的应变值。根据应力与应变的关系，$\sigma = E\varepsilon$，即应力 σ 正比于应变 ε，而被测试件应变正比于电阻值的变化，所以应力正比于电阻值的变化，这就是利用应变片测量应变的基本原理。

箔式电阻应变片是利用照相制版或光刻腐蚀技术，将电阻箔材（厚为 1~10 μm）做在绝缘基底上，制成各种形状的应变片，如图 2-9 所示。它具有尺寸准确、线条均匀、适应不同的测量要求、传递试件应变性能好、横向效应小、散热性能好、允许通过的电流较大、易于批量生产等诸多优点，因此得到了广泛应用，现已基本取代了金属丝电阻应变片。

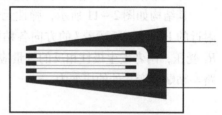

图 2-9 箔式电阻应变片

薄膜应变片是采用真空蒸镀、沉积或溅射的方法，将金属材料在绝缘基底上制成一定形状的、厚度在 0.1 μm 以下的薄膜而形成敏感栅，最后再加上保护层。它的优点是灵敏系数高、允许电流密度大、工作范围广、易实现工业化生产，是一种很有前途的新型应变片。

电阻应变片必须被粘贴在试件或弹性元件上才能工作。黏合剂和黏合技术对测量结果有着直接的影响，因此，黏合剂的选择、粘贴技术及应变片的保护等必须认真做好。

（2）应变式力传感器

应变式力传感器要求有较高的灵敏度和稳定性，当传感器受到侧向作用力或力的作用点发生轻微变化时，不应对输出有明显的影响。其弹性元件有柱式、悬臂式、环式、框式等。

1）柱（筒）式力传感器。

圆柱式力传感器的弹性元件分为实心和空心两种，如图 2-10（a）和图 2-10（b）所示。实心圆柱可以承受较大的负荷，在弹性范围内，应力与应变成正比关系，即

$$\varepsilon = \frac{\Delta l}{l} = \frac{\sigma}{E} = \frac{F}{SE} \qquad (2-9)$$

式中，F——作用在弹性元件上的集中力；

S——圆柱的横截面积；

E——弹性元件的弹性模量。

空心圆筒多用于小集中力的测量。应变片粘贴在弹性体外臂应力分布均匀的中间部分,对称地粘贴多片,电桥接线时应尽量减小载荷偏心和弯矩的影响。贴片在圆柱面上的位置及其在桥路中的连接如图 2-10（c）、图 2-10（d）所示,R_1 和 R_3 串接,R_2 和 R_4 串接,并置于桥路对臂上以减小弯矩影响,横向贴片做温度补偿用。

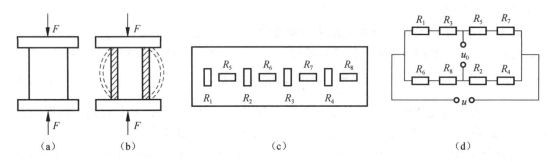

图 2-10　圆柱（筒）式应变弹性体结构

2）梁式力传感器。

① 等截面悬臂梁应变式力传感器。

其结构如图 2-11 所示,弹性元件为一端固定的悬臂梁,力作用在自由端。在梁固定端附近的上、下表面顺着 l 的方向各粘贴两片电阻应变片。此时,若 R_1 和 R_4 受拉,则 R_2 和 R_3 受压,两者发生极性相反的等量应变,4 个电阻应变片组成如图 2-12 所示的全桥测量电路。粘贴应变片处的应变为

$$\varepsilon = \frac{6lF}{bh^2 E} \tag{2-10}$$

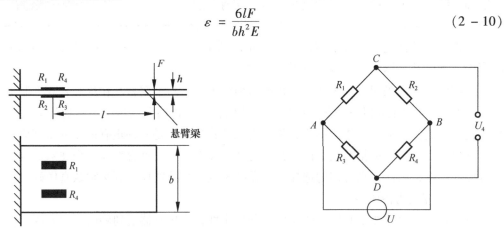

图 2-11　等截面梁应变式传感器原理　　图 2-12　全桥电路

由梁式弹性元件制作的力传感器适于测量 500 kg 以下的载荷,最小的可测几十克重的力。这种传感器具有结构简单、加工容易、应变片容易粘贴、灵敏度高等特点。

② 等强度悬臂梁应变式力传感器。

应变片在悬臂梁上的粘贴位置如图 2-13 所示,应变片的组桥方式与①相同。当在自由端加上作用力时,在梁上各处产生的应变大小相等。因此,应变片沿纵向的粘贴位置误差为 0,但上下片对应位置要求仍然严格。梁上各点的应变为

$$\varepsilon = \frac{6lF}{b_0 h^2 E} \qquad (2-11)$$

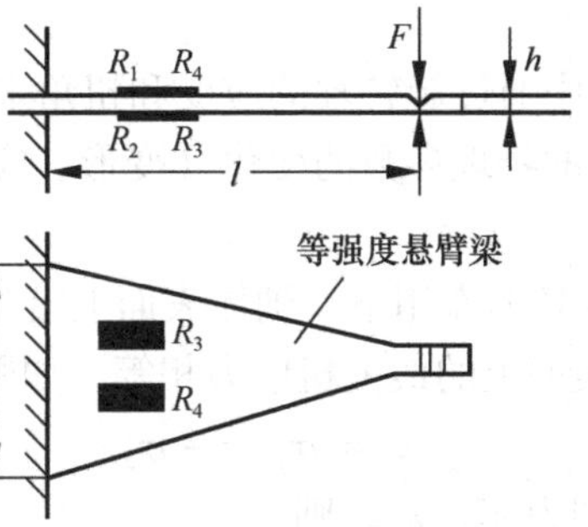

图 2-13 等强度梁应变式传感器原理

③ 双端固定梁应变式力传感器。

如图 2-14 所示，梁的两端都固定，中间加载荷，应变片粘贴在中间位置，并按图 2-12 组成全桥。

双端固定梁的应变为

$$\varepsilon = \frac{3lF}{4bh^2 E} \qquad (2-12)$$

3）薄臂圆环应变式力传感器。

圆环式弹性元件的结构如图 2-15 所示，其特点是在外力作用下，各点的应力差别较大。应变片按图示位置粘贴，并按图 2-12 组成全桥。贴片处的应变值为

$$\varepsilon = \pm \frac{3F\left(R - \dfrac{h}{2}\right)}{bh^2 E}\left(1 - \frac{2}{\pi}\right) \qquad (2-13)$$

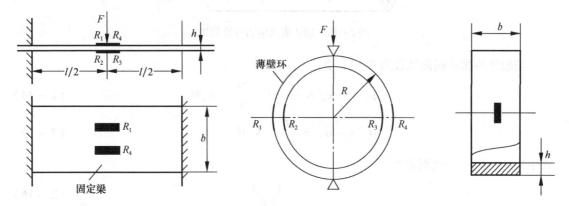

图 2-14 双端固定梁应变式传感器原理　　图 2-15 薄臂圆环应变式传感器原理

2. 扭矩的测量

使机械元件转动的力矩或力偶称为转动力矩，简称转矩。在转矩作用下机械元件会产生一定程度的扭转变形，因此，在工程实践中转矩又称为扭矩。转矩是各种工作机械传动轴的基本载荷形式，与动力机械的工作能力、能源消耗、效率、运转寿命及安全性能等因素紧密

联系。转矩的测量对传动轴载荷的确定与控制、传动系统工作零件的强度设计及原动机容量的选择等都具有重要的意义。

(1) 扭矩测量原理

测量扭矩的方法很多,其中通过旋转轴的应变和扭角来测量扭矩的方法最常用,即根据弹性元件在传递扭矩时所产生的物理参数的变化(变形、应力或应变)来测量扭矩。

1) 利用应变测扭矩。

由材料力学可知,在扭矩 M 的作用下,轴体表面上沿与轴线 45°和 135°倾角方向上的主应力 σ_1、σ_3,其数值与轴体表面上的最大扭应力相等,如图 2-16 所示,即

$$\tau = \sigma_1 = -\sigma_3$$

设与 σ_1、σ_3 对应的主应变分别为 ε_1、ε_3,则

$$\varepsilon_1 = -\varepsilon_3$$

且有

$$\varepsilon_1 = \frac{\sigma_1}{E} + \mu \frac{-\sigma_3}{E} = \frac{(1+\mu)}{E}\sigma_1 = \frac{(1+\mu)}{E}\tau = \frac{\sigma}{E}$$

$$\varepsilon_3 = \frac{-\sigma_3}{E} + \mu \frac{\sigma_1}{E} = -\frac{(1+\mu)}{E}\sigma_3 = -\frac{(1+\mu)}{E}\tau = -\frac{\sigma}{E}$$

式中,E——轴体材料的弹性模量;

μ——轴体材料的泊松比;

σ——应力,N。

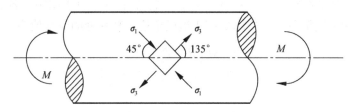

图 2-16 轴体表面应力计算简图

当轴体的扭转断面系数为 W 时,有

$$\varepsilon_1 = -\varepsilon_3 = \frac{(1+\mu)}{E}\frac{M}{W} = K_\varepsilon M \tag{2-14}$$

$$\sigma_1 = -\sigma_3 = \frac{M}{W} = K_\sigma M \tag{2-15}$$

式中,K_ε,K_σ——比例常数。

$$K_\varepsilon = \frac{1+\mu}{EW} \tag{2-16}$$

$$K_\sigma = \frac{1}{W} \tag{2-17}$$

当实心轴的直径为 D 时,

$$W = \frac{\pi}{16}D^3 \approx 0.2D^3$$

当空心轴的外径与内径分别为 D 和 d 时,

$$W = \frac{\pi(D^4 - d^4)}{16D} \approx 0.2D^3\left[1 - \left(\frac{d}{D}\right)^4\right]$$

由式（2-10）、式（2-11）可知，ε_1（或 ε_3）及 σ_1（或 σ_3）都与被测扭矩 M 成正比。通过测量轴体表面的扭转主应变或应力即可确定扭矩 M。工程实际中常用应变片将轴的主应变转变为电信号，通过电信号的定标来测扭矩值。

2）利用转角测扭矩。

当轴受扭转时，沿轴向相距为 l 的任意两截面之间将产生相对扭角 ϕ，如图 2-17 所示，其值为

$$\phi = \frac{Ml}{GJ_P} \qquad (2-18)$$

式中，G——剪切弹性模量；

J_P——轴体截面的极惯性矩。

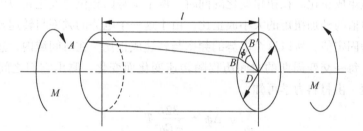

图 2-17　轴体扭转角变位简图

当轴体为实心圆截面时，

$$J_P = \frac{\pi D^4}{32} \approx 0.1 D^4 \qquad (2-19)$$

当轴体为环形截面（外径 D，内径 d）时，

$$J_P = \frac{\pi(D^4 - d^4)}{32} \approx 0.1 \times (D^4 - d^4) \qquad (2-20)$$

由式（2-18）可知，扭角 ϕ 与扭矩 M 成正比，在实际测量中，常在弹性轴上装两个齿轮盘，齿轮盘之间的扭角即轴的扭角 ϕ，通过电磁耦合将扭角信号耦合成电信号，再经定标输出扭矩值。

（2）扭矩测量方法

测量扭矩根据场合不同，有的采用扭矩传感器，有的采用测试系统。

1）扭矩传感器。

目前扭矩传感器主要有两类：

① 电磁齿（栅）式扭矩传感器。

其基本原理如图 2-18 所示，通过电磁感应把被测扭矩转换成具有相位差的两路电信号，这两路电信号的相位差变化量与被测扭矩的大小成正比，经定标显示，即可得到扭矩值。

在弹性轴两端安装有两个齿轮，在齿轮上方分别有两条磁钢，磁钢上各绕有一组信号线圈。当弹性轴转动时，由于磁钢与齿轮间气隙磁导的变化，在信号线圈中分别感应出两个电

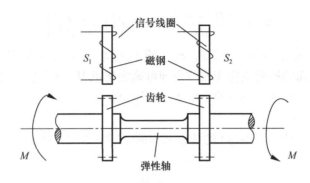

图 2-18 电磁齿（栅）式扭矩传感器原理

势，在外加扭矩为 0 时，这两个电势有一个恒定的初始相位差，这个初始相位差只与两个齿轮在轴上安装的相对位置有关。在外加扭矩时，弹性轴产生扭转变形，在弹性变形范围内，其扭角与外加扭矩成正比。在扭角变化的同时，两个电势的相位差发生相应的变化，这一相位差变化的绝对值与外加扭矩的大小成正比。由于这一个电势的频率与转速及齿数的乘积成正比，且齿数为固定值，所以这个电势的频率与转速成正比。在时间域内，感应信号 S_1、S_2 是准正弦信号，每一交变周期的时间历程随转速变化而变化，测出它们之间的相位差 $\Delta\phi$，即可得到扭矩值。由材料力学可知

$$\Delta\phi = \frac{32L}{\pi Gd^4}T \tag{2-21}$$

式中，$\Delta\phi$——弹性轴的扭转角；
T——扭矩；
G——弹性轴材料的剪切弹性模量；
d——弹性轴直径；
L——弹性轴工作长度。

其中，L、d、G 都是常数，令 $K = \dfrac{\pi Gd^4}{32L}$，则有

$$T = K\Delta\phi \tag{2-22}$$

因此，扭矩的测量就转换成相位差的测量，而 S_1、S_2 是准正弦信号，其相位的测量需要用高频脉冲插补法，即用一组高频脉冲来内插被测信号，然后对高频脉冲计数。

由于这种传感器信号为模拟信号，需设计接口卡将其转换成数字信号后再输入计算机，同时在卡上要完成比相操作，整个系统精度主要取决于卡的质量，而该接口卡设计复杂，比相操作将耗去相当多的时间，会对测试仪的实时测量产生影响。

电磁齿（栅）式扭矩传感器是非接触式传感器，无磨损、无摩擦，可用于长期测量，但是体积大，不易安装，不能测静止扭矩，低于 600 r 时需由小电动机补偿转速，操作复杂。

② 电阻应变式扭矩传感器。

在转轴或与转轴串接的弹性轴上安装 4 片精密电阻应变片，并把它们分别连入全桥电路的各桥臂，如图 2-19 所示。桥的激励电压和测量信号的传送方式有两种：一种是接触式传送，即通过滑环和电刷传送；另一种是非接触式传送，包括传感器感应方式传送以及微电池供电、无线传送测量信号等。

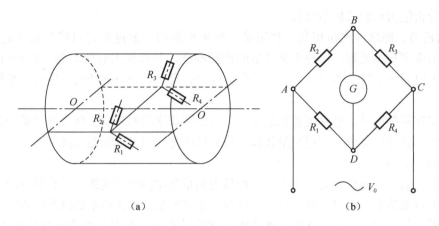

图 2-19 应变片电桥
(a) 应变片贴片；(b) 应变片电桥

设 R_1、R_2、R_3、R_4 为各电阻阻值；G 为检流计，r_G 为检流计内阻；V_0 为电桥电源电压，r_0 为电桥内阻。

全桥电路测量扭矩的输出电压为

$$V = K_s \varepsilon$$

式中，K_s——应变电桥常量；
  ε——应变。

$$T = \frac{\pi}{16} G d^3 \varepsilon$$

式中，G——弹性轴的剪切弹性模量；
  d——弹性轴直径。

即

$$T = K_0 V$$

式中，$K_0 = \frac{\pi G d^3}{16 K_s}$。

又

$$V = K_1 f$$

式中，K_1——压频转换系数。

故

$$T = K_0 K_1 f \tag{2-23}$$

因此，电阻应变式传感器输出的是数值信号，易于计算机处理、响应速度快、体积小、重量轻，可以测量静态和动态扭矩、高频冲击和振动信息，应用越来越多。

2）扭矩测试系统。

扭矩测试系统又称为扭矩测试仪，其所用的传感器一般为齿栅式扭矩传感器。根据扭矩测量的实现环境，扭矩测试仪可以分为以下几类：

① 数字型。采用中小规模集成电路和组合逻辑电路设计硬件系统。早期的测试系统是这种类型，仪器可靠性较差、功能单一、操作复杂、体积庞大。

② 单片机型。采用单片机采集和处理数据。这是目前普遍采用的系统，其体积小、性

能高,但分析能力很弱或根本没有。

③ 微机型,即软件式扭矩仪。利用单片机采集数据,通过串行口将数据传送至微机,进行离线的常规数据处理。这种系统采集的数据准确,分析能力有所增强,但实时性不强,不能满足瞬时扭矩、转速测试的要求,界面不直观,没有充分发挥微机的优势,整体性能仍不高。

在测量扭矩的同时,通常还要测量转速。为保证功率值的正确,两者测量必须同步。一般在扭矩传感器里已集成了转速测量装置,最常见的是编码盘加光电二极管方式。

3. 转速的测量

汽车上安装有车速里程表,其车速一般是由测量驱动轴的转速进行计算得到的。在发动机的曲轴上也安装有转速传感器。但是,这些传感器的精度通常达不到汽车试验要求,因此需要专门的测量仪器。另外,在底盘测功机等试验设备上,也需要测量滚筒等装置的转速。在这些仪器设备中,常见的转速传感器有光电式转速传感器、电磁式转速传感器、霍尔转速传感器等。

（1）光电式传感器

1）工作原理。

光电式传感器是一种将光量转换为电量的传感器,其工作原理是光电效应。光电传感器由光源、光学元件和光电元件组成。光源发射出一定光通量的光线,经光学元件照射到光电元件上。光的粒子即光子具有能量。当光照射到光电元件时,光电元件吸收了光的能量而产生电量输出,这就是光电效应。这样,只要被测非电物理量的变化能够引起光通量的变化,就可以被转换为电量的变化,从而实现非电物理量的间接测量。通常,光电效应具有以下几种类型。

① 外光电效应。在光的作用下,光电元件的表面会逸出电子,这种光电效应称为外光电效应。光电管就是利用这种光电效应的光电变换元件。

② 内光电效应。在光的作用下,光电元件的电阻率将发生变化,这种现象称为内光电效应。应用内光电效应的光电变换元件有光敏电阻等。

③ 光生伏特效应。在光的作用下,光电元件内部产生电动势的现象称为光生伏特效应。光电池、光电晶体管就是利用了这种光电效应原理。

2）光电变换元件。

下面针对上述几种不同的光电效应,介绍几种典型的光电变换元件。

① 光电管。图 2-20 所示为一种常用的光电管结构示意图。在真空玻璃管内装有两个电极,光电阴极受到光照射时便放出电子,电子在阳极电场的作用下形成电子流,从而在外电路中产生电流,并在负载上形成电压降,该电压经放大后即可实现电测量。光电管的光特性指明,当其阴极电压恒定时,光通量与光电流之间具有很好的线性关系。

除真空光电管外,还有充气光电管。充气光电管在结构上与上述真空光电管类似,只不过在管内充有惰性气体。当光照后,阴极产生的电子在向阳极运动过程中,电子会撞击惰性气

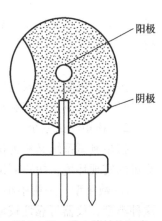

图 2-20 光电管结构示意

体,从而产生电离现象,并产生大量的自由电子,从而提高了光电管的灵敏度。

② 光敏电阻。有些半导体的电阻值与它所受到的光照强度有关。在蔽光情况下,其电阻值很高。当其受到光照时,其电阻值降低。这种由于光照强弱而导致半导体电阻值变化的现象称为光导效应。光敏电阻就是由具有光导效应的半导体材料制成的电阻元件。将光敏电阻与一普通电阻串连接至电源上。当有光照时,电路中的电流因电路阻值变化而发生变化,从而将光信号转换为电信号。光敏电阻受光照而引起电路中电流强度的变化,这种光照前后电路中的电流差称为光电流。光敏电阻的光电流与光通量的线性关系较差,环境温度变化对其工作性能也有很大影响,温度升高将使光敏电阻的灵敏度下降。

③ 光电池。光电池是一种直接将光能转换为电能的光电元件。光电池有一个大面积的P-N结,当光照射到P-N结上时,便在P-N结两端产生电动势,这种现象称为光生伏特效应。光电池产生的电动势除与光照度有关外,还与负载有关。当负载电阻值接近短路状态时,光照度与产生的电动势有最好的线性关系。因此,在应用光电池时,电路负载电阻值越小越好。

3) 结构。

光电式传感器的测量系统是使其输出端工作在通与断的开关状态,传感器的输出是电脉冲信号。

光电式传感器响应速度快、结构简单、可靠性好。由于新光源、新型光电元件的不断出现,促使光电传感器不断发展,其应用领域日益广泛。工程上,光电传感器常用于测量转速、位移、距离及温度等物理量,并可用于计数及安全保护等场合。

在汽车性能试验中,光电式转速传感器在测速中得到广泛应用。图 2-21 所示为这种转速传感器的结构示意图。从光源发射出的光经过圆盘上的小孔照射到光电元件上。圆盘上开有多个小孔,其转动一周,则光电元件感光次数与小孔数目相同,从而产生相应数量的电脉冲信号。定时计量电脉冲数目,则可利用下式计算转速

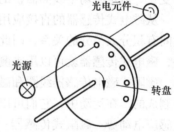

图 2-21 光电式转速传感器

$$n = \frac{60C}{TZ} \qquad (2-24)$$

式中,C——测得的脉冲数;

Z——传感器圆盘上的孔数;

T——测量时间,s;

n——转速,r/min。

显然,若已知车轮动力半径,则可很容易地计算出车辆行驶速度。在汽车、拖拉机行驶速度测量时,多采用每转 60 个脉冲的传感器。在测量时,应保证计时准确及避免脉冲漏计现象发生。在转速测量时,如缺乏相应的脉冲计数装置,也可将脉冲信号送入频率—电压转换器,这种 $F-V$ 转换器可将不同频率的电脉冲信号转换成当量电压。经过精确定度,测量其输出电压,也可实现转速测量。

(2) 磁电式转速传感器

磁电式转速传感器是通过磁电作用将被测量的转速转换成电势信号的传感器。它是利用

导体和磁场发生相对运动而在导体两端输出感应电动势的，因此，它是一种机—电能量变换型传感器，具有不需要供电电源、电路简单、性能稳定、输出阻抗小的优点。

磁电式传感器是以电磁感应原理为基础的，也称电磁感应传感器。根据法拉第电磁感应定律可知

$$E = -k\frac{\mathrm{d}\Phi}{\mathrm{d}t} \tag{2-25}$$

式中，k——比例系数；
E——感应电势；
Φ——磁通。

当 E 的单位为伏特（V），Φ 的单位为韦伯（Wb），t 的单位为秒（s）时，$k=1$，此时感应电势为

$$E = -\frac{\mathrm{d}\Phi}{\mathrm{d}t} \tag{2-26}$$

如果线圈是 N 匝，磁场强度是 B，每匝线圈的平均长度为 l_a，线圈相对磁场运动的速度为 $v = \mathrm{d}x/\mathrm{d}t$，则整个线圈中所产生的电动势为

$$E = -N\frac{\mathrm{d}\Phi}{\mathrm{d}t} = NBl_a\frac{\mathrm{d}x}{\mathrm{d}t} = -NBl_a v \tag{2-27}$$

磁通量 Φ 的变化可以通过很多办法实现，如磁铁与线圈之间做相对运动、磁路中磁阻的变化、恒定磁场中线圈面积的变化等，因此可以制造不同类型的磁电式传感器。

从磁电式传感器的直接应用来说，它只是用来测定速度的传感器，但是由于速度与加速度间有积分或微分的关系，因此，如果在传感器的信号调节电路中接一个积分电路或微分电路，磁电式传感器就可以用来测量位移或加速度。

磁阻式磁电传感器线圈和磁铁部分都是静止的，与被测物连接而运动的部分是用导磁材料制成的，在运动中，它们可以改变磁路的磁阻，因而改变贯穿线圈的磁能量，在线圈中产生感应电动势。磁阻式传感器一般用来测量转速，将线圈中产生感应电动势的频率作为输出，而电势的频率取决于磁通变化的频率。

磁阻式转速传感器的结构有开磁路和闭磁路两种。图 2-22 所示为一种开磁路磁阻式转速传感器。传感器由永久磁铁 1、感应线圈 3、软铁 2 组成，齿轮 4 安装在被测转轴上与其一起旋转。安装时把永久磁铁产生磁力线通过的软铁端部对准齿轮的齿项，当齿轮旋转时，齿的凹凸引起磁阻的变化，使磁通量发生变化，因而在线圈 3 中感应出交变的电动势，其频率 f 等于齿轮的齿数 Z 和转速 n 的乘积，即

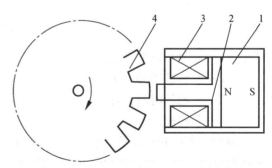

图 2-22 开磁路磁阻式转速传感器
1—永久磁铁；2—软铁；3—感应线圈；4—齿轮

$$f = \frac{Zn}{60} \tag{2-28}$$

式中，Z——齿轮的齿数；

n——被测轴转速，r/min；

f——感应电动势频率，Hz。

这样，当已知齿轮的齿数 Z 时，测得感应电势频率 f，就可知道被测轴转速 n 了。

开磁路转速传感器结构比较简单，但输出信号较小。另外，当被测轴振动较大时，传感器输出波形失真较大。在振动强的场合往往采用闭磁路转速传感器。

闭磁路磁阻式转速传感器的结构如图 2-23 所示，它是由装在转轴上的内齿轮 2 和永久磁铁 5，外齿轮 3a、3b，线圈 4 构成的，内、外齿轮的齿数相同，当转轴连接到被测轴上与被测轴一起转动时，内、外齿轮的相对运动使磁路气隙发生变化，因而磁阻发生变化并使贯穿于线圈的磁通量变化，在线圈中感应出电动势。与开磁路情况相同，闭磁路磁阻或转速传感器也可通过感应电动势频率测量转速。

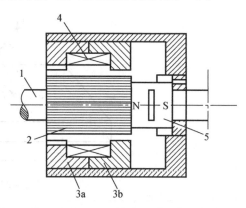

图 2-23　闭磁路磁阻式转速传感器
1—转轴；2—内齿轮；3a, 3b—外齿轮；
4—线圈；5—永久磁铁

传感器的输出电动势取决于线圈中磁场的变化速度，因而它是与被测速度成一定比例关系的。当转速太低时，输出电动势很小，以致无法测量。所以这种传感器有一个下限工作频率，一般为 50 Hz 左右，闭磁路转速传感器的下限工作频率可降低到 30 Hz 左右，其上限工作频率可达 100 Hz。

（3）霍尔转速传感器

霍尔传感器基于半导体材料的霍尔效应原理，将被测量转速转换成电动势输出，因此本质上也是一种磁电式传感器。

1）工作原理。

金属或半导体薄片置于磁场中，当它的电流方向与磁场方向不一致时，半导体薄片上平行于电流和磁场方向的两个面之间会产生电动势，这种现象称为霍尔效应，该电动势称霍尔电势。利用霍尔效应制成的传感器称为霍尔传感器。由于金属材料的霍尔效应太弱没有得到应用，故通常所说的霍尔元件都是用半导体材料制成的。

如图 2-24 所示，在半导体薄片的短边焊有两个控制端，在长边的中点焊有两根霍尔输出端引线，当该薄片置于与之垂直的磁场 B 中，并在两个控制端通一控制电流 I_C 时，半导体薄片中移动载流子（电子）沿电流相反方向运动，同时载流子受到磁场洛伦兹力 F_L 的作用，从而发生偏移，使得薄片的一侧由于电荷的堆积而形成电场，电场力将阻止载流子继续偏移，当作用于载流子的电场力和洛伦兹力相等时，电子的累积达到动态平衡，此时在薄片的两个输出端之间建立的电场称为霍尔电场，相应的电势 U_H 称为霍尔电势，这种现象称为霍尔效应。

$$U_H = K_H I_C B \tag{2-29}$$
$$U_H = K_H I_C B\cos\alpha \tag{2-30}$$

式中，I_C——控制电流，A；

B——垂直薄片的磁感应强度，T；

K_H——霍尔元件的灵敏度系数，$K_H = R_H/\delta$（δ——薄片的厚度，mm；R_H——反映材料霍尔效应强弱的霍尔系数）；

α——磁场与薄片的法线之间的夹角，（°）。

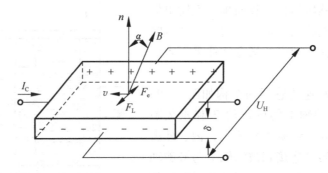

图 2-24 霍尔效应原理

由式（2-30）可知，当控制电流（或磁场）方向改变时，霍尔电势方向也将改变，但电流与磁场方向同时改变时，霍尔电势方向不变；当载流材料和几何尺寸确定以后，霍尔电势 U_H 的大小正比于控制电流 I_C 和磁感应强度 B。霍尔转速传感器一般是采用保持控制电流 I_C 不变而使传感器处于变化的磁场中，传感器的输出正比于磁感应强度。

2）测量电路。

霍尔元件的基本测量电路如图 2-25 所示。电源 E 和可调电阻 R 构成控制回路，为霍尔元件提供可以调节的控制电流 I_C，霍尔元件的输出回路接负载 R_L，通常 R_L 是放大器的输入电阻或测量仪表的表头内阻。

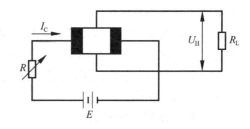

图 2-25 霍尔元件的基本测量电路

3）结构。

这是一种利用霍尔传感器和数字式频率计来测量机械转轴转速的装置。根据生产机械或实验装置的不同需要，应选择不同的传感器，利用霍尔传感器测量转速简便、成本低。

图 2-26 所示为一种霍尔传感器的测速原理示意图，在非磁材料的圆盘边缘上粘贴一块磁钢，将圆盘固定在被测转轴上。霍尔传感器固定在圆盘外缘附近，圆盘每旋转一周，霍尔传感器便输出一个脉冲，用频率计测量这些脉冲，便可知道转速。

利用霍尔传感器测量转速，要根据待测对象的结构特点设计磁场和霍尔元件的布置，有的将永久磁铁装在旋转体上，将霍尔元件装在永久磁铁旁；有的将永久磁铁装在靠近带齿旋转体的侧面，将霍尔元件装在永久磁铁旁。实质上都是利用霍尔元件在外磁场发生变化时，霍尔传感器输出脉冲信号，通过测定脉冲的频率，进而确定待测对象的转速。

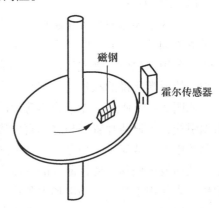

图 2-26 测转速的示意图

第三节　常用汽车试验仪器设备

用于汽车试验的设备与设施多种多样，并随着汽车试验技术的不断完善和提高而不断更新发展，其测量精度、准确度及速度也逐渐提高。汽车试验仪器设备按照功能可以分为两类：一类是参量测量仪器设备，用于在试验中测量所需的一个或多个参量，一般体积较小，结构比较简单；另一类是试验条件保障和参量测量一体化的测量仪器设备，用于给被测汽车提供试验所需的速度和力等试验条件，同时测量汽车输出的参量，一般体积较大，结构比较复杂。由于汽车试验中需要测量的参量有时比较多，故需要由多个仪器设备组成测试系统。

本节介绍车速仪、负荷拖车、转鼓试验台这三种最常用的仪器设备，其他仪器设备将结合相关试验介绍。

一、车速仪

进行汽车道路试验时，需要测量试验车的位移、速度和相应时间。车辆里程表虽然能够指示行驶里程和速度，但由于受到轮胎滚动半径变化、机械传递系统磨损、指示仪表本身精度不高等因素的影响，使其显示精度不能满足试验要求，因此，需要专门仪器测量。这种用来测量汽车行驶过程的车速、位移与时间的仪器被称为车速测量仪。

目前最常用的车速仪是非接触式车速仪。在有的试验单位特别是需要控制成本的情况下，在试验中可能采用传统的接触式车速仪进行测量。

1. 非接触式车速仪

非接触式车速仪由投光器和光电探测器组成，其传感器属于光电传感器，核心是居于空间滤波器的光电技术，光路原理如图 2 - 27 所示。

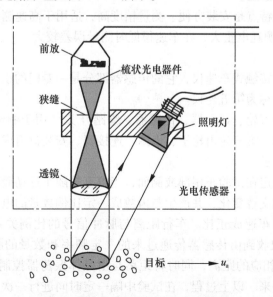

图 2 - 27　非接触式车速仪光路原理

传感器安装在车上以后，投光器发出的强光斜着射向地面，在地面上形成一个光斑，这个光斑正好位于受光器的正下方，受光器是垂直于地面的，地面反射的光经过透镜聚光以后，通过狭缝被梳状光电器件吸收，产生电信号。

梳状光电器件的工作原理如图 2-28 所示。

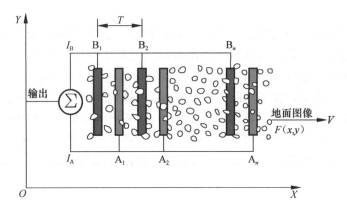

图 2-28　梳状光电器件工作原理

硅光二极管阵列组成的光敏条对称均匀交错排列，同组光敏条的间隔是 T，X 表示汽车运动方向。汽车行驶时，由于地面材料的随机性表面微结构导致反射光有明暗的变化，传感器移动时，光敏条 A、B 上的感应电流 I_A、I_B 也在变化。当移动 $0.5T$ 时，除了最前面的一条光敏条接收新的图形外，其余的明暗图形都没有变；但是接收器从 A 变到了 B，相当于电信号反相。如果再前进 $0.5T$，接收器又从 B 变成 A，电信号再次反相。经空间滤波后，传感器仅输出一随机窄带正弦波信号，信号的频率与汽车行驶速度成正比。传感器输出的信号经 TRF 型带通跟踪滤波器滤波和整形后，转换为 TTL 脉冲输出，每一脉冲就严格对应汽车相对地面走过的一段距离。只要计算出脉冲的个数，同时加上时间基准，就可以计算出汽车行驶的距离、速度和加速度。

非接触式车速仪的特点是安装方便、测量精度高，适用于高速测量，最高测量速度可达 250km/h；其缺点是光源耗电量大，在车速很低时测量误差较大。

2. 接地式车速仪

接地式车速仪也叫接触式车速仪，它的传感器部分是一专门的小轮子，试验时由汽车拖动在路面上滚动，故又称为第五轮仪。

接触式车速仪由第五轮、显示器、传感器、脚踏开关（用于制动、换挡加速试验）等组成，如图 2-29 所示。第五轮由轮子、齿圈、连接臂、安装盘组成。显示器前、后面板如图 2-30 和图 2-31 所示。

试验时，第五轮固定在试验车尾部或侧面，当第五轮随车运动而转动时，磁电传感器感受到齿圈齿顶、齿谷的交替变化，并产生与齿数成一定比例数量的电脉冲。脉冲数与车行距离成正比，脉冲频率与车速成正比。车行距离与脉冲信号的比例关系是一常量，通常称为"传递系数"。当显示仪收到由传感器传递过来的一定频率和数量的脉冲信号时，便自动与"传递系数"相乘得到相应的距离，同时将距离与由晶体振荡器控制的时间相比得出车速，并显示、存储或打印出来。以上过程，在试验中隔一定时间进行一次，直至试验结束，从而完成试验过程中车速、距离、时间的适时测量。

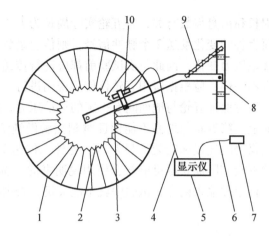

图 2-29　接地式车速仪组成示意
1—轮子；2—齿圈；3—连接臂；4—导线；5—显示器；6—开关导线；
7—脚踏开关；8—安装盘；9—加力弹簧；10—传感器

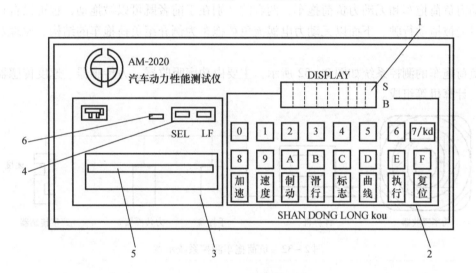

图 2-30　显示器前面板示意
1—显示窗口；2—数字及功能键；3—打印机；4—打印机空走纸键；5—打印机输出口；6—发光二极管

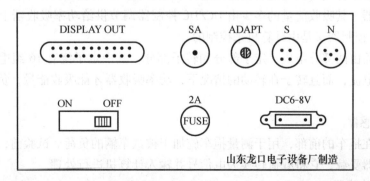

图 2-31　显示器后面板示意
DISPLAY OUT—远距离输出插口；SA—速度模拟量输出接口；ADAPT—调 SA 的电位器；S—五轮仪导线插口；
N—制动踏板导线插口；ON，OFF—电源开关；2A—保险管，限流 2 A；DC6-8V—充电源输出插口，直流 6~8 V

传递系数与五轮的周长和齿盘齿数有关，若五轮实际周长为 L（单位 m），齿盘有 n 齿，传感器每感受到一次齿顶齿谷的变化发送 2 个脉冲信号，则传递系数为 $L/(2n)$（m/脉冲）。由于五轮周长随胎压和接地压力变化，因此每次试验前都应进行传递系数的标定。不同五轮仪传递系数的标定方法也不一样，应根据所用五轮仪使用说明进行。

使用接触式车速仪应注意保证五轮与地面间有一定的接地压力，以避免运动中五轮跳离地面。比如在颠簸的路面上，第五轮与地面不能保证时刻接触做纯滚动，会产生一定误差，而且五轮仪及其配套二次仪表的连接和安装略显费时。另外，传递系数是固定值的五轮仪，在标定传递系数时，应使五轮实际周长尽可能符合使用说明书的"标准值"；传递系数可变的五轮仪，传递系数一经标定并输入内存，试验中就不能关机，否则应重新标定。

二、负荷拖车

1. 结构

负荷拖车是一种可以在平坦的试验路面上模拟车辆的各种行驶工况的车辆测试设备，分为有动力负荷拖车和无动力负荷拖车，两者的区别在于前者既可以被拖动，也可以自行，而后者只能被拖动行驶。下面以无动力电涡流负荷拖车为例介绍负荷拖车的结构、原理及主要应用。

负荷拖车的测控系统如图 2-32 所示，主要由功率吸收器、力传感器、速度传感器、手控盒、计算机等组成。

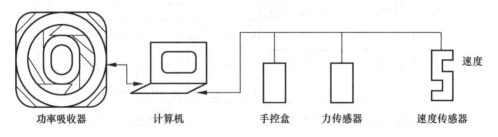

图 2-32 负荷拖车测控系统示意

（1）功率吸收器

功率吸收器是将旋转的动能转变为热能并予以吸收，从而使负荷拖车相对于试验车辆产生负荷的传感器。其吸收能量的多少由 DC/DC 控制器调节供给功率吸收器上的电流大小决定，而 DC/DC 控制器又是由计算机来控制的。

功率吸收器由两部分组成：定子部分和转子部分，其中定子绕有 16 组电磁线圈。只有在电磁线圈有电流，而且转子在转动的情况下，功率吸收器才能吸收能量，负荷拖车才能产生负荷。

（2）力传感器

力传感器在拖车的前部，用于测量拖车施加于被试车辆的负荷。试验前，负荷拖车产生负荷，力传感器受载，它将载荷转换为电信号并输入计算机进行处理。

（3）速度传感器

速度传感器安装在负荷拖车的轮轴传动系上，用于测量负荷拖车的速度，也就是被试车辆的速度。试验时负荷拖车的车轮转动，速度传感器将产生脉冲信号并输入计算机。

（4）手控盒

这是一个与计算机相连的有线手控盒，试验时，由它控制负荷拖车加载与否。控制盒上有两个按钮，绿色的为开始触发按钮，红色的为结束触发按钮，相对应的有绿、红两个指示灯。另外还有两个调节负荷拖车速度大小与负荷大小的轴节开关，所希望的目标值能在计算机屏幕上显示出来。

（5）计算机

这是一个车载便携式计算机。负荷拖车具有足够长的连线，试验时，计算机接上信号线和电源线后，起动负荷拖车控制程序，试验人员在被试车辆上就可以控制负荷拖车，模拟各种试验工况。

2. 工作原理

负荷拖车在试验时作为一个可调负荷拖挂在试验车之后，用以调节试验车的负荷。

试验时，试验车拖挂负荷拖车后的受力状况如图 2-33 所示，其受力平衡方程式为

$$P_K = P_W + P_f + P_g \tag{2-31}$$

或者

$$P_g = P_K - P_W - P_f \tag{2-32}$$

式中，P_K——试验车牵引力，N；

P_g——试验车拖钩牵引力，N；

P_W——试验车空气阻力，N；

P_f——试验车轮胎滚动阻力，N。

试验车行驶时，P_K、P_g、P_W、P_f 的关系如图 2-34 所示。

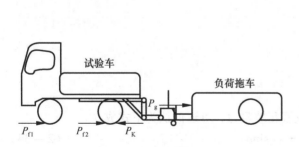

图 2-33 试验车受力状况

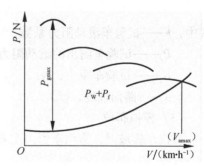

图 2-34 试验车受力关系

试验时，负荷拖车由被测车辆牵引前进，拖车车轮滚动，通过传动系带动交流发电机给车载蓄电池充电；同时还带动功率吸收器，通过功率吸收器吸收能量，对转子产生制动阻力矩，制动阻力矩传到拖车车轮使其制动，由车轮与地面的摩擦所产生的摩擦阻力给前面的被测车辆施加负荷。而负荷拖车的控制单元计算机由蓄电池提供电源，试验人员可以通过操作计算机输入所要求的各种不同的负荷及速度目标值，再由计算机向 DC/DC 控制器发出指令，由 DC/DC 控制器调节蓄电池供给功率吸收器定子中电磁线圈的电流大小，从而改变负荷拖车的负荷，达到所要求的目标。计算机作为负荷拖车的主控单元，用来选择负荷拖车的控制模式并发出指令，而力传感器和速度传感器则向计算机传送负荷及速度的反馈信号。一旦计算机选定了负荷/速度参数，它将不断比较控制目标信息和实际的反馈信息，如果两者不相

符,它将传给 DC/DC 控制器来调整指令,改变负荷拖车的负荷,直到两者一致,达到控制要求。

3. 应用

(1) 牵引性能试验

1) 一般牵引性能试验:用牵引杆连接试验车和负荷拖车,牵引杆应保持平衡。试验时,牵引杆纵轴线和行车方向保持一致。汽车起步,加速换挡至试验需要的挡位,节气门全开,加速至该挡最高车速的 80% 左右,负荷拖车施加负荷,在发动机正常使用的转速范围内测取 5~6 个间隔均匀的稳定车速和该车速时的拖钩牵引力,测量时车速须稳定 10 s 以上,往返各进行一次。

2) 最大拖钩牵引力试验:试验汽车的传动系统处于最大传动比位置,驱动轮均处于驱动状态,节气门全开,以该工况最高车速 80% 左右的车速行驶,负荷拖车施加负荷,试验车车速平稳下降,直至发动机熄火或驱动轮完全滑转为止,往返各进行一次相同的试验,以两个方向的最大拖钩牵引力的平均值作为试验结果。

(2) 测量滚动阻力及滚动阻力系数

测定滚动阻力及滚动阻力系数时,由负荷拖车牵引试验车,并且为了除掉发动机及传动系摩擦阻力,还需要将试验车的半轴取出。测定时,负荷拖车以较低的速度等速牵引试验车行驶。由于车速低,并且是等速行驶,汽车的空气阻力和加速阻力都很小,可以忽略不计,这样牵引力与试验车的滚动阻力很接近,测出的拖钩牵引力可视为滚动阻力。

滚动阻力测出后,可以按下式计算该路段的滚动阻力系数。

$$f = \frac{P_f}{G_a \cos\alpha} \qquad (2-33)$$

式中,f——试验车滚动阻力系数;

P_f——试验车测出的滚动阻力,N;

G_a——试验车重力,N;

α——路面坡度,(°)。

(3) 模拟爬坡

在汽车爬坡时,拖钩牵引力主要用来克服爬坡阻力,可近似认为下式成立。

$$P_g = G_a \sin\alpha \qquad (2-34)$$

或

$$\alpha = \arcsin\left(\frac{P_g}{G_a}\right) \qquad (2-35)$$

根据式 (2-33),每一个 P_g 都对应一个 α 角,即相当于爬一种坡路,因此可以模拟爬坡。当将汽车置于最低挡时,测得其最大牵引力,便可按下式计算出该试验车的最大爬坡度。

$$\alpha_{max} = \arcsin\left(\frac{P_{gmax}}{G_a}\right) \qquad (2-36)$$

式中,α_{max}——试验车最大爬坡度,(°);

P_{gmax}——试验车最大牵引力,N。

(4) 提供可以调节的稳定负荷

在没有负荷拖车的条件下，进行车辆隔热通风试验、各总成热负荷试验及爬坡试验等，都需要去南方高气温的山区进行。如果利用负荷拖车，一般利用当地的自然条件就可以进行上述试验了。这是因为在牵引力允许的范围内，使用负荷拖车能够无级模拟爬坡，并且模拟的坡路长度能够超过任何自然的山路。

在进行上述汽车热负荷试验时，用试验车牵引负荷拖车，并利用计算机调节功率吸收单元的励磁电流，得到所需要的各种拖钩牵引力，再利用测得的汽车最大总质量，计算出爬坡的坡度。由于能够控制拖钩牵引力使其保持恒定，也即相当于能使各种汽车在坡度完全相同的坡道上爬坡，这样，利用负荷拖车进行对比试验更为合适，既经济，精度又高。

三、转鼓试验台

转鼓试验台又叫底盘测功机。

汽车的使用性能，除了可以通过道路试验测定外，还可以在室内条件下通过转鼓试验台测定。在道路上行驶时是汽车相对于静止的路面做纵向运动，在转鼓试验台上是以鼓的表面来取代路面，此时转鼓的表面相对于静止的汽车做旋转运动。试验时，通过加载装置给转鼓轴施加负荷，以模拟汽车在实际行驶时的阻力，并在尽可能接近于实际行驶的工况下进行各项测量。因此，汽车的动力性能、燃料经济性、排放特性等均可在转鼓试验台上进行测定。

1. 结构

图 2 - 35 所示为单转鼓试验台，其转鼓直径越大，车轮在转鼓上就越像在平路上滚动。但加大转鼓的直径，试验台的制造和安装费用将显著增加，所以一般鼓径应在 1 500 mm 以上而不超过 2 000 ~ 2 500 mm。单转鼓试验台对试验车辆的安放定位要求较严，车轮与转鼓的对中比较困难，但其试验精度比较高，故主要用于汽车制造和科研单位。

图 2 - 36 所示为双转鼓试验台，其转鼓直径比单转鼓试验台的转鼓直径要小得多，一般为 185 ~ 400 mm，随试验的车速而定。转鼓的曲率半径小，轮胎和转鼓的接触情况与在道路上的受压情况不一样，故试验精度较低。但这样的试验台对试验车的安放要求不高，使用方便，而且成本低，适合于在进行汽车技术状况检查和故障诊断时使用。

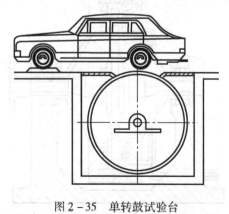

图 2 - 35 单转鼓试验台

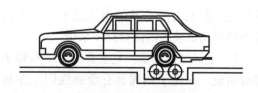

图 2 - 36 双转鼓试验台

转鼓试验台一般由加载装置、测量装置、转鼓组件以及举升装置、引导装置等辅助装置和控制系统组成。图 2 - 37 所示为转鼓试验台机械部分组成示意图。

（1）加载装置

汽车要在转鼓试验台上进行性能测试或技术状况检验，就要使试验台模拟汽车在公路行驶时所受的各种阻力。汽车行驶时的内部阻力是由汽车传动系的损失引起的，在道路上和在试验台上是一样的。但外部阻力则不同，汽车在道路上行驶时，其外部阻力是由于前后轮的滚动损失、车轮轴承的摩擦和空气的作用而引起的。但汽车在试验台上运转时，则只有驱动轮在运动，其外部阻力由驱动轮的滚动阻力、轴承摩擦以及转鼓组件的轴承摩擦等组成。此外，在试验台上不存在汽车在道路上行驶时所受的空气阻力和爬坡阻力。因此，空气阻力、爬坡阻力、从动轮的轴承摩擦等就用调节试验台上测功器的负载加以模拟，使汽车的受力情况如同在道路上行驶一样。

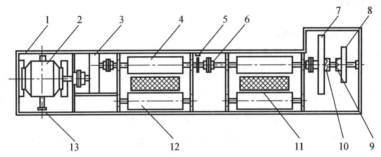

图 2-37 转鼓试验台机械部分组成示意图

1—框架；2—电涡流测功机；3—变速器；4—主动滚筒；5—速度传感器；6—联轴器；
7，8—飞轮；9，10—电磁离合器；11—举升器；12—从动滚筒；13—压力传感器

转鼓试验台通常采用的测功器的类型有以下几种：

1）水力测功器。它是利用水作为制动介质。水在测功器的转动部分（转子）与固定部分（定子）之间起连接作用而形成制动阻力矩。通过进、出水量的调节，可以得到不同的制动功率。在流水量一定时，测功器的制动扭矩随转子转速的增加而提高，这种测功器的工作点稳定。

2）电力测功器，又称平衡电机。作为负载用时，它吸收功率，其功用相当于直流发电机；平衡电机还可作为驱动机械之用，这时它输出功率，其功用则相当于直流电动机。利用电子控制的电测功器能很好地模拟汽车的行驶阻力和惯性力。因此，可以大大地扩大转鼓试验台的用途。但电力测功器的制造成本高，所以只有供科研和试验用的试验台才采用。

3）电涡流测功器。它主要由定子和转子两部分组成。在定子四周装有励磁线圈。在水冷电涡流测功器中，定子是封闭的，并有水冷却室，转子作为电磁盘在激磁线圈间转动，如图 2-38 所示。当激磁线圈通电时，磁场形成，随着转子的转动，磁力线不断变化，因而在转

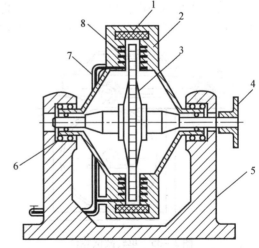

图 2-38 水冷电涡流测功器

1—励磁线圈；2—定子；3—转子；4—联轴器；
5—底座；6—轴承；7—冷却水管；8—冷却室水沟

子盘上产生电涡流,造成一定的阻力矩。调节激磁电流,可以改变阻力矩的范围。

电涡流测功器有水冷和气冷两种。水冷电涡流测功器散热性能较好,因而能测量较大的持续功率,且运转噪声小。但水冷比气冷的制造成本要高。

气冷电涡流测功器,如图 2-39 所示,要保证很好的散热,转子盘要做成风扇式,使热量通过周围的空气带走。但这种转子盘将使测功器的功率消耗增加,且转速越高消耗的功率就越大,车轮在转鼓上就越像在平路上滚动。

电涡流测功器只要变动几安培的激磁电流就可以自由地控制它所吸收的扭矩,所以可以比较容易而且经济地实现控制自动化。

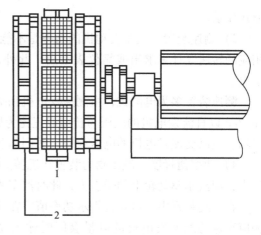

图 2-39 气冷电涡流测功器
1—带激磁线圈的定子;2—转子盘

(2) 测量装置

测量装置是转鼓试验台的一个重要组成部分,应可靠而且精确,即测量误差要小,指示读数稳定,同时能很快地适应被测值的变化。

1) 测力装置。它测的是转鼓轴上的扭矩,经变换后即得作用在驱动轮上的切向力。测功器的定子是可以摆动的,故该力矩便由定子经一定长度的杆臂传给测力装置,然后由仪表指示出其数值。测力装置有以下几种形式:

液压测力装置:它是由一个充满液体的测压传感器、标准压力表和连接的油管组成。测功器定子杆臂的端部压在传感器上,压力传感器通过液体把压力传到压力表。仪表指示精度一般为 2%。

机械测力装置:这种装置是倾斜平衡器式。作用在测功器定子上的反作用扭矩通过传动机构使倾斜平衡器的摆锤偏转,其偏转角与扭矩的大小成正比。摆锤偏转的角度以力的单位表示在刻度上。这种装置可靠而且精确,其精度在 0.5% 以下,但成本较高。

电测力装置:一般的电测力装置由具有螺旋弹簧的测压盘、测试电位计、指示仪表及电源等组成。测功器定子杆臂的端部压在测压盘上,测压盘内弹簧压缩变形的程度由测功器扭矩的大小而定。弹簧的变形通过电位计转换为电量,在指示仪器上以力的单位示出。测试弹簧误差约 2%,指示仪器精度为 1.5%~2.0%,总的测量误差在 3% 左右。但结构复杂,成本很高。

电涡流式测力装置:作为国内生产和使用较多的一种测功器,其测试精度高,结构较简单,易于调控,测量的转速和功率范围都较大。电涡流测功器不能将能量回收,最终要以热能的形式耗散,因此一般需采用高效的水冷式冷却方式,且实验室要有配套的基础设施。

2) 距离(里程)传感器。在 CDM-1020 转鼓试验台上,距离传感器是一个接触传感器,它是利用闭合、断开触点的方法控制电路的,其断续给出脉冲信号,并输至控制台。传感器转轴通过链条与从动转鼓轴相连,传感器每发出一个脉冲信号,相当于转鼓外径切线方向转过一定距离(即汽车行走里程)。传输至控制台的距离(里程)信号在里程表上以数字形式显示。

3）测速装置。汽车发动机的功率是不能由测功器直接测出的，而是根据测得的扭矩和相应的转速经计算求出或靠仪表示出。此外，汽车的速度也需要根据转速进行换算或直接示出。

测速装置多为电测式，由测速发电机和毫伏电压表组成，毫伏电压表的刻度为 r/min 或 km/h。以直流发电机的电压与转速成正比为原理的测速装置，其精度约为 2%，且易受温度影响，但以交流发电机的电压为原理的测速装置，其精度较高，约为 1%，已广泛采用。

4）功率值标度。液压测力装置和机械测力装置，其刻度盘上的指示值多是以 kg 为单位的力，即汽车驱动轮上的牵引力，此时汽车驱动轮的功率根据牵引力与其相应的车速算出。

在电测装置中，可直接指示功率值。在一定的力或扭矩的作用下，测试电位计的电量与相应车速的测速发电机的电量会同时输入功率指示仪表，并在其刻度盘上直接指示出功率值。

（3）转鼓组件

1）转鼓。在一般情况下，转鼓均是用钢制成的，并采用空心结构。转鼓表面可以是光滑的，也可以是轻度粗糙的。对于双转鼓制动试验台，为了提高转鼓表面的附着系数，有的转鼓表面被制成波纹状或带有凸台，或在转鼓表面上黏结一层摩擦性能良好的专门塑料。在实际使用过程中，带有凸台或表面焊有钢丝网的转鼓能获得良好的效果。对于测定或检验汽车动力性和燃料经济性的转鼓试验台或模拟汽车行驶工况的转鼓试验台上的转鼓，其表面多是光滑的，车轮与光滑鼓面间的附着能力能够产生足够的牵引力。对于供汽车振动试验用的转鼓试验台，其转鼓表面有的覆盖一层厚度按正弦规律变化的木块，有的则按所要模拟的道路振动特性而做成凸凹不平的形状。

转鼓的直径对轮胎发热有直接影响。轮胎在转鼓上滚动时，转鼓直径小则轮胎的摩擦功增加，长时间的高速运转使其温度升高，可能使路面达到临界温度而早期损坏。因此，当速度达到 200 km/h 时，转鼓直径应不小于 350 mm；当速度达到 160 km/h 时，转鼓直径应不小于 300 mm。

2）飞轮。对于测定稳定工况下的汽车性能而言，在转鼓试验台上只要装有作为负载的测功器就可以，而且希望旋转部分的惯性矩尽量小，以减小惯性对测试装置的影响。对于测定非稳定工况的汽车性能而言，为了模拟汽车重量的影响，则试验台旋转质量的功能应与行驶汽车的动能相等。因此，必须采用惯量可调节的飞轮、传动比可以改变的增速器或通过电力驱动的调节来改变试验台旋转质量的动能，以满足重量不同的各种车型的需要。

惯性飞轮可以直接安装在转鼓轴上或通过增速器连接。在后一种情况下，飞轮可以大大缩小，因为飞轮所能储蓄的动量与传动比平方成正比，但后一种情况增添了增速器，将增加试验台的成本。此外，有些试验台为了扩大量程，往往装有几个惯量不同的飞轮，这些飞轮都可以利用离合器与转鼓连接，以便根据汽车的重量来选择负载，但其结构复杂而且制造成本也高。因此，现代通用的转鼓试验台都装用电驱动装置，它可以利用电子调节器来调节加载装置的各种负荷特性。这样的试验台没有飞轮装置，试验时只要将选择开关转到与所试验汽车重量相应的位置即可。

（4）举升装置

为了方便汽车进出底盘测功试验台，在主、副滚筒之间应设有举升装置，如图 2-40 所示。举升装置由举升器和举升平板组成,有电动、气动和液动三种形式。

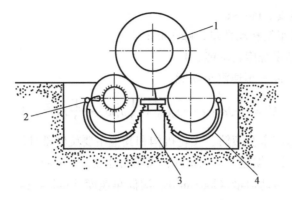

图 2-40 举升装置示意
1—车轮;2—滚筒转速传感器;3—举升器;4—滚筒制动器

(5) 控制系统

控制部分原理如图 2-41 所示。

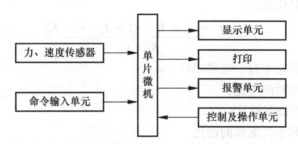

图 2-41 控制部分原理框

2. 工作原理

(1) 汽车驱动轮输出功率测试原理

滚筒稳定旋转时,定子上测力杠杆所测力矩与驱动轮驱动力对滚筒的驱动力矩相等。根据压力传感器和测速传感器的测量值,有

$$P_k = \frac{F \cdot v}{3\,600} \tag{2-37}$$

式中,P_k——驱动车轮的输出功率,kW;
  F——驱动车轮的驱动力,N;
  v——试验车速,km/h。

(2) 汽车的加速能力和滑行能力测试原理

1) 加速能力测试原理。

在道路试验时,有

$$A = \frac{1}{2}mv^2 + \frac{1}{2}(J_k + J_r)\omega^2 + A_0 \tag{2-38}$$

式中,A——汽车动能,J;
  m——汽车质量,kg;

v——车速，km/h；

ω——车轮角速度，rad/s；

J_k, J_r——前后车轮转动惯量，kg·m²；

A_0——汽车传动系统旋转动能，J。

在底盘测功机上，同一车速汽车动能

$$A' = \frac{1}{2}J\omega_f^2 + \frac{1}{2}J_0\omega_0^2 + \frac{1}{2}J_h\omega_h^2 + \frac{1}{2}J_r\omega^2 + A_0 \qquad (2-39)$$

式中，A'——同一车速汽车及滚筒、飞轮机构和其他主要旋转部件所具有的动能，J；

J, ω_f——飞轮转动惯量（kg·m²）、飞轮角速度（rad/s）；

J_0, ω_0——滚筒转动惯量（kg·m²）、滚筒角速度（rad/s）；

J_k, ω_k——测功器转子转动惯量（kg·m²）、转子角速度（rad/s）。

令

$$A = A', \quad \frac{\omega_0}{\omega} = \frac{r}{r_0} = K_0, \quad \frac{\omega_f}{\omega_0} = K_f, \quad \frac{\omega_h}{\omega_0} = K_h$$

则飞轮机构的转动惯量应满足

$$J = \frac{mr^2 + J_k - J_0 \cdot K_0^2 - J_h \cdot K_h^2 \cdot K_0^2}{K_f^2 \cdot K_0^2} \qquad (2-40)$$

式中，r, r_0——车轮滚动半径、滚筒半径，m；

K_0——滚筒与车轮间速比；

K_f——飞轮与滚筒间速比；

K_h——测功器转子与滚筒间速比。

2) 滑行能力测试原理。

汽车驱动轮首先带动滚筒装置、飞轮机构以相应转速旋转，此时滚筒装置和飞轮机构具有的动能与汽车道路试验时具有的动能相等。摘挡滑行后，储存在滚筒装置、飞轮机构中的动能释放出来驱动汽车驱动轮和传动系旋转，滚筒继续转过的圆周长与汽车路试时的滑行距离相对应。

(3) 传动系统传动效率检测

传动系统的传动效率

$$\eta = \frac{P_K}{P_e} \qquad (2-41)$$

式中，P_K——驱动轮输出功率；

P_e——发动机有效功率。

利用底盘测功机反拖可测得传动系统消耗的功率。

在测得汽车驱动车轮的输出功率后，立即踩下离合器踏板，储存在飞轮系统中的汽车行驶动能会反过来拖动汽车驱动轮和传动系统运转，运转阻力作用于滚筒，因此，底盘测功机可测得反拖驱动轮和传动系统消耗的功率。

(4) 车速表检测

以某一预定车速行驶，当底盘测功机测速装置所显示的车速达到该车速时，检查车速表指示值。

(5) 其他项目检测

底盘测功机与其他测试仪器组成测试系统，并安装相应软件后，可以完成汽车燃料经济性能试验和排气污染物排放试验。

第四节 汽车道路试验方法通则

汽车道路试验的最大特点是接近实际使用情况，试验结果最具真实性。但道路试验的影响因素很多，如气象条件、道路条件、驾驶操作等都会影响试验结果，从而导致试验结果比较离散。如果不控制好试验条件，将降低试验结果的可比性和重复性，甚至会使试验结果失真。因此，对于道路试验的试验条件、车辆准备工作等影响汽车试验结果的方面，在 GB/T 12534—1990《汽车道路试验方法通则》中作了统一规定，以保证试验结果的真实性、重复性和可比性。

一、试验条件

GB/T 12534—1990 规定的试验条件包括：汽车装载质量、轮胎气压、燃料、润滑油、制动液、气象条件、试验仪器设备、试验道路等。

（1）装载质量

一般情况，装载质量由设计任务书要求确定，载货车、客车、越野车均应达到厂定最大装载质量；有的车型（如专用车，改装车），因其自重已不是其基型车的质量，试验时应使之处于厂定最大总质量。轿车因使用工况的特点，一般情况取半载状态。此外，有的试验需空载进行，如称量自重、测定重心位置等。

为避免试验中因载物位置移动或质量变化，而改变重心位置和车辆载荷分布情况，要求装载质量应分布均匀，必要时加以固定，不能因为雨淋或洒漏而使货物质量发生变化。

车上乘员的质量应计入汽车载重，乘员质量按表 2-2 计算，乘坐车的乘员可用相同质量的重物代替。

表 2-2 各种车辆乘员质量及其分布　　　　　　　　kg

车 型			每人平均质量	行车质量	代替重物分布			
					座椅上	坐骑前的地板上	吊在车顶的拉手上	行李箱（架）
货车、越野汽车、专用汽车、自卸汽车、牵引汽车			65	—	55	10	—	—
客车	长途		60	13	50	10	—	—
	公共	坐客	50	—	50	10	—	—
		站客	60	—	—	55（地板上）	—	—
	旅游		60	22	50	10	—	22
轿车			60	5	50	10	—	5

(2) 轮胎气压

轮胎气压对汽车各项性能有重要影响,因此要求试验车轮胎的种类、型号规格、花纹深度、轮胎气压均应符合试验车技术条件的规定。试验用轮胎应使用新轮胎或磨损不大于原花纹深度20%的轮胎,胎压偏差不超过±10 kPa。

试验证明,新旧轮胎的阻力系数不同;轮胎气压不足,滚动阻力增加,滑行距离缩短,油耗上升;子午胎较常规斜交胎滚动阻力低,油耗可降低7%~8%。

(3) 燃料油、润滑油(脂)、制动液

汽车使用的燃油、润滑油(脂)、制动液等的牌号和规格应符合试验车的技术条件要求或现行国家标准规定。除可靠性试验、耐久性试验及使用试验外,同一试验的各项性能测量时必须使用同一批号的燃料油、润滑油(脂)和制动液。使用不同的燃料油、润滑油(脂)将影响动力性、经济性的试验结果,不同的制动液对制动性能的影响也有所不同。应当注意,市场上供应的油,不同炼油厂、不同时间供应的同一标号的油,其辛烷值、比重、馏分均有差异,对汽车性能有一定影响,使用时应尽量使用同一批油。试验证明,辛烷值相差1个单位,油耗将相差1%。

(4) 气象、道路条件

1) 试验时应是无雨、无雾天气,相对湿度小于95%;

2) 气温0 ℃~40 ℃;

3) 风速不大于3 m/s。

对气象有特殊要求的试验项目,由相应试验方法规定。

除另有规定外,各项性能试验应在清洁、干燥、平坦、用沥青或混凝土铺装的直线道路上进行,道路长2~3 km,宽不小于8 m,纵向坡度在0.1%以内。

气象和道路条件要求不严格,将会使试验结果出现较大偏差。油耗试验受风速和道路坡度的影响特别敏感,若风速过大,即便采用往返试验的方法也不能完全消除风的影响,侧向风的影响更不易消除;若道路纵向坡度过大,将使往返两条经济性曲线相差较大。试验证明,纵度达到0.3%时,测取的等速油耗结果已不能真实反映汽车的经济性能。

(5) 试验仪器设备

试验仪器、设备须经计量检定,在有效期内使用,并在使用前进行调整,确保功能正常、符合精度要求。如设备过重,应计入汽车载重。

当使用汽车上安装的速度表、里程表测定车速和里程时,试验前必须进行误差校正。具体方法是,用距离测量仪记录试验开始至终了时的实际里程数(精确到0.05 km),然后用下式计算里程表校正系数C。

$$C = S/S' \qquad (2-42)$$

式中,C——里程表校正系数;

S——实际里程,km;

S'——里程表指示里程数,km。

二、试验车辆准备

1) 试验前车辆检查。记录试验样车生产厂名、牌号、型号、发动机号、底盘号、各主要总成号及出厂日期。

检查车辆装备完整性及调整情况，使之符合该车装配调整技术条件及 GB 7258—2017《机动车运行安全技术条件》的有关规定。

2）行驶检查。行驶里程不大于 100 km。行驶检查主要检查汽车的技术状况。

行驶检查在汽车磨合行驶之后、基本性能试验之前进行。行驶道路为平坦的平原公路，交通流量小，有里程标志，单程行驶不少于 50 km，风速不大于 5 m/s，车速为汽车设计最高速度的 55%～65%，不允许空挡滑行，尽量保持匀速行驶。行驶前，应在出水管、发动机主油道（或曲轴箱放油塞）、变速器及后桥主减速器等的加油塞处安装 0 ℃～150 ℃ 量程的远程温度传感器（热电偶）；各总成冷却液及润滑油必须加到规定量。检查行驶时，每 5 km 测一次各点温度并记录当时的时间、里程及车速等试验结果，绘制温升曲线，从而找出各总成的平衡温度及达到平衡温度时的行驶里程和时间。

行驶中还应检查各总成工作状况、噪声及温度，密切注意转向器、制动器等零部件的性能，发现异常应及时找出原因并排除，排除后方可继续行驶。

在行驶检查的同时，还可以进行里程表校正、平均技术车速测量及平均燃料消耗量测定等，这些内容可根据要求选做。

3）车辆磨合。根据试验要求进行磨合，除另有规定外，磨合试验按该车使用说明书规定进行。

4）预热行驶。试验前，试验车辆必须进行预热行驶，使汽车发动机、传动系及其他部分预热到规定的温度状态。

本章小结

1. 测试系统的基本构成包括传感器、信号调节器、记录显示器、数据处理器、定度和校准设备。

2. 测试系统静态特性表示被测物理量处于稳定状态，输入和输出都是不随时间变化的常量（或变化极慢，在所观察的时间间隔内可忽略其变化而视为常量）。实际测试系统的静态特性指标主要以灵敏度、非线性度和回程误差来表征。

3. 测试系统动态特性指输入量随时间变化时，其输出随输入而变化的关系。由表示线性测试系统数学模型的常系数线性微分方程求得传递函数，可以描述测试系统的固有动态特性。对复杂的测试系统，一般采用试验的方法来研究、分析测试系统的动态特性。

4. 传感器一般由敏感元件、转换元件、转换电路 3 部分组成。传感器的标定是通过试验建立传感器输入量与输出量之间的关系，同时，确定出不同使用条件下的误差关系。其基本方法是利用一种标准设备产生的已知非电量（如标准力、压力、位移等）作为输入量，输入待标定的传感器，得到传感器的输出量，然后将传感器的输出量与输入的标准量作比较，从而获得一系列校准数据或标定曲线。

5. 力传感器基本上都是采用基于物体受力变形效应的方法，属于应变式传感器。

6. 电阻应变片的工作原理是基于金属的应变效应，即金属丝的电阻随着它所受的机械形变（拉伸或压缩）的大小而发生相应的变化。金属电阻应变片分为丝式应变片、箔式应变片和薄膜应变片 3 种。

7. 应变式力传感器的弹性元件分为柱式、悬臂式、环式、框式等。

8. 最常用的扭矩传感器是通过旋转轴的应变和扭角，即根据弹性元件在传递扭矩时所产生的物理参数的变化（变形、应力或应变）来测量扭矩的，包括电磁齿（栅）式扭矩传感器、电阻应变式扭矩传感器等。

9. 常见的转速传感器有光电式转速传感器、电磁式转速传感器、霍尔转速传感器等。光电式传感器由光源、光学元件和光电元件组成，其工作原理是光电效应（分为外光电效应、内光电效应和光生伏特效应），光电变换元件有光电管、光敏电阻、光电池等。磁电式转速传感器利用导体和磁场发生相对运动而在导体两端输出感应电动势，从而将被测量转换成电信号。霍尔传感器基于半导体材料的霍尔效应原理，将被测量转换成电动势输出，本质上也是一种磁电式传感器。

10. 金属或半导体薄片置于磁场中，当它的电流方向与磁场方向不一致时，半导体薄片上平行于电流和磁场方向的两个面之间产生电动势，这种现象称为霍尔效应，该电动势称为霍尔电势。

11. 非接触式车速仪由投光器和光电探测器组成。传感器安装在车上以后，投光器发出的强光斜着射向地面，在地面上形成一个光斑，这个光斑正好位于受光器的正下方，受光器是垂直于地面的，地面反射的光经过透镜聚光以后，通过狭缝被梳状光电器件吸收，产生电信号。

12. 负荷拖车在试验时作为一个可调负荷拖挂在试验车之后，用以调节试验车的负荷，是一种可以在平坦的试验路面上模拟车辆各种行驶工况的车辆测试设备，分为有动力负荷拖车和无动力负荷拖车两种，其测控系统主要由功率吸收器、力传感器、速度传感器、手控盒、计算机等组成。负荷拖车主要用于一般牵引性能试验、最大拖钩牵引力试验、测量滚动阻力及滚动阻力系数、模拟爬坡，以及为车辆隔热通风试验、各总成热负荷试验及爬坡试验等提供可以调节的稳定负荷。

13. 转鼓试验台一般由加载装置、测量装置、转鼓组件及举升装置、引导装置等辅助装置组成。加载装置一般为测功器，通过调节测功器的负载来模拟汽车在道路上行驶时受到的空气阻力、爬坡阻力、从动轮的轴承摩擦等。测量装置包括测力装置、距离（里程）传感器、测速装置和功率值标度等。

14. 转鼓试验台通常采用的测功器有水力测功器、电力测功器和电涡流测功器等。

15. GB/T 12534—1990《汽车道路试验方法通则》为保证试验结果的真实性、重复性和可比性，对试验条件和试验车辆准备作了统一规定，内容包括：汽车装载质量、轮胎气压、燃料、润滑油、制动液、气象条件、试验仪器设备和试验道路等试验条件；试验前车辆检查、行驶检查、车辆磨合和预热行驶等试验车辆准备。

复习思考题

1. 什么是测试系统？一个完整的测试系统应包括哪些组成部分？其作用分别是什么？
2. 什么是测试系统的静态特性、动态特性？静态特性的指标有哪些？
3. 传感器由哪些部分组成？各部分的作用是什么？
4. 非接触式车速仪的结构组成和工作原理是什么？
5. 底盘测功机通常采用的测功器有哪几种类型？其结构组成和工作原理各是什么？
6. 如何应用负荷拖车进行牵引性能试验？
7. 一般的汽车试验条件包括哪些方面？

第三章
汽车参数测定

内容提要:

本章的主要内容是汽车结构参数测量、通过性参数测量、轮胎滚动周长测量和质心位置测量。

学习要求:

1. 熟悉结构参数测量前的准备工作和测量注意事项;
2. 熟悉通过性参数的测量方法;
3. 熟悉质心位置测量的方法和注意事项;
4. 理解结构参数测量基准;
5. 理解各通过性参数的定义;
6. 理解质心位置的计算公式;
7. 了解汽车参数测定所需仪器设备;
8. 了解轮胎滚动周长的测量方法;
9. 了解质心位置测量设备的结构和原理。

汽车的参数可以分为尺寸参数和质量参数两大类。

(1) 尺寸参数

尺寸参数包括结构参数、通过性参数、轮胎滚动周长等。结构参数是表征汽车结构最基本特征的几何参数;通过性参数和汽车结构密切相关,反映汽车的机动性;轮胎滚动周长与汽车本身的质量、载荷、车速以及轮胎尺寸材料等多种因素有关,用于汽车的运动学分析。

(2) 质量参数

质量参数包括汽车在各种规定载荷状态下的整车质量、质心位置等。汽车质量又包括整备质量、最大总质量和各轴轴载质量等。质量参数对汽车的动力性、燃料经济性、制动性、操纵稳定性等都有影响。

我国目前关于汽车参数测定的标准有 GB/T 12673—2019《汽车主要尺寸测量方法》、QC/T 577—1999《轿车客厢内部尺寸测量方法》、GB/T 12540—2009《汽车最小转弯直径、最小转弯通道圆直径和外摆值测量方法》、GB/T 12674—1990《汽车质量(重量)参数测定方法》、GB/T 12538—2016《两轴道路车辆重心位置的测定》、GB/T 19388—2003《轿车轮胎滚动周长试验方法》、GB/T 19389—2016《载重汽车轮胎滚动周长试验方法》等,由于 QC/T 577—1999、GB/T 12674—1990 等标准标龄过长,与我国近年来汽车产品技术水平进步、测试设备发展和市场要求日益提高的实际情况不符,测量的参数不全、要求过低,故很多企业为提高产品竞争力而制定了要求更高、评价指标更全面的内部标准，并采用国际上较新的测试技术和仪器设备。

第一节　汽车结构参数测量

进行汽车结构参数测定的目的，一是检验新研制或现生产汽车的尺寸是否符合设计要求，从中发现设计、制造及装配中的问题；二是对样车的未知结构参数进行测定，为汽车设计师提供参考数据；三是对进行可靠性、耐久性试验的汽车进行结构参数测定，评价其结构保持原技术状态的能力，为进一步提高汽车的可靠性和耐久性提供依据。

由于汽车结构参数很多，为了便于表示这些参数，相关标准中对汽车主要的结构参数都有统一的编码。按国际标准 ISO 4131—1979《道路车辆——乘用车尺寸代码》和 GB/T 12673—2017《汽车主要尺寸测量方法》的规定，汽车尺寸编码由词首、代号、数字三部分组成，如 ISO – H136：

"ISO" 位置为词首。词首有两类，其一是 "ISO"，表示 ISO 4131 规定的尺寸；其二是 "QGB"，表示 GB/T 12673 规定的尺寸。

"H" 位置为代号。代号共有四类，L 表示长度，H 表示高度，W 表示宽度，V 表示体积。

"136" 位置为数字。数字 1~99 表示内部尺寸号，100~199 表示车身外部尺寸号。

在汽车结构参数测量中，最好按标准中规定的位置进行测定和记录。表 3 – 1 所示为部分尺寸编码的含义。

表 3 – 1　部分尺寸编码的含义

编码	含义	编码	含义
ISO – W101	前轮距	QGB – L411	双后轴间距
ISO – W102	后轮距	ISO – H106	空车接近角
ISO – W103	车宽	ISO – H117	满载接近角
ISO – H100	空车车辆高	ISO – H107	空车离去角
ISO – H101	满载车辆高	ISO – H118	满载离去角
ISO – H113	最大总重车辆高	ISO – H119	空车纵向通过半径
ISO – L101	轴距	ISO – H147	满载纵向通过半径
ISO – L103	车长	ISO – H157	最小离地间隙
ISO – L104	前悬	QGB – H108	前轮胎静力半径
ISO – L105	后悬	QGB – H109	后轮胎静力半径

一、测量基准

在汽车的参数测定中，利用三维坐标系、基准点、R 点三类参考基准建立各结构参数之间的联系。

1. 三维坐标系

三维坐标系是由汽车设计阶段建立的、抽象的、三个相互垂直的空间平面所构成的。这三个平面分别称为 X 基准面、Y 基准面、Z 基准面，这三个基准面只存在于图纸上，实际车身上并不可见，它们是决定汽车外部尺寸和内部尺寸关系的基准。

通常情况下，将车辆的纵向对称面确定为 Y 基准面；X 基准面是垂直于 Y 基准面和车辆支撑平面的某一平面，具体位置由制造厂规定；Z 基准面是垂直于 X、Y 基准面且平行于支撑平面的某一平面，具体位置由制造厂规定。按照我国的设计习惯，Y 基准面就是汽车的纵向对称面；X 基准面通常为过车辆前轴中心线，且与 Y 基准面和车辆支撑平面垂直的平面；Z 基准面垂直于 Y、X 基准面，有的厂家以车架上表面作为 Z 基准面，有的以地平面作为 Z 基准面，有的选过前后轴中心且垂直于 Y、X 基准面的平面为 Z 基准面。如图 3-1 和图 3-2 所示。

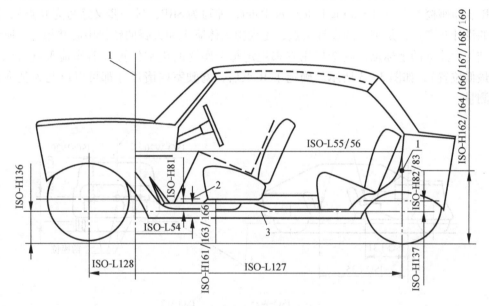

图 3-1 相对于 X 与 Z 平面基准点的尺寸
1—X 基准平面；2—基准标志 1；3—Z 基准平面；4—基准标志 2 和 3

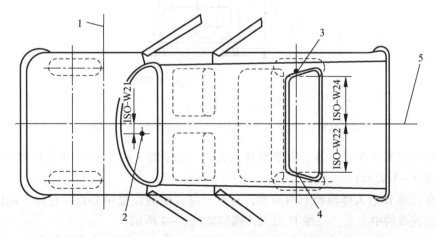

图 3-2 相对于 Y 基准平面基准标志的尺寸
1—X 基准平面；2—基准点 1；3—基准点 3；4—基准点 2；5—基准平面

建立了三维坐标系后，汽车所有被测几何参数都应依据该坐标系的三个基准面进行测量和标注。

2. 基准点

基准平面在车体上是看不到的，为了明确基准平面的位置，通常在车体上明确标出三个或多个实际点（压坑或孔），这些实际点按三维坐标系确定其位置，我们称其为基准点，它们是由制造厂自行规定的。如图 3-1、图 3-2 所示基准点 1、基准点 2 和基准点 3。有了基准点，三维坐标系在车体上也就明确了。

从我国车辆设计现状看，一般车体上并未表示出基准点的位置，这种情况下则可按车架上表面为特征点面确定 Z 基准面，X 基准面为过前轴中心垂直于 Y 基准的平面。

3. R 点

R 点即座椅参考点（Seating Reference Point，缩写为 SRP，进一步又缩写为 R 点），是制造厂的设计参考点，是唯一的设计量点，是模拟人体躯干和大腿的铰接中心并相对于所设计车辆结构而建立的坐标点，制造厂用它来规定每个座椅的正常位置（若座椅垂直可调，应调至最低位置），如图 3-3 所示。确定了 R 点后，驾驶室内诸尺寸都可以以此为基准分别予以测量。

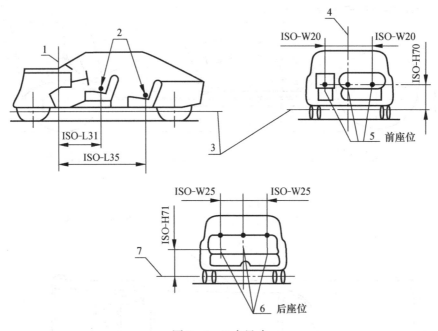

图 3-3 R 点尺寸

1—X 基准平面；2，5，6—R 点；3，7—Z 基准平面；4—Y 基准平面

欲精确确定 R 点坐标位置，需使用 H 点人体三维模型（如图 3-4 所示）和三维坐标测量仪（如图 3-5 所示）。

H 点在三维 H 点人体模型上的位置，是躯干与大腿的铰接中心点，它位于此模型两侧 H 点标记钮连线的中点上。三维 H 点人体模型如图 3-4 所示。

汽车座椅的实际 H 点是将人体模型以制造厂规定的正常驾驶或乘坐的姿势放置到座椅的最后位置，与人体模型上 H 点标记钮连线中点重合的座椅上的空间点。

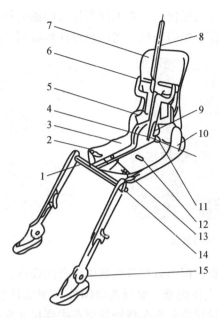

图 3-4 三维 H 点人体模型

1—连接膝关节的 T 型杆；2—大腿重块的垫块；3—座位盘；4—臀部的角度量角器；5—靠背角水平仪；6—躯干重块悬架；7—靠背盘；8—头部空间探测杆；9—靠背角量角器；10—H 点标记钮；11—H 点支轴；12—横向水平仪；13—大腿杆；14—膝部角度量角器；15—小腿夹角量角器

在理论上座椅的实际 H 点应与 R 点为一点。但是，由于制造、测量的误差影响，这两个点的位置往往会出现偏差。如果测量的结果是座椅的实际 H 点处于以 R 点为对角线交点，水平边长 30 mm，铅垂边长 200 mm，并且在座椅纵向中心平面上的矩形内，则认为所测量的座椅符合要求。

二、尺寸测量

测量外部尺寸时，可以按 GB/T 12673—2019 中规定的外部宽度、高度、长度等测量项目进行，测量内部尺寸按 QC/T 577—1999 中规定的测量项目进行。由于这两个标准不可能包括各种汽车的全部尺寸，尤其是专用汽车尺寸，因此，其他一些尺寸可以参照这两个标准或根据技术要求自行确定测量项目。

1. 仪器设备

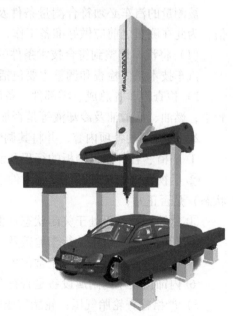

图 3-5 龙门式三维坐标测量仪

测量尺寸参数最理想的仪器设备是三维坐标测量仪，如图 3-5 所示的龙门式三维坐标测量仪是目前精度最高的一种三维坐标测量仪，它能精确地测量三维空间的点、线、面的位置关系，若与三维 H 点人体模型配合使用，则能实现国际标准中要求的主要尺寸的测量。汽车试验中比较常用的还有图 3-6 所示的悬臂式三维坐标测量仪、图 3-7 所示用来测量零部件尺寸的关节臂式三维坐标测量仪。三维坐标测量仪的探头具有三个自由度，从而可以测量出被测表面各点在三维坐标系中的坐标，然后经过计算得到所需尺寸参数。

图3-6　悬臂式三维坐标测量仪

图3-7　关节臂式三维坐标测量仪

三维坐标测量仪价格昂贵，国内只有极少数单位有此设备，加之目前我国尚未研制出符合我国人体尺寸的三维H点人体模型，而只能以国外（例如日本）的三维H点人体模型代用，因此，使用三维坐标测量仪测量汽车特别是整车主要尺寸在我国尚未普及。目前我国测定汽车主要尺寸，绝大多数情况下使用常规测量仪器，常用的测量仪器有高度尺、离地间隙仪、角度尺、钢卷尺、水平仪、铅锤、油泥、划针等。

2. 测量前的准备工作

被测量的汽车必须符合测量条件及设计任务书的规定要求，这样测量的数据才真实可信。为此在测量之前应做好准备工作，可以概括为两方面内容：

(1) 将汽车调整到符合技术条件的状态

汽车技术条件检查和调整主要包括以下3项：

1) 检查汽车各总成、零部件、备用轮胎及随车工具等是否齐全，是否装配在规定的位置上；燃油、润滑油及冷却液等是否加注足量。

2) 检查下列各项内容，并将其调整到符合技术条件的状态。

① 座椅、各种操纵踏板的行程及前轮定位等是否正确；

② 后视镜等汽车外部可动的附件或附属装置所处的状态（其中收音机天线应处于回收状态）是否正常；

③ 货箱栏板是否处于关闭状态（测定货箱底板离地高度时除外）；

④ 车门、发动机罩、行李舱盖及通风孔盖等是否处于全关闭状态；

⑤ 汽车牌照架是否处于正常位置（不包括汽车牌照）；

⑥ 内饰件及车内附属设备是否符合本车型规定的标准。

3) 严格检查轮胎气压：轮胎气压是汽车尺寸测定中极为重要的条件，它主要影响铅垂方向的汽车尺寸，对其应严格检查。要求轮胎气压必须符合技术条件的规定（气压误差不允许超过±10 kPa）。

(2) 将汽车载荷装载到规定的状态

测定汽车尺寸参数过程中，各种尺寸参数都要求在一定的载荷下测量，为此，应根据测定的尺寸参数，将汽车装载到相应的载荷状态。汽车结构参数测量一般在以下3种载荷状态下进行：

1) 整车整备质量状态：指汽车处于装备齐全，燃油、润滑油及冷却水等加注足量，无载荷、无乘员时的状态。其中装备齐全是指包括制造厂规定的车辆行驶必不可少零部件的机械整体，正常运行、装备完整的驾驶室，带有车身、装有车辆正常运行所需的全部电气装备，再加上制造厂作为标准装置或选装装备提供的以及清单中规定的要素。

2) 设计载荷状态：QC/T 566—1999《轿车的外部防护》中规定，设计载荷状态是指轿车在整备质量状态下乘坐乘员后的状态，乘员分布情况见表3-2。

表3-2 轿车乘员分布情况

座位数/个	乘员数/人	乘员分布状况
2，3	3	2人皆乘坐在前排座椅上
4，5	3	2人乘坐在前排、1人乘坐在后排座椅上
6，7	4	前排、最后排座椅上各乘坐2人
8，9	5	2人乘坐在前排座椅、3人乘坐在最后一排座椅上（当最后一排仅设2个座椅时，有1人应乘坐在倒数第二排座椅上）

3) 最大设计总质量状态：最大设计总质量状态是在整车整备质量状态的基础上按规定的装载质量加载荷及按规定人数乘坐的状态。最大设计总质量是汽车制造厂根据该汽车的使用条件，考虑制造材料的刚度、强度等多方面因素核定出的最大车辆质量，这个质量可能比行政主管部门根据运行条件规定的允许最大总质量稍大。

3. 测量注意事项

(1) 汽车测量前应以直线行驶状态停放在测量平台上，并分别于汽车的前部和后部下压汽车，使之摇晃数次，以消除悬架内部阻尼对车身位置的影响。

(2) 进行装载测量时，载荷物应该分布均匀，确保轴载质量、轮载质量分配正确，以得到正确的尺寸参数测量结果。对于货车，载荷一般为标准铁块或混凝土块；对于客车和轿车，则用砂袋代替乘客的质量。如果没有上述专用载荷物，则允许用砂石、土等散袋的形式来代替。但是应该注意，不得因下雨潮湿、散失及颠簸等客观条件改变质量的大小及分布状态。

(3) 尺寸参数测定时，由于对乘员的质量要求十分严格，因此，通常用相同质量的重物来代替乘员进行测定。GB/T 12534—1990明确规定了各种车型的乘员质量、行李质量及代替重物的分布。

第二节　汽车通过性参数测量

通过性参数是表征汽车机动性的尺寸参数，可以分为两类：第一类是表征跨越障碍能力的参数，主要有最小离地间隙、接近角、离去角、纵向通过角等；第二类是表征通过狭窄弯曲地带或绕过不可越障碍能力的参数，主要有最小转弯直径、最小转弯通道圆直径、外摆值等。汽车通过性参数测量的目的主要是检验这些参数是否达到设计要求，或者对不同车型的通过性能进行比较。

一、最小离地间隙、接近角、离去角、纵向通过角测量

1. 最小离地间隙测量

最小离地间隙指支撑平面与车辙中间部分最低点的距离,除测量出这一距离外,还应标明处于最低点的零部件名称。中间部分是指与汽车 Y 基准平面等距且平行的两个平面之间的部分,这两平面之间的距离应为同一轴上两端车轮内缘间最小距离的 80%。

最小离地间隙是在汽车最大总质量状态下,用离地间隙仪进行测量。

2. 接近角、离去角及纵向通过角测量

接近角是指水平面与切于前轮胎外缘的平面之间的最大夹角(前轴前面任何固定在车辆上的刚性部件不得在此切平面的下方);离去角是指水平面与切于车辆最后车轮轮胎外缘的平面之间的最大夹角(位于最后车轴后方的任何固定在车辆上的刚性部件不得在此平面的下方)(如图 3-8 所示);纵向通过角是指当垂直于 Y 基准平面且分别切于前、后车轮轮胎外缘两平面的交线触及车体下部较低部位时,两平面所夹的最小锐角(如图 3-9 所示)。

图 3-8 接近角与离去角　　　　　　图 3-9 纵向通过角

当汽车处于整备质量和最大总质量状态下,分别用辅助平板和角度尺直接测量这 3 个角度。如果需要精确地测量这 3 个角度,应采用作图法,即先测定特征点的高度尺寸和水平尺寸、轮胎静力半径和自由半径,然后绘图,求出这 3 个角度。

二、最小转弯直径、最小转弯通道圆直径测量

1. 基本概念

汽车的转弯直径指转向盘转到极限位置时,车辆内外侧各车轮胎面中心(若为双胎,则为双胎中心)在平整地面上的轨迹圆直径,如图 3-10 所示。

汽车最小转弯直径是指转向盘转到极限位置时,车辆外侧转向轮胎面中心在平整地面上的轨迹圆直径中的较大者。

汽车转弯通道圆的外圆是指车辆所有点在平整地面上的投影均位于圆内的最小外圆(直径 D_1),转弯通道圆的内圆是指车辆所有点在平整地面上的投影均位于圆外的最大内圆(直径 D_2),如图 3-11 所示。转弯通道宽度的计算式如下:

$$B = (D_1 - D_2)/2 \qquad (3-1)$$

汽车最小转弯通道圆是指转向盘转到极限位置时的转弯通道圆,最大转弯通道宽度指转向盘转到极限位置时的转弯通道宽度。

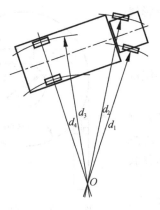 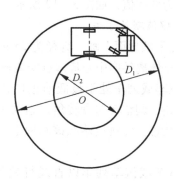

图 3-10　转弯直径示意　　　　　图 3-11　转弯通道圆示意

2. 试验条件

试验应在平整的混凝土或沥青地面进行,其大小应能允许车辆做直径不小于 30 m 的圆周运动。

汽车装备的轮胎、车轮定位参数和转向轮的最大转角应符合该车技术条件的规定。汽车处于空载状态,只乘坐一名驾驶员,全轮着地。对最小转弯通道圆外圆直径接近 25 m 的车辆,应增加满载状态下的试验。

使用的测量仪器包括行驶轨迹显示装置和钢卷尺(量程不小于 30 m,精度不小于 0.1%)。

3. 最小转弯直径、最小转弯通道圆直径测量方法

1) 根据需要,选择车身上离转向中心最远点、最近点和车轮胎面中心上方安装三个行驶轨迹显示装置。

2) 汽车处于最低前进挡并以较低的车速行驶,转向盘转到极限位置并保持不变,稳定后起动轨迹显示装置,车辆行驶一周,使各测点分别在地面上显示出封闭的运动轨迹,然后将车开出测量区域。

3) 用钢卷尺测量各测点在地面上形成的轨迹圆直径,应在相互垂直的两个方向上测量,测量时应向左、向右移动,读取最大值,最后取两个方向测量值的算术平均值作为试验结果。

4) 汽车向左转和向右转各测量一次,记录试验结果。

5) 如果左、右转方向测得的试验结果之差在 0.1 m 以内,则取左、右转试验结果的平均值作为该车的最终结果,否则以左、右转方向测得的试验结果的较大值作为最终结果。

三、外摆值测量

1. 基本概念

汽车以直线行驶状态停于平整地面上,沿过车辆最外侧的点向地面作一与车辆纵向中心线平行的投影线,汽车起步后,由直线行驶过渡到转弯通道圆外圆直径为 25 m 的圆上行驶,直到车尾完全进入该圆,在此过程中车辆外侧任何部位在地面上的投影形成一组外摆轨迹,

这组轨迹与车辆静止时车辆最外侧部位在地面形成的投影线的距离即为外摆值,如图3-12所示。

2. 外摆值测量方法

1）在平整地面上画一直径为25 m的圆周,在车辆尾部最外点和车体离转向中心最远点安装轨迹显示装置。

2）汽车或列车处于最低前进挡并以较低的车速进入该圆周内行驶,调整转向盘转角,起动车体离转向中心最远点轨迹显示装置,使轨迹落在该圆周上,记下此时的转向盘转角位置。

3）汽车或汽车列车以直线行驶状态停于平整地面上,沿车辆最外侧向地面作一与车辆纵向中心线平行的投影线,转动转向盘到预定转角位置并保持,起动车辆尾部最外点轨迹显示装置,汽车或汽车列车起步前行,直至车辆尾部最外点在地面上形成的轨迹与已作好的车辆最外侧投影线相交为止。

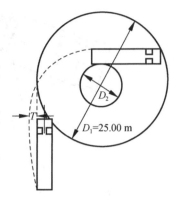

图3-12 外摆值示意

4）测量车辆尾部最外点在地面上形成的轨迹与车辆静止时车辆外侧部位在地面形成的投影线的最大距离。

5）左、右转方向各进行一次试验,记录试验结果,其中较大者为该车的外摆值。

第三节　汽车轮胎滚动周长测量

轮胎滚动周长是指轮胎滚动一整圈所覆盖的距离。在实际使用时,也常用每单位距离转数来表示,即在规定的条件下,轮胎的（轴）中心恰好移动1 km的单位距离时,轮胎所转动的整圈转数和非整圈转数。

汽车轮胎不承受载荷时的半径称为自由半径。汽车静止时,车轮中心至轮胎与支撑面接触面间的距离称为静力半径,由于径向载荷的作用,轮胎发生显著变形,静力半径小于自由半径。而在汽车行驶过程中,如果以轮胎滚过的圈数 n 与实际滚动距离 S 之间的关系来换算,则得到的是轮胎滚动半径 $r = \dfrac{S}{2\pi n}$,其数值大小介于静力半径和自由半径之间。

在汽车运动学分析中,应使用滚动半径,一般情况下不计滚动半径与静力半径的区别,认为它们近似相等,但是在一些理论计算中需要使用滚动半径。例如,在燃料经济性台架试验中,总速比就是在规定的条件下由轮胎滚动周长计算得到的各挡的速比。轮胎滚动半径是与汽车运动性能密切相关的一个重要参数,由于在速度和载荷确定的条件下,滚动半径主要取决于轮胎,所以一般把它作为轮胎的参数,对轮胎进行试验测得滚动周长,然后计算出滚动半径。轮胎橡胶的变形随温度、载荷等变化较大,为规范轮胎的滚动周长的测定条件,GB/T 19388—2003、GB/T 19389—2016对试验时轮胎的载荷、温度、气压等条件都有严格的规定。

本节内容是针对新的轿车和载重汽车轮胎在负荷条件下,测量滚动周长和每单位距离（千米）转数的试验方法。

一、轿车轮胎滚动周长试验方法

1. 转鼓法

利用转鼓法测量轮胎滚动周长，是将试验轮胎轮辋组合体装在转鼓的从动轴上，然后压在转鼓上，并施加负荷，在规定的试验速度下进行试验，用记录装置记录轮胎和转鼓的转动圈数，据此计算出轮胎的滚动周长。如图 3-13 所示。

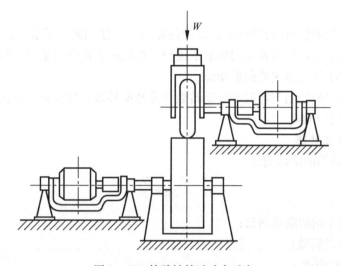

图 3-13 轮胎转鼓试验台示意

（1）试验条件

1）转鼓的要求。标准试验用转鼓的直径应为 1 700 mm ± 17 mm。其他试验转鼓直径应至少为 1 200 mm，但不用于实验室间的对比分析。转鼓应具有带动一个从动轮的能力，使轮胎固定在驱动转鼓上并给转鼓施加负荷，且测量期间转鼓应运转平稳。转鼓表面应是光滑的钢质面，并保持清洁，转鼓试验表面的宽度应大于试验轮胎的胎面宽度。

2）试验温度。试验应在 25 ℃标准室温下进行，也可以在 20 ℃ ~ 30 ℃温度范围内进行，不要求温度校正。

3）试验速度。转鼓的试验速度应为 80 km/h。对于子午线轮胎，在 80 km/h ± 50 km/h 速度范围内，可以认为轮胎的滚动周长值和速度存在线性关系。在这个范围内，可以通过线性插入法求出 80 km/h 速度时的滚动周长值。

4）试验轮胎和轮辋。标准试验中试验轮胎负荷应为其最大负荷能力的 80%。在室温下的充气压力应为最大负荷能力对应的充气压力减去 30 kPa。标准试验采用闭气气压，一般试验也可以采用调节气压。

试验轮辋应是轮胎制造厂认可的、试验轮胎在公路上使用的轮辋规格和型号。如果没有合适的轮辋，试验应使用标准测量轮辋或最接近的轮辋。

轮胎压在转鼓上时其轴线应与转鼓表面垂直，且轮胎对称面应与转鼓试验表面的运动方向平行。轮胎给转鼓施加的负荷方向应通过车轮中心，并与转鼓表面垂直。

（2）试验方法

1）为了保证测试的可靠性，在试验开始前，试验轮胎应进行试运行和冷却过程。试运行应在规定的转鼓上进行，运行速度为80 km/h，时间不少于1 h，负荷和充气压力符合试验规定。

2）为了便于比较，记录试运行后新轮胎的外径。

3）为了使轮胎与环境的温度达到平衡，轮胎以充气状态，在试验环境中，停放3 h以上。

4）经停放后的轮胎，按规定调整充气压力，并在约10 min后检查，同时按规定检查负荷。

5）按规定的试验速度运行30 min，以预热轮胎。当使用闭气试验时，预热后的轮胎的气压不能调整，试验应在气压升高的情形下进行，以模拟正常使用条件。调压试验所得的轮胎滚动周长的值与闭气试验测得的值相似。

记录在 T 时间段的轮胎与转鼓的整圈转数和非整圈转数，并注意保证在 T 时间内轮胎和转鼓的脉冲总数大于1 000。

（3）数据计算和处理

1）计算试验轮胎的滚动周长。

$$C_r = 2\pi R \frac{N_d}{N_t} \tag{3-2}$$

式中，C_r——试验轮胎的滚动周长；

N_d——转鼓的转数；

N_t——轮胎的转数；

R——转鼓半径。

2）不同直径转鼓的试验结果比较。

由不同转鼓直径得到的试验结果，可以通过下面的经验式进行比较。

$$C_{r,R_2} \cong K \times C_{r,R_1} \tag{3-3}$$

$$K = \left[\frac{\frac{R_1}{R_2}(R_2 + r_T)}{R_1 + r_T} \right]^{-\frac{1}{30}} \tag{3-4}$$

式中，R_1——转鼓1半径；

R_2——转鼓2半径；

r_T——轮胎名义半径；

K——比较系数；

C_{r,R_1}——转鼓1上测得的滚动周长；

C_{r,R_2}——转鼓2上测得的滚动周长。

3）校正为在平直模拟路面上的经验公式。

$$C_{rF} \cong K \times C_{rD} \tag{3-5}$$

$$K = \left(\frac{R}{R + r_T} \right)^{-\frac{1}{30}} \tag{3-6}$$

式中，R——转鼓半径；

r_T——轮胎名义半径；

K——换算系数；
C_{rD}——转鼓上测得的滚动周长；
C_{rF}——平直路面上测得的滚动周长。

2. 道路试验法

利用道路试验法测量轮胎滚动周长，是在具有代表性的车辆驱动轴上安装试验轮胎，在满足条件的路面上以恒定的规定速度驾驶车辆，用记录装置记录轮胎通过一段经准确测量的距离时所发生的整圈转数和非整圈转数，据此计算轮胎滚动周长。

（1）试验条件

1）试验道路。试验道路应是沥青或水泥混凝土铺砌的道路，具有中等粗糙度，笔直、平坦和干燥，纵向和横向坡度不超过 1%，长度不小于 500 m。试验道路的两端应有引道，以保证试验车辆以试验速度进入试验道路。

2）环境条件。环境温度应在 5 ℃ ~30 ℃；如果使用沥青路面，应使路面足够冷而不至于发黏；风速不超过 7 m/s。

3）试验速度。转鼓的试验速度应为 80 km/h。对于子午线轮胎，在 80 km/h ± 50 km/h 速度范围内，可以认为轮胎的滚动周长值和速度存在线性关系。在这个范围内，可以通过线性插入法求出 80 km/h 速度时的滚动周长值。

4）试验车辆。试验车辆通常是装配与试验轮胎相同规格轮胎的具有代表性的车型。因为大多数速度表和里程表都由驱动轴带动，所以试验轮胎应安装在驱动轴上。对于四轮驱动的车辆，在试验期间，其中的另一个轴应与传动系脱离。

5）试验轮胎。试验轮胎应采用相同规格、标识、型号、商标的轮胎。充气后，在不加负荷的情况下，轮胎彼此外直径的差应在 0.5% 以内。驱动轴上的负荷为轮胎最大负荷的 80% 乘以该轴上轮胎的数目。轮胎在环境温度下的充气压力为轮胎最大负荷对应的标准充气压力减去 30 kPa。

试验轮辋应是轮胎制造厂认可的，试验轮胎在公路上使用的轮辋规格和型号。如果没有合适的轮辋，试验应使用标准测量轮辋或最接近的轮辋。

（2）试验方法

1）试运行和调节。试验进行前，试验轮胎应在规定的负荷和气压下，以约 80 km/h 的平均速度行驶至少 0.5 h，进行试运行和调节。

2）数据记录。

轮胎进行调节后立刻进行试验，在测量过程中，应使加速、制动、转向尽可能在小的极限内。

当车辆通过试验道路时，记录右试验轮和左试验轮的整圈转数和非整圈转数。每一方向重复试验 2 次。相同方向的每个车轮的第 1 次转数和第 2 次转数相差值不应超过 0.2%，否则应重复试验，直到满足要求。因此，试验中要对左试验轮和右试验轮分别记录两个方向、每个方向各 2 次数据，共 8 个读数。

3）数据计算。将符合精度要求的 8 个读数逐一计算，得出平均值。计算方法如下：

① 计算轮胎每单位距离的转数：

轮胎每千米的转数 =（测定的转数 / 试验道路长度）× 10^3

② 计算轮胎滚动周长：

$$轮胎滚动周长 =（试验道路的长度 / 测出的转数）\times 10^3$$

将计算值修约为最接近的整数，其中试验道路的长度用 m 表示，轮胎滚动周长用 mm 表示。

二、载重汽车轮胎滚动周长试验方法

载重汽车轮胎滚动周长试验在道路上进行，与轿车轮胎滚动周长道路试验的计算过程相同，在试验条件和试验方法上有些不同。

1. 在试验条件方面的不同

1）试验环境的风速不超过 3 m/s。

2）试验速度。

速度符号为 G 及其以上的或最高速度标记大于等于 90 km/h 的轮胎，其试验速度应为 70 km/h ± 2 km/h；速度符号为 G 以下的或最高速度标记小于 90 km/h 的轮胎，试验速度应为对应速度的 75% ± 2 km/h；如果没有速度标记，则其试验速度采用 70 km/h ± 2 km/h。

3）试验轮胎的充气压力。

试验轮胎的充气压力为轮胎最大负荷对应的标准充气压力。

2. 试验方法上的不同

在试验进行前，试验轮胎应规定的负荷和充气压力下，以约 70 km/h 的平均速度，至少运行 150 km，以达到试验要求的状态。试运行后，轮胎花纹深度的损失应不大于 10%。

试运行后要进行试验轮胎调整。

1）在试验场地环境温度下试验轮胎保持充气压力，至少停放 3 h。在此期间，试验轮胎和轮辋组合体可以安装在试验车辆上。

2）将轮胎的试验充气压力、负荷调整到规定值。

3）试验车辆以规定的试验速度行驶约 60 min，使轮胎的温度上升。轮胎温度上升以后，不要调整轮胎的气压。

调整之后立即进行试验。

三、测量轮胎滚动周长的其他方法

在车速表检验校正中可用印痕法。

1. 试验条件

车轮滚动周长测量试验要求试验车的技术状态和试验道路的状况均应符合 GB/T 12534—1990 中的有关规定，其中需要强调的是，冷态轮胎气压必须符合技术条件规定，测定前汽车必须以较高的车速进行预热。

2. 试验方法

在路面上垂直于道路纵向涂一条宽约为 50 mm 的颜色易于分辨的油漆线或废机油线，并保证汽车以各种车速驶过油漆线时，汽车轮胎能在路面上压出清晰的印迹。

如果试验车辆为后轮驱动的，为了不使前轮压上油漆而造成辨认困难，应在油漆线上盖上两块薄板，并各用一根绳子系着，以便在汽车前轮刚滚过盖板时从左、右两侧迅速抽出盖板，只让后轮胎压上油漆。

试验车速一般根据具体要求确定。如果对试验车速无明确规定，则可以从略高于最低稳定车速的整数车速起（一般为 20 km/h），到接近最高车速 80% 的整数车速止的范围内，选取数个车速作为试验车速。

试验时，应分别测量左、右驱动轮连续滚动 3 圈在路面上压出的印迹的长度 S_i。具体测量时，应在始、末两个印迹的同一轮胎花纹边缘压出的明显印迹处测量（如图 3-14 所示），测量误差应低于 5 mm。

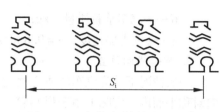

图 3-14　车轮滚动周长测量示意

试验结束后，按式（3-7）计算左、右车轮的滚动周长。

$$C_i = \frac{S_i}{3} \tag{3-7}$$

式中，C_i——左或右侧车轮滚动半径，m；
S_i——左或右侧车轮印迹长度，m。

左、右车轮滚动周长的平均值 C，即为该试验汽车的车轮滚动周长。

第四节　质心位置测量

汽车质量参数包括汽车质量和质心位置。汽车质量一般包括整备质量、最大总质量状态下的整车质量和各轴的轴载质量等。汽车质心位置由纵向、横向和高度几何参数值确定。

测量汽车质量通常使用地中衡（地磅），也可用车轮负荷计，方法比较简单，本节不再详细介绍。下面以两轴车辆为例介绍质心位置测量方法。

一、质心水平位置测量

汽车质心水平位置测量是用地中衡、轴荷计或轮荷计等质量测量设备，测量轴荷或轮荷，然后计算纵向位置和横向位置。

1. 质心纵向位置

测量出汽车整备质量、前轴轴载质量、后轴轴载质量后，由图 3-15 所示的几何关系得

$$a = \frac{LZ_r}{Gg} = L\frac{G_2}{G} \tag{3-8}$$

$$b = \frac{LZ_f}{Gg} = L\frac{G_1}{G} \tag{3-9}$$

式中，a——前轴到汽车质心的距离，mm；
b——后轴到汽车质心的距离，mm；
L——汽车轴距，mm；
Z_r——后轴轴荷，N；
Z_f——前轴轴荷，N；
G_2——后轴轴载质量，kg；
G_1——前轴轴载质量，kg；

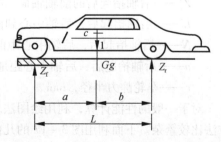

图 3-15　质心纵向位置测量原理示意

G——汽车整备质量，kg；

g——重力加速度，$g = 9.8 \text{ m/s}^2$。

2. 质心横向位置

一般情况下认为汽车的质心横向位置处于汽车的纵向对称平面内。实际上由于燃料箱、蓄电池、随车工具及备用轮胎等的布置，使汽车质心并不在汽车纵向中心平面内。对于前、后轴轮距相等的汽车，分别测量出左、右侧车轮负荷，然后按下式计算出质心的横向位置（如图 3-16 所示）。

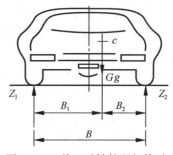

图 3-16　前、后轴轮距相等时质心横向位置测量原理示意

$$B_1 = \frac{BZ_2}{Gg} \quad (3-10)$$

$$B_2 = \frac{BZ_1}{Gg} \quad (3-11)$$

式中，B_1——质心至左侧车轮连线距离，mm；

B_2——质心至右侧车轮连线距离，mm；

G——汽车整备质量，kg；

Z_1——左侧车轮负荷总和，N；

Z_2——右侧车轮负荷总和，N。

为了检验测量结果是否准确，应按式（3-12）进行校核。

$$B_1 + B_2 = B \quad (3-12)$$

二、质心高度测量

质心高度测量设备包括汽车抬高设备和轴荷或轮荷的测量设备。

1. 力矩平衡法

将汽车的前悬架、后悬架锁在固定位置，然后把一根车轴放置在地中衡（杠杆秤）上，抬高另一根车轴到任意高度 n，在抬高车轴时注意不要使举升器触及车轮以外的任何零部件，以免产生附加力矩，从而影响测量结果。

由图 3-17 所示几何关系，对后轴中心取力矩，则有

$$b' = \frac{Z'_f}{Gg} \cdot L' = \frac{Z'_f}{Gg}\sqrt{L^2 - N^2} = \frac{Z'_f}{Gg}\sqrt{L^2 - (n-r)^2} \quad (3-13)$$

式中，b'——后轴抬起后，后轴中心到质心的水平距离，mm；

Z'_f——后轴抬起后的前轴轴荷，N；

L'——后轴抬起后，后轴中心到前轴中心的水平距离，mm；

N——后轴抬起后，后轴中心距前轴中心的铅垂距离，mm；

n——后轴抬起后，后轴中心距地面的距离，mm；

r——车轮静力半径，mm。

对于一般的性能计算，利用绘图法求解汽车质心高度已具有足够的精度了，但这种测定方法比较繁杂。下面利用图 3-17 的几何关系做进一步推导，以期通过简单测量即可求出汽车质心高度。

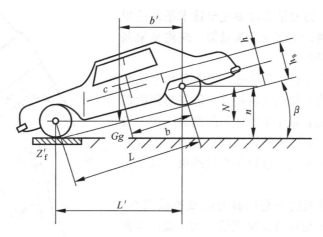

图 3-17 质心高度测量原理示意

由图 3-17 的几何关系可以得到：

$$b' = b\cos\beta + h\sin\beta \tag{3-14}$$

$$L' = L\cos\beta \tag{3-15}$$

将式（3-14）、式（3-15）代入式（3-13）得

$$b\cos\beta + h\sin\beta = \frac{Z'_f}{Gg}L\cos\beta$$

整理后得

$$Z'_f L = Ggb + Ggh\tan\beta \tag{3-16}$$

将式（3-13）代入得

$$h = \frac{L(Z'_f - Z_f)}{Gg\tan\beta} \tag{3-17}$$

由图 3-17 的几何关系还可以得到

$$\tan\beta = \frac{N}{L'} = \frac{N}{\sqrt{L^2 - N^2}} = \frac{n-r}{\sqrt{L^2 - (n-r)^2}} \tag{3-18}$$

则质心高度

$$h_g = r + h = r + \frac{L(Z'_f - Z_f)}{Gg\tan\beta} \tag{3-19}$$

或

$$h_g = r + \frac{Z'_f - Z_f}{Gg} \cdot \frac{L}{n-r}\sqrt{L^2 - (n-r)^2} \tag{3-20}$$

2. 侧倾法

利用侧倾平台进行质心高度测量的原理如图 3-18 所示，称为侧倾法。由于试验开始时侧倾试验台的台面处于水平状态，可以测量各轮的轮荷，因此，可以计算得出整车质量及前、后轴的轴载质量，也可以计算得出质心的水平位置，该试验平台又称为侧倾式质心测试平台。

采用侧倾法进行质心高度测量的步骤如下：

1）试验车辆应装备齐全，并装配在规定的位置上，使车辆处于整备质量状态；轮胎气压、燃料、润滑油、冷却液等都填充至技术条件的规定值；如果试验车辆装用空气弹簧悬架，应将悬架调整到标准技术状态后锁死。

2）试验前台面处于水平状态，将汽车驶上试验台，用台面侧下部的车轮挡住装置（一般是防侧滑挡块）挡住车轮，以防止发生下滑。但防侧滑挡块一般应低于 30 mm，过高会影响测量精度。另外，还要使用钢丝绳以自由状态对汽车进行保护性约束，以防止汽车翻出试验台面。

3）用液压举升机构举起试验台面及被试汽车，使其向右倾斜，侧倾角每增大 5°测量一次试验台面和汽车前、后部位的倾斜角度，同时用车轮负荷计测量车轮负荷。操作时应当缓慢举升试验台，直到汽车左侧车轮负荷为 0 或左侧车轮脱离试验台面时为止。向右倾斜试验共进行 3 次，要求每次测量结果的相对误差不大于 1%。

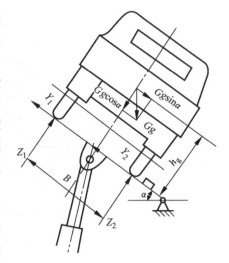

图 3-18　汽车侧倾式质心测试平台测量原理示意图

如果汽车质心位于汽车纵向对称平面内，可根据举升角度直接计算出质心高度。

$$h_g = \frac{B}{2\tan\alpha_{max}} \quad (3-21)$$

式中，h_g——质心高度，mm；

　　　B——轮距，mm；

　　　α_{max}——最大侧倾角，(°)。

4）若汽车质心的横向位置不处于车辆纵向对称平面内，则应使汽车再向左倾斜，重复试验步骤 3）；

5）分别取向左、向右侧倾 3 次所测最大倾角的算术平均值作为测量结果，然后以下式计算质心高度。

$$h_g \approx \frac{B_1}{\tan\alpha_R} \quad (3-22)$$

$$h_g \approx \frac{B_2}{\tan\alpha_L} \quad (3-23)$$

式中，B_1，B_2——分别为质心距右、左轮的距离，mm；

　　　α_R，α_L——分别为向右、左倾斜时，所测最大倾角的算术平均值，(°)；

　　　h_g——质心高度，mm。

利用式（3-22）、式（3-23）计算出的质心高度应相等，若不相等，则取其均值作为测量结果。

侧倾式质心测试平台虽然从理论上可以同时完成汽车质量、质心水平位置和高度的测量，但是该平台是由汽车侧翻试验平台演变而来的，质心高度在汽车处于最大侧倾角的极限状态测定，需进行复杂的准备工作，以防止汽车下滑和翻出试验台面，且精度不是很高，测量重型车的平台很少。

3. 俯仰法

近年来出现的一类大型专业测试设备,如图 3-19 所示,以俯仰运动代替侧倾运动,而且不必在极限状态下测定,准备工作比较简单,平台的运动按控制系统发出指令自动进行,数据的记录和处理由计算机自动完成,试验比较方便,可以称为俯仰式质心测量平台。

俯仰式质心测量平台有多种类型,其结构略有差异,但测量原理相同。图 3-20 所示为一种平台的基本结构,主要由运动平台、上下铰链和伺服作动器以及相关的测量传感器等组成,在液压动力系统和伺服位置控制系统的驱动与控制下,运动平台完成俯仰运动,安装在运动平台 3 个铰链处的称重传感器测量平台在不同俯仰角度的受力状态,安装在运动平台中心的倾角传感器测量平台的俯仰角度。根据测量结果,应用力和力矩平衡方程,即可计算出被测试车辆的质心位置。

图 3-19 俯仰式质心测量平台

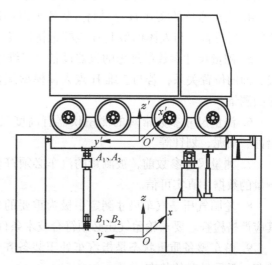

图 3-20 俯仰式质量质心测量平台的结构示意图

在系统自动进行的计算过程中,涉及质心由平台坐标系到车体坐标系的变换、称重传感器测得数据中平台所需举升力的处理以及误差补偿等,计算非常复杂,但是计算原理与抬高法相同。

三、注意事项

1) 油箱应加满。测试质心高度时,车辆倾斜,液体产生移动,应考虑液体影响,并计算在内。

2) 在满足车辆规定的负荷之后(无特殊要求规定时为整备质量状态),所有的负荷都应当定位,避免车辆倾斜产生位移。

3) 车辆悬架应当锁死,避免因车辆倾斜而改变变形状况。其他在车上挠性安装的零部件都应当采用锁死的方法,以避免影响测试结果。

4) 当抬高车辆测试时应挂空挡,手制动应松开。

5) 车轮的滚动只能采用三角木或其他方法阻止车轮的滚动。

6) 尽可能保持前轮处于直行状态。

7) 如果抬高角度由轴距和每一次抬高车轮的离地高度决定,则应当考虑轮胎的变形。

本章小结

1. 三维坐标系是由汽车设计阶段建立的抽象的三个相互垂直的空间平面所构成的。这三个平面分别称为 X 基准面、Y 基准面、Z 基准面，这三个基准面只存在于图纸上，实际车身上并不可见，它们是决定汽车外部尺寸和内部尺寸关系的基准。

2. 基准平面在车体上是看不到的，为了明确基准平面的位置，通常在车体上明确标出三个或多个实际点（压坑或孔），这些实际点按三维坐标系确定其位置，称为基准点。

3. R 点是制造厂确定座椅位置的基准点，它是模拟人体躯干和大腿髋关节中心位置，并相对于所设计车结构而建立的坐标点，这一点也称为座位基准点。

4. 汽车座椅的实际 H 点是将人体模型以制造厂规定的正常驾驶或乘坐的姿势放置到座椅的最后位置，与人体模型上 H 点标记钮连线中点重合的座椅上的空间点。

5. 测量尺寸参数最理想的仪器设备是三维坐标测量仪，它能精确地测量三维空间的点、线、面的位置关系，若与三维 H 点人体模型配合使用，则能实现国际标准中要求的主要尺寸的测量。

6. 测量尺寸参数常规的测量仪器有高度尺、离地间隙仪、角度尺、钢卷尺、水平仪、铅锤、油泥、划针等。

7. 测量尺寸参数前，被测量的汽车必须符合测量条件及设计任务书的规定要求，这样测量的数据才真实可信。

8. 轮胎气压是汽车尺寸测定中极为重要的条件，它主要影响铅垂方向的汽车尺寸，对其应严格检查。要求轮胎气压必须符合技术条件的规定（气压误差不允许超过 ± 10 kPa）。

9. 整车整备质量状态是指汽车处于装备齐全，燃油、润滑油及冷却水等加注足量，无载荷、无乘员时的状态。

10. 设计载荷状态是指轿车在整备质量状态下乘坐乘员后的状态。

11. 最大设计总质量状态是在整车整备质量状态的基础上按规定的装载质量加载荷及按规定人数乘坐的状态。

12. 汽车测量前应以直线行驶状态停放，并注意消除悬架内部阻尼对车身位置的影响；进行装载测量时，载荷物应该分布均匀，确保轴载质量、轮载质量分配正确，以得到正确的尺寸参数测量结果。

13. 最小离地间隙指支撑平面与车辙中间部分最低点的距离。最小离地间隙一般在汽车最大总质量状态下，用离地间隙仪测量。

14. 接近角是指水平面与切于前轮胎外缘的平面之间的最大夹角；离去角是指水平面与切于车辆最后车轮轮胎外缘的平面之间的最大夹角；纵向通过角是指当垂直于 Y 基准平面且分别切于前、后车轮轮胎外缘两平面的交线处及车体下部较低部位时，两平面所夹的最小锐角。当汽车处于整备质量和最大总质量状态下，分别用辅助平板和角度尺直接测量这三个角度。

15. 汽车最小转弯直径是指转向盘转到极限位置时，车辆外侧转向轮胎面中心在平整地面上的轨迹圆直径中的较大者。

16. 汽车转弯通道圆的外圆是指车辆所有点在平整地面上的投影均位于圆内的最小外

圆，转弯通道圆的内圆是指车辆所有点在平整地面上的投影均位于圆外的最大内圆；汽车最小转弯通道圆是指转向盘转到极限位置时的转弯通道圆，最大转弯通道宽度指转向盘转到极限位置时的转弯通道宽度。

17. 汽车以直线行驶状态停于平整地面上，沿过车辆最外侧的点向地面作一与车辆纵向中心线平行的投影线，汽车起步，由直线行驶过渡到转弯通道圆外圆直径为 25 m 的圆上行驶，直到车尾完全进入该圆，在此过程中车辆外侧任何部位在地面上的投影形成一组外摆轨迹，这组轨迹与车辆静止时车辆最外侧部位在地面形成的投影线的距离即为外摆值。

18. 轮胎滚动周长是指轮胎滚动一整圈所覆盖的距离。在实际使用时，也常用每单位距离转数来表示，即在规定的条件下，轮胎的（轴）中心恰好移动 1 km 的单位距离时，轮胎所转动的整圈转数和非整圈转数。

19. 汽车质心位置的测量包括水平位置和质心高度测量。其中，质心高度测量方法有抬高法、侧倾法和俯仰法三种。

复习思考题

1. 测量汽车结构参数的目的是什么？
2. 汽车一般在哪几种质量状态下测量结构参数？把汽车质量加载到规定的状态应注意哪些事项？
3. 汽车主要的通过性参数分别是如何定义的？各参数是如何测量的？
4. 轿车轮胎和载重车轮胎的滚动周长是如何测量的？
5. 测量汽车质心高度的方法有哪几种？

第四章

汽车基本性能试验

内容提要：

本章的主要内容是动力性能试验、燃料经济性能试验、制动性能试验、操纵稳定性试验、平顺性试验和通过性试验。

学习要求：

1. 熟悉汽车滑行试验、最高车速试验、最低稳定车速试验、加速性能试验的方法与步骤；
2. 熟悉质量式油耗仪和容积式油耗仪的结构、工作原理；
3. 熟悉燃油经济性能道路试验的方法和步骤；
4. 熟悉制动性能试验的主要项目和试验方法；
5. 熟悉操纵稳定性试验的主要项目；
6. 了解爬陡坡和爬长坡试验的方法与步骤；
7. 了解碳平衡法的测量原理和测量系统的构成；
8. 了解燃油经济性能试验的行驶工况、台架试验的方法和步骤；
9. 了解陀螺仪的基本原理和主要类型；
10. 了解操纵稳定性试验、平顺性试验的方法，了解通过性试验的方法和步骤。

汽车的基本性能试验是为了测定汽车的基本性能而进行的试验，主要包括动力性能试验、燃料经济性能试验、制动性能试验、操纵稳定性试验、平顺性试验和通过性试验等。

长期以来，我国汽车基本性能试验标准与国际标准和发达国家的标准有较大差距，一些重要的基础类试验方法标准标龄过长，内容存在老化、陈旧、要求过低等问题，与我国近年来汽车产品技术水平的巨大进步、测试设备和技术日益提高以及场地条件不断完善的实际情况不符，不利于产品技术水平的进步和测试技术的提高。近年来陆续开始了标准的制定（修订）工作，新制定了 GB 21670—2008《乘用车制动系统技术要求及试验方法》、GB/T 12545.1—2008《乘用车燃料消耗量试验方法》、GB/T 19233—2008《轻型汽车燃料消耗量试验方法》、GB/T 27840—2011《重型商用车辆燃料消耗量测量方法》等，已经修订并发布了 GB/T 12543—2009《汽车加速性能试验方法》、GB/T 12547—2009《汽车最低稳定车速试验方法》、GB/T 4970—2009《汽车平顺性试验方法》、GB/T 12544—2012《汽车最高车速试验方法》、GB/T 6323—2014《汽车操纵稳定性试验方法》、GB/T 12536—2017《汽车滑行试验方法》等标准。很多企业为提高产品竞争力而制定了要求更高、评价指标更全面的内部标准，特别是在轿车等追求舒适性的车型中，不仅有采用先进技术方法进行测量、分析的客观评价试验，也有根据人的感觉进行判定的主观评价试验。

第一节　汽车动力性能试验

汽车的动力性指汽车在良好路面上直线行驶时由汽车受到的纵向外力决定的、所能达到的平均行驶速度。一般来说，汽车的动力性越好，汽车以最快的平均速度完成客、货运输的能力越强。因此，汽车动力性是汽车最基本、最重要的性能之一。

汽车动力性通常以汽车的加速性能、最高车速、爬坡性能和牵引性能等作为评价指标。通过动力性各项评价指标的测定，可以考察其是否符合设计要求、是否符合用户的使用要求，为改进设计提供依据。另外，还可用于两种车型优劣的比较，以及生产质量的检查和科研等。

汽车动力性能试验一般在满足规定条件的道路上进行，主要有6项：滑行试验、车速试验、加速性能试验、爬坡试验、附着系数测量试验和牵引特性试验。

一、滑行试验

在同一车速下汽车滑行距离的长短取决于滚动阻力系数、空气阻力系数、汽车总质量等参数及汽车底盘技术状况和调整状况。在条件相同的情况下，滑行距离长说明汽车的性能好，有利于提高汽车的动力性和经济性。

1. 滑行距离测量

在道路上进行滑行距离测量时，可参照 GB/T 12536—2017《汽车滑行试验方法》的规定进行。

试验所用的仪器包括非接触式车速仪或其他车速、行程记录装置。试验车辆的准备除按 GB/T 12534—1990《汽车道路试验方法通则》的规定以外，还要注意试验时关闭汽车门窗。

以长约 1 000 m 的试验路段作为滑行区段进行试验，记录滑行初速度和滑行距离。首先以 50 ± 0.3 km/h 的车速匀速行驶，当行驶到滑行试验区段起点时，迅速踏下离合器踏板，变速器挂空挡，使汽车滑行直至停车为止。记录滑行全过程的时间和距离。滑行过程中，应保持汽车直线行驶，不得转动转向盘，不允许使用制动器。试验至少往返各进行一次，并且往返区段应尽量重合。

目前常用的记录仪表一般都具有设定开始记录速度的功能，只要从稍高于试验车速（例如这里的 50 km/h）的速度开始记录，就可以直接测量出从试验车速滑行到停车全过程的试验数据。但是要注意的是，由于记录的试验数据是从高于试验车速开始的，故在读取滑行距离时，要用最终的距离读数减去达到试验车速之前的距离读数。

如果记录仪表不具备这样的设定功能，或者自行开发数据采集系统，由于滑行初速度很难准确地控制到 50 km/h，为了使试验结果具有可比性，要对试验数据进行校正。

由于滑行距离测量试验的车速不高，滑行过程近似于匀减速运动，因此，也可以采用插值方法，计算求得所需车速时的滑行距离和滑行时间。

GB/T 12536—2017 给出的方法是用实测初速度和实测滑行距离计算标准初速度 $v_0=$

50 km/h 的滑行距离

$$S = \frac{-b + \sqrt{b^2 + ac}}{2a} \quad (4-1)$$

$$a = \frac{v_0'^2 - bS'}{S'^2} \quad (4-2)$$

式中，a——计算系数，$1/s^2$；

v_0'——实测滑行初速度，m/s；

b——常数（0.3，当汽车总重量不大于 40 000 N 且滑行距离不大于 600 m 时；0.2，其他情况下），m/s^2；

S'——实测滑行距离，m；

c——常数，771.6，m^2/s^2；

S——初速度为 50 km/h 时的滑行距离，m。

取两个方向滑行距离的平均值作为试验结果：

$$S = \frac{S_1 + S_2}{2} \quad (4-3)$$

式中，S_1——去程的滑行距离，m；

S_2——回程，m。

如果通过仪表记录或通过数据处理系统计算得到了整个滑行过程的数据，就可以绘出如图 4-1 所示的滑行过程曲线，从中可以分析滑行过程中车速随滑行时间、滑行距离的变化规律，并可以进一步分析车辆的性能。

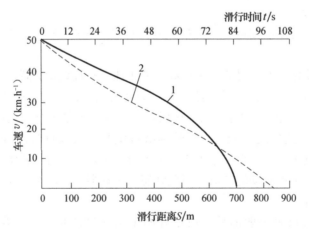

图 4-1 某汽车滑行曲线

在汽车的实际应用中，经常通过滑行距离检查底盘的技术状况。同种车型之间进行比较，在相同条件下滑行距离长的汽车，底盘技术性能一般比较好；汽车经过一段时间的运行以后，由于磨损、零部件连接松动、润滑不良等，可能导致底盘性能下降，通过滑行距离测量试验可以比较简单有效地判断汽车底盘的技术状况。另外，滑行距离还是汽车性能的强制性标准所规定的项目（或者测得的滑行阻力满足要求），即汽车必须具有一定的滑行能力，例如，GB 18565—2001《营运车辆综合性能要求和检验方法》中规定，测得的初速 30 km/h 的滑行距离应达到表 4-1 所列的要求。GB/T 18565—2016《道路运输车辆综合性能要求和检验方法》中对滑行距离不作要求。

表 4-1 车辆滑行距离要求

汽车整备质量 M/kg	双轴驱动车辆滑行距离/m	单轴驱动车辆滑行距离/m
<1 000	≥104	≥130
1 000≤M≤4 000	≥120	≥160
4 000<M≤5 000	≥144	≥180
5 000<M≤8 000	≥184	≥230
8 000<M≤11 000	≥200	≥250
>11 000	≥214	≥270

2. 阻力系数测定

汽车在平直的道路上运行过程中，受到的纵向阻力主要包括滚动阻力、空气阻力和传动系摩擦阻力等，可以通过滑行试验来测定。常用的试验方法有低速滑行时间法、多车速滑行时间法、速度分段滑行法等。低速滑行主要用于确定车辆传动系、制动系的阻滞状况，高速滑行测量车辆的行驶阻力主要是为其他试验项目的测量奠定基础，例如台架试验时底盘测功机加载惯量的确定等。这里只介绍最简单的低速滑行时间法。

试验前，在试验场地选定长 100 m 的测量路段，并将其分为两段，每段各 50 m。然后反复预试，找出该车在 20 s±2 s 时间内滑行通过 100 m 路段的滑行初速度（一般在 20 km/h 左右）。

试验时，驾驶汽车匀速接近测量段起点，驶到起点的瞬间，迅速分离离合器，变速器置空挡，使之滑行通过 100 m（时间应控制在 20±2 s，否则重做），测定通过开始 50 m 路段和 100 m 路段的滑行时间 t_1、t_2，往返测量至少 5 次。如果测量重复性差，应进行补充试验，直至合格。

由于滑行速度较低，故空气阻力和传动系摩擦阻力忽略不计，道路平直，汽车的滑行阻力仅为滚动阻力，并可视为常数，那么汽车滑行过程可视为匀减速运动。设减速度为 a（m/s²），滑行初速为 v_0（m/s），由 50 m、100 m 的滑行时间可列下列方程

$$\begin{cases} 50 = v_0 t_1 - \frac{1}{2} a t_1^2 \\ 100 = v_0 t_2 - \frac{1}{2} a t_2^2 \end{cases} \quad (4-4)$$

联立求解得

$$a = \frac{100}{t_2}\left(\frac{1}{t_1} - \frac{1}{t_2 - t_1}\right)$$

所以滑行阻力为

$$F_h = \delta \cdot m \cdot a \quad (4-5)$$

式中，F_h——滑行阻力，N；
m——汽车总质量，kg；
δ——旋转质量换算系数

$$\delta = 1 + \delta_1 I_g^2 + \delta_2 \quad (4-6)$$

$\delta_1 = 0.05 \sim 0.07$（小客车）
  $0.04 \sim 0.05$（载货车）

$\delta_2 = 0.03 \sim 0.05$；

I_g——变速器传动比；

a——滑行减速度，m/s^2。

滑行阻力系数则按式（4-7）求出：

$$f = \frac{F_h}{mg} \tag{4-7}$$

式中，f——滑行阻力系数，当车速较低时，可认为是滚动阻力系数。

低速滑行试验求得的滑行阻力系数可近似当作受试汽车的滚动阻力。虽然是低速滑行，但滑行过程仍存在空气阻力，只是其值在滑行阻力中的占比较小，因此，试验求得的滑行阻力系数包含了空气阻力的因素，不是汽车实际的滚动阻力系数。

二、车速试验

1. 最高车速试验

最高车速是指汽车在良好的水平路面上直线行驶时汽车能达到并保持行驶的平均最高速度，最高车速是按国家标准 GB/T 12544—2012《汽车最高车速试验方法》进行的试验方法，是评价汽车动力性能的一项重要指标。

进行最高车速试验之前，应重点检查汽车的转向系、传动轴等各连接部件的紧固状况，以及检查制动系的制动效能等，以确保高速试验的安全。另外，应关闭试验车的全部门、窗等，以防止汽车高速行驶时产生较大的空气阻力。即将进行试验前，对试验结果会产生影响的汽车零部件应进行预热以达到制造厂指定的稳定温度条件，并调整挡位使汽车能够达到其最高稳定车速。

（1）直线跑道上的最高车速试验（双方向试验）

为了减少道路坡度和风向（风速）等因素造成的影响，依次从试验跑道的两个方向进行试验，并尽量使用跑道的相同路径。双方向试验又称为标准试验。

速度测量路段要求 200 m 长，两端用标杆准确标记，后端留有 200 m 以上供制动的路段，还要有足够的加速行驶区段。

试验时，试验汽车在加速路段行驶时，节气门全开，以最佳的加速状态行驶。在驶至速度测量路段之前，变速器及分动器挂至最高挡位，然后使汽车以最高的稳定车速通过速度测量路段，与此同时，起动仪器，进行测量。

试验时，往返两个方向的试验次数均不应少于 3 次，试验中车辆行驶速度变化不应超过 2%。设每次试验测量的单程所用的时间为 t_i，则测得的 6 个"t_i"的变化不应超过 3%。

时间

$$t = \frac{1}{6}\sum_{i=1}^{6} t_i \tag{4-8}$$

试验速度

$$v = \frac{L \times 3.6}{t} \tag{4-9}$$

式中，v——速度，km/h；

t——时间，s；

L——测量路段长度,m。

(2) 直线跑道上的最高车速试验(单方向试验)

由于试验跑道的自身特性,汽车不能从两个方向达到其最高车速,如果直线跑道符合双向试验的条件,且纵向坡度不超过0.1%,则可以只从一个方向进行试验。连续5次重复进行行驶试验。

试验时风速在车辆行驶方向的水平分量不超过±2 m/s。考虑到风速,最高车速应按下式修正

$$v_{vi} = |v_i| \times 3.6$$

$$v_{ri} = \frac{3.6L}{t}$$

$$v_i = v_{ri} \pm v_{vi} \cdot f \tag{4-10}$$

式中,v_i——所测量的风速行驶方向水平分量,m/s;

v_{ri}——每次行驶的最高车速,km/h;

t——汽车行驶"L"长的距离所用的时间,s;

v_i——每次行驶的最高车速计算值,km/h;

v_{vi}——风速水平分量,km/h;

f——修正因数,$f=0.6$。

如果风的水平分量与汽车行驶方向相反,则选择"+"号,否则选择"-"号。

去掉v_i的两个极值,由式(4-11)计算得出最高车速v:

$$v = \frac{1}{3}\sum_{i=1}^{3} v_i \tag{4-11}$$

(3) 环形跑道上的最高车速试验

汽车以最高车速在跑道上至少行驶3次,且不对转向盘施加任何动作以修正行驶方向。记录汽车行驶一圈所用时间,每次的测量时间变化不应超过3%。

$$\bar{t} = \frac{1}{3}\sum_{i=1}^{3} t_i \tag{4-12}$$

$$v_a = \frac{L \times 3.6}{\bar{t}} \tag{4-13}$$

式中,v_a——最高车速,km/h;

$\bar{t}$——时间,s;

L——汽车实际行驶的环形跑道的长度,m。

用环形跑道测量最高车速,需采用经验因数修正速度v_a,尤其要考虑环形跑道离心力的影响以及随之发生的汽车方向的变化。

$$v = v_a \times k \tag{4-14}$$

式中,k——修正因数,$1.00 \leq k \leq 1.05$。通过最高允许车速确定,由多次直线跑道和环形跑道车速测量数据所构成折线的斜率来计算。

2. 最低稳定车速试验

最低稳定车速通常指在直接挡下汽车最低的能稳定行驶的车速。稳定行驶的含义指以该车速匀速行驶一段距离之后,能保证汽车在急急速踩下加速踏板时,发动机不熄火、传动系不

抖动、汽车能够平稳不停顿地加速，且对应的发动机转速不下降，它关系到汽车高挡行驶时的车速范围。这一车速越低，汽车通过交叉路口、交通拥挤路段以及具有一定阻力的路段时，就可不必换入低挡而正常通过；当汽车驶过这一路段需要加速而提高车速时，又不会造成发动机熄火或传动系抖动。这样，既简化了驾驶操作，又能保证汽车维持较高的平均技术速度。

试验时，汽车变速器、分动器置于所要求的挡位，从发动机怠速转速开始，使汽车保持一个较低的能稳定行驶的速度并通过试验路段。观察车速并测定通过 100 m 试验路段时的实际平均车速。

在汽车驶出试验路段时，立即急速踩下加速踏板，发动机不应熄火，传动系不应抖动，汽车能够平稳不停顿地加速，且对应的发动机转速不得下降。

若出现不满足条件的情况，则适当提高车速，重复进行，直到找到符合条件的最低稳定车速。

往返至少各进行 1 次。

不允许为保持汽车稳定行驶而切断离合或使离合器打滑，且不得换挡。

取实测车速的算术平均值为汽车该挡位的最低稳定车速。

货车、客车、专用汽车及重型矿用汽车，都挂直接挡；越野汽车还要增加挂传动系最低挡位的最低稳定车速试验。还可以根据试验要求，挂超速挡或其他挡位进行试验；未设直接挡的汽车，应挂速比最接近直接挡速比的挡位。

三、加速性能试验

加速性能指汽车从较低车速加速到较高车速的能力，评价指标主要是加速时间。在加速过程中，加速度越大，加速到一定速度的加速时间和加速距离越短，汽车的加速性越好，即汽车的动力性越好，汽车就可获得较高的平均行驶速度。

加速性能试验方法主要有两种：全加速踏板起步加速性能试验是车辆由静止状态全加速踏板加速到 100 km/h，或者车辆由静止状态全加速踏板加速通过 400 m 距离，记录加速过程的行驶时间；全加速踏板超越加速性能试验是车辆由 60 km/h 全加速踏板加速到 100 km/h，记录行驶时间。如果最高车速的 90% 达不到 100 km/h，取最高车速 90% 向下圆整到 5 的整数倍的车速作为试验终了车速。

1. 变速器操作程序

（1）手动变速器

进行全加速踏板起步加速性能试验时，车辆起步加速应在车轮滑转最小的情况下使车辆达到最大加速性能。离合器的操纵及换挡时刻的选择应使加速性能发挥最大但不应超过发动机的额定转速。当车辆运动时触发记录装置。

进行全加速踏板超越加速性能试验时，加速前车速应控制在 58~60 km/h 内保持匀速行驶至少 2 s，当车速达到 60 km/h 时触发记录装置。变速器在试验过程中不应换挡。M_1 类车辆和最大设计总质量小于 2 t 的 N_1 类车辆的挡位选择：4 挡或 5 挡手动变速器，选最高挡和次高挡；6 挡手动变速器，选择 4 挡和 5 挡；3 挡手动变速器仅使用最高挡。M_2、M_3 类汽车和最大设计总质量不小于 2 t 的 N 类车辆挡位选择：最高挡和次高挡。

（2）自动变速器

进行全油门起步加速性能试验时，在发动机怠速情况下（若有必要可踩下制动器），将变速器置于"D"挡，车辆起步加速，应在车轮滑转最小的情况下使车辆达到最大加速性能，当车辆运动时触发记录装置。

进行全油门超越加速性能试验时，变速器置于"D"挡。允许在汽车变速控制器的控制下换挡。试验前车辆加速到 58 km/h ~ 60 km/h 内保持匀速行驶至少 2 s。当车速达到 60 km/h 时触发记录装置。

（3）手自一体变速器

分别进行自动模式和手动模式下的加速性能试验。

2. 附件的操作

试验时关闭前照灯。若汽车装有隐藏式车灯，则灯架应位于隐藏车灯的位置。为满足行驶安全的需要可打开车灯，并记录在备注中。

其他电气设备应置于关的位置。

试验过程中关闭所有车窗。

3. 数据处理

往返进行，每个方向至少进行 3 次。若 1 次试验发生问题，则该往返试验均应重做。

（1）数据计算

计算所有有效试验数据的算术平均值

$$\mu = \frac{\sum_{i=1}^{n} T_i}{n} \tag{4-15}$$

标准偏差

$$SD = \sqrt{\frac{\sum_{i=1}^{n}(\mu - T_i)^2}{n-1}} \tag{4-16}$$

变化系数

$$k = \frac{SD}{\mu} \tag{4-17}$$

式中，μ——算数平均值；

i——第 i 次试验；

T_i——第 i 次试验数据；

n——试验总次数；

SD——标准偏差；

k——变化系数。

（2）数据验证

全加速踏板起步加速性能试验，变化系数不应大于 3%。

全加速踏板超越加速性能试验，变化系数不应大于 6%。

（3）数据表达

对于试验结果，可以记录计算得到的算术平均值、标准偏差和变化系数。全加速踏板超越加速试验注意记录使用的挡位。

也可以绘出速度—时间、距离—时间图，如图 4-2 和图 4-3 所示。

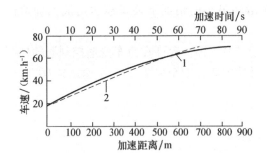
图4-2 汽车全油门超越加速性能曲线
1—车速—加速距离曲线；2—车速—加速时间曲线

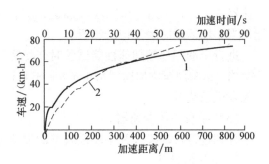
图4-3 汽车全油门起步加速性能试验曲线
1—车速—加速距离曲线；2—车速—加速时间曲线

要注意的是，试验之前，要检查试验车是否处于良好的技术状态，尤其要着重检查化油器节气门能否全开（或喷油量能否达到最大），必要时应进行调整。

有些汽车由于设计上的原因，加速过渡性不良，快速起步很可能产生传动系严重抖动、车辆"点头"现象，从而使加速性能大大下降。对于这些汽车，在加速性试验之前应反复预试，找出加速最快的操作方式（一般是不立刻将加速踏板踏到底，而是先缓后快加油），并以这种操作方式进行试验。

四、爬坡试验

爬坡试验分为爬陡坡试验和爬长坡试验。

爬陡坡试验的评价指标是汽车的最大爬坡度，即汽车处于最大总质量状态时，变速器挂最低挡，在坚硬路面上所能克服的最大坡度（不允许动力冲坡）。

汽车爬长坡试验用于检查汽车长时间在较大功率输出工况下的动力性、发动机和动力传动系的热状态和机械状态、变速器排挡的使用状况以及燃料消耗量等。

1. 爬陡坡试验

汽车爬陡坡的试验坡路是专门修建的一系列具有防滑措施的混凝土铺装或沥青铺装或其他材料铺装的表面平整、坚实的直线坡道，当坡度大于或等于30%时，路面必须用混凝土铺装；当坡度小于30%时，可以用沥青铺装。每个坡道的长度不小于25 m，中部设置10 m长的速度测试路段，在坡道的前端设有8~10 m的平直路段，另外，每个坡道的坡度应均匀一致；坡度大于40%的坡道，必须设置安全防护装置。如果没有专门修建的坡道，可用表面平整、硬实的自然直线坡道代替。

试验前，试验车预热行驶，使油温、水温达到正常的工作状态，然后停于接近坡道的平直路段上。将试验车变速器挂最低挡（如果设有分动器或副变速器，也应置于最低挡），起步后迅速将加速踏板踩到底。要保持节气门全开（或喷油泵齿条行程最大），一直用最低挡（不允许换挡）爬至坡顶。与此同时，测定汽车通过10 m测定路段的时间、发动机转速，监视各仪表的工作状况，监视并测定发动机冷却水温度、润滑油温度和压力，以及一些总成的润滑油温度。当爬至坡顶时，检查汽车各部位有无异常现象，并做记录，同时记录坡道的坡度、长度、类型及道路表面状况等。

如果试验车克服了该坡道，再到大一级坡度的坡道上进行上述试验。以此类推，直到汽车不能爬上更大坡度的坡道为止。如果第 1 次爬不上去,可进行第 2 次,但不允许超过 2 次。最后以能爬至坡顶的最陡坡道的坡度作为该车最大爬坡度。

另外,如果汽车中途爬不上坡应测量停车点(后轮接地中心)到坡底的距离,并记录爬不上的原因,以供分析。

如果找不到汽车制造厂规定坡度的坡道,也可以在其他坡度的坡道上进行试验。此时可以通过增减载荷或改变变速器挡位的办法爬坡,并按下式折算成厂定最大总质量状态下,变速器挂最低挡位时的爬坡度。

$$\alpha_m = \arcsin\left(\frac{m}{m_0} \cdot \frac{i_1}{i} \sin\alpha\right) \tag{4-18}$$

式中,α_m——折算后得到的最大爬坡度,(°);
α——试验用坡道的实际坡度,(°);
m_0——汽车制造厂规定的试验车最大总质量,kg;
m——试验时试验车的总质量,kg;
i_1——变速器最低挡时,传动系传动比;
i——试验时,汽车传动系传动比。

爬坡的平均速度按下式计算

$$v = \frac{36}{t} \tag{4-19}$$

式中,v——平均车速,km/h;
t——试验车通过 10 m 速度测量路段的时间,s。

2. 爬长坡试验

汽车爬长坡试验需用下述试验仪器:用来测定大气温度、发动机冷却系出水温度、发动机润滑油温度、变速器齿轮油温度、分动器齿轮油温度及主减速器齿轮油温度的远程多点温度计,记录试验全过程中变速器排挡使用次数的排挡记录仪;测定燃料消耗量的燃油流量计;测量行驶时间的秒表。

试验坡道为表面平整、坚实的连续上坡道,要求该坡道长为 8~10 km,其中上坡路段应占坡道长度的 90% 以上,最大纵向坡度不小于 8%。

单车试验,应按该汽车使用说明书的规定,使汽车处于最大总质量状态;拖带挂车的汽车,应预先准备处于规定总质量的挂车,以供做增加拖带挂车的爬长坡试验。

试验之前应检查汽车是否处于良好的技术状态,尤其应重点检查发动机供油系和冷却系、动力传动系及制动系的工作状况,里程表应经过校正。

试验时,将试验车停放在坡道起点处,并记录里程表指示里程,起动燃油流量计。然后起步向上爬坡,爬坡中尽可能使用较高的挡位,并且各挡位下部应全负荷,在保证安全的前提下以较高车速行驶,一直爬至试验终点。试验中每行驶 0.5 km 里程记录一次各部位的温度值,记录试验全过程中的排挡使用次数和使用时间(或行驶里程),观察仪表、发动机及动力传动系等工作状况,并通过里程表指示值、燃油消耗量测量结果,以及爬坡时间等参数计算出平均车速和平均百公里燃料消耗量。

如果在爬坡过程中发现发动机冷却水沸腾、发动机润滑油温度超过 105 ℃、供油系发生气阻、发动机强烈爆震、动力传动系脱挡等使汽车不能正常行驶的现象,则立即停车检查,并记录停车处的行驶里程、行驶时间、燃料消耗量及各部位温度。同时，还要详细记录故障形态，以供试验结果分析用。

五、汽车动力性能台架试验

汽车动力性能台架试验即在底盘测功机上进行动力性能的检测，检测工况采用汽车额定扭矩和额定功率的工况，即发动机全负荷与额定扭矩转速和额定功率转速所对应的直接挡（无直接挡时指传动比最接近于 1 的挡）车速构成的工况。在软件系统中，把实测驱动轮输出功率和发动机输出功率校正到标准环境状态下，计算驱动轮输出功率与相应的发动机输出总功率的百分比，把该百分比与规定的限值相比较来判断动力性能是否合格。台架试验可进行驱动轮输出功率检测和试验，通过反拖测试测定车轮滚动阻力及底盘传动系阻力，通过加速时间测定并绘制加速性能曲线，还可以进行滑行距离和时间试验。

汽车动力性能台架试验与实际道路试验从检测项目到测量参数都不同，不能反映汽车实际行驶的动力性能，目前多用于在用汽车的快速检测，GB/T 18276—2000《汽车动力性台架试验方法和评价指标》的适用对象就是在用车。

第二节 汽车燃料经济性能试验

汽车的燃料经济性指汽车以最低燃料消耗完成运输工作的能力，是汽车最主要、最基础的性能之一，通常用汽车在一定行驶工况下、行驶一定里程消耗的燃油量来评价，我国的评价指标单位为 L/100 km。

燃料消耗量受汽车固有技术水平、车辆技术状况、驾驶操作水平、燃料品质、装载质量等多种因素制约，只有在同一条件下行驶的汽车，燃料消耗量才具有可比性。汽车燃料经济性试验是测量汽车在规定条件下的燃料消耗量，以获取评价其燃料经济性指标的试验。为保证试验结果的可比性，试验的方法、程序、试验车辆状况、行驶工况和操作规程，以及测量路段距离、试验用仪器设备、环境条件等都用标准予以规范化。

目前，我国现有的关于汽车燃料消耗量试验方法的标准主要有 GB/T 12545.1—2008《乘用车燃料消耗量试验方法》、GB/T 12545.2—2001《商用车燃料消耗量试验方法》、GB/T 19233—2008《轻型汽车燃料消耗量试验方法》、GB/T 27840—2011《重型商用车辆燃料消耗量测量方法》等。

一、汽车燃油消耗量测量方法及仪器设备

汽车燃油消耗量测量方法按是否需要拆卸发动机供油管路串接传感器又可分为直接测量法和间接测量法（又称为不拆卸或不解体测量法）。直接测量法直接将测量油耗的传感器串接在发动机供油管路中，实时测出消耗的燃油量，根据传感器的类型分为容积法和质量法。间接测量法通过测取表征燃油消耗的特征参数经计算得出消耗的燃油量，目前比较成熟的方法是碳平衡法。

1. 直接测量法及其油耗测量仪

容积法和质量法都能实时、连续、累计测量，其测量仪器称为油耗仪，都可用于汽车燃料消耗量台架试验。质量法油耗仪直接测量燃油消耗的质量，不需要测燃油容积，不用测量燃油的密度，测量的准确度不受发动机供油系燃油回流的影响，特别是在测量具有回油管路（柴油机、电控喷射发动机）供油系的汽车时，只要将发动机回油管路中的燃油流入称量容器，即可排除发动机回油管路中的燃油蒸气或空气对测量准确度的影响，但是质量法不适于动态测试，一般不能用于道路试验，多用于台架试验。容积法油耗仪比较简便，是汽车燃油消耗量测量常用的仪器，但是高燃油流量时过大的压力降可能会影响发动机的供油性能，而流速低时由于通过传感器元件泄漏，测量准确度有下降的趋势，尤其是怠速时泄漏导致测量准确度下降是用于多工况循环试验时可能会出现的问题。

容积法所采用的油耗仪按结构可分为活塞式、膜片式、齿轮式和涡轮式，其中活塞式油耗仪应用最多。

活塞式油耗仪由油耗传感器和信号转换器（二次仪表）组成。油耗传感器的工作原理如图4-4所示，其结构主要包括呈十字形布置的4个活塞和旋转曲轴。油耗传感器串接在发动机供油系燃油泵和喷油器（或化油器）之间，燃油在燃油泵的泵油压力作用下推动活塞运动，4个活塞各往复运动一次，就带动曲轴旋转一转，各缸分别完成一次燃油进、排循

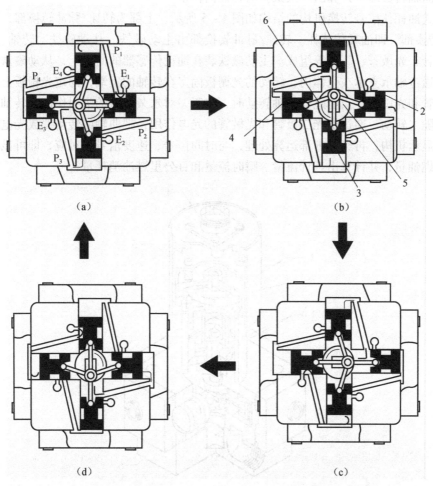

图4-4 活塞式油耗仪传感器工作原理简图

1，2，3，4—活塞；5—曲轴；6—连杆；P_1，P_2，P_3，P_4—燃油通道；E_1，E_2，E_3，E_4—燃油排出口

环。图4-4（a）所示为活塞3处于进油行程，燃油经传感器曲轴箱通过P_3油道进入油缸推动活塞3下行，带动曲轴顺时针旋转；活塞1处于排油行程，推压燃油从活塞1顶部经P_1油道从排油口E_1排出；活塞2处于进油行程终了；活塞4处于排油行程终了。图4-4（b）所示为活塞3处于进油行程终了；活塞2处于排油行程，P_2油道导通，燃油经P_2油道从排油口E_4排出；活塞4处于进油行程，P_4油道导通，燃油从传感器曲轴箱通过P_4油道进入油缸4。在燃油泵的泵油压力作用下，4个活塞依次反复地进、排燃油，即连续地定容量计量并将燃油输入发动机。

曲轴每旋转一转的排油量为

$$V = 4 \cdot \frac{\pi \cdot d^2}{4} \cdot 2h = 2h \cdot \pi \cdot d^2 \qquad (4-20)$$

式中，V——曲轴每转一转的排油量，cm^3；
$\quad\quad d$——活塞直径，cm；
$\quad\quad h$——曲柄半径，cm。

记录曲轴转数即可计算出一次试验的燃油消耗量。

活塞式油耗仪信号转换机构的结构如图4-5所示，上部为转速/脉冲转换部，下部为流量/转速转换部，即油耗传感器。转速/脉冲转换部由主动磁铁、从动磁铁、转轴、光栅板、发光二极管、光敏管、壳体等组成。主动磁铁装在油耗传感器的曲轴上，从动磁铁装在转轴上，转轴通过轴承支承在壳体内，转动的光栅板固定在转轴的上端，固定光栅板上、下方有发光二极管和光敏管。当传感器曲轴转动时，由于一对永久磁铁的吸引作用，转轴及其上的转动光栅随之转动，通过发光二极管和光敏管的光电作用，把曲轴的转动变成光电脉冲信号送入计量显示机构，再经过内部运算处理，与时间信号、速度信号相对应，即可显示出流经传感器的燃油量，并计算出累计流量、瞬时流量和百公里燃油消耗量。

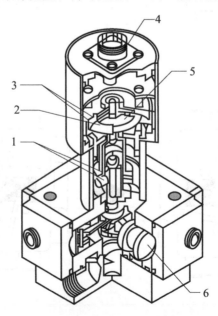

图4-5 活塞式油耗仪信号转换机构简图
1—磁性联轴节；2—固定光栅；3—光敏管 LED（对置）；4—信号端子；5—转动光栅；6—活塞

活塞式油耗仪用于电控燃油喷射发动机需处理从压力调节器回流的多余燃油。对于小排量的发动机，可以让燃油回流到油耗传感器输出端；对于大排量发动机，由于从压力调节器返回的燃油压力迅速降低，而且靠近发动机温度较高，会使输出的脉冲抖动，将导致很大的测量误差，必须采用具有返回燃油处理功能的活塞式油耗仪，如图 4-6 所示，从发动机返回的燃油被导入热交换器中按照油箱的温度进行冷却，再被泵出形成循环。

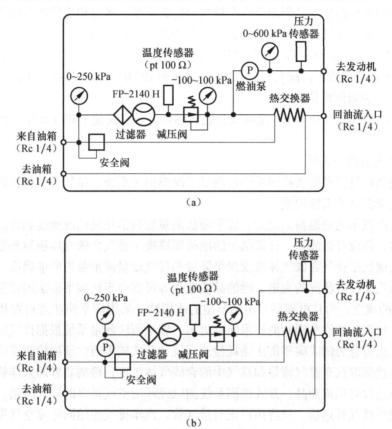

图 4-6 具有返回燃油处理功能的活塞式油耗仪原理
(a) 汽油机用；(b) 柴油机用

2. 间接测量法及其油耗测量系统

模拟较复杂行驶工况的燃油消耗量试验是在底盘测功机上进行的，碳平衡法测量油耗量比较准确，目前，已广泛应用于新生产轻型汽车燃料经济性定型试验和生产一致性检测，我国乘用车、商用车的碳平衡法燃油消耗量试验均已在相关标准中进行了规范。

(1) 碳平衡法的原理

碳平衡法是根据分别测得的汽车在测试时间或行程内的排气总容积和同时测得的含碳化合物浓度，经计算得出汽车在测试时间或行程内的排气含碳化合物的总质量。其基本原理是燃料中的含碳量不因燃烧而改变，测取汽车排气中的碳质量就可以据此算得相应的燃烧的燃料量，即有以下基本算式

$$Q_u = \frac{0.273 \times M_{CO_2} + 0.429 \times M_{CO} + m_{HC} \times M_{HC}}{10 \cdot d_F \cdot m_{FC}} \quad (4-21)$$

式中，Q_u——汽车燃料消耗量，L/100 km；

$m_{HC} = \dfrac{12}{12+X}$——碳氢化合物中的碳质量比；

d_F——燃料密度，kg/L；

M_{CO_2}，M_{CO}，M_{HC}——燃料燃烧后排放 CO_2、CO、HC 的平均排放量，g/km。

因此，采用碳平衡法，必须测得汽车排气中的碳质量，确定相应的燃油碳质量，才能计算出消耗的燃油量，而且必须满足以下 3 个基本假设式（4-29）才有实际应用意义：

1）燃料燃烧的生成物全部从排气管排出；

2）燃料燃烧生成物中的碳只包含在 CO_2、CO 和 HC 中，忽略其他生成物中的碳（如含氧碳氢化合物）和固体炭粒；

3）排气中的 CO_2、CO 和 HC 全部来自燃料燃烧，没有其他来源（如窜入燃烧室的润滑油）。

（2）碳平衡法检测系统

汽车燃油消耗量碳平衡法检测系统由测试工况模拟子系统、排气含碳化合物浓度测量子系统和排气流量测量子系统构成。

对于新生产汽车测量燃料消耗量、碳平衡法测量燃料消耗量的准确度和重复性未因 3 个基本假设变差，假设可以成立。计算结果的准确度取决于排气含碳气体质量和燃料密度的测量准确度，关键在于排气含碳气体浓度测量装置和排气流量测量装置的准确度。

由于在用汽车技术状况的衰退、燃油品质变化等可能会干扰碳平衡法测油耗基本算式的 3 个基本假设的成立，而且更强调对不同车型的通用性，采用碳平衡法进行在用汽车的燃料消耗量测量，比新生产汽车遇到的技术问题更多。碳平衡法测量系统根据排气流量测量子系统采样结构特点可分为闭式碳平衡法油耗检测系统和开式碳平衡法油耗检测系统两大类。闭式检测系统直接测取汽车排气流量和排气中的含碳气体浓度，检测装置的采样管与汽车排气管密闭，目前还没有形成商品。开式检测系统测取经环境空气稀释的排气流量，检测装置的采样管不与汽车排气管连接，只将接口正对排气管，汽车排气流随同环境空气用风机抽入流量测量系统。

1）测试工况模拟子系统。

碳平衡法检测系统的测试工况模拟子系统基础构成件是高性能的底盘测功机。

按照 GB/T 19233—2008《轻型汽车燃料消耗量试验方法》的规定，新生产轻型汽车试验用测量系统与 GB 18352.3—2005《轻型汽车污染物排放限值及测量方法（中国Ⅲ、Ⅳ阶段）》和 GB 18352.2—2001《轻型汽车污染物排放限值及测量方法（Ⅱ）》规定的相同，进行排放试验的底盘测功机是利用直流电动机模拟汽车道路行驶阻力，通过调节载荷和惯量，使受试车辆能实现由市区运转循环（1 部）和市郊运转循环（2 部）组成的多工况行驶循环试验。

在用汽车燃料消耗量测量所用的底盘测功机的功能、结构取决于检测工况、车型。底盘测功机模拟的汽车行驶载荷、速度、时间的准确度，以及变载、变速响应时间的长短对油耗检测结果都将产生明显影响，从而使试验结果缺乏可比性。因此，凡需用底盘测功机配合的测量、试验，底盘测功机的特性和技术参数都要满足相关技术文件和标准的要求。

2）排气流量测量子系统。

① 用于新生产汽车测量的排气定容采样系统。

将受试车辆的排气用试验环境空气连续地稀释，并能防止水蒸气和高沸点的碳氢化合物在采样系统中凝结，减少排气各成分间的反应，使采样气体的组分比较稳定，能按排气与环境空气混合后的容积比用定容取样器连续收集样气（稀释排气）进行分析（供分析用的样气用气袋收集）。受试车辆排气排放物的质量由整个试验期间测得的按比例取样的样气浓度和总容积确定。样气中含碳化合物的体积浓度还需按试验环境空气中相应的含碳化合物的浓度进行修正。

图 4-7 所示为排气定容取样系统示意图。系统主要由排气收集和稀释装置的混合室、抽气装置、容积测量装置和采样装置构成。

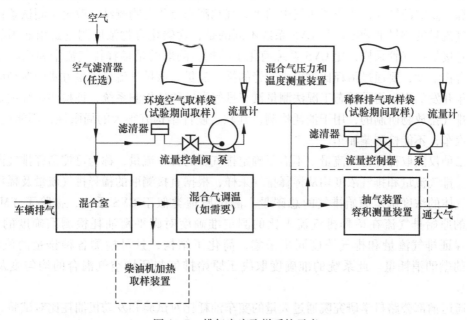

图 4-7　排气定容取样系统示意

混合室通过连接管与汽车排气管和试验环境空气进气装置连接，使受试汽车排气与空气混合，在混合室出口产生均匀的混合气（稀释排气）。为不改变汽车排气的性质，连接汽车排气管出口的连接管应尽可能短，以保证受试汽车排气管出口处的静压力和未在排气管出口处连接任何器件时的静压力差，在试验全过程不超过 ±1.25 kPa。为降低混合室对排气管出口处状态的影响，限制空气处理装置内的压力降，应保持混合室内的压力与大气压力之差不超过 ±0.25 kPa。

抽气装置具有一个固定的速度范围，以使系统有足够的流量，保证有足够量的试验环境空气稀释受试汽车排气，防止采样和测量系统中出现冷凝水。

容积测量装置用容积泵或临界流量文丘里管测量排气的流量。容积测量装置的关键是要在任意测量工况下保持容积测量的准确度在标定准确度的 ±2% 以内。为此要控制混合气温度的变化在规定的测试工况温度 ±6 K① 以内，必要时应设置混合气调温装置。为将测得的混合气容积校正为标准状态下的容积，在容积测量装置前设置了准确度为 ±1 K 的温度传感

---

① 1 K = 1 ℃。

器和准确度为±0.4 kPa的压力传感器,且要求温度传感器对温度变化的响应达到62%的时间为0.1 s（在硅油中测量）。

气体采样装置由滤清器、气体流量调节器、泵、流量计和采样袋等器件组成。

用于压燃式发动机汽车的HC和颗粒物采样装置的采样点设置在稀释通道内。

② 用于在用汽车测量的开式检测系统的排气容积测量系统。

开式检测系统不需要闭式检测系统的稳压箱,简化了结构。其根据测取排气流量的方式分为两种。

第一种测取稀释气体流量,通过稀释比计算确定排气管的排气流量。排气流与环境空气混合稀释后通过流量传感器排入大气,实时测量体积流量,类似于CVS系统。用环境空气稀释高温、高湿的排气,防止了排气中的水蒸气和高沸点化合物凝结,改善了测试条件,提高了排气流量的测量准确度。与CVS系统不同的是,含碳化合物浓度测量是用通用的排气分析仪直接从排气管采样,比CVS系统简化了结构。测取的是稀释排气流量和原始排气的含碳化合物浓度,要通过稀释比算得排气管的排气流量。该排气流量测量方式的典型应用是美国近年开发的用于简易瞬态工况法测量汽车排气污染物的检测系统,该检测系统主要是为乘用车排气排放物研制的,用于油耗检测,其软、硬件结构有很大的局限性,不能检测中、大排量汽车,不能检测柴油车。

第二种仅测取稀释排气流量,不需要确定排气管的排气流量,称为可控稀释排气流量检测系统。排气流量和排气浓度均从稀释排气采样,根据直接测取的稀释排气流量及稀释排气流含碳气体的浓度确定原始排气的总碳量。测试原理类似于CVS系统,排除了VMAS检测系统的原始排气流在稀释排气流占比的测定准确度对碳平衡油耗检测准确度的影响,还易于保证排气流量和排气浓度同步采集,简化了结构,且可检测各种排量的汽油车、柴油车的燃油消耗量。此系统的准确度取决于原始排气与环境空气混合的均匀度及其测量准确度。

交通运输部公路科学研究院通过大量的实车油耗比对试验和发动机油耗比对试验,根据汽车排量、检测工况、稀释比参数与油耗测试误差间相互影响、制约关系,建立了稀释比控制模型,保证了测量的准确度。图4-8所示为其所研制的碳平衡油耗仪样机,综合了VMAS（瞬态工况污染物排放检测）和CVS系统测量汽车排气排放物的技术原理,利用环境空气稀释汽车原始排气解决原始排气高温、脉动不易测量的难题；直接测取稀释排气流量和稀释排气含碳气体的浓度,缓解二者实时测取难以同步的问题；按需调节稀释原始排气的环境空气量,适于检测各型大小排量的汽、柴油车油耗,具有通用性。油耗仪软、硬件结构技术均已完备成熟,可直接转化为商品。

图4-8 碳平衡油耗仪

应用该测量子系统的碳平衡法检测系统如图4-9所示。

3) 排气含碳化合物浓度测量子系统。

排气含碳化合物浓度测量子系统基础构件是排气分析仪。

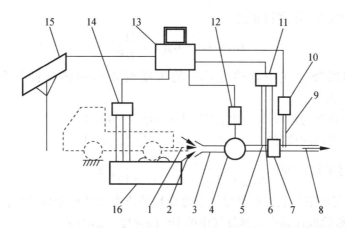

图 4-9 汽车燃油消耗量碳平衡法可控稀释排气流量检测系统示意图
1—汽车排气；2—环境空气；3—排气稀释管；4—风机；5—稀释排气流压力传感器；
6—稀释排气流温度传感器；7—稀释排气流量传感器；8—排入大气；9—稀释排气流含碳气体浓度采样探头；
10—含碳气体浓度测量装置；11—稀释排气流量处理器；12—稀释排气流量控制器；13—主控计算机；
14—底盘测功机加载（荷）控制系统；15—驾驶员引导装置；16—底盘测功机

对于新生产汽车含碳化合物浓度测量，CO、CO_2 分析仪为不分光红外分析仪（NDIR），HC 分析仪为氢离子火焰型（FID，点燃式发动机用）或加热式氢离子火焰型（HFID，压燃式发动机用），用质量法测定收集的颗粒物，测定颗粒物质量的仪器为微量天平。

对于在用汽车，选用排气检测通用的五气分析仪或四气分析仪，采用不分光红外分析法测量 CO、CO_2、HC 的体积浓度。

3. 受试汽车排气含碳化合物质量计算

（1）CVS 定容采样系统

$$M_i = \frac{V_{mix} \cdot Q_i \cdot C_i \cdot 10^{-6}}{S} \quad (4-22)$$

式中，M_i——排气含碳化合物 i 的排放质量，g/km；

V_{mix}——试验期间测得的、校正为标准状态下样气的总容积，L/试验；

Q_i——标准状态（温度 273.2 K，大气压 101.3 kPa）下，排气含碳气体 i 的密度，g/L；

C_i——经校正后的稀释排气含碳气体 i 的浓度，μL/L；

S——试验期间受试汽车行驶里程，km。

容积泵测得的稀释排气容积校正为标准状态下的计算式

$$V_{mix} = V \cdot K_1 \cdot \frac{P_B - P_I}{T_P} \quad (4-23)$$

$$K_1 = \frac{273.2 \text{ K}}{101.33 \text{ kPa}} = 2.696 \text{ K/kPa} \quad (4-24)$$

式中，V——系统测得的稀释排气总容积，L/试验；

P_B——实验室内环境大气压，kPa；

P_I——容积泵进口处相对环境大气压的真空度，kPa；

T_P——试验期间进入容积泵的稀释排气的平均温度，K。

稀释排气含碳气体 i 浓度校正式

$$C_i = C_e - C_d\left(1 - \frac{1}{DF}\right) \tag{4-25}$$

式中，C_i——经用稀释空气中含碳气体 i 的浓度校正后的稀释排气含碳气体 i 的浓度，μL/L；

C_e——系统测得的稀释排气含碳气体 i 的浓度，μL/L；

C_d——系统测得的稀释空气中含碳气体 i 的浓度，μL/L；

DF——稀释系数，$DF = \dfrac{13.4}{C_{CO_2} + (C_{HC} + C_{CO}) \times 10^{-4}}$；

C_{CO_2}——测得的取样袋内稀释排气中的 CO_2 的浓度（体积分数），%；

C_{HC}——测得的取样袋内稀释排气中的 HC 的浓度，μL/L；

C_{CO}——测得的取样袋内稀释排气中的 CO 的浓度，μL/L。

根据测得的受试汽车单位行程（或运行时间）排气含碳气体的质量（单位为 g/km 或 g/s），换算成受试汽车单位行程（或运行时间）排气含碳质量，即据此及试验用燃油密度 d_F 算得受试汽车单位行程（或运行时间）的燃料消耗量（单位为 L/km、L/100 km 或 L/s）。

（2）可控稀释排气流量检测系统

该系统是根据逐秒测取稀释排气 HC、CO、CO_2 的浓度和对应时刻计算出的标准状态下的稀释排气流量，计算排气中含碳气体的质量，即

逐秒排放的各含碳气体的质量（g/s）=稀释排气各含碳气体逐秒浓度（%）×各含碳气体的密度（g/L）×标准状态下的稀释排气逐秒流量（L/s）

$$M_i = Q_{V_0} \times d_i \times C_i \times 10^{-2} \text{ g/s} \tag{4-26}$$

式中，M_i——逐秒排放的各含碳气体质量，g/s；

d_i——i 含碳气体在标准状态下的密度，$d_{CO} = 1.25$ g/L，$d_{CO_2} = 1.964$ g/L，汽油（$C_1H_{1.85}$）$d_{HCg} = 0.6183$ g/L，柴油（$C_1H_{1.86}$）$d_{HCd} = 0.61875$ g/L；

C_i——逐秒稀释排气流 i 含碳气体的浓度（体积百分数），%；

Q_{V_0}——逐秒的稀释排气流在标准状态下的体积流量，$Q_{V_0} = \dfrac{Q_V \cdot T_0 \cdot P_1}{P_0 \cdot T_1}$，L/s；

Q_V——逐秒测得的稀释排气体积流量，L/s；

P_0——标准状态的大气压，101.33 kPa；

T_0——标准状态的大气温度，273.2 K；

P_1——稀释排气逐秒进入流量传感器时的大气压，kPa；

T_1——稀释排气逐秒进入流量传感器时的温度，K。

将逐秒排放的各含碳气体质量随时间累加，便可得出一次检测排放的各含碳气体质量的累计值，进而可根据各含碳气体的含碳比计算受检汽车一次检测排气排放的含碳气体的含碳总质量。

$$M_{gC} = 0.8664 \times M_{HC} + 0.429 \times M_{CO} + 0.273 \times M_{CO_2} \tag{4-27}$$

$$M_{dC} = 0.8658 \times M_{HC} + 0.429 \times M_{CO} + 0.273 \times M_{CO_2} \tag{4-28}$$

式中，M_{gC}——受检汽车一次检测排气排放的气体质量的累计值（汽油车），g/测试；

M_{dC}——受检汽车一次检测排气排放的气体质量的累计值（柴油车），g/测试；

M_{HC}——受检汽车一次检测排气排放的 HC 气体质量的累计值，g/测试；

M_{CO}——受检汽车一次检测排气排放的 CO 气体质量的累计值，g/测试；

M_{CO_2}——受检汽车一次检测排气排放的 CO_2 气体质量的累计值，g/测试；

系数——HC、CO、CO_2 气体中的含碳比，汽油（$C_1H_{1.85}$）为 0.866 4，柴油（$C_1H_{1.86}$）为 0.865 8。

则按碳平衡法计算的汽车一次检测消耗的燃油量计算如下：

$$Q_g = M_{gC}/(1\,000 \times m_{HC} \times d_{Fg}) \tag{4-29}$$

$$Q_d = M_{dC}/(1\,000 \times m_{HC} \times d_{Fd}) \tag{4-30}$$

式中，Q_g——汽油车消耗的燃油，L/测试；

Q_d——柴油车消耗的燃油，L/测试；

d_{Fg}——汽油的密度，kg/L；

d_{Fd}——柴油的密度，kg/L；

m_{HC}——燃料的含碳比。

设一次检测受检汽车在测功机上的行驶距离为 S km，则受检车每千米行程的燃油消耗量为

$$Q_{g1} = \frac{M_{gC}}{0.866\,4 \times 1\,000 \times d_{Fg} \cdot S} \tag{4-31}$$

$$Q_{d1} = \frac{M_{dC}}{0.865\,8 \times 1\,000 \times d_{Fd} \cdot S} \tag{4-32}$$

式中，Q_{g1}——汽油车每千米行程的燃油消耗量，L/km；

Q_{d1}——柴油车每千米行程的燃油消耗量，L/km。

受检汽车每百公里①油耗量：

汽油车

$$Q_{g100} = Q_{g1} \times 100 = \frac{0.115\,4}{d_{Fg} \cdot S} \times (0.866\,4 \times M_{HC} + 0.429 \times M_{CO} + 0.273 \times M_{CO_2})$$

$$\tag{4-33}$$

柴油车

$$Q_{d100} = Q_{d1} \times 100 = \frac{0.115\,4}{d_{Fd} \cdot S} \times (0.865\,8 \times M_{HC} + 0.429 \times M_{CO} + 0.273 \times M_{CO_2})$$

$$\tag{4-34}$$

二、燃料经济性能试验行驶工况

汽车燃料经济性能试验的行驶工况由行驶速度和行驶时的载荷构成，有稳态工况和瞬态（多）工况两大类。

1. 稳态工况

稳态工况即等速行驶工况，是汽车运行的基本工况。

通常在试验车变速器最高挡的最小稳定车速至最高车速的 90% 范围内，以 10 的整数倍

---

① 1 公里 = 1 千米。

均匀选取至少 5 个试验车速，作为恒定载荷下评价燃油消耗的稳态（等速）行驶工况。

乘用车、轻型车的试验载荷为：整备质量加 180 kg。当车辆的 50% 载质量大于 180 kg 时，取整备质量加 50% 的载质量。

商用车试验载荷为：M_2、M_3 类城市客车为 65% 的载质量，其他车辆为满载。

2. 瞬态（多）工况

汽车在一定载荷下实际运行过程中一般不会在很长时间内都维持一个稳定的速度，根据道路情况、交通状况等，经常需要进行加速、减速、怠速、稳（等）速的变换，也就是说，汽车实际运行工况是怠速、加速、稳（等）速、减速等各种瞬态工况的随机组合。因此，稳态工况的燃料消耗量不能真实地反映汽车实际运行的燃料经济性能。为此，国内外相关机构在分析不同车型大量行驶工况的试验、统计数据的基础上，制定了能更好地反映不同车型实际行驶过程燃料消耗量的多工况循环评价、测试方法。我国相关标准规定的多工况主要有四工况、六工况、十五工况，还有 C – WTVC 循环。下面主要介绍四工况与 C – WTVC 循环。

（1）四工况

四工况是模拟城市公交客车（M_2、M_3 类城市客车）站间的行驶工况循环，用于公交车辆燃料消耗量的测量，其循环构成如图 4 – 10 所示，操作规程见表 4 – 2。

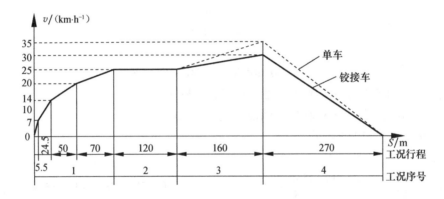

图 4 – 10 四工况试验循环构成

表 4 – 2 四工况试验循环

工况序号	运转状态/(km·h⁻¹)	行程/m	累计行程/m	时间/s	变速器挡位及换挡车速	
					挡位	换挡车速
1	0→25 换挡加速	5.5	5.5	5.6	Ⅱ～Ⅲ	6～8
		24.5	30	8.8	Ⅲ～Ⅳ	13～15
		50	80	11.8	Ⅳ～Ⅴ	19～21
		70	150	11.4	Ⅴ	
2	25	120	270	17.2	Ⅴ	
3	(30) 25～35	160	430	(20.9) 19.2	Ⅴ	
4	减速行驶	270	700	—	空挡	

注：1. 对于五挡以上变速器采用Ⅱ挡起步，按表中规定循环试验；对于四挡变速器采用Ⅰ挡起步，用Ⅳ挡代替表中的Ⅴ挡，其他依次代替，按表中规定试验循环进行。

2. 括号内数字用于城市铰接式客车。

(2) C-WTVC 循环

C-WTVC 循环是以世界重型商用车辆瞬态循环（World Transient Vehicle Cycle，WTVC）为基础，调整加速度和减速度形成的驾驶循环。由市区、公路和高速工况组成，如图 4-11 所示，循环数据统计特征见表 4-3。

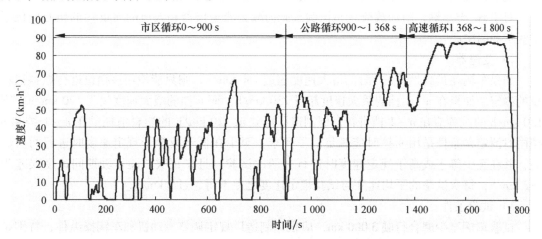

图 4-11 重型商用车 C-WTVC 循环曲线

表 4-3 重型商用车 C-WTVC 循环数据统计特征

工况	运行时间 /s	急速时间 /s	运行距离 /km	最高速度 /(km·h^{-1})	平均速度 /(km·h^{-1})	最大加速度 /(m·s^{-2})	最大减速度 /(m·s^{-2})	里程比例 /%
市区部分	900	150	5.730	66.2	22.895	0.917	1.033	27.94
公路部分	468	30	5.687	73.5	43.746	0.833	1.000	27.73
高速部分	432	6	9.093	87.8	75.772	0.389	0.967	44.33
C-WTVC 循环	1 800	186	20.510	87.8	40.997	0.917	1.033	100.00

注：C-WTVC 循环数据给出了试验中每 1 s 的速度，共 1 800 组数据，详见 GB/T 27840—2011。

三、燃料经济性能道路试验方法

道路试验法测量汽车的燃料消耗量简单易行，与汽车实际行驶阻力一致，测量数据可靠度高，设备费用低，早就广泛应用于汽车燃料经济性试验与评价。但是，道路试验法需要有符合规定的道路，而且受气象条件的限制，试验结果容易受道路、气象等客观条件和试验人员主观因素的影响，可比性和可重复性较差，难以实现复杂得多的工况循环试验。

试验时的空气密度与基准状态（$P=100$ kPa，$T=293.2$ K）下的空气密度相差不得超过 ±7.5%，否则需进行修正。

1. 稳态工况燃料消耗量试验

汽车道路稳态运行工况油耗试验即等速百公里油耗试验。

GB/T 12545.1—2008 规定了乘用车进行 90 km/h、120 km/h（或最高车速）等速行驶燃料消耗量试验的方法。

1) 载荷分布。

对于 M_1 类车辆，载荷的质心应位于前排外侧座椅 R 点连线的中点；对于最多两排座椅的车辆，载荷的质心应位于前排外侧座椅 R 点连线的中点；对于多于两排座椅的车辆，最初的 180 kg 载荷的质心应位于前排外侧座椅 R 点连线的中点，附加载荷的质心应位于车辆中心线上，且应在前排外侧座椅 R 点连线中点和第二排外侧座椅 R 点连线中点之间。

对于 N_1 类车辆，附加载荷（指试验总载荷减去测量仪器和人员的质量）的质心应位于车辆货厢的中心。

2）变速器。

如果车辆在最高挡（n）时的最大速度超过 130 km/h，则只能使用该挡位进行燃料消耗量的测定。如果在 $n-1$ 挡的最大速度超过 130 km/h，而 n 挡的最大速度仅为 120 km/h，则 120 km/h 的试验应在 $n-1$ 挡进行，但制造厂可要求 120 km/h 的燃料消耗量在 $n-1$ 挡和 n 挡同时测定，条件是用 n 挡时应满足以下要求：至少在低于或等于规定速度时进行两次试验，并在至少等于或高于规定速度时进行另两次试验，且在每次试验行驶期间速度误差为 ±2 km/h，每次试验的平均速度与试验规定速度之差不得超过 2 km/h。

3）试验条件。

试验车辆至少磨合行驶 3 000 km，应根据制造厂规定调整发动机和车辆操纵件，特别是应调整怠速装置（调整转速和排气中 CO 含量）、起动装置和排气净化系统；应检查车辆进气系统的密封性；试验车辆性能应符合制造厂规定，应能正常行驶，并顺利地冷、热起动。

试验前试验车辆应放在 20 ℃ ~30 ℃ 的环境下至少 6 h，直至发动机机油温度和冷却液温度达到该环境温度 ±2 ℃ 为止；车辆应在常温下运行 30 h 之内进行试验。

如果试验车辆的冷却风扇为温控型，应使其处于正常的工作状态。乘客舱空调系统应关闭，但其压缩机应处于正常工作状态。

如果四轮驱动的试验车辆，只是用同轴两轮驱动进行试验，则应在试验报告中注明。

测量路段的长度应至少 2 km，可以是封闭的环形路（测量路程必须为完整的环形路），也可以是平直路（试验在两个方向上进行）。

在第一次测量之前，车辆应进行充分的预热，并达到正常工作条件。在每次测量之前，车辆应在试验道路上以尽可能接近试验速度的速度（该速度在任何情况下与试验速度相差不得大于 ±5%）行驶至少 5 km，以保持温度稳定。

4）记录每次试验的行驶距离和燃料消耗测量值，并计算每次试验行程的燃料消耗量（L/100 km）。

指定速度的燃料消耗量通过对试验数据用线性回归法计算得到。在试验道路上的两个方向上进行试验时，应分别记录在每个方向上获得的值。如果在平均速度等于指定速度 ±0.5 km/h 时测量燃料消耗量，可用获得的试验数据的平均值计算规定速度下的燃料消耗量。

GB/T 12545.2—2001 规定的商用车等速行驶燃料消耗量试验，试验车速从 20 km/h（最小稳定车速高于 20 km/h 时，从 30 km/h）开始，以车速 10 km/h 的整数倍均匀选取车速，直至最高车速的 90%，至少测定 5 个试验车速。挡位采用直接挡或直接挡和超速挡。对带自动变速器的车辆采用高挡。等速行驶通过 500 m 的测试路段，测量通过该路段的时间及燃料消耗量，同一车速往返各进行 2 次。以试验车速为横坐标、燃料消耗量为纵坐标，绘制等速行驶燃料消耗量散点图，根据散点图绘制等速行驶燃料消耗量的特性曲线，也可根据各车速下的百千米油耗数据,用最小二乘法拟合出特性曲线。利用汽车等速百千米油耗特性曲线评价汽车的燃油经济性,主要有 3 个特征值,即经济车速、最低燃油消耗量、高车速油耗相对于最低油耗的增量。

2. 瞬态工况燃油消耗量试验

瞬态工况燃油消耗量的道路试验操作有难度,若偏离规定工况太多,则会降低试验准确度、可靠度,因此只适于简单的四工况、六工况循环。

汽车尽量用高挡进行试验,当高挡位达不到工况要求、超出规定偏差时,应降低一挡进行,当车辆进入可使用高挡行驶的等速行驶段和减速行驶段时,再换入高挡进行试验。换挡应迅速、平稳。

减速行驶中,应完全放松加速踏板,离合器仍接合。当试验车速降至 10 km/h 时,分离离合器,必要时,减速工况中允许使用车辆的制动器。

试验车辆在多工况的终速度偏差为 13 km/h,其他各工况速度偏差为 ±1.5 km/h。在各种行驶工况改变过程中允许车速的偏差大于规定值,但在任何条件下超过车速偏差的时间不大于 1 s,即时间偏差为 ±1 s。

每循环试验后,应记录通过循环试验的燃料消耗量和通过的时间。

当按试验循环完成 1 次试验后,车辆应迅速掉头,重复试验。

试验往返各进行 2 次,取 4 次试验结果的算术平均值为多工况燃料消耗量试验的测定值。

3. 测量结果检验

1)GB/T 12545.1—2008 规定置信度应达到 95%,燃料消耗量的精度应达到 ±3%。为了得到此精度,可增加试验次数。燃料消耗量测量精度计算如下

$$\text{精度} = K \cdot \frac{\sqrt{\frac{\sum (C_i - \hat{C}_i)^2}{n-2}} \cdot \sqrt{\frac{1}{n} + \frac{(v_{\text{ref}} - \bar{v})^2}{\sum (v_i - \bar{v})^2}}}{C} \times 100\% \qquad (4-35)$$

式中,C_i——在 v_i 速度时测量的燃料消耗量;

$\hat{C}_i$——在 v_i 速度时用线性回归法计算出的燃料消耗量;

C——在指定速度 v 时,用线性回归法计算出的燃料消耗量;

v_{ref}——指定速度;

v_i——i 时的实际速度;

$\bar{v} = \frac{\sum v_i}{n}$——平均速度;

n——试验次数;

K——修正系数。

表 4-4 所示为 K 值与试验次数的对应关系。

表 4-4 K 值与试验次数的对应关系

n	4	5	6	7	8	9	10	12	14	16	18	20
K	4.30	3.18	2.78	2.57	2.45	2.37	2.31	2.23	2.18	2.15	2.12	2.10

2) GB/T 12545.2—2008 规定等速行驶燃料消耗量试验和多工况循环燃料消耗量试验，试验结果须经重复性检验。

第 95 百分位分布的标准差 R 与重复性次数 n 有关，其对应关系见表 4-5。

表 4-5 标准差 R 与重复性次数 n 的对应关系

n	2	3	4	5	10
R	$0.053\bar{Q}$	$0.063\bar{Q}$	$0.069\bar{Q}$	$0.073\bar{Q}$	$0.085\bar{Q}$

注：$\bar{Q}$——每项试验时，n 次试验所测得的燃油消耗量的算术平均值，L/100 km。

ΔQ_{max} 为每项试验时，n 次试验结果中最大燃料消耗量值与最小燃料消耗量之差，单位为 L/100 km。

当 $\Delta Q_{max} < R$ 时，认为试验结果的重复性好，不必增加试验次数。

当 $\Delta Q_{max} \geq R$ 时，认为试验结果的重复性不好，应增加试验次数。

试验结果的置信区间 ΔQ_V（置信度 90%）为

$$\Delta Q_V = \pm \frac{0.31}{\sqrt{n}} \times \bar{Q} \tag{4-36}$$

4. 试验数据的校正

1) GB/T 12545.1—2008 规定标准条件。

大气压力

$$H_0 = 100 \text{ kPa}$$

温度

$$T_0 = 20 \text{ ℃}$$

空气密度

$$d_T = d_0 \cdot \frac{H_T}{H_0} \cdot \frac{T_0}{T_T} \tag{4-37}$$

式中，d_T——试验条件下的空气密度，kg/m³；

d_0——标准条件下的空气密度，kg/m³；

H_T——试验期间的大气压力，kPa；

T_T——试验期间的绝对温度，K；

H_0——标准条件下的大气压力，100 kPa；

T_0——标准条件下的绝对温度，293 K。

按上式计算的试验时的空气密度与标准条件下的空气密度之差不得大于 7.5%。

环境条件：温度，5 ℃ ~ 35 ℃；大气压力，91 ~ 104 kPa。如果制造厂允许，可在最低到 1 ℃ 的环境温度下进行试验，应采用 5 ℃ 的温度校正系数。

$$C_{校正} = K' \cdot C_{测量} \tag{4-38}$$

式中，$C_{校正}$——标准条件下的燃料消耗量，L/100 km；

$C_{测量}$——试验环境条件下测量的燃料消耗量，L/100 km；

K'——校正系数。

$$K' = \frac{R_R}{R_T}[1 + K_R(T - T_0)] + \frac{R_{AERO}}{R_T} \cdot \frac{\rho_0}{\rho} \tag{4-39}$$

式中，R_R——试验速度下的滚动阻力，N；

R_{AERO}——试验速度下的空气动力阻力，N；

$R_T = R_R + R_{AERO}$——总行驶阻力，N；

T——试验期间的环境温度，℃；

K_R——滚动阻力相对温度的校正系数，采用值为：3.6×10^{-3}/℃；

ρ——试验条件下的空气密度；

$\rho_0 = 1.189 \text{ kg/m}^3$——标准条件下的空气密度。

2) GB/T 12545.2—2001 规定基准状态为：试验环境温度，20 ℃；大气压力，100 kPa。基准状态的燃油密度：汽油，0.742 g/mL；柴油，0.830 g/mL。

校正公式

$$Q_0 = \frac{Q}{C_1 \cdot C_2 \cdot C_3} \tag{4-40}$$

式中，Q_0——校正后的燃油消耗量，L/100 km；

Q——实测燃油消耗量的平均值，L/100 km；

$C_1 = 1 + 0.0025 \times (20 - T)$——环境温度校正系数；

$C_2 = 1 + 0.0021 \times (P - 100)$——大气压力校正系数；

C_3——燃油密度校正系数，

汽油机　$C_3 = 1 + 0.8 \times (0.742 - G_s)$

柴油机　$C_3 = 1 + 0.8 \times (0.830 - G_d)$

T——试验时的环境温度，℃；

P——试验时的环境大气压，kPa；

G_s——试验用的汽油平均密度，g/mL；

G_d——试验用的柴油平均密度，g/mL。

四、燃料经济性能台架试验方法

汽车燃料消耗量台架试验系统是在底盘测功机的基础上，增加油耗的测量仪器。台架试验法不受道路、气象条件的限制，可模拟复杂的汽车行驶工况，可采用质量法、容积法、碳平衡法中的任一方法测量燃料消耗量，试验条件可控，试验结果重复性好、准确、可靠。碳平衡法可同时进行燃料经济性和排气污染物试验。

但是能模拟复杂行驶工况的底盘测功机价格昂贵；不易准确模拟汽车道路行驶阻力，底盘测功机用电惯量或机械惯量难以准确、实时模拟受试汽车加、减速行驶的惯性阻力；需要测定受试汽车的道路行驶阻力供底盘测功机模拟；在同一道路上，同规格、不同型号汽车的行驶阻力各不一样，即使是同型号、规格不同的汽车，其道路行驶阻力也不相等，若底盘测功机模拟的行驶阻力与受试车的实际不相符，就会明显降低测试结果的可靠度和可比性。

1. 乘用车燃料消耗量台架试验

（1）等速行驶工况

底盘测功机的转鼓用来驱动功率吸收装置、惯量模拟装置和速度、行驶距离的测量装置。当速度不低于 50 km/h 时，应稳定模拟总行驶阻力，在选定速度下将选定的吸收功率保持稳定。当测量燃料消耗量时，应能同时起动燃料消耗量、行驶距离和所用时间的测量装置。

试验室的条件应能调整,以便车辆在润滑油、冷却液和燃油的温度与在道路上用同一速度行驶时车辆的温度范围相一致的条件下进行试验。

1) 车辆准备。车辆的装载质量与道路试验时相同。将车辆停在测功机上时,应使纵向中心对称平面与滚筒轴线垂直,且车辆的固定系统不应增加驱动轮的载荷。车辆一旦达到试验温度,就以接近试验速度的速度在测功机上行驶足够长的距离,以便调节辅助冷却装置来保证车辆温度的稳定性,持续时间不低于 5 min。

2) 测功机设定。按照试验速度和规定的试验质量设定测功机,以达到总的道路行驶阻力。通过在底盘测功机上再现道路试验时同一速度变化范围的减速时间(校正值),调整功率吸收装置,重现校正总行驶阻力;或者使用经确认的行驶阻力曲线进行设定。

3) 测量和数据记录、处理。测量行驶距离不少于 2 km,试验中,速度变化幅度不大于 0.5 km/h 时可断开惯性装置,至少进行 4 次测量。测量结果的记录和处理同道路试验。

(2) 瞬态工况

试验循环是 GB/T 18352.3—2005 中的多工况循环,包括 1 部(市区行驶)和 2 部(市郊行驶)两部分。采用碳平衡法进行试验,根据计算得出的 HC、CO 和 CO_2 排放量,分别计算市区、市郊和综合燃料消耗量。

型式试验值的确定:

试验循环是 GB 128352.3—2005 中的多工况循环,包括 1 部(市区行驶)和 2 部(市郊行驶)两部分。采用碳平衡法进行试验,根据计算得出的 HC、CO 和 CO_2 排放量,分别计算市区、市郊和综合燃料消耗量。

型式试验值的确定:

如测量计算的燃料消耗量综合值与制造厂申报的综合值之差符合下列规定,则将申报综合值作为型式试验值。

对于 M_1 类车辆

$$\frac{检验机构测量计算的综合值 - 制造厂申报综合值}{制造厂申报综合值} \leqslant +4\%$$

对于 N_1 类车辆

$$\frac{检验机构测量计算的综合值 - 制造厂申报综合值}{制造厂申报综合值} \leqslant +6\%$$

如果不满足以上要求,则在该车上进行另一次试验,两次试验结果的平均值作为检验机构测量计算的综合值再进行计算,如果满足要求,则将制造厂的申报综合值作为型式试验值;否则在该车辆上进行一次最终确认试验,将 3 次试验的测量计算结果的综合平均值作为型式试验值。

多次试验过程中不允许对发动机或车辆做任何改动或调整。

也可采用统计量针对全国城市的市区和市郊进行调整。调整燃料消耗量的计算应根据特定城市的市区和市郊行驶里程比例以及市区和市郊行驶过程中制动、加速、减速和怠速行驶的强度和比例而设定相应的调整因子。

$$FC_{调整} = FC_{NEDC\_ECE} \times X \times A + FC_{NEDC\_EUDC} \times (1 - X) \times B$$

式中,$FC_{调整}$——调整后的燃料消耗量;

FC_{NEDC_ECE}——理论市区燃料消耗量；

FC_{NEDC_EUCE}——理论郊区燃料消耗量；

A——市区燃料消耗量调整因子；

B——市郊燃料消耗量调整因子；

X——市区燃料消耗量计算的试验里程分配比例。

2. 重型商用车瞬态工况燃料消耗量台架试验

我国商用汽车生产及改装企业众多（近400家），生产车型数量庞大（超过15 000个车型），各车型技术状态复杂，一个车型使用多种形式的发动机，一个型号的发动机匹配多个车型，技术水平参差不齐，用途多种多样，使用条件复杂。车辆用途及使用条件对燃料消耗量的影响非常大，轻型商用车可参照乘用车的台架试验方法进行；而中、重型车辆要按用途和使用条件分类，再根据车辆类别确定能代表其用途和实际使用条件的典型行驶工况制定相应的试验方法，目前还无法做到以类似乘用车和轻型商用车的试验方法，实现技术上可行、经济上合理、符合我国商用车技术特点和使用条件的中、重型商用车燃料消耗量测量。GB/T 27840—2011《重型商用车辆燃料消耗量测量方法》采用了模拟计算法。

（1）需要输入的参数

1）整车参数。车辆类型；整车整备质量；最大设计总质量；最大设计载质量；最大设计牵引质量（仅适用于半挂牵引车）；额定载客人数（含驾驶员）；驱动型式；轴数（对于半挂牵引车指汽车列车轴数）。

2）发动机参数。按GB/T 18297—2001《汽车发动机性能试验方法》测定的发动机万有特性试验数据、反拖扭矩试验数据（车辆行驶过程中出现的车辆拖动发动机曲轴旋转工况下，发动机给车辆的阻力矩。在发动机怠速转速至最高转速之间尽可能均匀地选取至少9个数据点进行测定，怠速转速和最高转速是必取点）、外特性扭矩试验数据（在发动机正常转速范围内尽可能均匀地选取至少9个数据点进行测定，额定转速是必取点）；发动机怠速转速及怠速燃料消耗量、发动机额定转速、发动机最高转速。

3）传动系参数。变速器的类型（AT、MT、AMT）、主（副）变速器挡位数及变速比、主减速比等。

4）轮胎规格。

（2）需要计算的参数

1）行驶阻力。如果该车型有滑行阻力试验数据，即数次滑行速度对应的时间平均值序列，则可以由最小二乘法拟合计算行驶阻力。如果没有滑行阻力试验数据，则只能由经验公式计算行驶阻力。

2）轮胎滚动半径。

3）换挡策略。采用Ⅱ挡起步，根据换挡瞬间的实时扭矩和相应转速下的最大扭矩，计算扭矩富裕率，并与该挡位的扭矩富裕率估测值相比较，如果大于估测值则升挡，直到确定了适当的试验挡位。

4）发动机转速及扭矩。根据变速器传动比、主减速比、轮胎滚动半径、车速、变速器传动效率、主减速器传动效率计算不同转速下的发动机转速及扭矩。

3. 燃料消耗量测量与计算

试验过程中，车辆实际运行状态应尽量与C-WTVC循环一致，其速度偏差不应超过

±3 km/h，每次超过速度偏差的时间不应超过2 s，累计不应超过10 s。当试验车辆不能达到 C-WTVC循环要求的加速度或试验车速时，应将加速踏板完全踩到底；当试验车辆不能达到 C-WTVC循环规定的减速度时，应完全作用制动踏板直至车辆运行状态再次回到 C-WTVC循环规定的偏差范围内。任何超过运转循环偏差的状况都应在试验报告中注明。

数据记录可通过自动采集系统或以手工方式进行。如采用自动采集系统，应能以不小于 1 Hz的采集频率实时连续记录燃料消耗量、燃料温度和燃料压力。

每个完整的C-WTVC循环结束时，应存储车速等运行结果，并按规定方法计算市区、公路、高速部分的燃料消耗量以及C-WTVC循环燃料消耗量。燃料消耗量的计算可采用碳平衡法、质量法和容积法中的任何一种。

1）市区、公路和高速工况燃料消耗量计算。

分别计算C-WTVC循环下每1 s对应的发动机转速和扭矩。根据发动机万有特性数据，查询或插值确定每1 s的燃料消耗量（L）；对确定的每1 s的燃料消耗量进行累加。即分别得到市区、公路和高速工况的燃料消耗总量（L）。用各部分燃料消耗总量除以对应的行驶里程，计算得出市区、公路和高速工况燃料消耗量（L/100 km）。

2）综合燃料消耗量计算。

① 按以下公式计算3次试验结果的第95百分位分布的标准差 σ，并将3次测量结果中最大燃料消耗量与最小燃料消耗量之差（ΔQ_{max}）与 σ 值进行比较，如 ΔQ_{max} 不大于 σ，则视为通过重复性检验；如 ΔQ_{max} 大于 σ，则视为没有通过重复性检验。

$$\sigma = 0.063\overline{Q} \tag{4-41}$$

式中，σ——第95百分位分布的标准差，L/100 km；

$\overline{Q}$——3次试验所测得燃料消耗量的算术平均值，L/100 km。

② 对3个完整的C-WTVC循环的燃料消耗量进行重复性检验：如能通过重复性检验，则分别计算市区、公路、高速等各适用部分的平均燃料消耗量，并确定该车型的燃料消耗量；如没有通过重复性检验，则应采用燃料消耗量较高的2个完整的C-WTVC循环试验结果，分别计算各适用部分的平均燃料消耗量，并确定该车型的燃料消耗量。

按该车型市区、公路和高速部分的特征里程分配比例，加权计算该车型的综合燃料消耗量。

$$QC_{综合} = QC_{市区} \times D_{市区} + QC_{公路} \times D_{公路} + QC_{高速} \times D_{高速} \tag{4-42}$$

式中，$QC_{综合}$——一个完整的C-WTVC循环的综合燃料消耗量，L/100 km；

$QC_{市区}$——市区部分平均燃料消耗量，L/100 km；

$QC_{公路}$——公路部分平均燃料消耗量，L/100 km；

$QC_{高速}$——高速部分平均公路燃料消耗量，L/100 km；

$D_{市区}$——市区里程分配比例系数（简称市区比例），%；

$D_{公路}$——公路里程分配比例系数（简称公路比例），%；

$D_{高速}$——高速公路里程分配比例系数（简称高速比例），%。

五、燃油消耗量限值评价体系

汽车燃油经济性评价体系是表示燃油消耗量限值的方式，是确定汽车燃油经济性限制对象的基础。

我国已发布的乘用车燃油经济性标准采用的评价体系：按整备质量分组，分别制定不同限值，同时引入"企业平均燃料消耗量目标值"的概念，将企业作为评价对象，根据乘用车车型燃料消耗量和对应的生产、进口或销售量设定企业的企业平均燃料消耗量目标值，使企业在满足企业平均燃料消耗量要求的前提下保持产品结构的多样性。柴油车燃油消耗量比汽油车低，标准规定汽油车和柴油车采用同一限值，是为发展柴油车及为柴油车控制有害排放物创造条件。

轻型商用车燃油消耗量限值标准采用的评价体系是按"汽车总质量+发动机排放量"，分段（组）提出限值。由于汽、柴油轻型载货汽车及客车的总质量和发动机排量的分布特点各不相同，故分别采用不同的总质量和发动机排量分段。

我国现行燃料消耗量限值标准有 GB 19578—2014《乘用车燃料消耗量限值》、GB 20997—2015《轻型商用车辆燃料消耗量限值》、QC/T 924—2011《重型商用车燃料消耗量限值》等。另外，JT 711—2016《营运客车燃料消耗量限值及测量方法》、JT 719—2016《营运货车燃料消耗量限值及测量方法》分别对营运客车、货车进行了强制性的规定，GB 27999—2019《乘用车燃料消耗量评价方法及指标》规定了乘用车车型燃料消耗量和企业平均燃料消耗量的评价方法及指标。

第三节　汽车制动性能试验

制动性能是保障汽车安全运行、取得预期运行效益的最基本的使用性能。汽车制动性能试验包括两个方面，一是在对制动系的静态检查中，通过在台架上进行制动操作，检查各车轮是否均能在试验台架允许的条件下取得最大制动力，以判断行车制动作用是否对称分布以及在车轴间分配是否合理，确认制动系是否达到基本功能要求（例如检查倒车时能否有效进行行车制动和驻车制动）；通过行车制动使车辆在 20% 的坡道静止并保持下坡（上坡）状态，施加驻车制动并保持至少 5 min，确认在解除行车制动的条件下测定的最大控制力是否满足要求（手控不超过 400 N，或脚控不超过 500 N）。二是对制动系的动态试验，以及汽车满载和空载状态时在各种试验条件下进行试验，这是汽车制动性能试验的主要内容。

目前我国的相关标准有 GB 12676—2014《商用车辆和挂车制动系统技术要求及试验方法》、GB/T 13594—2003《机动车和挂车防抱制动系统性能和试验方法》、GB 21670—2008《乘用车制动系统技术要求及试验方法》等，另外在 GB 7258—2017《机动车运行安全技术条件》中有关于制动系统的性能限值规定。本节仅以乘用车为例对制动性能动态试验的基本内容作简要介绍，具体内容详见相关的标准。

一、试验准备工作与注意事项

1. 试验准备工作

完成一整套汽车制动试验需要以下仪器：行车制动器操纵力测定仪、驻车制动器操纵力测定仪、应急制动器操纵力测定仪、减速度计、速度测定装置或经标定的车速表、非接触式车速仪（测定制动距离、制动时间）、制动器温度测量系统（热电偶及与其配套的温度计）、制动系反应时间测量装置、管路压力传感器、操纵行程指标仪、车轮抱死指示仪、风速仪、失效模拟装置（在试验汽车上可以安装附加装置和管路失效模拟装置，但这些装置不得与试验汽车原有的装置发生相互作用）。

试验选定的试验仪器都要进行标定，尤其是行车制动操纵力测定仪、减速度计、管路压力测定装置及制动器温度测量仪等，更需要认真标定。

仪器标定好之后才能进行安装。安装仪器时应注意，对于不同型号的汽车、不同结构形式的制动器，各试验仪器的安装不尽相同，一定要按试验仪器使用说明书中的规定安装。下面介绍一下制动器热电偶的安装方法。

对于热电偶在制动衬片（块）上的安装，应在靠近制动衬片（块）长、宽方向的中心处钻一通孔（孔的直径随安装的热电偶的形式而定），钻孔处应避开加强肋或散热片。然后将热电偶测量端固定于孔内（不得松动），使偶头距摩擦表面为1.0 mm。图4-12、图4-13所示分别为插塞式热电偶在制动衬片、制动衬块上的安装示意图。

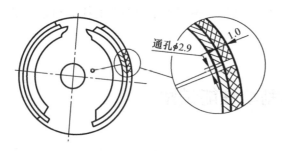 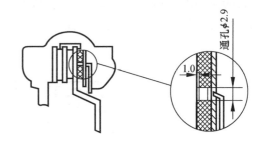

图4-12 热电偶在制动衬片上的安装　　图4-13 热电偶在制动衬块上的安装

对于热电偶在制动鼓（盘）上的安装，应在制动鼓（盘）摩擦面宽度方向的中心处钻一通孔（孔的直径随安装的热电偶的型式而定），然后将热电偶测量端固定于孔内（不得松动），使偶头距摩擦表面0.3~0.5 mm，再将热电偶引出线与所匹配的测量仪表连接起来。图4-14（a）、图4-14（b）所示分别为热电偶在制动鼓、制动盘上的安装示意图。

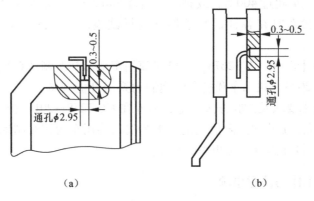

图4-14 热电偶安装位置
(a) 制动鼓；(b) 制动盘

2. 试验中应注意的问题

在制动过程中,当发生制动性能异常时,例如制动跑偏过大、反常的振动等,均应注意观察并提出报告;试验中除按规定调整制动器外,不允许随意调整制动器,如果发生特殊情况需要调整时,应如实记录;试验时施加制动力要迅速,并控制制动管路压力,使汽车保持规定的减速度。也可以根据规定的减速度标定出制动管路压力进行制动;试验中允许驾驶员操纵转向盘对车辆行驶方向进行修正,但在没有特殊要求的情况下不允许使用发动机制动。若试验结果达不到要求,可以重做试验,但不得超过各项试验规定的次数,并且尽量避免重复试验。

二、汽车制动性能动态试验

汽车制动系统性能动态试验是在规定的载荷状态、车速等条件下,测量一定制动初速度下的制动距离和充分发出的平均减速度。

如果没有特殊规定,汽车在空载和满载两种状态下分别进行试验,这里满载指包括驾驶员、试验记录人员和所有必需的试验设备的质量在内,将汽车加载至最大设计总质量,确保质量分配符合制造商规定。如有几种不同的质量分配方案,应采用前、后轴质量分配之比最大者。空载状态是整车整备质量条件下,除驾驶员外,前排座椅上应坐一人以记录试验结果。

制动初速度是指驾驶员开始促动制动系控制装置时的车速。制动距离是指从驾驶员开始促动制动系控制装置开始到车辆停止时车辆所驶过的距离。

充分发出的平均减速度($MFDD$)按下列公式计算

$$MFDD = \frac{v_b^2 - v_e^2}{25.92(S_e - S_b)} \text{m/s}^2 \qquad (4-43)$$

式中,$MFDD$——充分发出的平均减速度,km/h;

v_b——0.8v 试验车速,km/h;

v_e——0.1v 试验车速,km/h;

S_b——试验车速从 v_0 到 v_b 之间车辆行驶的距离,m;

S_e——试验车速从 v_0 到 v_e 之间车辆行驶的距离,m。

试验场地应具有附着系数约为 0.8 的高附着系数路面和附着系数小于等于 0.3 的低附着系数路面。为进行 ABS 试验,还应具有对开路面(左右车轮所行驶的路面附着系数不同)和对接路面(由两种不同附着系数的路面组成两段式路面)。

试验开始时,轮胎应为冷态且处于与车辆静止时车轮实际负载相对应的规定压力。

GB 21670—2008 要求先进行静态检查,后进行动态试验。动态试验时,推荐先进行空载试验,后进行满载试验。动态试验应在车速大于 15 km/h 时车轮不抱死、车辆未偏离 3.5 m 宽的试验通道、横摆角小于等于 15°且无异常振动的条件下进行。试验中,制动初速度应不低于规定车速的 98%。Ⅰ型试验应在其他所有动态试验项目完成后进行。

1. 汽车制动性能动态试验项目

(1)基本性能试验

基本性能试验包括冷态制动时的常规性能试验(0 型试验)、热衰退和恢复试验(Ⅰ型试验)、车辆行驶中的驻车制动、响应试验等。

(2) 失效试验

参照制造商有关失效模拟的说明及静态试验结果,依次选择并模拟相应的失效条件,进行发动机脱开的 0 型试验。

(3) 装备防抱制动系统车辆的制动性能试验

装备防抱制动系统车辆的制动性能试验包括低附着系数路面上附着系数利用率的测定、高附着系数路面上附着系数利用率的测定;为验证车轮未抱死且车辆稳定而进行的附加检查;单一路面、对接路面、对开路面的试验及能耗试验。

(4) 车轴间的制动力分配检查

车轴间的制动力分配检查包括车轮抱死顺序试验、扭矩轮试验等。

2. 试验车辆磨合

试验前,应按照制造商规定对车辆进行磨合行驶。如制造商未对磨合行驶做具体规定,可按下列方法进行磨合。

1) 车辆满载,以最高车速的 80% (小于等于 120 km/h) 作为初速度,以 3 m/s² 的减速度开始制动,当速度降至初速度的 50% 时,松开踏板,将车速加速至初速度,重复试验。

2) 磨合总次数为 200 次。如因条件限制不能连续完成 200 次,可根据具体情况调整试验次数。

3. 0 型试验

制动开始前,在制动摩擦衬片内部或制动盘 (鼓) 的制动摩擦面上测得的最热车轴上的行车制动器的平均温度为 65 ℃ ~ 100 ℃。

在空载及满载条件下进行试验时,车辆都同时满足制动距离和充分发出的平均减速度两项要求,但不必对两项参数都进行实际测定。除特殊说明外,包括熟悉车辆所需制动在内,每次试验最多进行 6 次制动。

(1) 发动机脱开的 0 型试验

试验车速为 100 km/h,若车辆厂定最高车速低于试验规定的车速,则试验可按车辆的最高车速进行。将车辆加速至试验规定车速以上 5 km/h,脱开挡位,在车速下降至试验规定车速时全力进行行车制动;重复进行试验。车辆在未发生车轮抱死的情况下所能达到的最佳制动性能应符合要求。

对在最高压力处取得的临界结果的液压动力制动系的车辆,应进行进一步的试验以确认当储能器充能到开启压力时管路压力能否达到最低性能。

(2) 发动机接合的 0 型试验

对最高车速 v_{max} > 125 km/h 的车辆应进行发动机接合的 0 型试验。试验车速 v = 80% v_{max} ≤ 160 km/h;对最高车速 v_{max} > 200 km/h 的车辆,试验车速应为 160 km/h。

首先确认最热的车轴上的行车制动器的平均温度为 65 ℃ ~ 100 ℃,将车辆加速至试验规定车速以上 5 km/h,采用相应的最高挡行驶,松开加速踏板但保持挡位不变,在车速下降至试验规定车速时进行行车制动。采用的制动控制力 (或管路压力) 与发动机脱开的 0 型试验接近。制动控制力应在整个制动过程中保持恒定,确保达到最大的制动强度但不会发生车轮抱死;重复进行试验。车辆在未发生车轮抱死的情况下所能达到的最佳制动性能应符合要求。

4. Ⅰ型试验

(1) 加热过程

车辆满载,在规定条件下连续进行"制动—解除制动"操作,对车辆的行车制动系进行试验。

1) 采用最高挡,以 $v_1 = 80\% v_{max} \leq 120$ km/h 的初速度进行 2 次发动机脱开的 0 型试验,确定车辆满载时产生 3 m/s² 的减速度所需的控制力或管路压力。试验车速应能使车速在制动时间($\Delta t = 45$ s)内从 v_1 下降至 v_2($v_1/2$)。

2) 采用最高挡和确定的控制力或管路压力,从车速 v_1 开始进行行车制动,使车辆产生 3 m/s² 的平均减速度;当车速下降至 v_2 时解除制动,选择最有利的挡位使车速恢复到 v_1,在最高挡维持该车速至少 10 s,然后再次制动并注意使两次制动开始之间的时间间隔等于 Δt。重复进行试验,直至制动总次数达到 15 次。各次制动操作的控制力应确保产生 3 m/s² 的平均减速度。

(2) 热态性能

加热过程结束后,在发动机脱开的情况下以 0 型试验相同的条件(平均控制力不应大于实际使用的平均控制力,温度条件可不同)测定行车制动系的热态制动性能。

在最短的时间内加速至 0 型试验车速,所使用的平均控制力不应超过满载 0 型试验中实际使用的控制力,车辆在未发生车轮抱死的情况下至少应能达到满载 0 型试验实际性能的 60% 和 0 型试验规定性能的 75%(对应的制动距离为 $0.1v + 0.008\ 0v^2$,充分发出的平均减速度为 4.82 m/s²)。如车辆在 0 型试验控制力下能达到车辆 0 型试验实际性能的 60% 但不能达到规定性能的 75%,可采用不超过 500 N 的控制力进一步试验。两次试验结果都应计入试验报告。

(3) 恢复过程

热态性能试验结束后,立即在发动机接合的情况,以 3 m/s² 的平均减速度,从 50 km/h 的车速进行行车制动。制动结束后立即在最短的时间内加速至 50 km/h,并保持该车速,在距离上次制动起点 1.5 km 的位置再次以 3 m/s² 的减速度进行制动。重复进行 4 次。

(4) 恢复性能

恢复过程结束时,在与发动机脱开的 0 型试验相同的条件(温度条件可不同)下测定行车制动系的恢复性能。

在最短的时间内加速至 0 型试验车速,以不超过满载 0 型试验的平均控制力进行发动机脱开的 0 型试验。确认车辆在未发生车轮抱死的情况下能达到满载 0 型试验实际性能的 70%,但不超过 150%。

(5) 冷态检查

使制动器冷却到环境温度,确认制动器未发生黏合。对装有自动磨损补偿装置的车辆应在最热的制动器冷却降温至 100 ℃ 时,检查车轮是否能自由转动。

5. 车辆行驶中的驻车制动性能试验

在满载条件下进行试验。以 30 km/h 的初速度施加驻车制动,进行发动机脱开的 0 型试验。控制力不超过 400 N(脚控时为 500 N),且在制动过程中保持恒定。充分发出的制动减速度和车辆停车前的瞬态减速度不应小于 1.5 m/s²。只要有 1 次试验能达到规定性能,即认为符合要求。

6. 响应试验

在满载条件下进行试验。装备助力制动系且不使用助力就不能达到行车制动性能的车辆，应安装减速度记录设备，驾驶车辆以不超过 20 km/h 的速度进行行车制动。根据记录的减速度，从开始促动踏板至达到规定的行车制动减速度的时间不应超过 0.6 s。试验时对行车制动控制力没有限制。

7. 失效试验

参照制造商有关失效模拟的说明及静态试验结果，依次选择并模拟相应的失效条件，进行发动机脱开的 0 型试验。因最高设计车速限制而不能达到规定车速的车辆，可以以所能达到的最高车速进行试验。

模拟行车制动系的一条回路失效，失效回路的管路压力在整个试验过程中保持为 0，应能达到规定的应急制动性能。

对装备 ABS 的车辆，依次断开电源、传感器和控制器的电路，使防抱制动系统不工作，行车制动性能不应低于发动机脱开的 0 型试验规定性能的 80%。

8. ABS 试验

（1）空载条件下附着系数利用率测定试验

低附着系数路面上的试验在附着系数小于等于 0.3 的路面上进行。为消除制动器不同温度的影响，最好在测定附着系数利用率之前先测定最大制动强度 z_{AL}。制动强度指制动时车辆减速度与重力加速度之比。

1）最大制动强度 z_{AL} 的测定。

对装有 1、2 类防抱系统的车辆，计算整车附着系数 k_M；对装备 3 类防抱系统的车辆，对至少有一个直接控制车轮（指至少根据车自身传感器提供的数据来调节制动力的车轮）的每根车轴（桥）分别测定 k_i。

进行附着系数测定时，脱开防抱制动系或使其不工作，只对试验车辆的单根车轴（桥）进行制动，试验初速度为 50 km/h。为达到最佳性能，制动力应在该车轴的车轮之间均匀分配。其控制力在作用期间保持不变，车速低于 20 km/h 时允许车轮抱死。

逐次增加管路压力进行多次试验，测定车速从 40 km/h 降到 20 km/h 所经历的时间 t。从 t 的最小测量值 t_{min} 开始，在 t_{min} 和 $1.05\,t_{min}$ 之间选择 3 个 t 值（包括 t_{min}），计算其算术平均值 t_m，然后计算平均制动强度：

$$z_{AL} = 0.849/t_m \tag{4-44}$$

式中，z_{AL}——防抱死制动系统工作时的制动强度；

t_m——3 次试验制动时间的平均值。

2）附着系数（k_M 或 k_i）的测定。

对装有 1、2 类防抱系统的车辆，计算整车附着系数 k_M；对装备 3 类防抱系统的车辆，对至少有一个直接控制车轮的每根车轴（桥）分别测定 k_i。

进行附着系数（k_M 或 k_i）测定时，脱开防抱制动系统或使其不工作，只对试验车辆的单根车轴（桥）进行制动，试验初速度为 50 km/h。为达到最佳性能，制动力应在该车轴的车轮之间均匀分配。控制力在作用期间保持不变，车速低于 20 km/h 时允许车轮抱死。逐次增加管路压力进行多次试验，测定车速从 40 km/h 降到 20 km/h 所经历的时间 t。从 t 的最小测量值 t_{min} 开始，在 t_{min} 和 $1.05\,t_{min}$ 之间选择 3 个 t 值（包括 t_{min}），计算其算术平均值 t_m，然后计算制动强度：
$$z_m = 0.566/t_m \quad (4-45)$$

式中，z_m——制动强度。

如果实际试验中不能得到上述 3 个 t 值，则可采用最短时间 t_{min}。

根据测得的制动强度和非制动车轮的滚动阻力（前轮滚动阻力 F_1 或后轮滚动阻力 F_2）计算制动力及动态轴荷。如后轴驱动的两轴车：

用前轴制动时，制动力为
$$F_f = z_m \times P \times g - 0.015 F_2 \quad (4-46)$$

式中，F_f——前轴的制动力，N；
P——整车质量，kg；
F_2——后轮滚动阻力，N。

动态轴荷为
$$F_{1dyn} = F_f + \frac{h}{E} \times z_{AL} \times P \times g \quad (4-47)$$

式中，F_{1dyn}——前轴动态轴荷，N；
h——整车重心高度，mm；
E——轴距，mm。

用后轴制动时，制动力为
$$F_r = z_m \times P \times g - 0.010 F_1 \quad (4-48)$$

式中，F_r——后轴制动力，N；
F_1——前轮滚动阻力，N。

动态轴荷为
$$F_{2dyn} = F_r - \frac{h}{E} \times z_{AL} \times P \times g \quad (4-49)$$

式中，F_{2dyn}——后轴动态轴荷，N。

分别计算前后轴的附着系数 k_f、k_r 及整车附着系数，圆整到千分位。
$$k_f = \frac{z_m \times P \times g - 0.015 F_2}{F_1 + \frac{h}{E} \times z_m \times P \times g} \quad (4-50)$$

$$k_r = \frac{z_m \times P \times g - 0.010 F_1}{F_2 - \frac{h}{E} \times z_m \times P \times g} \quad (4-51)$$

对装有 1、2 类防抱系统的车辆，计算整车附着系数
$$k_M = \frac{k_f \times F_{idyn} + k_r \times F_{rdyn}}{P \times g} \quad (4-52)$$

对装备 3 类防抱制动系统的车辆，按上述步骤对至少有一个直接控制车轮的每根车轴（桥）分别测定 k_i。

3）附着系数利用率 ε 的测定。

对于装备 1 类或 2 类防抱系统的车辆，附着系数利用率
$$\varepsilon = \frac{z_{AL}}{k_M} \quad (4-53)$$

对于装备 3 类防抱系统的车辆，对至少有一个直接控制车轮的每根车轴（桥）计算 ε。例如，对防抱系统只作用在后轴（桥）（2）上的后轮驱动双轴车，附着系数利用率

$$\varepsilon_2 = \frac{z_{\text{AL}} \times P \times g - 0.010 F_1}{k_2 \left(F_2 - \dfrac{h}{E} \times z_{\text{AL}} \times P \times g \right)} \tag{4-54}$$

将 ε 圆整到 2 位小数，检查 $\varepsilon \geqslant 0.75$。如果 $\varepsilon > 1.00$，应重新测量附着系数，允许误差为 10%。

高附着系数路面上附着系数利用率的测定是在附着系数约为 0.8（干路面）的路面上，参照上述步骤进行试验。如果全力制动时不能实现全循环（即防抱系统反复调节制动力以防止直接控制车轮抱死），可将控制力增加至 1 000 N，如超过 1 000 N 还不足以使系统全循环，则不再进行高附着系数路面上附着系数利用率的测定试验。

（2）空载条件下的附加检查

空载条件下进行附加检查的目的是验证车轮未抱死且车辆稳定，因此不必制动至车辆停止行驶。试验时，脱开发动机，车轮允许短暂抱死；当车速低于 15 km/h 时，车轮允许任意抱死。间接控制车轮在任何车速下都允许抱死，但不应影响车辆的行驶稳定性和转向性能。

1）单一路面试验。

在附着系数小于等于 0.3 和约为 0.8（干路面）的两种路面上，分别以 40 km/h 和 $0.8 v_{\text{max}} \leqslant 120$ km/h 的初速度急促全力制动，试验过程中，由防抱制动系统直接控制车轮不应抱死。

2）对接路面试验（$k_{\text{H}} \geqslant 0.5$ 且 $k_{\text{H}}/k_{\text{L}} \geqslant 2$）。

对接路面试验的路面要求是，在高附着系数路面上测定的车轮与路面之间的附着系数 k_{H} 应不小于 0.5，且与在低附着系数路面上测定的车轮与路面之间的附着系数 k_{L} 之比不小于 2。

当试验车轴从高附着系数路面驶向低附着系数路面时，急促全力制动，直接控制车轮不应抱死。行驶速度和进行制动的时刻应能使防抱制动系统在高附着系数路面上全循环，并保证车辆分别以规定的高、低两种速度从高附着系数路面驶入低附着系数路面。

当车辆从低附着系数路面驶向高附着系数路面时，急促全力制动，车辆的减速度在合适的时间内应有明显的增加，同时车辆不应偏离原来的行驶路线。行驶速度和进行制动的时刻应能使防抱制动系统在低附着系数路面上全循环，车辆以约 50 km/h 的速度从低附着系数路面驶入高附着系数路面。

3）对开路面试验（$k_{\text{H}} \geqslant 0.5$ 且 $k_{\text{H}}/k_{\text{L}} \geqslant 2$）。

装备 1 类或 2 类防抱制动系统的车辆试验时，左右车轮分别位于两种不同附着系数（k_{H} 和 k_{L}）的路面上，车辆的纵向中心平面通过高低附着系数路面的交界线。以 50 km/h 的初速度急促全力制动，直接控制车轮不应抱死，轮胎（外胎）的任何部分均不应超过此交界线。试验时，可利用转向来修正行驶方向，但转向盘的转角在最初 2 s 内不应超过 120°，总转角不应超过 240°。

（3）满载条件下的试验

满载条件下 ABS 试验，参照空载试验进行。如果以规定的力作用在控制装置上不能使防抱系统实现全循环，则不再测定附着系数利用率 ε。

满载条件下的附加检查，对装备 1 类防抱制动系统的车辆进行对开路面试验，测定其制动强度 Z_{MALS}，要求 $z_{MALS} \geq 0.75 \times \dfrac{4k_L + k_H}{5}$，且 $z_{MALS} \geq k_L$。

(4) 能耗试验

进行能耗试验的目的是确认装备防抱系统的车辆必须在长时间全行程行车制动时保持其性能。

试验前储能装置的初始能量水平应符合制造厂规定，其能量的大小应至少保证车辆满载时达到行车制动规定的效能。

试验时，踩下制动踏板，汽车的每个制动器应工作正常，断开气压辅助设备的储能装置。发动机脱开并怠速运转，在附着系数等于或小于 0.3 的路面上，满载车辆以不低于 50 km/h 的初速度全行程制动，制动时间为 t（$t = v_{max}/7$，不得小于 15 s）。如果一次制动的时间达不到 t 值，可分阶段进行制动，但最多为 4 次。如果试验分阶段进行，则各次制动之间不应补充能量。从第 2 阶段起，为弥补开始制动的能量消耗，可考虑从规定的 4 次全行程促动/制动中减去一次。

车辆静止，将储能调节至与制动时间 t 结束时相同的能量水平，使发动机停止运转，或切断对储能装置的供能，对行车制动连续进行 4 次全行程促动。当进行第 5 次制动时，车辆至少能够达到规定的应急制动效能。该要求可通过在高附着系数路面上的试验检查，也可通过测定第 5 次制动时的管路压力进行判定。

9. 车轴间的制动力分配检查

应通过车轮抱死顺序试验或在必要时进行扭矩轮试验来检查是否满足制动力分配要求。

(1) 车轮抱死顺序试验

试验路面的附着条件应能在制动强度处于 0.15 ~ 0.80 时使车轮抱死。试验设备应能自动连续同步记录整个试验过程，以便对车速、通过对车速微分得出的瞬态制动强度、制动控制力（或管路压力）和各车轮的角速度等变量进行实时相互对照。

分别在满载和空载条件下进行试验，试验方法相同，步骤如下。

1）预先进行一系列制动来确定制动操作速度，必要时可能需要安装机械式制动控制力促动装置，通过调整该装置提供需要的制动操作速度。

2）使车辆在低附着系数路面上以 65 km/h 的车速行驶，以线性速度逐渐施加制动力，使制动操作后 0.5 ~ 1.5 s 发生第一次车轮抱死，在第二根车轴发生抱死、控制力达到 1 000 N，或在第一根车轴抱死、时间达到 0.1 s（不论哪根车轴先发生抱死）时解除制动。各试验应重复进行一次，以确认车轮的抱死顺序，若其中一次试验结果不符合要求，则应在相同条件下进行第 3 次试验来最终决定其是否符合要求。

3）在高附着系数路面上以 100 km/h 的试验车速重复上述试验。试验中，若车轮在制动强度小于 0.15 或大于 0.80 时开始抱死，则试验无效，应另选路面重新进行试验；若制动强度处于 0.15 ~ 0.80 时符合下列条件之一，则认为车辆满足车轮抱死顺序的要求：

① 无车轮抱死；

② 前轴两个车轮抱死，后轴没有或只有一个车轮抱死；

③ 两个车轴同时抱死。

如试验证明前轮比后轮先抱死或与后轮同时抱死，则认为车辆满足附着系数利用的要求，否则应重新进行车轮抱死顺序试验或通过扭矩轮试验确定产生附着系数利用曲线的制动器外部因数。

(2) 扭矩轮试验

对装备动态制动比例阀或限压阀的车辆，以 50 km/h 的车速在整个管路压力范围内进行 15 次紧急制动，确定前后制动压力关系。为使质量分配和非悬挂质量与车辆的正常状态相同，最好在安装扭矩轮之前进行试验。

1) 预先进行一系列制动来确定制动操作速度，必要时可能需要安装机械式制动控制力促动装置，通过调整该装置提供需要的制动操作速度。所采用的管路压力范围应足以达到 0.15~0.8 的制动强度。

2) 试验时，以 105 km/h 的速度驾驶车辆，以 100~150 N/s 的线性速度作用制动踏板。在第一根车轴发生抱死（不论哪根车轴先发生抱死）或制动控制力达到 1 kN 时解除制动，使车辆以最高 100 km/h 的车速行驶，对制动器进行冷却，直至制动器温度处于规定范围。

3) 以 55 km/h 的车速和 100~150 N/s 制动操作速度进行试验。

4) 分别以 105 km/h 和 55 km/h 的试验车速交替进行试验，进行 5 次制动操作，各次制动之间进行制动器冷却行驶，确保每次制动时制动器温度处于限制范围内。

5) 数据推导。

① 在每个数据通道内用 5 点中央平移法对全部 20 次制动（两种载荷状态、两种试验车速下分别进行 5 次行驶制动）所获得的试验数据进行筛选。

② 对各次试验测定并筛选出的每个车轮的制动力矩和管路压力数据，通过最小二乘法进行处理，只采用车辆减速度在 $0.15g \sim 0.8g$ 的数据，根据回归分析的结果确定斜率（制动器外部因数）和截距（制动器释放/保持压力）。从获得的完整试验结果（空载和满载）中分别选取前轴和后轴结果并进行平均，分别计算前轴和后轴各次制动的平均制动器外因数和制动器释放压力。

③ 根据前轴（后轴）的制动器外部因数和释放压力及车轮动态滚动半径，计算前轴（后轴）在整个管路压力范围内对应给定前轴（后轴）管路压力的制动力。

满载和空载条件分别采用不同的数据。对空载和满载两种状态，分别计算车辆的制动强度与前管路压力的函数 z、各轴利用的附着系数与制动强度关系。

$$z = \frac{T_1 + T_2}{P \times g} \quad (4-55)$$

式中，z——制动强度；

T_1，T_2——在正常的道路制动条件下，制动器作用于前后轴的制动力，N；

$$f_1 = \frac{T_1}{P_1 + \dfrac{z \times h \times P \times g}{E}} \quad (4-56)$$

$$f_2 = \frac{T_2}{P_2 - \dfrac{z \times h \times P \times g}{E}} \quad (4-57)$$

式中，P_1，P_2——前后轴的静态轴荷，N；

f_1，f_2——前后轴利用的附着系数。

第四节　汽车操纵稳定性能试验

汽车操纵稳定性能包含两方面含义，一是操纵性，即汽车执行驾驶员指令的准确程度；二是稳定性，即汽车在受到路面凹凸不平或侧向风干扰时汽车自身的稳定性及恢复原来直线行驶的能力。操纵性和稳定性不可分开而论，是相辅相成的。

汽车操纵稳定性的研究起步较晚，直至目前仍不是很成熟。目前尚不能通过理论计算或计算机模拟预测汽车的操稳性，只有通过试验，以试验的结果来评判其性能的优劣。试验中的性能评价有主观评价和客观评价两种方法。客观评价法是通过测试仪器测出表征性能的物理量，如横摆角速度、侧向加速度、侧倾角及转向力等来评价操纵稳定性的方法。主观评价法就是感觉评价，其方法是让试验评价人员根据试验时自己的感觉来进行评价，并按规定的项目和评分方法进行评分。研究汽车车身特性的开路系统试验只采用客观评价法。研究人—汽车闭路系统的试验常同时采用客观评价与主观评价两种方法。

汽车操纵稳定性试验要求具有丰富驾驶经验的驾驶员驾驶试验车来完成，以保证试验的安全性和试验结果的可靠性。由于操纵稳定性试验中有些试验项目带有一定的危险性，所以对车辆技术条件要求，特别是操纵系统技术条件的要求比较严格。

本节介绍常见的操纵稳定性客观评价试验，包括瞬态转向特性试验、转向回正性试验、蛇行试验、转向轻便性试验、稳态转向特性试验。

一、操纵稳定性试验条件和测量仪器

进行操纵稳定性试验要求试验车按厂方规定装备齐全，测量并调整车轮定位参数，对于转向系、悬挂系统要进行检查、调整和紧固，并按规定润滑；转向盘自由行程在直线行驶时，偏差应不大于±10°，否则应进行调整；若使用新胎，试验前应至少经过 200 km 正常行驶的磨合；若使用旧胎，其残留花纹高度应不小于 1.5 mm；轮胎气压要符厂方规定。如果没有特别规定，车辆应处于最大总质量状态（驾驶员等乘员及仪器设备的质量，计入总质量），车上所载货物应均布于车厢；客车装载物（推荐砂袋）分布于座椅和地板上，其质量按 GB/T 12534—1990 规定。

试验用场地为干燥、平坦且清洁的水泥或沥青铺装路面，任意方向的坡度不大于 2%，风速不大于 5 m/s，气温在 0 ℃ ~40 ℃。

1. **操纵稳定性试验主要测量参数及其使用的仪器**

（1）非接触式车速仪或 GPS 车速仪（如图 4 – 15 所示）

测量车速及时间。GPS 车速仪不受路面状况的影响，高速刷新，具有极短的脉冲输出延迟，结构紧凑，方便在汽车中放置；外部显示器和遥控器具有校正的跟踪体系，在操纵稳定性试验中经常使用。

（2）转向盘参数测试仪（如图 4 – 16 所示）

测量转向盘的力矩、转角和力。转向盘参数测试仪通常称为测力转向盘，测试时套装在汽车的转向盘上，且不影响对原车辆转向盘的操作。

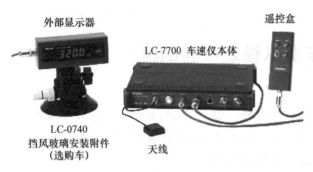
图 4-15　GPS 车速仪

图 4-16　转向盘参数测试仪

(3) 操纵稳定性测试仪

测量车身的侧向加速度、横摆加速度、侧倾角，主要由垂直陀螺仪、带水准仪传感器、显控器、电源电缆、连接电缆和遮光罩等组成。带水准仪传感器内有全浮速率陀螺仪、加速度计、电源变换器、解调放大器以及反馈放大器等。

(4) 高度传感器

测量车身侧倾角。由于陀螺仪测量车身侧倾角的误差比较大，故目前常采用的方法是在两侧的车门及车的前、后部安装至少 2 个高度传感器。

2. 陀螺仪

在操纵稳定性试验中，陀螺仪是进行参数测量的核心仪器之一。

陀螺仪是利用高速回转体的动量矩敏感壳体相对惯性空间绕正交于自转轴的一个或两个轴的角运动检测装置。利用其他原理制成的起同样功能的角运动检测装置也称陀螺仪。

(1) 传统的陀螺仪

传统的陀螺仪是一个安装在内、外框架上能高速旋转的转子，并且该转子还能在框架内绕自转轴线上的一个固定点向任意方向回转。根据框架的数目和支撑的形式分为三自由度陀螺仪（具有内、外两个框架，使转子自转轴具有两个转动自由度。在没有任何力矩装置时，它就是一个自由陀螺仪）和二自由度陀螺仪（只有一个框架，使转子自转轴具有一个转动自由度）。三自由度陀螺仪有以下两个基本特性。

1) 定轴性。当陀螺转子以高速旋转，且没有任何外力矩作用在陀螺仪上时，陀螺仪的自转轴在惯性空间中的指向保持稳定不变，即指向一个固定的方向，同时反抗任何改变转子轴向的力量。

2) 进动性。当转子高速旋转时，若外力矩作用于外环轴，陀螺仪将绕内环轴转动；若外力矩作用于内环轴，陀螺仪将绕外环轴转动。其转动角速度方向与外力矩作用方向互相垂直。

二自由度陀螺仪具有敏感绕其缺少转动自由度方向旋转角速度的特性，用来测量角速度的陀螺仪又称为速率陀螺仪。

在汽车操纵稳定性试验中，一般选用三自由度陀螺仪测量横摆、俯仰、侧倾的角度，选用二自由度陀螺仪测量角速度和角加速度。

传统的陀螺仪属于精密的机械装置，容易磨损和泄漏，在汽车操纵稳定性试验中误差比较明显，特别是测量车身侧倾角时出现的曲线振荡，往往使试验结果不可接受，在汽车试验中已基本不用。

(2) 现代陀螺仪

现代陀螺仪都是电子式的，分为压电陀螺仪、微机械（MEMS）陀螺仪、光纤陀螺仪和激光陀螺仪等，目前在汽车操纵稳定性试验中，国外常用、国内也逐渐开始采用的是光纤陀螺仪。

光纤陀螺仪的工作原理是基于萨格纳克（Sagnac）效应。萨纳克效应是相对惯性空间转动的闭环光路中所传播光的一种普遍的相关效应，即在同一闭合光路中从同一光源发出的两束特征相等的光，以相反的方向进行传播，最后汇合到同一探测点。若绕垂直于闭合光路所在平面的轴线，相对惯性空间存在着转动角速度，则正、反方向传播的光束走过的光程不同，就产生光程差，其光程差与旋转的角速度成正比。因而只要知道了光程差及与之相应的相位差的信息，即可得到旋转角速度。如图 4-17 所示。

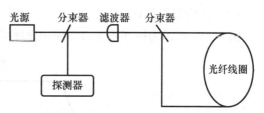

图 4-17 光纤陀螺工作原理示意图

与机电陀螺或激光陀螺相比，光纤陀螺零部件少，仪器牢固稳定，具有较强的抗冲击和抗加速运动的能力；绕制的光纤较长，使检测灵敏度和分辨率比激光陀螺仪提高了好几个数量级；无机械传动部件，不存在磨损问题，因而具有较长的使用寿命；易于采用集成光路技术，信号稳定，且可直接用数字输出，并与计算机接口连接；通过改变光纤的长度或光在线圈中的循环传播次数，可以实现不同的精度，具有较宽的动态范围；相干光束的传播时间短，因而原理上可瞬间起动，无须预热；可与环形激光陀螺一起使用，构成各种惯导系统的传感器，尤其是级联式惯导系统的传感器；结构简单、价格低、体积小、质量轻。因而得到广泛应用。

现代光纤陀螺仪根据技术发展先后出现了干涉式陀螺仪、谐振式陀螺仪和受激布里渊散射光纤陀螺仪三种形式，即三代产品，现在应用比较广泛的是第二代谐振式陀螺仪。

目前有一类专门用于车辆动态测量的惯性测量单元，其代表产品有 Crossbow VG700AB 垂直陀螺仪等，该装置集成了第三代高性能光纤陀螺和最新的 MEMS 技术，可以测量三个方向的角度、角速度和加速度，其尺寸仅为 12.70 cm × 15.24 cm × 10.16 cm，质量 < 1.6 kg，外观如图 4-18 所示。

图 4-18 Crossbow VG700AB 垂直陀螺仪

二、瞬态转向特性试验

瞬态转向特性是指汽车在受到外界扰动下，达到稳定状态前所表现出的特性，通常用时域响应特性和频域响应特性来描述。瞬态转向特性试验有转向盘角阶跃试验和转向盘转角脉冲试验两种，其中前者用于测定瞬态响应的时域响应特性，后者用于测定频域响应特性。

1. 转向盘角阶跃试验

(1) 试验

试验前试验车以试验车速行驶 10 km，使轮胎升温。试验车速以最高车速的 70% 并四舍五入为 10 的整数倍确定；试验时转向盘转角的位置按稳态侧向加速度 1~3 m/s² 确定，从侧向加速度为 1 m/s² 起，每隔 0.5 m/s² 进行 1 次。

试验时，汽车以试验车速直线行驶，先按角输入方向轻轻靠紧转向盘，消除自由间隙，然后以尽快的速度（超越时间不大于 0.2 s 或起跃速度不小于 100 °/s）转动转向盘，使其达到预先选好的位置，并固定数秒直至所测变量达到新的稳定状态。试验中需测量车速 v、方向盘转角 θ、侧向加速度 a_y、横摆角速度 ω_r、侧向速度 v_y、质心处侧偏角 β、转向盘力矩 M 及车身侧倾角 Φ。逐次改变转向盘转角 θ，测定不同侧向加速度时的瞬态特性。

试验按向左、向右两方向分别进行。

(2) 评价指标及其确定

图 4-19 所示为横摆角速与侧向加速度的测量曲线。

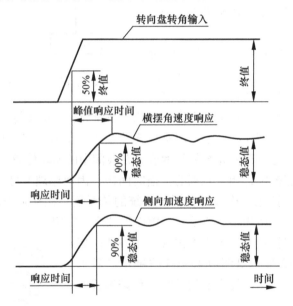

图 4-19 转向盘角阶跃试验的横摆角速与侧向加速度测量曲线

1) 稳态侧向加速度。

稳态侧向加速度可以根据测量结果按式 (4-58) 计算：

$$a_y = \frac{\bar{a}_y - g \cdot \sin\Phi}{\cos\Phi} \quad (4-58)$$

式中，a_y——侧向加速度稳态值，m/s²；
$\bar{a}_y$——稳态侧向加速度测量值，m/s²；
Φ——车身侧倾角，(°)。

也可以按式 (4-59) 计算：

$$a_y = \omega_r \cdot v \quad (4-59)$$

式中，ω_r——汽车稳态横摆角速度，rad/s；
v——汽车纵向速度，m/s。

2) 横摆角速度响应时间与侧向加速度响应时间。

横摆角速度响应时间是指从转向盘转角达到50%的转角设定值起,至横摆角度达到其稳态值的90%时的时间,如图4-19所示。该时间越短,车辆瞬态响应性能越好。

侧向加速度响应时间是指从转向盘转角达到50%的转角设定值起,至侧向加速度达到其稳态值90%时的时间,如图4-19所示。该时间越短,车辆瞬态响应性能越好。

3) 横摆角速度峰值响应时间。

横摆角速度峰值响应时间是从转方向盘转角达到50%设定值起,到横摆角度达到最大值时停止的一段时间,如图4-19所示。该值越小,瞬态响应性越好。

4) 横摆角速度超调量。

横摆角速度超调量用式(4-60)计算:

$$\sigma = \frac{\omega_{r\max} - \omega_{r0}}{\omega_{r0}} \times 100\% \tag{4-60}$$

式中,σ——横摆角速度超调量,%;

ω_{r0}——横摆角速度响应稳态值,rad/s;

$\omega_{r\max}$——横摆角速度响应最大值,rad/s。

横摆角速度超调量值过大,说明瞬态响应性能不好。

5) 横摆角速度总方差与侧向加速度总方差。

横摆角速度总方差按式(4-61)确定:

$$D_r = \sum_{i=0}^{n} \left(\frac{\theta_i}{\theta_0} - \frac{\omega_{ri}}{\omega_{r0}} \right)^2 \cdot \Delta t \tag{4-61}$$

式中,D_r——横摆角速度总方差,s;

θ_i——转向盘转角输入的瞬时值,(°);

ω_{ri}——汽车横摆角速度输出的瞬时值,(°)/s;

θ_0——转向盘转角输入终值,(°);

n——采样点数,取至汽车横摆角速度响应达新稳态值为止;

Δt——采样时间间隔,不应大于0.25 s,s。

侧向加速度总方差按式(4-62)确定:

$$D_{ay} = \sum_{i=0}^{n} \left(\frac{\theta_i}{\theta_0} - \frac{a_{yi}}{a_{y0}} \right)^2 \cdot \Delta t \tag{4-62}$$

式中,D_{ay}——侧向加速度总方差,s;

a_{yi}——侧向加速度响应的瞬时值,m/s²;

a_{y0}——侧向加速度响应的稳态值,m/s²。

6) 汽车因数。

汽车因数是瞬态响应时域特性的综合评价指标,用式(4-63)计算:

$$T \cdot B = t_\omega \cdot \beta \tag{4-63}$$

式中,$T \cdot B$——汽车因数,(s·°);

t_ω——横摆角速度的响应时间,s;

β——汽车质心处侧偏角,(°)。

2. 转向盘角脉冲试验

转向盘角脉冲输入是指以较快的速度将转向盘转动一定转角后,迅速返回原位置的操作过程，它在数学上相当于三角脉冲函数，如图 4-20 所示。汽车受此角脉冲输入产生的瞬态响应用频率响应特性表示，频率响应特性分幅频特性和相频特性。幅频特性是指响应（输出）的幅值（汽车横摆角速度）与激励（输入）的幅值（转向盘或前轮转角）之比随频率 f 变化的函数；相频特性是指输出与输入相位差随频率 f 变化的函数。

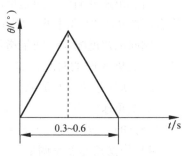

图 4-20　三角脉冲函数

转向盘角脉冲试验的准备工作、汽车车速的确定同转向盘角阶跃试验。试验时汽车以试验车速直线行驶，然后迅速向左（向右）转动转向盘，并迅速回到原处（允许及时修正方向）保持不动，直到汽车回到直线行驶位置。转向盘转角输入脉宽为 0.3~0.6 s，其最大转角应使本试验过渡过程中最大侧向加速度为 4 m/s²。试验中记录转向盘转角 θ、横摆角速度 ω_r、侧向加速度 a_y、车速 v_0。试验中，节气门开度不变，至少按向左、向右转动转向盘各 3 次进行试验。

试验完毕，用专用信号处理设备处理记录曲线，计算幅频特性和相频特性并将数据结果记入数据表中。若无专门处理设备，则可利用式（4-64）在计算机上处理。

$$G(jk\omega_0) = \frac{\int_0^T \omega_r(t)\cos k\omega_0 t\,dt + j\int_0^T \omega_r(t)\sin k\omega_0 t\,dt}{\int_0^T \theta(t)\cos k\omega_0 t\,dt + j\int_0^T \theta\omega_r(t)\sin k\omega_0 t\,dt} \quad (4-64)$$

式中，$G(jk\omega_0)$——复数形式的传递函数；

$\omega_r(t)$——横摆角速度时间历程；

T——总采样时间，s，$T = kdt$（$k = 1, 2, 3, \cdots, N$；$N \cdot \omega_0 = 3\mathrm{Hz}$）；

dt——采样时间间隔，s；

ω_0——计算时选用的最小圆频率，一般取 $\omega_0 = 0.2$ Hz；

$\theta(t)$——汽车转向盘转角时间历程。

图 4-21 所示为 CA770 型轿车的频率特性曲线。

三、转向回正性试验

转向回正性试验用于评价汽车由曲线自行恢复到直线行驶的能力，实质上是一种力阶跃输入试验。其基本试验方法是使汽车稳速行驶后突然撒开转向盘，测定横摆角速度与方位角的变化过程，包括低速回正试验和高速回正试验。

1. 低速回正性试验

试验车先以直线行驶，记录各测量变量的零线，然后调整转向盘转角，使汽车沿半径为 15 m ± 1 m 的圆周行驶，最后调整车速，使侧向加速度达到 4 m/s² ± 0.2 m/s²（达不到 4 m/s² ±

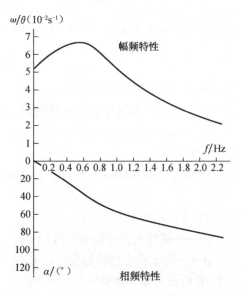

图 4-21　CA770 型轿车的频率特性曲线

0.2 m/s^2 的汽车，按试验汽车所能达到的最高侧向加速度进行试验），固定转向盘转角，稳定车速并开始记录，待 3 s 后，驾驶员突然松开转向盘并做一标记（建议用一微动开关和一个信号通道同时记录），至少记录松手后 4 s 的汽车运动过程。

2. 高速回正性试验

对于最高车速大于 100 km/h 的汽车，应进行高速回正性试验。试验时，试验车沿试验路段以试验车速（按该车最高车速的 70%，并四舍五入为 10 的整数倍）直线行驶，记录各测量变量的零线。随后驾驶员转动转向盘使侧向加速度达到 $2 \text{ m/s}^2 \pm 0.2 \text{ m/s}^2$，待稳定并开始记录后，驾驶员突然松开转向盘并做一标记（建议用一微动开关和一个信号通道同时记录），至少记录松手后 4 s 内的汽车运动过程。

试验记录时间内节气门开度保持不变。试验按向左转向与向右转两个方向进行，每个方向至少 3 次。

3. 评价指标

转向回正试验的横摆角速度时间历程曲线分为两大类：收敛型（图 4 - 22 所示中曲线 1、4）与发散型（图 4 - 22 所示中曲线 5、6）。对于发散型，不进行数据处理；对于收敛型，按向左转向与向右转分别确定评价指标。确定评价指标时，时间坐标原点以微动开关时间历程曲线上松开转向盘时微动开关所做的标记为准。

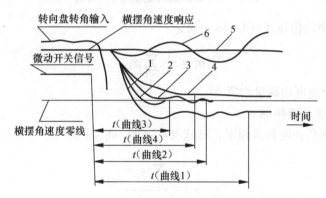

图 4 - 22 横摆角速度时间历程曲线

（1）稳定时间

稳定时间指从时间坐标原点开始，至横摆角速度达到新稳态值（包括 0 值）为止的一段时间间隔，其均值按式（4 - 65）确定：

$$t = \frac{1}{3}\sum_{i=1}^{3} t_i \qquad (4-65)$$

式中，t——稳定时间均值，s；

t_i——第 i 次试验的稳定时间，s。

（2）残留横摆角速度

残留横摆角速度指在横摆角速度时间历程曲线上，松开转向盘 3 s 时刻的横摆角速度值（包括 0 值），按式（4 - 66）确定：

$$\Delta\omega_r = \frac{1}{3}\sum_{i=1}^{3} \Delta\omega_{ri} \qquad (4-66)$$

式中，$\Delta\omega_r$——残留横摆角速度均值，$(°)/s$；

$\Delta\omega_{ri}$——第 i 次试验的残留横摆角速度值，$(°)/s$。

(3) 横摆角速度超调量

横摆角速度超调量在横摆角速度时间历程曲线上是横摆角速度响应第一个峰值超过新稳态值的部分与初始值之比（如图 4-23 所示）。

$$\sigma_i = \frac{\omega_{r1}}{\omega_{r0}} \tag{4-67}$$

式中，σ_i——第 i 次试验横摆角速度超调量，%；

ω_{r0}——横摆角速度响应初始值，rad/s；

ω_{r1}——横摆角速度响应第一个峰值，rad/s。

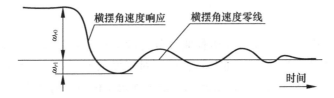

图 4-23 横摆角速度时间历程曲线

横摆角速度超量均值按式（4-68）确定：

$$\sigma = \frac{1}{3}\sum_{i=1}^{3}\sigma_i \tag{4-68}$$

式中，σ——横摆角速度超调量均值，%。

(4) 横摆角速度自然频率

第 i 次试验横摆角速度自然频率 f_{0i} 按式（4-69）确定：

$$f_{0i} = \frac{\sum_{j=1}^{n} A_{ij}}{2\sum_{j=1}^{n} A_{ij} \cdot \Delta t_{ij}} \tag{4-69}$$

式中，f_{0i}——第 i 次试验横摆角速度自然频率，Hz；

A_{ij}——横摆角速度响应时间历程曲线的波峰值（如图 4-24 所示），$(°)/s$；

Δt_{ij}——横摆角速度响应时间历程曲线上，两相邻波峰的时间间隔（如图 4-24 所示），s；

n——横摆角速度响应时间历程曲线波峰数。

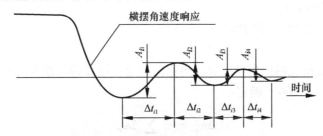

图 4-24 横摆角速度时间历程曲线

横摆角速度自然频率均值按式（4-70）确定：

$$f_0 = \frac{1}{3}\sum_{i=1}^{3} f_{0i} \tag{4-70}$$

式中，f_0——横摆角速度自然频率均值，Hz。

（5）相对阻尼系数

由式（4-71）求得衰减率 D'_i 后，再由式（4-72）求得相对阻尼系数。

$$D'_i = \frac{A_{i1}}{\sum_{j=1}^{n} A_{ij}} \tag{4-71}$$

式中，D'_i——衰减率；
A_{i1}——横摆角速度第一个波峰峰值（如图 4-25 所示）。

$$\varepsilon_i = \frac{1}{\sqrt{\left[\dfrac{\pi}{\ln(1-D'_i)}\right]^2 + 1}} \tag{4-72}$$

式中，ε_i——第 i 次试验相对阻尼系数。

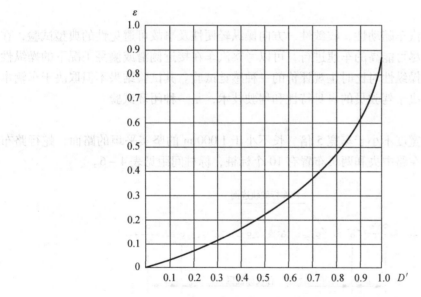

图 4-25 相对阻尼系数—衰减率关系曲线

相对阻尼系数均值按式（4-65）确定：

$$\varepsilon = \frac{1}{3}\sum_{i=1}^{3} \varepsilon_i \tag{4-73}$$

式中，ε——相对阻尼系数均值。

相对阻尼系数也可由图 4-25 根据 D' 从曲线上查得。

（6）横摆角速度总方差

第 i 次试验横摆角速度总方差按式（4-74）确定：

$$E_{ri} = \left[\sum_{j=1}^{n}\left(\frac{\omega_{rij}}{\omega_{r0i}}\right)^2 - 0.5\right] \cdot \Delta t \qquad (4-74)$$

式中，E_{ri}——第 i 次试验横摆角速度总方差，s；

ω_{rij}——横摆角速度响应时间历程曲线瞬时值，(°)/s；

ω_{r0i}——横摆角速度响应初始值，(°)/s；

n——采样点数，按 $n \cdot \Delta t = 3$ s 选取；

Δt——采样时间间隔，一般不大于 0.2 s。

横摆角速度总方差均值按式（4-75）确定：

$$E_r = \frac{1}{3}\sum_{i=1}^{n}E_{ri} \qquad (4-75)$$

式中，E_r——横摆角速度总方差均值，s。

在转向回正试验的评价指标中，残留横摆角速度和横摆角速度总方差为基本评价指标，稳定时间、横摆角速度超调量、横摆角速度自然频率、相对阻尼系数等为争取获得的指标。

四、蛇行试验

蛇行试验是评价汽车随动性、收敛性、方向操纵轻便性及事故可避免性的典型试验，在保证安全的前提下以尽可能高的车速进行，可以考察汽车在接近侧滑或侧翻工况下的操纵性能，也可以作为汽车操纵性对比时主观评价的一种感觉试验。其试验结果不但取决于车辆本身的特性，而且还取决于驾驶员的自身特性和驾驶技术，是一种闭环试验。

1. 试验场地

蛇行试验场地为宽度不小于车宽 5 倍、长不小于 1 000 m 的坚实平坦的路面，蛇行路布置如图 4-26 所示，在路中央和两头布置有 10 个标桩，标桩间距见表 4-6。

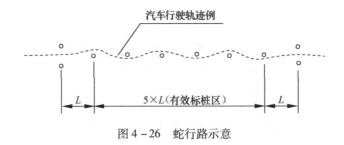

图 4-26 蛇行路示意

表 4-6 蛇行试验基本参数

汽车类型	标桩间距/m	基准车速/(km·h⁻¹)
轿车、轻型客车及最大总质量小于或等于 2.5 t 的货车和越野汽车	30	65
中型客车及最大总质量大于 2.5 t 并且小于或等于 6 t 的货车和越野汽车	30	50
大型客车及最大总质量大于 2.5 t 并且小于或等于 6 t 的货车和越野汽车	50	60
特大型客车及最大总质量大于 15 t 的货车和越野汽车	50	50

2. 试验

汽车进入试验区之前以基准车速（见表 4-6）1/2 左右的车速稳速直线行驶，进入试验区后按图 4-26 所示路线稳速行驶，同时记录转向盘力矩 M、侧向加速度 a_y 及通过有效标桩区的时间 t。试验从低速开始，逐次增加车速，直到试验出现不稳定行驶现象或驾驶员感觉再升高车速将使通过标桩有困难为止。车速通常不超过 80 km/h，试验以不同车速共行进 10 次。

3. 评价指标及其计算

（1）蛇行车速

第 i 次试验的蛇行车速：

$$v_i = 3.6L(N-1)/t_i \tag{4-76}$$

式中，v_i——第 i 次试验的蛇行车速，km/h；

L——标桩间距，m；

N——有效标桩区标桩数，$N=6$；

t_i——第 i 次试验通过有效标桩区时间，s。

（2）平均转向盘转角

第 i 次试验平均转向盘转角：

$$\theta_i = \frac{1}{4} \sum_{i=4}^{4} |\theta_{ij}| \tag{4-77}$$

式中，θ_i——第 i 次试验平均转向盘转角，(°)；

θ_{ij}——在有效标桩区内，转向盘转角时间历程曲线的峰值，(°)，如图 4-27 所示。

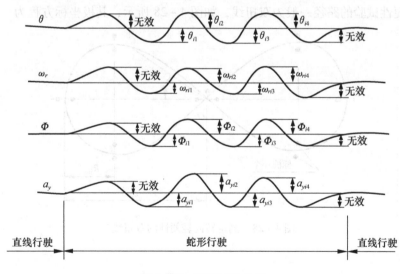

图 4-27 蛇行试验曲线

（3）平均横摆角速度

第 i 次试验的平均横摆角速度：

$$\omega_{ri} = \frac{1}{4} \sum_{i=1}^{4} |\omega_{rij}| \tag{4-78}$$

式中，ω_{rij}——在有效标桩区内，横摆角速度时间历程曲线峰值，(°)/s，如图 4-27 所示。

（4）平均车身侧倾角

第 i 次试验平均车身侧倾角：

$$\Phi_i = \frac{1}{4}\sum_{i=1}^{4}|\Phi_{ij}| \qquad (4-79)$$

式中，Φ_i——第 i 次试验平均车身侧倾角，（°）；

Φ_{ij}——在有效标桩区内，车身侧倾角时间历程曲线峰值，（°），如图 4-27 所示。

（5）平均侧向加速度

第 i 次试验平均侧向加速度：

$$a_{yi} = \frac{1}{4}\sum_{i=1}^{4}|a_{yij}| \qquad (4-80)$$

式中，a_{yi}——第 i 次试验平均侧向加速度，m/s^2；

a_{yij}——在有效标桩区内，侧向加速度时间历程曲线峰值，m/s^2，如图 4-27 所示。

五、转向轻便性试验

驾驶员是通过操纵转向盘来控制汽车行驶方向的，操纵转向盘过重容易引起驾驶员疲劳；过轻会使驾驶员感觉失去"路感"，从而难以控制汽车行驶方向。转向轻便性试验一般是使汽车沿固定的"8"字形跑道做等速行驶，测定转向盘力、转向盘转角、横摆角速度及向心加速度等，因此又称为"8"字形行驶试验。这种试验通常用来评价转向盘的力输入特性，特别是用于评价转向盘的轻便性。

1. 试验路径

转向轻便性试验的路径一般为双扭线，如图 4-28 所示，其极坐标方程为

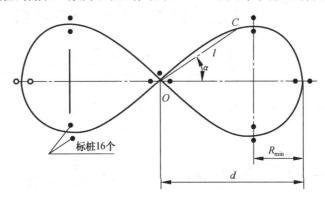

图 4-28 测定转向轻便性的双扭线

$$l = d\sqrt{\cos 2\alpha} \qquad (4-81)$$

轨迹任意点的曲率半径：

$$R = \frac{d}{3\sqrt{\cos 2\alpha}} \qquad (4-82)$$

当 $\alpha = 0$ 时，双纽线顶点的曲率半径为最小值：

$$R_{\min} = \frac{d}{3} \qquad (4-83)$$

试验要求 $R_{\min}$ 等于 1.1 倍的试验车前外轮的最小转弯半径，据此，则可计算出 d 及 l，从而画出双纽线轨迹。在双纽线最宽处、顶点及中点的路径两侧放置两个标桩，如图 4-28

所示,共计 16 个。标桩距路径中心线的距离为车宽的 1/2 加 50 cm,或按转弯通道宽的 1/2 加 50 cm。

2. 试验

试验前,驾驶员可操纵汽车沿双纽线路径行驶若干周,熟悉路径和相应操作。随后,使汽车沿双纽线中点"O"处的切线方向做直线滑行,并停车于"O"处,停车后注意观察车轮是否处于直行位置,若不是则应转动转向盘进行调整。然后双手松开转向盘,记录转向盘中间位置和作用力矩的零线。试验时,驾驶员操纵转向盘,使汽车以 10 km/h ± 2 km/h 的车速沿双纽线路径行驶,待车速稳定后开始记录转向盘转角和作用力矩,并记录行驶车速作为监督参数。汽车沿双纽线绕行一周至记录起始位置,即完成 1 次试验,全部试验应进行 3 次。在测量记录过程中,驾驶员应保持车速稳定和平稳地转动转向盘,不应同时松开双手,并且在行驶过程中不准撞倒标桩。

3. 评价指标及其计算

汽车的轻便性有两个方面,一是路感好坏,二是转向轻重。一般是作出向心加速度系数与转向盘力的关系曲线,二者是否有明晰的对应关系是路感好坏的一种表现;或者由转向盘上的转角和力矩绘出示功图,最大转向力与示功图面积大小可以作为转向轻重的尺度,图 4-29 所示为转向盘转角—力矩曲线示意图。

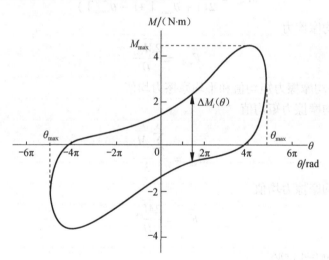

图 4-29 转向盘转角—力矩曲线示意图

(1) 转向盘最大作用力矩均值

$$\overline{M}_{max} = \frac{\sum_{i=1}^{3} |M_{maxi}|}{3} \tag{4-84}$$

式中,$\overline{M}_{max}$——转向盘最大作用力矩均值,N·m;

M_{maxi}——绕双纽线路径第 i 周($i = 1 \sim 3$)的转向盘最大作用力矩,N·m。

(2) 转向盘最大作用力均值

$$\overline{F}_{max} = \frac{2\overline{M}_{max}}{D} \tag{4-85}$$

式中，$\overline{F}_{max}$——转向盘最大作用力矩均值，N；
D——试验汽车原有转向盘直径，m。

(3) 转向盘的作用功

1) 绕双纽线路径每一周的转向盘的作用功

$$W_i = \frac{1}{57.3} \int_{-\theta_{maxi}}^{+\theta_{maxi}} |\Delta M_i(\theta)| d\theta \quad (4-86)$$

式中，W_i——绕双纽线路径每一周的转向盘的作用功，N·m；
$\Delta M_i(\theta)$——绕双扭线路径第 i 周（$i=1\sim3$）的转向盘往返作用力矩之差，N·m；
$\pm\theta_{maxi}$——绕双纽线路径第 i 周（$i=1\sim3$）的转向盘向左、向右最大转角。

2) 转向盘的作用功均值

$$\overline{W} = \frac{\sum_{i=1}^{3} W_i}{3} \quad (4-87)$$

(4) 转向盘平均摩擦力矩和平均摩擦力

1) 绕双纽线路径每一周转向盘平均摩擦力矩

$$\overline{M}_{swi} = \frac{W_i}{2(|+\theta_{maxi}|+|-\theta_{maxi}|)} \quad (4-88)$$

2) 转向盘平均摩擦力

$$\overline{F}_{swi} = \frac{2\overline{M}_{swi}}{D} \quad (4-89)$$

(5) 转向盘平均摩擦力矩均值和平均摩擦力均值

1) 转向盘平均摩擦力矩均值

$$\overline{M}_{sw} = \frac{\sum_{i=1}^{3} \overline{M}_{swi}}{3} \quad (4-90)$$

2) 转向盘平均摩擦力均值

$$\overline{F}_{sw} = \frac{2\overline{M}_{sw}}{D} \quad (4-91)$$

六、稳态转向特性试验

稳态转向特性试验又称为稳态圆周试验，最常见的是固定转向盘转角试验和定转弯半径试验。

稳态转向特性用转弯半径比 R_i/R_0（R_i 是汽车某瞬时的转弯半径，R_0 为行驶的圆周半径）、侧向加速度 a_y、汽车前后轴侧偏角 $\delta_1 - \delta_2$、车身侧倾角以及中性转向点的侧向加速度 a_n 等加以评价。

$R_i/R_0 = 1$ 或 $\delta_1 - \delta_2 = 0$，汽车具有中性转向特性，转弯半径是常值，不随车速而变。但当向心加速度增大到某点之后，会变为过度转向特性。

$R_i/R_0 > 1$ 或 $\delta_1 - \delta_2 > 0$，汽车具有不足转向特性，转弯半径随车速的增加而增大。具有良好操纵稳定性的汽车必须有适度的不足转向。

$R_i/R_0 <$ 或 $\delta_1 - \delta_2 < 0$，汽车具有过多转向特性，转弯半径随车速的增加而减小，汽车难

以驾驭，而且到达某一临界车速以后汽车就会失去控制。

1. 固定转向盘转角的稳态转向特性试验

试验时，汽车做圆周行驶的初始半径 R 不同，将导致达到同一侧向加速度时需要的车速也不同，汽车轮胎滚动阻力、前轮转向角及轮胎侧向力等也不相同，从而使试验结果有所差别。为了使试验具有可比性，试验应在同一初始圆半径上进行。ISO 4138 规定的圆周半径为 30 m，希望达到 45 m。这是因为圆周半径大一些，可以提高试验结果的精度，也能测得更高的车速。

（1）试验方法

试验时，汽车先以最低稳定车速沿圆周行驶，待安装于汽车后部中点处的非接触式车速仪在半圈内均能对准地面预设的圆周时，固定转向盘不动并停车。起动记录仪器，记录各参数零线，汽车起步并缓慢连续加速（纵向加速度不大于 0.25 m/s²），直至汽车侧向加速度达到 6.5 m/s² 或受限于汽车最高车速，或受限于汽车出现不稳定状态为止。图 4-30 所示为运行轨迹示意图，汽车应左右转向各重复 3 次，测定车速 v、纵向加速度 $\dfrac{\mathrm{d}v}{\mathrm{d}t}$、侧向加速度 a_y、横摆角速度 ω_r、车身侧倾角 $\varPhi$ 以及转向盘力矩 M 等参数，主要目的是测定在转向盘转角输入下达到稳定行驶状态时汽车的稳态横摆响应。

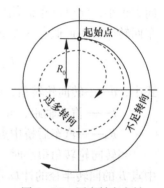

图 4-30 固定转向盘转角的稳态圆周试验汽车运行轨迹示意图

（2）试验数据处理

试验数据处理方法如下：

1）R_i/R_0—a_y 曲线。

在记录车速与汽车横摆角速度的时间历程曲线上获得各采样时刻的车速、横摆角速度，按式（4-92）计算各时刻的汽车瞬时转弯半径。

$$R_i = \frac{v_i}{\omega_r} \tag{4-92}$$

式中，v_i——i 时刻的车速瞬时值，m/s；

ω_r——i 时刻的汽车横摆角速度的瞬时值，rad/s；

R_i——i 时刻的汽车瞬时回转半径，m。

由于汽车的侧向加速度与向心加速度相差甚小，在数据处理中，用向心加速度代替横向加速度完全可以满足精度要求，故各时刻的侧向加速度可按式（4-93）计算。

$$a_{yi} = v_i \cdot \omega_r \tag{4-93}$$

式中，a_{yi}——汽车 i 时刻的侧向加速度，m/s²。

除此之外，侧向加速度还可以用汽车前进车速的平方除以圆的半径来计算，即

$$a_{yi} = \frac{v_i^2}{R_0} \tag{4-94}$$

另外，侧向加速度也可以利用加速度计测量，加速度计的输出轴应与汽车纵轴垂直。为了去掉车身倾角 $\varPhi$ 的影响，应按下式加以修正：

$$a_{yi} = \frac{\bar{a}_{yi} g \cdot \sin\varPhi}{\cos\varPhi} \tag{4-95}$$

式中，a_{yi}——真实的侧向加速度值，m/s²；
$\bar{a}_{yi}$——加速度计指示的侧向加速度值，m/s²；
g——重力加速度，m/s²；
Φ——车身侧倾角，(°)。

这样便可以计算出数组 R_i/R_0、a_{yi} 数值，并据此绘制汽车转弯半径比 R_i/R_0 与横向加速度 a_y 的关系曲线。曲线一般以为 a_y 横坐标，R_i/R_0 为纵坐标。

2）$(\delta_1 - \delta_2)$—a_y 曲线。

当汽车以极低的速度转向行驶时，作用于汽车上的横向力很小，此时汽车的侧偏角几乎为 0，转向轮转角与汽车回转半径间近似存在以下关系（如图 4-31 所示）：

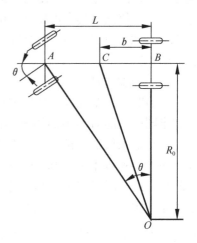

$$R_0 = \frac{L}{\tan\theta} \tag{4-96}$$

式中，θ——转向轮转角，rad；
L——汽车轴距，m；
R_0——汽车后桥中点回转半径，m。

图 4-31 转向轮转角与汽车回转半径的近似关系

当转向轮转角很小时，可以近似认为 $\tan\theta \approx \theta$，故后桥中点 B 的回转半径的计算公式可变为

$$R_0 = \frac{L}{\theta} \tag{4-97}$$

由几何关系可得汽车质心 C 的回转半径 R_C 的计算公式为

$$R_C = \sqrt{b^2 + R_0^2} \tag{4-98}$$

式中，R_C——汽车质心回转半径，m；
b——汽车质心至后桥的水平距离，m。

当 b 与 R_C 相比很小时，则有 $b^2 \ll R_0^2$，b^2 可以忽略不计，故有

$$R_0 \approx \sqrt{R_0^2} = R_0 \tag{4-99}$$

由式（4-98）、式（4-99）可以看出，由于在数据处理时常以 R_0 代替 R_C，所以初始转弯半径越大，试验结果精度越高，故本试验希望初始转弯半径大一些，以提高试验精度。

当试验车速提高后，由于侧向力的增大，左、右轮胎负荷的转移，转向系与悬架系运动干涉的加剧，悬架举升效应的增强，以及车轮外倾等综合作用结果，使汽车的回转中心已不在图 4-31 的 O 点，而移至图 4-32 所示的 O' 点，此时汽车回转半径的计算公式变为

$$R_i = \frac{L}{\theta - (\delta_1 - \delta_2)} \tag{4-100}$$

式中，R_i——汽车某瞬时的回转半径，m；
δ_1——某瞬时前桥综合侧偏角，rad；
δ_2——某瞬时后桥综合侧偏角，rad。

将式（4-97）代入式（4-100）中，经整理得：

$$\delta_1 - \delta_2 = L \cdot \left(\frac{1}{R_0} - \frac{1}{R_i}\right) \tag{4-101}$$

式（4-101）为汽车高速转向行驶时其前、后桥侧偏角之差的计算公式。若前后桥侧偏角之差以（°）为单位，此时计算公式为

$$\delta_1 - \delta_2 = \frac{360°}{2\pi} \times L \times \left(\frac{1}{R_0} - \frac{1}{R_i}\right) \quad (4-102)$$

这样，利用式（4-101）或式（4-102）计算出数组 $\delta_1 - \delta_2$、a_y 值，即可绘制 $(\delta_1 - \delta_2) - a_y$ 曲线。曲线图以 a_y 为横坐标，$\delta_1 - \delta_2$ 为纵坐标。

3) $\Phi - a_y$ 曲线。

车身侧倾角 Φ 可以直接利用时间历程曲线进行采样，且乘以标定系数求得，再利用上述方法求得 a_{yi} 值，即可绘制 $\Phi - a_y$ 曲线。

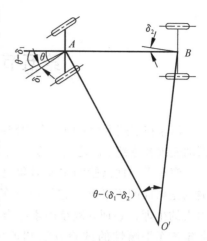

图 4-32 汽车高速转弯行驶时起回转半径计算示意图

2. 定转弯半径的稳态转向特性试验

ISO 4138 中还规定了一种定转弯半径试验法。试验路径如图 4-33 所示，为半径 30 m 的圆弧状，两侧沿圆弧中心线每隔 5 m 设置标桩，两侧标桩至圆弧中心线的距离为 1/2 车宽加 b，b 值按表 4-7 确定。

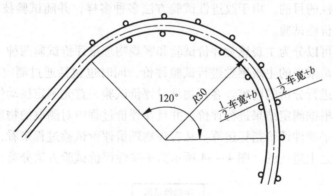

图 4-33 圆弧形试验路径

表 4-7 b 值确定

试验汽车轴距/m	标桩距离 b/cm
小于或等于 2.5	30
大于 2.5 小于或等于 4.0	50
大于 4.0	70

试验开始之前，汽车应以侧向加速度 3 m/s² 的相应车速沿半径为 15 m 的圆周行驶 500 m，以使轮胎升温。试验时，汽车以最低稳定车速行驶，调正转向盘转角，使汽车能沿圆弧行驶。在进入圆弧路径并达到稳定状态后，开始记录并保持加速踏板和转向盘位置在 3 s 内不动（允许转向盘转角在 ±10° 范围内调正）之后，停止记录。汽车通过试验路时，如撞到标桩，则试验无效。增加车速，但侧向加速度增量每次不大于 0.5 m/s²（在所测数据急剧变化区，增量可更小些）。重复上述试验，直至侧向加速度达到 6.5 m/s²，或受发动机功率限制，或汽车出现不稳定状态时为止。

第五节　汽车平顺性能试验

汽车在道路上行驶时，会因路面凹凸不平而产生振动。汽车平顺性试验就是评价汽车因振动使乘客感到不舒适或疲劳（或者使运载的货物造成损坏）程度的试验。

汽车平顺性试验的主要对象是"路面—汽车—人（或货物）"系统。在这个系统中，输入是路面的不平度，它经过汽车的轮胎、悬架及坐垫等弹性元件滤波后传到人体，再由人的生理、心理等复杂因素综合产生系统的输出——人（或货物）对振动的响应。在制定汽车平顺性的试验方法和评价指标时，都是针对上述整个系统而不是其中的某一环节。

汽车平顺性试验一般分为评价性试验和改进性试验两种。所谓评价性试验，就是对已生产出来的汽车进行平顺性试验，并用相应的评价指标评价其平顺性。所谓改进性试验，就是根据前次试验结果，对不理想的平顺性指标查找原因，进行结构改进，再进行平顺性试验，最后达到提高平顺性的目的。由于改进性试验方法多种多样，并随试验技术的发展而变化，故本章主要讨论评价性试验。

评价性试验又可以分为主观感觉评价试验和客观物理量评价试验两种。主观感觉评价试验就是依靠试验人员乘坐的主观感觉进行试验评价，同时也包括通过测定有关人体生理学、心理学变化的情况进行分析的内容。客观物理量评价试验，首先测定振动位移、速度及加速度等物理量，然后根据测定结果进行评价，并且在评价过程中对测取的物理量按与人的感觉有关的标准等进行平顺性评价指标运算。从客观物理量评价试验过程来看，它是建立在主观感觉评价试验基础之上进行的。图4-34所示为平顺性评价试验方法分类。

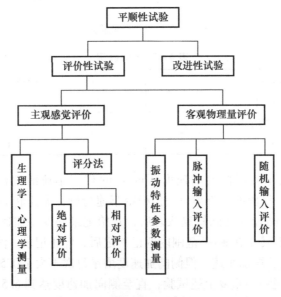

图4-34　平顺性评价试验方法分类

一、试验测试系统与数据处理

平顺性试验要采集各种振动与冲击信号,特别是大量随机振动信号,然后以小型数字计算机为主体,配以采样、A/D 转换、各种软硬件的数据处理系统,进行平顺性评价指标、频谱及频率响应函数的处理。下面对平顺性试验测试系统中常用调试仪器分析设备及处理方法进行简单介绍。

一般的测试仪器系统由加速度传感器、前置放大器和数据采集仪等组成。图 4-35 所示为测试仪器系统,此系统是典型的振动动态测试系统。

图 4-35 测试仪器系统

测量系统记录的是振动参量的连续模拟瞬间历程,需要在幅值域及频率域上进行处理,才能获取充分的平顺性评价信息。有两种不同原理的处理方法:模拟处理法及数字处理法。模拟处理法用电子模拟设备对原始记录的连续信号直接进行处理。数字处理法首先需把原始连续信号离散成数字序列,再用计算机进行运算,两者各有优缺点,可视本单位设备条件选择,现在一般多采用数字处理法。

试验数据的数字处理大体上分 3 步:数据预处理,包括检测及排除异常数据、工程单位的转换、采样及量化、消除非平稳趋势项及均值零化等;数据检验,包括随机性、平稳性及正态性检验;数据分析,按需要在幅值域或频率域上进行各项运算。

随机激励试验记录大量原始数据,数据处理的工作量极大。通常可采用自编程序在通用计算机或微处理机上进行运算,一般多使用专用数据处理系统进行。图 4-36 所示为 7T08S 数据分析装置结构框图及信号处理流程。

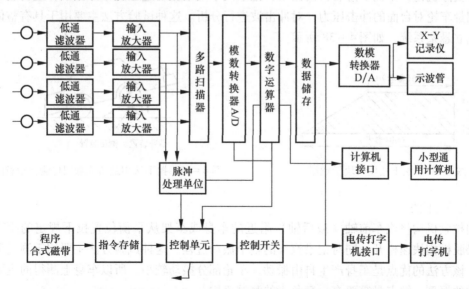

图 4-36 7T08S 信号处理机处理流程

数据处理参数的选择直接影响处理精度。平顺性试验数据的处理参数选择一般是截止频率 $f_0 = 100\ \text{Hz}$,采用间隔 $\Delta t = 0.005\ \text{s}$,选用 Hanning 窗进行平滑。若需进一步用总体平滑以改进谱估计精度,应取样本段数 $q \geq 25$,有效分辨带宽 $\Delta f = 0.195\ \text{Hz}$。

二、悬架系统部分固有频率与相对阻尼系数测定试验

悬架系统的固有频率（偏频）和相对阻尼系数（阻尼比）是悬架系统设计中的两个主要参数，其中车轮部分的固有频率是表征非簧载质量振动特性的重要参数，因此，测定这两个参数是汽车平顺性试验的一个重要内容。

1. 试验方法

试验的基本原理是对被测试的悬架系统施加一个初始干扰，使其产生自由衰减振动，同时记录车身和车轮自由衰减振动时间历程，然后由记录的曲线分析其固有频率和阻尼比。

GB/T 4783—1984《汽车悬挂系统固有频率和阻尼比测定方法》中规定了3种方法，即滚下法、抛下法和拉下法，目前汽车平顺性试验中还常用共振法进行测量。每种试验方法的仪器和传感器安装位置都一样，试验时，传感器安装在前、后桥及其上方车身（或车架）上的相应位置。

（1）滚下法

驾驶员驾驶汽车使汽车的两个前轮（或两个后轮）开到如图4-37所示的凸块上（凸块高度可选60 mm、90 mm、120 mm），停车并将发动机熄火，变速器挂空挡，然后将汽车从凸块上推下来，并使左、右两车轮同时落地，与此同时记录汽车整个振动过程。滚下法的优点是简单易行，因其左、右两个车轮难以保证同时落地，而且每次出凸块推下的速度难以统一，故衰减振动曲线的重复性较差。此试验重复3次。

（2）抛下法

该方法是在跌落式悬架检测台进行。开始先通过举升装置将汽车升起一定高度，然后突然松开支撑机构，车辆下落后自由振动，记录汽车整个振动过程的车体振幅，或者用压力传感器测量车轮对台面的冲击压力，对冲击波进行分析。这种试验方法主要用于具有整体车轴的非独立悬架系统，如图4-38所示。

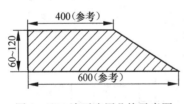

图4-37 滚下法用凸块示意图

图4-38 抛下法用跌落式悬架检测台示意图

（3）拉下法

用拉紧机构将汽车前轴（或后轴）附近的车身或车架从平衡位置拉下规定的距离，然后用松脱机构快速松开，同时记录汽车的整个振动过程。这种试验方法主要用于测量车身的振动。该方法的优点是车身产生自由振动，车轮部分振动较小，所以车身上测得的主要是车身振动的振型；缺点是需要有一套负责的测试机构。

采用上述3种方法试验时，拉下位移量、支起高度和凸块高度的选择原则是既要保证悬架和压缩行程时不碰撞限位块，又要保证振动幅值够大。

（4）共振法

共振法悬架装置试验台分为测力式和测位移式，如图4-39所示。测力式测量振动衰减

过程中力的变化；测位移式测量振动衰减过程中台面上下位移量的变化。

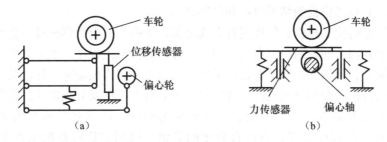

图4-39 共振式悬架装置试验台结构示意图
(a) 测位移式；(b) 测力式

共振式悬架装置试验台的检测原理如图4-40所示。检测时，先通过检测台的电动机、偏心轮、蓄能飞轮和弹簧组成的激振器迫使试验台台面及其上被检测汽车的悬架产生振动，然后在开机数秒后断开电动机电源，从而由蓄能飞轮产生扫频激振。由于电动机的频率比车轮的固有频率高，因此，蓄能飞轮逐渐降速的扫频激振过程总可以扫到车轮固有振动频率处，从而使台面—汽车系统产生共振。通过检测激振后振动衰减过程中力或位移的振动曲线，求出频率和衰减特性，便可以判断悬架装置激振器的性能。共振式悬架试验台性能稳定、数据可靠、应用广泛。

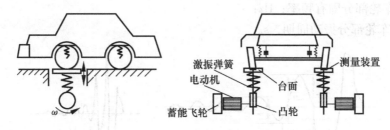

图4-40 共振式悬架装置试验台检测原理示意图

为保证车轮与台面共同振动时能始终保持垂直受载的水平面上下移动，在台体上设计有上摆臂、中摆臂和下摆臂，并通过3个摆臂轴和6个轴承安装在箱体上。上摆臂和中摆臂与支撑台面连接，构成平行四边形的四连杆机构，以保证振动时台面的上下运动。中摆臂和下摆臂端部之间装有弹簧，驱动电动机的一端装有飞轮，另一端装有凸缘，凸缘上有偏心轴，连接杆一端通过轴承和偏心轴连接，另一端和下摆臂端连接。如图4-41所示。

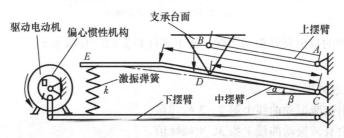

图4-41 共振式悬架装置试验台单轮支承结构示意图

电子控制系统主要由计算机、传感器、A/D转换器、电磁继电器及控制软件等组成。

控制软件不仅能实现对悬架检测台动作程序的控制,同时也可对悬架检测台所采集的数据进行分析和处理,并最终将检测结果显示和打印出来。

检测时,汽车的轮胎规格、气压应符合规定值,不乘人,也无驾驶员。将车辆的车轮一次驶上检测台的台面,使轮胎位于台面的中央位置。起动检测程序,激振器工作,带动汽车悬架装置产生振动,使振动频率上升超过系统的共振频率。当振动频率超过共振点后,关闭激振器电源,系统振动频率自然衰减,并通过系统共振点。记录衰减振动过程数据集及曲线变化,设纵坐标为车轮动态载荷变化值,横坐标为时间。计算并显示车轮动态载荷与静态载荷的百分比,计算同轴左、右轮百分比的差值。检测完后将被测试汽车驶出悬架试验台。

2. 数据处理

(1) 时间历程法

利用车身和车轴部分的自由衰减振动曲线(图 4-42)计算出车身和车轮的振动周期 T、T',然后用下式分别计算出各自的固有频率:

$$\begin{cases} f_0 = 1/T \\ f_t = 1/T' \end{cases} \tag{4-103}$$

式中,f_0——车身部分固有频率,Hz;

T——车身部分振动周期,s;

f_t——车轮部分固有频率;Hz;

T'——车轮部分振动周期,s。

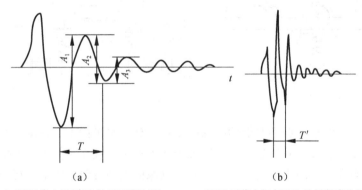

(a) (b)

(可选用截止频率5Hz的低通滤波器) (可选用截止频率20Hz的低通滤波器)

图 4-42 车身部分和车轴部分的自由衰减振动曲线

(a) 车身部分;(b) 车轮部分

利用试验获得的自由衰减振动曲线,按下式计算振动的衰减率 τ:

$$\tau = A_1/A_2 \tag{4-104}$$

式中,τ——自由衰减振动的衰减率;

A_1——自由衰减振动曲线上第2、3峰峰值;

A_2——自由衰减振动曲线上第3、4峰峰值。

然后按下式计算阻尼比 ψ

$$\psi = \frac{1}{\sqrt{1+\pi^2/\ln\tau}} \qquad (4-105)$$

当阻尼很小时，A_2 较 A_1 没有明显减小，可以按下式先求出衰减率 τ'：

$$\tau' = A_1/A_3$$

式中，A_3——自由衰减振动曲线上第 4、5 峰峰值。

然后按下式计算阻尼比 ψ：

$$\psi = \frac{1}{\sqrt{1+4\pi^2/\ln\tau'}} \qquad (4-106)$$

(2) 频率分析法

使用频率分析法进行数据处理时，如果是用磁带记录器记录，可在数据处理机上进行傅氏变换，也可以处理自功率谱，这样得到的峰值频率即为固有频率。处理时可选用以下参数进行采样：低通滤波器频率为 20 Hz，时间间隔为 0.02 s，频率分辨率为 0.05 Hz。图 4-43 所示为经数据处理得到的加速度均方根自谱。

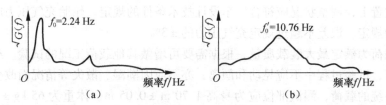

图 4-43 加速度均方根自谱
(a) 车身部分；(b) 车轮部分

以车桥加速度 $\xi(t)$ 为输入，以车身加速度 $Z(t)$ 为输出处理频率响应函数，车轮部分幅频特性的峰值频率 f_0' 略高于车身部分的固有频率 f_0。利用幅频特线曲线峰值 A_p 可近似地求出阻尼比，其计算公式为

$$\psi = \frac{1}{2\sqrt{A_p^2-1}} \qquad (4-107)$$

图 4-44 所示为经数据处理后的幅频特性曲线。

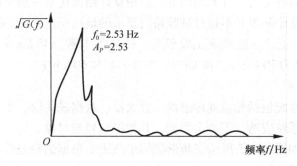

图 4-44 幅频特性曲线

三、行驶试验

在整个汽车运输中，使用最多的工况是汽车在接近平稳随机的路面上行驶。此工况下激

起的振动是随机振动，一般可以用研究平稳随机振动的方法进行研究。随机输入行驶试验就是采用平稳随机振动的研究方法评价汽车在一般路面上行驶平顺性的一种试验方法。汽车在公路上行驶时，有时会遇到凸出的障碍物，如石块、土堆、凹坑、铺装在路面上的管道及横穿公路的铁轨等，这些障碍物使路面对汽车的振动输入突然增大很多，通常称这种输入为脉冲输入。脉冲输入虽然出现次数少、作用时间极短，但会使乘员感到不舒服，严重时会损害乘员的健康（或者使运输的货物遭到破坏）。脉冲输入行驶试验就是研究汽车振动的这一极端状况的。

行驶试验按 GB/T 4970—2009《汽车平顺性试验方法》规定的相关规定进行。

1. 试验条件

试验道路应为平直的沥青路或水泥路，纵坡不大于1%，路面干燥，不平度应均匀无突变，累计的试验路面总长度不应小于试验样本个数要求的最短路面长度，并且两端应有 30 ~ 50 m 的稳速段；风速不大于 5 m/s。

汽车各总成、部件、附件及附属装置（包括随车工具与备胎）应按规定装备齐全，并装在规定的位置上，调整状况应符合该车设计技术条件的规定。轮胎充气压力应符合汽车设计技术条件的规定，误差不超过规定充气压力的 ±3%。

汽车的载荷为额定最大装载质量，根据需要可增做其他载荷工况的试验。载荷物均匀分布且固定牢靠，试验过程中不应晃动和颠离，亦不应因潮湿、散失等情况而改变质量。

人—椅系统的载荷，测试部位应为身高 1.70 m ± 0.05 m、体重为 65 kg ± 5 kg 的真人，非测试部位应符合 GB/T 12534—1990 的规定。

测试部位的乘员全身放松，佩戴安全带，双手自然地放在大腿上，其中驾驶员的双手自然地置于转向盘上，在试验过程中应保持坐姿不变。一般情况下，乘员应自然地靠在靠背上，否则应注明。

试验车速由车速仪监控，试验时，应根据车速选用适当的挡位，车速偏差为试验车速的 ±4%。

脉冲输入行驶的试验车速为 10 km/h、20 km/h、30 km/h、40 km/h、50 km/h、60 km/h。

随机输入行驶针对特定的设计原则确定试验用良好路面还是一般路面。良好路面试验车速为 40 km/h 到最高设计车速（不超过试验路面要求的最高车速），每隔 10 km/h 或 20 km/h 选取一种车速为试验车速。一般路面试验车速，对 M 类车辆为 40 km/h、50 km/h、60 km/h 和 70 km/h，N 类车辆为 30 km/h、40 km/h、50 km/h 和 60 km/h。

2. 试验仪器和装置

平顺性试验仪器系统包括加速度传感器、放大器、数据采集仪、车速仪、滤波器等。由试验仪器构成的测试系统应适宜于冲击测量，其性能应稳定可靠。

脉冲输入应采用如图 4-45 所示三角形状的单凸块。根据试验条件不同，脉冲输入也可用其他高度的凸块或减速带。

3. 试验方法

（1）加速度传感器安装位置

M 类车辆安装在驾驶员及同侧最后排座椅椅垫上方、座椅靠背、脚部地板上；N 类车辆安装在驾驶员座椅椅垫上方、座椅靠背、脚部地板、车厢地板中心以及驾驶员同侧距车厢边

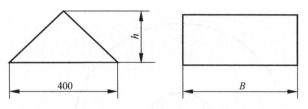

$h=40$ mm；B—按需要而定，但必须大于轮宽。

图 4-45　三角形凸块

板、车厢后板各 300 mm 处的车厢地板上。

座椅椅垫上方、座椅靠背、脚部地板上需测量三个方向的振动，加速度时间历程包括垂直（Z 轴向）振动、横向（Y 轴向）振动和纵向（X 轴向）振动。车厢地板处的加速度传感器只需测量垂直振动。

座椅上的传感器布置如图 4-46 所示，脚部地板上的传感器布置在驾驶员（或乘员）两脚中间位置。安装在座椅椅垫上方、座椅靠背上的传感器应与人体紧密接触，座椅椅垫上方传感器结构如图 4-47 所示，座椅靠背传感器结构如图 4-48 所示。

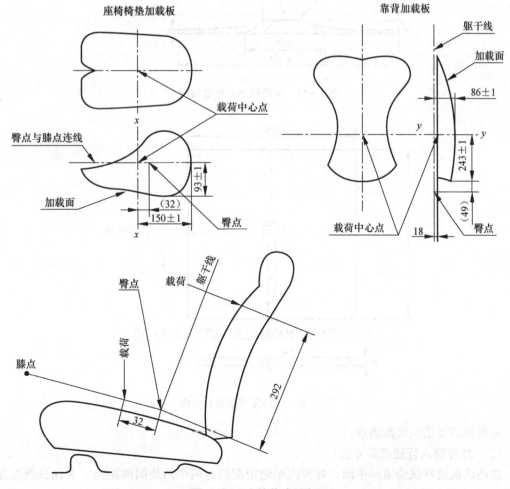

图 4-46　座椅传感器布置

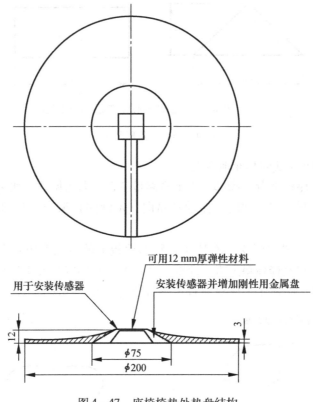

图 4-47 座椅椅垫处垫盘结构

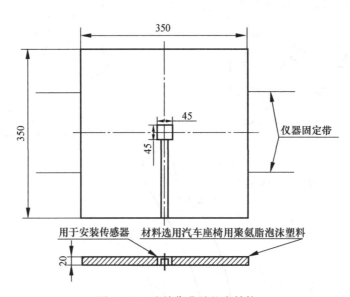

图 4-48 座椅靠背处垫盘结构

可根据需要适当增加测点。

(2) 脉冲输入行驶试验方法

将凸块放置在试验道路中间,并按汽车轮距调整好两个凸块间的距离。为保证汽车左、右车轮同时驶过凸块,应将两个凸块放在与汽车行驶方向垂直的一条直线上。

试验时，汽车以规定的车速匀速驶过凸块。在汽车通过凸块前 50 m 应稳住车速。当汽车前轮接近凸块时开始记录，待汽车驶过凸块且冲击响应消失后，停止记录。

每种车速的有效试验次数应不少于 5 次。

(3) 随机输入行驶试验方法

试验时，汽车应在稳速段内稳住车速，然后以规定的车速匀速驶过试验路段，测量各测试部位的加速度时间历程。

样本记录长度应满足数据处理的最少数据量要求。

4. 数据采集以及处理

分段数据采集过程中应采用抗混叠滤波器，如需要在数据处理过程中计算功率谱密度，则必须采用窗函数。数据处理中涉及的采样时间间隔、频率分辨率和独立样本个数等需在满足采样定理并考虑实际抗混叠滤波器性能指标以及实际工程需要的基础上确定。

数据采集以及数据处理建议采用下列参数：

1) 截止频率，$f_c \geq 90$ Hz；

2) 频率分辨率 Δf 和独立样本个数 q，$\Delta f \leq 0.2$ Hz，对于随机输入行驶独立样本数 $q \geq 25$；

3) 功率谱密度计算过程中采用 Hanning 窗函数；

4) 采样时间间隔在满足截止频率的基础上根据数据采集过程中采用的抗混叠滤波器性能指标确定。

5. 平顺性评价

(1) 脉冲输入行驶评价方法

基本评价方法是当振动波形峰值系数小于 9 时，脉冲输入行驶试验用座椅椅垫上方、座椅靠背、乘员（或驾驶员）脚部地板和车厢地板最大（绝对值）加速度响应 $\ddot{Z}_{max}$ 与车速 v 的关系评价。

最大（绝对值）加速度响应：

$$\ddot{Z}_{max} = \frac{1}{n} \sum_{j=1}^{n} \ddot{Z}_{max\, j} \qquad (4-108)$$

式中，n——脉冲试验有效试验次数，$n \geq 5$；

$\ddot{Z}_{max\, j}$——第 j 次试验结果最大（绝对值）加速度响应。

辅助评价方法是当峰值系数大于 9 时，若用基本评价方法不能完全描述振动对人体的影响，则还应采用辅助评价方法即振动剂量值来评价。

峰值系数是加权加速度时间历程 $a_w(t)$ 的峰值（绝对值最大）与加权加速度均方根值 $\bar{a}_w$ 比值的绝对值。振动剂量值（单位 m/s$^{1.75}$）：

$$VDV = \left[\int_0^T a_w^4(t) \, dt \right]^{\frac{1}{4}} \qquad (4-109)$$

式中，T——作用时间（从汽车前轮接触凸块到汽车驶过凸块且冲击响应消失时间段）。

(2) 随机输入行驶评价方法

对乘员（或驾驶员）人体及脚部地板处的振动用加权加速度均方根值 $\bar{a}_w$ 评价，并分别用 $\bar{a}_{wx}$、$\bar{a}_{wy}$ 和 $\bar{a}_{wz}$ 表示前后方向、左右方向和垂直方向振动的加权加速度均方根值。人体及脚部地板处振动也可用综合总加权加速度均方根值 $\bar{a}_v$ 来表示。货车车厢的振动用加速度均方根值评价。

加权加速度均方根值是按振动方向并根据人体对振动频率的敏感程度而进行加权计算的，是人体振动评价指标。

首先计算1/3倍频带加速度均方根值：

$$\bar{a}_j = \left[\int_{f_{uj}}^{f_{ij}} G_a(f)\mathrm{d}f\right]^{\frac{1}{2}} \qquad (4-110)$$

式中，$\bar{a}_j$——中心频率为 f_j 的第 j（$j = 1, 2, 3, \cdots, 23$）个1/3倍频带加速度均方根值，$\mathrm{m/s^2}$；

f_{ij}、f_{uj}——1/3倍频带的中心频率为 f_j 的上、下限频率（见表4-8），Hz；

$G_a(f)$——加速度自功率谱密度函数，$\mathrm{m^2/s^3}$。

表4-8 1/3倍频带中心频率上、下限频率　　　　　　　　　　　　　Hz

1/3倍频带中心频率 f_j	f_j 的下限频率 f_{ij}	f_j 的上限频率 f_{uj}
0.50	0.45	0.57
0.63	0.57	0.71
0.80	0.71	0.9
1.0	0.9	1.12
1.25	1.12	1.4
1.6	1.4	1.8
2.0	1.8	2.24
2.5	2.24	2.8
3.15	2.8	3.55
4.0	3.55	4.5
5.0	4.5	5.6
6.3	5.6	7.1
8.0	7.1	9
1.0	9	11.2
12.5	11.2	14
16.0	14	18
20.0	18	22.4
25.0	22.4	28
31.5	28	35.5
40.0	35.5	45
50.0	45	56
63.0	56	71
80.0	71	90

单轴向加权加速度均方根值：

$$\bar{a}_w = \left[\sum_{j=1}^{23}(\omega_j \cdot a_j)^2\right]^{\frac{1}{2}} \qquad (4-111)$$

式中，ω_j——第 j 个 1/3 倍频带的加权系数，根据测点的位置和方向不同分别取 ω_k、ω_d、ω_c（见表 4-9），ω_k、ω_d、ω_c 的具体取值见表 4-10。

表 4-9 不同测点、方向的倍频带的加权系数

位置	坐标轴名称	频率加权函数 ω_j
座椅椅垫上方	纵向	ω_d
	横向	ω_d
	垂向	ω_k
靠背	纵向	ω_c
	横向	ω_d
	垂向	ω_d
脚	纵向	ω_k
	横向	ω_k
	垂向	ω_k

表 4-10 1/3 倍频带的主要加权系数

频率带数 x	频率 f/Hz	ω_k 频率加权系数 ×1 000	dB	ω_d 频率加权系数 ×1 000	dB	ω_c 频率加权系数 ×1 000	dB
1	0.5	418	-7.57	853	-1.38	843	-1.48
2	0.63	459	-6.77	944	-0.50	929	-0.64
3	0.8	477	-6.43	992	-0.07	972	-0.24
4	1	482	-6.33	1011	0.1	991	-0.08
5	1.25	484	-6.29	1008	0.07	1 000	0.00
6	1.6	494	-6.12	968	-0.28	1 007	0.06
7	2	531	-5.49	890	-1.01	1 012	0.10
8	2.5	631	-4.01	776	-2.20	1 017	0.15
9	3.15	804	-1.90	642	-3.85	1 022	0.19
10	4	967	-0.29	512	-5.82	1 024	0.20
11	5	1 039	0.33	409	-7.76	1 013	0.11
12	6.3	1 054	0.46	323	-9.81	974	-0.23
13	8	1 036	0.31	253	-11.93	891	-1.00
14	10	988	-0.1	212	-13.91	776	-2.20
15	12.5	902	-0.89	161	-15.87	647	-3.79
16	16	768	-2.28	125	-18.03	512	-5.82
17	20	636	-3.93	100	-19.99	409	-7.77
18	25	513	-5.80	80.0	-21.94	325	-9.76
19	31.5	405	-7.86	63.2	-23.98	256	-11.84
20	40	314	-10.05	49.4	-26.13	199	-14.02
21	50	246	-12.19	38.8	-28.22	156	-16.13
22	63	186	-14.61	29.5	-30.60	118	-18.53
23	80	132	-17.56	21.1	-33.53	84.4	-21.47

如果记录的是加速度时间历程,则通过符合规定的频率加权滤波网络得到加权加速度时间历程:

$$\bar{a}_w = \left[\frac{1}{T}\int_0^T a_w^2(t)\mathrm{d}t\right]^{\frac{1}{2}} \tag{4-112}$$

式中,T——作用时间,s。

座椅椅垫上方、座椅靠背及驾驶室地板处各点的总加权加速度均方根值:

$$\bar{a}_{vj} = (k_x^2\bar{a}_{wx}^2 + k_y^2\bar{a}_{wy}^2 + k_z^2\bar{a}_{wz}^2)^{\frac{1}{2}} \tag{4-113}$$

式中,$\bar{a}_{wx}$——前后方向(即 x 轴向)加权加速度均方根值,m/s²;

$\bar{a}_{wy}$——左右方向(即 y 轴向)加权加速度均方根值,m/s²;

$\bar{a}_{wz}$——垂直方向(即 z 轴向)加权加速度均方根值,m/s²;

k_x,k_y,k_z——各轴加权系数;

$j=1$、2、3——座椅椅垫上方、座椅靠背及驾驶室地板3个位置;

$\bar{a}_{vj}$——某点总加权加速度均方根值,m/s²。

综合总加权加速度均方根值 a_v 的计算见表 4-11。

表 4-11 不同研究情况采用的频率加权函数和轴加权系数

位 置	坐标轴名称	频率加权函数 ω_j
座椅椅垫上方	纵向	$k_x = 1.00$
	横向	$k_y = 1.00$
	垂向	$k_z = 1.00$
靠背	纵向	$k_x = 0.80$
	横向	$k_y = 0.50$
	垂向	$k_z = 0.40$
脚	纵向	$k_x = 0.25$
	横向	$k_y = 0.25$
	垂向	$k_z = 0.40$
$\bar{a}_v = \left(\sum \bar{a}_{vj}^2\right)^{\frac{1}{2}}$		

随机输入行驶以评价指标与车速的关系曲线作为基本评价方法。根据需要也可只用常用车速的评价指标来评价。

研究振动对人体舒适性感觉的影响时,一般用座椅椅垫上方、座椅靠背处和脚支撑面处综合总加权加速度均方根值来评价。

总加权加速度均方根值与人的主观感觉之间的关系见表 4-12。

表 4-12 总加权加速度均方根值与人的主观感觉之间

总加权加速度均方根值 $\bar{a}_v/(\mathrm{m\cdot s^{-2}})$	人的主观感觉
小于 0.315	没有不舒服
0.315~0.63	有些不舒服
0.5~1	比较不舒服

续表

总加权加速度均方根值 $\bar{a}_v$/(m·s^{-2})	人的主观感觉
0.8~1.6	不舒服
1.25~2.5	很不舒服
大于2	极不舒服

6. 客车平顺性试验

按照 QC/T 474—2011《客车平顺性评价指标及限值》的规定，M_2、M_3 类客车的平顺性用测点位置垂直振动的等效均值 L_{eq} 来评价。

$$L_{eq} = 20\lg\frac{\sigma_w}{10^{-6}} \qquad (4-114)$$

式中，σ_w——定测量时间内的加权加速度均方值，m/s^2。

等效均值 L_{eq} 限值见表 4-13。

表 4-13 客车平顺性等效均值

客车类型	试验车速/(km·h^{-1})	空气悬架/dB	其他悬架/dB
城市客车	30	≤106.0	≤115.0
其他客车，设计最高车速不大于 100 km/h	60	≤110.0	≤112.5
其他客车，设计最高车速大于 100 km/h	90	≤113.0	≤115.0

注：悬架为驾驶员同侧后桥（驱动桥）正上方的悬架。

试验时，试验车速控制在 ±4% 以内；试验测点为驾驶员同侧最接近后桥（驱动桥）正上方的座椅；试验路面数据采集长度为不少于 1 km 的试验路段；载荷为额定满载；试验车速选择对应的常用挡位，按规定的试验车速匀速通过测试路段，往返各进行 3 次，按 6 次试验测量值的算术平均值作为试验结果。

卧铺客车和矿用自卸汽车的平顺性试验参考 QC/T 677—2001《卧铺客车平顺性随机输入行驶试验方法》和 QC/T 76.8—1993《矿用自卸汽车试验方法——行驶平顺性试验》。

第六节　汽车通过性能试验

汽车通过性是指汽车通过各种道路，特别是坏路、无路地区及某些地形（如垂直障碍物、凸岭、水平壕沟、弹坑、涉水池等）的能力，通过性是汽车主要使用性能之一，它不仅影响运输任务的完成，也影响其他性能的发挥，所以研究和提高汽车的通过性，对国防及国民经济均有重要意义。

汽车通过性主要取决于汽车几何、支撑与牵引参数，同时，汽车的其他性能结构因素与使用因素对通过性也有很大影响。

由于我国对汽车通过性，特别是对汽车与相接触的道路、土壤等介质之间关系的研究目前尚处于理论分析研究阶段，所以对地面通过性尚没有规范化的评价指标，目前主要是采用比较试验方法。

所谓比较试验，就是根据试验车的特点，选用一辆车作比较车，试验车与其进行比较。在一般情况下比较车多选用现生产车或市场上有竞争能力的新车。

通过性试验通常包括汽车通过性几何参数测量（与通过性有关的几何参数有接近角、离去角、离地间隙、横向通过半径、纵向通过半径、轮胎印迹面积、最大转弯半径、转向通道宽度等，具体测量方法参考有关章节）、低附着系数地面通过性试验（沙地通过性试验、泥泞地通过性试验、冰雪路通过性试验）、崎岖不平道路通过性试验、涉水性能试验、地形通过性试验等。

试验前应对车辆进行检查、保养，使试验车符合技术条件或使用说明书的要求。按规定选用轮胎，最好采用全新轮胎，如果采用旧轮胎，其花纹磨损量不得低于原始花纹高度的20%，试验车同比较车装用轮胎的新旧程度应大体相同，花纹一样。轮胎花纹中黏结的泥土应清除干净。试验时，风速不大于 5 m/s，晴天或阴天。

一、低附着系数地面通过性试验

1. 沙地通过性试验

由于沙地土质松软，汽车在上面行驶时阻力大，附着系数小，车轮易滑转，从而引起汽车上下振动和颠簸。因为沙地土质松软程度对通过性和试验结果有较大影响，所以选择试验沙地非常重要。如果有专门的沙地试验场最为理想，此时，可以根据预估的汽车通过能力将底层沙压实，表面铺上 100~300 mm 的软沙，表面平坦，长度不小于 50 m，宽度不小于 10 m。如果没有专门的沙地试验场，可以找一个能满足试验要求的天然沙地作为试验沙地。

试验前在试验车驱动轮上装上车轮转数传感器，在驾驶室底板及车箱前、中、后的车辆纵向中线处安装加速度传感器。

试验时，汽车以直线前进方向停放在试验路段的起点，然后从最低挡位起分别挂能起步行驶的各个挡位（包括倒挡），并且发动机分别以怠速转速、最大扭矩转速和最大功率转速起步行驶，直至发动机熄火或驱动轮严重滑转车轮不能前进为止，与此同时，测定从汽车起步到停车为止的行驶时间、行驶距离、车轮转速及车辆上下振动加速度随时间变化的曲线。试验时用发动机转速表监视发动转速。

平均行驶速度

$$V = \frac{3.6S}{t} \tag{4-115}$$

式中，V——平均行驶速度，km/h；

S——行驶距离，m；

t——行驶时间，s。

车轮打滑率

$$\eta = \frac{2\pi r_k n - S}{2\pi r_k n} \times 100\% \tag{4-116}$$

式中，η——车轮滑转率；

r_k——驱动轮滚动半径，m；

n——车轮转数。

由于选择的天然沙地表面状况不可能完全相同（即使是专用的沙地试验场，也很难保证表面状况的一致性），对试验结果很难做出定量评价，因此，通常都是做比较试验。试验时，试验车和比较车由同一名经验丰富的驾驶员驾驶，在同一试验条件下进行试验。

2. 泥泞地通过性试验

由于泥泞地表面存在大量泥水，其附着系数较小，车轮很容易滑转，因此，泥泞地表面状况对汽车通过性试验结果影响非常大。泥泞地通过性试验选择试验场地非常重要，一般要求试验场地表面有 100 mm 厚的泥泞层，长度不小于 100 m，宽度不小于 7 m。试验场地选择好后，要抓紧时间连续进行试验，避免场地因长时间受日光暴晒，使水分蒸发、表面状况改变，而影响试验结果的准确性。

试验时，在试验路段的两端做出标记，试验车以规定的发动机转速（一般为怠速）和变速器挡位（一般为Ⅰ挡或Ⅱ挡）驶入试验路段，从进入试验路段起点开始，驾驶员可根据其经验，以最理想的驾驶操作进行驾驶，直至驶出测量路段。

试验时用秒表记录从测量路段始点至终点（或中间因车辆无法行驶而停车时）的行驶时间、行驶距离及车轮转数，并计算平均车速和车轮滑转率。

进行该试验时，可同时测定最大拖钩牵引力和行驶阻力。

该项试验因选择的泥泞地面状态的差异很大，所以也和沙地试验一样做比较试验。

3. 冰雪路通过性试验

冰雪路通过性试验用以考核汽车在冰雪路面上的行驶能力，是个综合性的试验。它主要考核起步加速稳定性、减速稳定性、转向操纵性、直线行驶稳定性、制动效能及制动方向稳定性等性能。

做该项试验时，雪地的选择是非常重要的。雪地应宽阔、平坦，长度不小于 200 m，宽度不小于 20 m，其中至少要有长 30 m、宽度不少于 30 m 的一段平场。试验前应根据试验目的和要求，对雪地进行压实、冻结和融化处理。

试验时，汽车停放在试验场地一端，起步后，换挡、加速（加速度 2 m/s² 左右）行驶至速度为 30~50 km/h（根据场地情况确定其速度），再在路面较宽处转弯行驶，最后减速行驶（不踏制动踏板）至车速 10 km/h 左右停车。试验反复进行数次，评价起步及加速稳定性（是否有甩尾现象）、直线行驶稳定性、减速行驶稳定性及转向盘操纵性（是否按转向盘转角转弯行驶或甩尾）。

在车速 20、30 km/h 时用五轮仪和减速度仪测定制动距离、制动减速度及甩尾跑偏状况。

因为冰雪路面表面状况差别很大，对试验结果只能做相对比较，所以只能进行比较试验。

对装防滑装置的汽车，应在装防滑装置和不装防滑装置两种状态下分别进行试验。

二、崎岖不平道路通过性试验

崎岖不平道路通过性试验应在汽车试验场可靠性道路上进行。当条件不具备时，也可选择公路或自然道路，但路面必须包括鱼鳞坑路、搓板路及扭曲路等。

崎岖不平道路的通过性不仅和汽车的几何参数、动力性能及转向性能等有关，也和汽车的平顺性有关。因此，试验时以驾驶员能够忍受的程度和保证安全的条件下，尽量以高速行驶,测定一定行驶距离的行驶时间,计算平均车速。

该项试验也是做比较试验。

三、地形通过性试验

地形通过性指汽车对某些地形的通过能力。地形通过性试验一般在垂直障碍物、凸岭、水平壕沟、路沟、弹坑、涉水池等6种地形设施上进行。一般情况下,只有越野汽车做该项试验。

被试验车辆轮胎花纹的磨损量不得超过原始高度的1/5。

试验时,变速器置于Ⅰ挡,分动器置于低挡(涉水试验除外),汽车全轮驱动。观察并记录在该过程中汽车的运动状况及其部件与地形设施有无接触、碰撞或其部件间有无干涉等现象。

1. 通过垂直障碍物试验

如图4-49所示,选择3种不同高度的垂直障碍物,高度$h=(2/3 \sim 4/3)r_k$(r_k为车轮滚动半径),宽度不小于4 m,长度L不小于被试汽车的轴距。试验也可根据各试验场的固定设施进行。

试验时,汽车低速驶近垂直障碍物,节气门全开,爬越垂直障碍物。试验后,检查汽车各部件和连接件有无损坏或松动,判断各总成工作情况有无异常。注意爬越障碍物时不得猛冲,以免损坏传动系部件。从最低障碍物爬越,然后根据通过情况,改变垂直障碍物的高度,直至汽车不能爬越为止,并将汽车不能爬越的前一次所测值定为能超越的最大高度。试验时,如果有条件最好用录像机摄下该试验全过程,观察并记录在该过程中汽车运动状况以及部件和障碍物有无碰撞、接触等干涉情况,以及爬越后地面的破坏情况,同时记录爬越高度或不能爬越的原因。

2. 通过凸岭能力试验

如图4-50所示,选择凸岭尺寸L为6 m,h为0.6 m、1.3 m、2.0 m。从坡度小的凸岭开始,低速驶过凸岭,测定汽车爬越凸岭的最大高度。

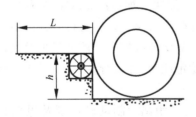

图4-49 垂直障碍物示意

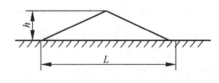

图4-50 凸岭示意

3. 通过水平壕沟试验

如图4-51所示,选择水平壕沟不同宽度$B=(1 \sim 4/3)r_d$,一般取3个不同宽度,长度不小于3 m,深度比r_k稍大,沟的前、后均为平整地面。该试验也可根据各试验场的固定设施进行。

试验时,低速驶近壕沟,节气门全开,驶过壕沟。首先通过最窄的壕沟,根据试验情况逐次加宽,直至不能通过为止。测定汽车通过水平壕沟的最大宽度。

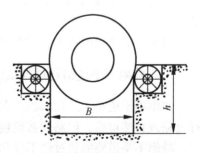

图4-51 水平壕沟示意

4. 通过路沟试验

如图4-52所示,选择路沟的深度(m);$H_1 = 0.30$、0.50、0.75;$H_2 = 1.0$、1.5、2.0。试验时低速行驶。通过路沟时,试验车辆以与路沟成45°和90°角两个方向行驶。试验后,检查汽车各部件和连接件有无松动,判断各总成工作情况有无异常。由浅至深直至汽车不能通过为止。测定通过路沟最大深度。

5. 通过弹坑试验

如图4-53所示,尺寸分为3组,L、h依次是4 m、1.75 m,10 m、2 m和14 m、3 m,试验时低速驶过弹坑。

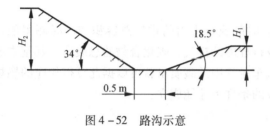

图4-52 路沟示意

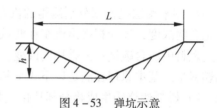

图4-53 弹坑示意

6. 涉水试验

如图4-54所示,人工涉水池总长L不小于80 m,总深h不小于1.5 m,总宽不小于5 m,出、入池坡度为10%~15%(具体尺寸按各试验场的规定)。

按对试验车辆涉水的技术要求,检查调整车辆的技术状况。

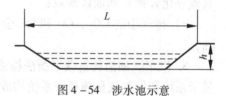

图4-54 涉水池示意

在人工设施池中,汽车全轮驱动、低速通过符合设计任务书要求的水深的水池,测定通过时间和发动机出水温度、机油温度,观察驾驶室等处进水及密封情况,试验往返各1次,用摄像机拍摄通过情况。

试验结束后,立即停车熄火,检查涉水后的密封状况,5~15 min后,再次起动车辆观察各部件是否正常。

本章小结

1. 汽车的动力性能试验主要包括滑行试验、车速试验、加速性能试验、爬坡试验、附着系数测量试验和牵引特性试验等。

2. 最高车速是指汽车在最大总质量状态下,变速器挂最高挡,在表面坚硬、平整的水平道路上行驶时所能达到的最高车速。

3. 最低稳定车速通常指在直接挡下汽车最低的能稳定行驶的车速。稳定行驶的含义指以该车速匀速行驶一段距离之后,能保证汽车在急急速踩下加速踏板时,发动机不熄火、传动系不抖动、汽车能够平稳不停顿地加速,且对应的发动机转速不下降。它关系到汽车高挡行驶时的车速范围。

4. 加速性能指汽车从较低车速加速到较高车速的能力,评价指标主要是加速时间。加速性能试验方法主要有全加速踏板起步加速性能试验和全加速踏板超越加速性能试验两种。

5. 汽车的燃料经济性指汽车以最低燃料消耗完成运输工作的能力,是汽车最主要最基础的性能之一。汽车燃料经济性试验是测量汽车在规定条件下的燃料消耗量,以获取评价其燃料经济性指标的试验。

6. 汽车燃油消耗量测量方法按是否需要拆卸发动机供油管路串接传感器又可分为直接测量法和间接测量法(又称为不拆卸或不解体测量法)。直接测量法直接将测量油耗的传感器串接在发动机供油管路中,实时测出消耗的燃油量,根据传感器的类型分为容积法和质量法。间接测量法通过测取表征燃油消耗的特征参数经计算得出消耗的燃油量,目前比较成熟的方法是碳平衡法。

7. 碳平衡法是根据分别测得的汽车在测试时间或行程内的排气总容积和同时测得的含碳化合物浓度,经计算得出汽车在测试时间或行程内的排气含碳化合物的总质量。其基本原理是燃料中的含碳量不因燃烧而改变,测取汽车排气中的碳质量就可以据此算得相应的燃烧的燃料量。基本原理在满足以下 3 个基本假设的条件下才能成立:

1) 燃料燃烧的生成物全部从排气管排出;
2) 燃料燃烧生成物中的碳只包含在 CO_2、CO 和 HC 中,忽略其他生成物中的碳(如含氧碳氢化合物)和固体炭粒;
3) 排气中的 CO_2、CO 和 HC 全部来自燃料燃烧,没有其他来源(如窜入燃烧室的润滑油)。

8. 汽车燃油消耗量碳平衡法检测系统由测试工况模拟子系统、排气含碳化合物浓度测量子系统和排气流量测量子系统构成。用于新生产汽车测量的排气定容采样系统主要由排气收集和稀释装置的混合室、抽气装置、容积测量装置和采样装置构成。

9. 汽车燃料经济性能试验的行驶工况由行驶速度和行驶时的载荷构成,有稳态工况和瞬态(多)工况两大类。

10. 稳态工况即等速行驶工况,是汽车运行的基本工况。通常在试验车变速器最高挡的最小稳定车速至最高车速的 90% 范围内,以 10 的整数倍均匀选取至少 5 个试验车速,作为恒定载荷下评价燃油消耗的稳态(等速)行驶工况。乘用车、轻型车的试验载荷为:整备质量加 180 kg。当车辆的 50% 载质量大于 180 kg 时,取整备质量加 50% 的载质量。商用车试验载荷为:M_2、M_3 类城市客车为 65% 的载质量,其他车辆为满载。

11. 瞬态(多)工况主要包括四工况、六工况、十五工况,还有 C – WTVC 循环等。

12. 汽车制动系统性能动态试验是在规定的载荷状态、规定的车速等条件下,测量一定制动初速度下的制动距离和充分发出的平均减速度。

13. 汽车制动性能动态试验项目包括基本性能试验、失效试验、装备防抱制动系统车辆的制动性能试验和车轴间的制动力分配检查试验等。

14. 汽车操纵稳定性包含两方面含义,一是操纵性,即汽车执行驾驶员指令的准确程度;二是稳定性,即汽车在受到路面凹凸不平或侧向风干扰时汽车自身的稳定性及恢复原来直线行驶的能力。操纵性和稳定性不可分开而论,是相辅相成的。

15. 常见的操纵稳定性客观评价试验包括瞬态转向特性试验、转向回正性试验、蛇行试验、转向轻便性试验、稳态转向特性试验以及扰动反应试验等。

16. 汽车平顺性试验就是评价汽车因振动使乘客感到不舒适或疲劳(或者使运载的货物

造成损坏）程度的试验。

17. 汽车平顺性试验一般分为评价性试验和改进性试验两种。所谓评价性试验，就是对已生产出来的汽车进行平顺性试验，并用相应的评价指标评价其平顺性。所谓改进性试验，就是根据前次试验结果，对不理想的平顺性指标查找原因，进行结构改进，再进行平顺性试验，最后达到提高平顺性的目的。

18. 汽车平顺性试验的测试仪器系统一般由加速度传感器、前置放大器和数据采集仪等组成。

19. 悬架系统的固有频率（偏频）和相对阻尼系数（阻尼比）测定试验的基本原理是对被测试的悬架系统施加一个初始干扰，使其产生自由衰减振动，同时记录车身和车轮的自由衰减振动时间历程，然后由记录的曲线分析其固有频率和阻尼比，主要有滚下法、抛下法、拉下法和共振法等试验方法。每种试验方法的仪器和传感器安装位置都一样，试验时，传感器安装在前、后桥及其上方车身（或车架）上的相应位置。

20. 共振式悬架装置试验台在检测时，先通过检测台的电动机、偏心轮、蓄能飞轮和弹簧组成的激振器迫使试验台台面及其上被检测汽车的悬架产生振动，然后在开机数秒后断开电动机电源，从而由蓄能飞轮产生扫频激振。由于电动机的频率比车轮的固有频率高，因此，蓄能飞轮逐渐降速的扫频激振过程总可以扫到车轮固有振动频率处，从而使台面—汽车系统产生共振。通过检测激振后振动衰减过程中力或位移的振动曲线求出频率和衰减特性，便可以判断悬架装置减震器的性能。

21. 汽车平顺性道路行驶试验包括脉冲输入行驶试验方法和随机输入行驶试验方法。

22. 汽车通过性是指汽车通过各种道路，特别是坏路、无路地区及某些地形（如垂直障碍物、凸岭、水平壕沟、弹坑、涉水池等）的能力，通过性是汽车主要使用性能之一。通过性试验通常包括汽车通过性几何参数测量（与通过性有关的几何参数有接近角、离去角、离地间隙、横向通过半径、纵向通过半径、轮胎印迹面积、最大转弯半径、转向通道宽度等，具体测量方法参考有关章节）、低附着系数地面通过性试验（沙地通过性试验、泥泞地通过性试验、冰雪路通过性试验）、崎岖不平道路通过性试验、涉水性能试验、地形通过性试验等。

复习思考题

1. 汽车动力性能评价指标包括哪些？各指标的测量方法分别是什么？
2. 汽车燃油消耗量测量方法有哪几种？各种测量方法种使用的仪器设备及其结构和工作原理分别是什么？
3. 汽车燃料经济性试验常用的行驶工况有哪几种？其适用范围分别是什么？
4. 如何进行燃料经济性能道路试验？如何进行燃料经济性能台架试验？两种试验方法的优点和不足各是什么？
5. 汽车制动性能的评价指标是什么？乘用车制动性能动态试验项目包括哪些？
6. 汽车操纵稳定性主要有哪几项试验？其定义和评价指标分别是什么？
7. 什么是汽车的平顺性？汽车平顺性试验包括哪些项目？各试验项目的基本原理和试验方法分别是什么？
8. 汽车通过性试验通常包括哪些内容？

第五章

汽车环保性能检测

内容提要：

本章的主要内容是汽车排气污染物测量和汽车噪声测量。

学习要求：

1. 熟悉废气分析仪、烟度计的结构和原理；
2. 熟悉汽油车双怠速法、稳态工况法和简易瞬态工况法检测排气污染物的方法；
3. 熟悉柴油车自由加速法、加载减速工况法的检测；
4. 了解声级计的结构、原理和汽车噪声测量方法。

排放污染物和噪声是汽车给社会带来的两大污染。国家为控制与减少汽车的排放污染和噪声污染，对新研制汽车、在生产汽车和在用汽车，都分别制定了限值标准和检测方法。

第一节　汽车排放污染物测量

汽车排放污染物是指从汽车发动机排气管排出的有害气体一氧化碳（CO）、碳氢化合物（HC）、氮氧化物（NO_x），从发动机曲轴箱内泄漏到大气中的废气（主要含有 CO、HC、NO_x），从汽油发动机燃料供给系（燃料箱、化油器浮子室、燃油管路）蒸发到大气中的汽油蒸气（HC），以及从柴油发动机排气管排出的黑烟及微粒子。

汽车排放污染物测定试验主要包括：为开发发动机新产品而进行的提高发动机动力性、经济性，降低排气污染的试验，以及为提高排气净化水平而进行的净化技术开发试验；二是按国家排放法规，对产品进行认证试验和验证试验，以及产品和质量评比时的评定试验。

本节主要介绍汽车排气污染物的测量。目前汽油车排气污染物测量主要是采用双怠速法、稳态工况法、简易瞬态工况法等试验方法，检测排出的 CO、HC、NO_x 等有害气体的浓度，柴油车主要是采用自由加速工况法和加载减速工况法进行排气烟度检测。在科研试验中，可能会根据需要进行特定工况的试验。

我国已经制定了相关污染防治法律、排放技术法规，实施新车型式核准与生产一致性检查制度和在用车定期检查与维护制度。在用车的尾气排放检测技术经历了由简单工况法（如怠速法、双怠速法、自由加速法等）到稳态多工况法和瞬态多工况法的过程，由仅控制新车的模拟排放控制性能，到对车辆排放控制能力耐久性提出要求，进而要求采用车载诊断系统（OBD）来监控车辆实际使用过程中的排放状况。现行的主要标准有：

1) GB 18352.6—2016《轻型汽车污染物排放限值及测量方法（中国第六阶段）》，其排放标准采用的是欧盟（EC）NO715/2007法规《关于轻型乘用车和商用车排放污染物的型式核准以及获取汽车维护修理信息的法规》。

2) 对于重型车，主要施行 GB 17691—2018《重型柴油车污染物排放限值及测量方法（中国第六阶段）》，此外还有 HJ 437—2008《车用压燃式、气体燃料点燃式发动机与汽车车载诊断（OBD）系统技术要求》、HJ 438—2008《车用压燃式、气体燃料点燃式发动机与汽车排放控制系统耐久性技术要求》、HJ 439—2008《车用压燃式、气体燃料点燃式发动机与汽车在用符合性技术要求》3个行业标准，补充和细化 GB 17691—2018 中相应的内容。

3) 在用车检测方法要求简便、快速、成本低，并且要求与新车出厂时的检测结果具有一定的相关性，相关的标准有 GB 18285—2018《汽油车污染物排放限值及测量方法（双怠速法及简易工况法）》和 GB 3847—2018《柴油车污染物排放限值及测量方法（自由加速法及加载减速法）》。

4) 为指导地方采用简易工况法对在用车进行监控，筛选高排放车，原国家环保总局2005年颁布了环境保护行业标准 HJ/T 240—2005《确定点燃式发动机在用汽车简易工况法排气污染物排放限值的原则和方法》和 HJ/T 241—2005《确定压燃式发动机在用汽车加载减速烟度法排气烟度排放限值的原则和方法》2项指导性标准，规定了简易工况法限值确定的原则和方法，并推荐了简易工况法的限值。2018年，生态环境部与国家市场监督管理总局联合发布 GB 18285—2018《汽油车污染物排放限值及测量方法（双怠速法及简易工况法）》国家污染物排放标准，2019年5月1日实施，同时各地地方标准废止。

一、汽油车排气污染物测量

1. 污染物测量项目

汽车环保检验项目见表5-1。新生产进口车入境检验时按表5-1规定的检验项目进行，且应符合其他标准和法规要求。

表5-1 测量项目

检验项目	新生产汽车下线	进口车入境	注册登记[1]	在用汽车[1]
外观检验（含对污染控制装置的检查和环保信息随车清单核查）	进行	进行	进行	进行[2]
车载诊断系统（OBD）检查	进行	进行	进行	进行[3]
排气污染物检测	抽测[4]	抽测[4]	进行	进行[5]
燃油蒸发检测	不进行	不进行	按GB 18285—2018 10.1.2规定进行	按GB 18285—2018 10.1.2规定进行

注：1) 符合免检规定的车辆，按照免检相关规定进行。
2) 查验污染控制装置是否完好。
3) 适用于装有OBD的车辆。
4) 混合动力汽车的污染物排放抽测应在最大燃料消耗模式下进行。
5) 变更登记、转移登记检验按有关规定进行。

2. 废气分析仪

废气分析仪从汽车排气管内收集汽车的尾气,并对气体中所含的特定几种成分的浓度进行连续测定。根据测量组分的数目,分为二组分(两气)分析仪、四组分(四气)分析仪和五组分(五气)分析仪。两气分析仪只能测出怠速状态下汽油车排气污染物中的 CO 和 HC,在现行的国家标准中,已经被四气和五气分析仪所代替。四气分析仪可比较全面地分析废气成分和评价发动机的工作状况,可以测出汽油车排气污染物中的 CO、HC、CO_2,对于使用闭环控制电子燃油喷射系统和三元催化转化器技术的汽油车还可测量出过量空气系数(即燃烧 1 kg 燃料实际空气量与理论上所需空气量的质量比)。五气分析仪是在四气分析仪的基础上,增加了对 NO 的测定。

(1) 废气分析仪的组成结构和工作原理

下面以目前最常用的五气分析仪为例介绍废气分析仪的组成结构和工作原理。

如图 5-1 所示,废气分析仪主要由废气取样装置、废气分析装置、显示装置和校准装置等组成。

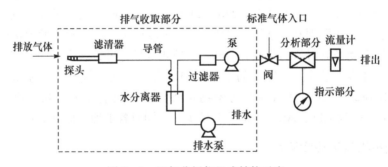

图 5-1 五气分析仪组成结构示意

1) 废气取样装置。

废气取样装置由探头、滤清器、导管、水分离器和泵等构成。测试时,取样探头深入排气管内收集的废气,经滤清器和水分离器滤去灰尘、杂质和水分后,进入分析装置。

取样探头由铜管制成,因受排气管形状和高温的影响,容易变形,所以使用时要特别小心,同时要注意避免油污、灰尘和水被泵吸入仪器内。

在气路中,水分离器起到排出冷凝水的作用。废气中含有较多水分,进入仪器后温度降低,冷凝变成水滴,从排水口排出,避免进入废气分析装置。

粉尘过滤器是对进入仪器中废气的粉尘和污物进行精细过滤的元件。因为红外分析仪对气体中的粉尘污染物非常敏感,故少许尘埃进入气室都将会使指示不稳定,甚至无法工作。前置滤清器的滤芯使用一段时间后会变黑,需要及时更换。

2) 废气分析装置。

废气分析装置主要有红外气体分析装置和电化学分析装置。对汽油车排气污染物中的 HC、CO、CO_2 利用不分光红外分析原理进行分析,对 O_2 和 NO 采用电化学电池分析的方法进行分析。

① 红外气体分析装置。

不同气体具有吸收不同波长红外线的特性,如图 5-2 所示,而且吸收能量的多少与该气体的浓度有关。红外气体分析装置根据红外线通过尾气前后能量的变化来测定 HC、CO 和 CO_2 的含量。

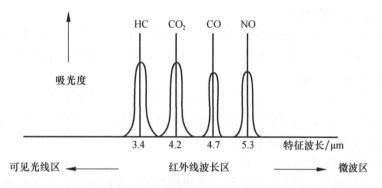

图 5-2 四种气体吸收红外线的情况

红外气体分析装置由红外光源、测量室（测定室、比较室）、回转扇和检测器构成，如图 5-3 所示。其工作原理为：由两个红外线光源发出两组分开的射线，这些射线被两旋转扇轮同向地遮断，从而形成射线脉冲，射线脉冲经滤清室、测量室进入检测室。测量室由比较室和测定室两个腔组成，比较室中充有不吸收红外线的氮气，使射线能顺利通过。测定室中连续填充被测试的尾气，尾气中 CO 浓度越高，被吸收的红外线就越多。检测室由容积相等的左、右两个腔组成，中间由一金属膜片隔开，两室中充有同摩尔数的 CO。由于射到检测室左室的红外线在通过测定室时，一部分射线已被排气中的 CO 吸收，而通过比较室到达检测室右室的红外线并未减少，因而检测室左、右两室吸收的红外线能量不同，从而产生温差，导致两室之间的金属膜片两侧产生压力差，使金属膜片弯曲，其弯曲振动的频率与旋转扇轮的旋转频率一致。排气中 CO 的浓度越高，振幅就越大。而金属膜片作为电容器

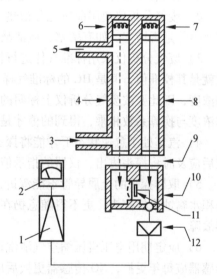

图 5-3 电容微音器式分析装置原理图
1—主放大器；2—指示仪表；3—废气入口；4—测量气样室；5—排气口；6,7—红外线光源；8—标准气样室；9—旋转扇轮；10—测量室；11—电容微音器；12—前置放大器

一个极，其振动使电容改变，电容改变引起电压变化，从而产生交变电压。交变电压经放大，整流成直流信号，变为被测 CO 浓度的函数，因此可用仪表测量。CO_2 的测定方法与 CO 相同，而 HC 不是单一成分的气体，需在检测室安装固体滤光片，使红外线经过选择，一般仅让 3.5 μm 附近的红外线达到检测室，利用正己烷红外线吸收光谱。测量 HC 时检测室内封装的气体是 HC（正己烷），测量的 HC 的浓度实际上是 HC（正己烷）的浓度。

② 电化学电池分析装置。

O_2 传感器和 NO 传感器都属于电化学电池式传感器。

O_2 传感器是包括一个电解质阳极和一个空气阴极组成的金属——空气有限度渗透型电化学电池。O_2 传感器是一个电流发生器，其所产生的电流正比于氧的消耗率。当气体浓度

不一样时，在催化剂的作用下，可以产生不同大小的电信号。

NO传感器是基于O_2传感器基础上发展起来的，原理与之类似。

3）显示装置与校准装置。

废气分析仪的显示装置包括CO、HC、NO、CO_2、O_2及过量空气系数λ的显示，采用液晶显示屏，以数字形式显示。其中，CO、CO_2、O_2均以"容积百分数（%）"计，HC以"容积百万分数（10^{-6}）"计。

为了保证废气分析仪的准确度，需要经常进行校准。校准装置主要是标准气样校准装置，包括标准气瓶（内装一定浓度的CO、HC及CO_2气体）、调整按钮和内部调整电路等，以标准气的浓度为基准，调整显示数值。

(2) 废气分析仪的使用注意事项

1）检测前应使被测汽油车运转达到正常使用温度。连接测试探头（带前置滤清器）和水分离器的取样软管应夹紧，以防止接头部位漏气。

2）废气分析仪使用前应充分预热。当抽气流量太小时应检查探头、前置滤清器、粉尘过滤器等是否堵塞。如有堵塞，应清洁探头，更换滤芯或滤纸。

3）废气分析仪采用标准气体进行校准时，要注意标准气瓶上所标明的CO、CO_2气体浓度就是其校准值，但是HC的标准气样为丙烷（C_3H_8），而测量的是废气中正己烷（C_6H_{14}）的浓度，因此要按废气分析仪上标明的换算系数进行换算，即把标准气瓶上标明的丙烷的气体浓度与换算系数相乘，得到的值才是HC气体浓度的校准值。

4）汽车处于怠速状态下才能将探头插入排气管中，插入深度不应小于400 mm。测量结束后应及时将探头拔出，仪器的指示值接近零时按"复位"键关闭仪器的气泵。

5）取样探头的金属导管不能弯折，取样探头不用时要垂直悬挂，不要平放，以防止管内积水腐蚀取样探头，更不得随意扔在地上，以免沙、泥、水等杂物进入仪器内部，造成仪器故障。

6）应定期用空压机压缩空气清洗取样管和探头，并对仪器进行校准。O_2传感器和NO传感器应每年更换，NO传感器更换后应进行"清除NO老化标志"的操作，重新校准后才能投入使用。

3. 双怠速法检测汽油车排气污染物

为了限制装用点燃式发动机在用汽车排气污染物的排放量，我国现行的有效标准GB 18285—2018要求至少应该用双怠速法，即汽车在高怠速和怠速状态下分别进行测量。

(1) 怠速与高怠速工况

怠速工况指发动机无负载运转状态，即离合器处于接合位置、变速器处于空挡位置（对于自动挡变速器应处于"停车"或"P"挡位）；采用化油器供油系统的车，阻风门应处于全开位置；加速踏板处于完全松开位置。

高怠速工况指在满足怠速工况条件下，用加速踏板将发动机转速稳定控制在50%额定转速或制造厂技术文件规定的高怠速转速时的工况。

GB 18285—2018从便于操作的角度规定：轻型汽车的高怠速转速为2 500 r/min ± 100 r/min，重型车的高怠速转速为1 800 r/min ± 100 r/min。如有特殊规定，则按照制造厂技术文件中规定的高怠速转速。

(2) 双怠速法的检测方法

被测汽车处于制造厂家规定的正常状态,发动机进气系统应装有空气滤清器,排气系统应装有排气消声器,且不得有泄漏。

1)应在发动机上安装转速计、点火正时仪、冷却液和润滑油测温计等测量仪器。测量时,发动机冷却液和润滑油温度应不低于 80 ℃,或者达到汽车使用说明书规定的热车状态。

2)发动机从怠速状态加速至 70% 额定转速,运转 30 s 后降至高怠速状态。将取样探头插入排气管中并固定在排气管上,维持 15 s 后,由具有平均值功能的仪器读取 30 s 内的平均值(或者人工读取 30 s 内的最高值和最低值,求其平均值),即为高怠速污染物测量结果。对于使用闭环控制电子燃油喷射系统和三元催化转化器技术的汽车,还应同时读取过量空气系数的数值。

3)发动机从高怠速降至怠速状态 15 s 后读取 30 s 内的平均值,即为怠速污染物测量结果。

4)若为多排气管,则取各排气管测量结果的算术平均值作为测量结果。若车辆排气管长度小于测量深度,则应使用排气加长管。

(3)双怠速法检测汽油车排气污染物的排放限值

GB 18285—2018 中规定的点燃式发动机汽车排气污染物排放限值见表 5-2。其中,CO 的体积分数以 "%" 表示;HC 以 C 当量表示,假定汽油碳氢比为 $C_1H_{1.85}$,HC 的体积分数以 "10^{-6}" 表示,则体积分数值以正己烷当量表示。

表 5-2 双怠速法检验排气污染物排放限值

类别	怠速		高怠速	
	CO/%	HC/($\times 10^{-6}$)[1]	CO/%	HC/($\times 10^{-6}$)[1]
限值 a	0.6	80	0.3	50
限值 b	0.4	40	0.3	30

注:1)对以天然气为燃料的点燃式发动机汽车,该项目为推荐性要求。

对使用闭环控制电子燃油喷射系统和三元催化转化器技术的汽车进行过量空气系数的测定。发动机转速为高怠速转速时,过量空气系数 λ 应在 1.00 ± 0.05 或制造厂规定的范围内。

(4)双怠速法的检测结果判定

1)在双怠速工况下,若检测数据中 CO、HC 有一项超过标准规定的排放限值,则认为该车排放不合格。对于使用闭环控制电子燃油喷射系统和三元催化转化器技术的汽车,λ 不在 1.00 ± 0.05 或制造厂规定的范围内,即使 CO、HC 数据合格,该车排放也应被判定为不合格。

2)对于两用燃料汽车,要求对两种燃料分别进行排放检测,且检测结果均符合要求方可判定合格。

(5)双怠速法的检测注意事项

1)检测时,发动机转速一定要控制在规定的怠速范围内。

2)连续检测时,检测结束后应取出取样探头,待仪表回零后再检测下一辆车。

4.稳态工况法检测汽油车排气污染物

稳态工况法是指轻型点燃式发动机汽车利用简易稳态工况污染物排放检测系统(简称 ASM 系统)进行排气污染物浓度测试的方法。与双怠速法相比,稳态工况法和实际道路的相关性较好，且操作简单、重复性好。GB 18285—2018 给出了稳态工况法的测量方法，ASM 系统中底盘测功机、尾气分析仪、微机控制系统等设备要求，以及排放限值的确定原则和方法。

（1）稳态工况

稳态工况又称为加速模拟工况（ASM），指汽车预热到规定的热状态后，加速至规定车速，通过轻型底盘测功机对被检汽车进行道路阻力模拟加载，使汽车保持等速运转的运行状态。ASM 工况测试过程如图 5-4 所示。

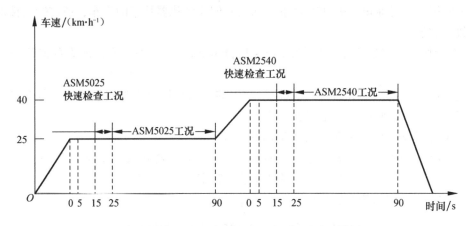

图 5-4　稳态工况法测试过程（ASM）试验运转循环

检测过程包括两个等速工况段：一是 5025 工况，车速为 25 km/h，按车辆加速度为 1.475 m/s^2 时的输出功率的 50% 对车辆加载；二是 2540 工况，车速为 40 km/h，按车辆加速度为 1.475 m/s^2 时的输出功率的 25% 对车辆加载。表 5-3 给出了具体测试时间。

表 5-3　稳态工况法（ASM）试验运转循环

工况	运转次序	速度/(km·h^{-1})	操作时间/s	测试时间/s
5025	1	25	5	—
	2	25	15	
	3	25	25	10
	4	25	90	65
2540	5	40	5	—
	6	40	15	
	7	40	25	10
	8	40	90	65

（2）稳态工况法检测系统组成

稳态工况法检测系统是在轻型底盘测功机系统的基础上，增加五气分析仪，如图 5-5 所示。

检测时，被检车辆驱动轮停放在底盘测功机上，车辆起动，由检验员将车速控制在稳定到规定工况速度（25 km/h 及 40 km/h 两个工况），由电气控制系统控制调节功率吸收装置，使得加载到滚筒表面的总吸收功率 THP 为测试工况下的给定加载值，车辆稳定带载荷运行。五气分析仪测量排气管中排出的 CO、HC、CO_2、NO 和 O_2 的浓度，通过分析仪自带的环境

第五章 汽车环保性能检测

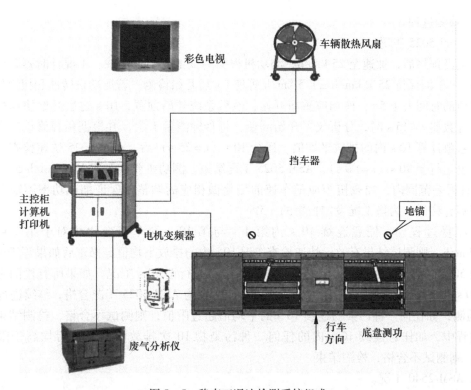

图 5-5 稳态工况法检测系统组成

测试单元测取温度、湿度、气压参数，计算出稀释系数（DF），然后计算出校正后的 CO、HC、NO 排放浓度值，并给出合格性评价，并将检测结果实时传给主控部分。同时，控制过程及软件操作执行 GB 18285—2018 标准，用于 ASM 测量过程的控制、数据测量处理与评价。

测试过程中，控制系统发出操作指令，由助手仪显示，引导检验员操作，车辆散热风扇对车头吹风散热，安全装置用于保护测试时的车辆运行安全。

（3）稳态工况法检测方法

1）车辆准备。

① 如需要，可在发动机上安装冷却水和润滑油测温计等测试仪器。试验前应关闭空调、暖风等附属设备，装备牵引装置的车辆应关闭牵引力控制装置。

② 进行试验前，车辆各总成的热状态应符合汽车技术条件的规定，并保持稳定。

③ 安装自动变速器的车辆应使用前进挡进行试验；安装手动变速器的车辆使用 II 挡，如果 II 挡所能达到的最高车速低于 45 km/h，则可使用 III 挡。

④ 车辆驱动轮应位于滚筒上，必须确保车辆横向稳定；驱动轮胎应干燥防滑；车辆应限位良好。对前轮驱动车辆，试验前应使驻车制动器起作用。

2）测功机预热。

测功机在每天开机或停机、转速小于 25 km/h 超过 30 min，应在试验前进行自动预热。此预热应由系统自动控制完成，如果没有按规定完成预热，则系统应锁定不能进行检测。

车辆驱动轮位于底盘测功机滚筒上，将分析仪取样探头插入排气管中，深度为 400 mm，并固定于排气管上。对独立工作的多排气管应同时取样。

3) 检测过程。

① ASM 5025 工况。

车辆经预热后，加速至 25 km/h，测功机根据测试工况要求加载，工况计时器开始计时（$t=0$ s），车辆保持 25.0 km/h ±1.5 km/h 等速 5 s 后开始检测。若测功机转速和扭矩偏差超过设定值的时间大于 5 s，检测应重新开始，然后系统开始预置，10 s 之后开始快速检查工况。当计数器 $t=15$ s 时，分析仪器开始测量，每秒钟测量 1 次，并根据稀释修正系数及湿度修正系数计算 10 s 内的排放平均值。运行 10 s（$t=25$ s）后，ASM 5025 快速检查工况结束。车辆运行至 90 s（$t=90$ s），ASM 5025 工况结束。测功机要在车速 25.0 km/h ±1.5 km/h 的允许误差范围内，加载扭矩应随车速的变化做相应的调整，保证加载功率不随车速改变。扭矩允许误差为该工况设定扭矩的 ±5%。

在测量过程中，任意连续 10 s 内第 1 s 与第 10 s 的车速变化相对于第 1 s 小于 ±0.5 km/h，则测试结果有效。快速检查工况 10 s 内的排放平均值经修正后如果等于或低于限值的 50%，则测试合格，检测结束；否则应继续进行至 90 s 工况。如果所有检测污染物连续 10 s 的平均值均低于或等于限值，则该车应判定为 ASM 5025 工况合格，继续进行 ASM 2540 检测；如任何一种污染物连续 10 s 的平均值超过限值，则测试不合格，检测结束。在检测过程中，如任意连续 10 s 内的任何一种污染物 10 次排放值经修正后均高于限值的 500%，则测试不合格，检测结束。

② ASM 2540 工况。

车辆从 25 km/h 直接加速至 40 km/h，测功机根据测试工况要求加载，工况计时器开始计时（$t=0$ s），车辆保持 40 km/h ±1.5 km/h 等速 5 s 后开始检测。若测功机转速和扭矩偏差超过设定值的时间大于 5 s，检测应重新开始，然后系统开始预置，10 s 之后开始快速检查工况。当计数器 $t=15$ s 时，分析仪器开始测量，每秒钟测量 1 次，并根据稀释修正系数及湿度修正系数计算 10 s 内的排放平均值。运行 10 s（$t=25$ s）后，ASM 25405 快速检查工况结束。车辆运行至 90 s（$t=90$ s），ASM 2540 工况结束。测功机要在车速 40 km/h ±1.5 km/h 的允许误差范围内，加载扭矩应随车速的变化做相应的调整，保证加载功率不随车速改变。扭矩允许误差为该工况设定扭矩的 ±5%。

在测量过程中，任意连续 10 s 内第 1 s 与第 10 s 的车速变化相对于第 1 s 小于 ±0.5 km/h，则测试结果有效。快速检查工况 10 s 内的排放平均值经修正后如果等于或低于限值的 50%，则测试合格，检测结束；否则应继续进行至 90 s 工况。如果所有检测污染物连续 10 s 的平均值均低于或等于限值，则该车应判定为合格。如任何一种污染物连续 10 s 的平均值超过限值，则测试不合格，检测结束。在检测过程中，如任意连续 10 s 内的任何一种污染物 10 次排放值经修正后均高于限值的 500%，则测试不合格，检测结束。

在试验工况计时过程中，车辆不允许制动。如果车辆制动，工况起始计时应重新置零。

(4) 稳态工况法排气污染物排放限值及测量结果判定

1) 排放限值。

按 GB 18285—2018 规定的稳态工况法进行检测，其检测结果应小于表 5-4 规定的排放限值，且应同时进行过量空气系数（λ）的测定。

表 5-4 稳态工况法排气污染物排放限值

类别	ASM5025			ASM2540		
	CO/%	HC/($\times 10^{-6}$)[1]	NO/($\times 10^{-6}$)	CO/%	HC/($\times 10^{-6}$)[1]	NO/($\times 10^{-6}$)
限值 a	0.50	90	700	0.40	80	650
限值 b	0.35	47	420	0.30	44	390

注:1)对于装用以天然气为燃料的点燃式发动机汽车,该项目为推荐性要求。

2)测量结果判定。

①采用简易稳态工况法进行排放检测时,如果检测污染物有一项超过规定的限值,则认为受检车辆排放不合格。

②排气污染物检测应符合限值 a。对于汽车保有量达到 500 万辆以上,或机动车排放污染物为当地首要空气污染源,或按照法律法规设置低排放控制区的城市,在充分征求社会各方面意见的基础上,经省级人民政府批准和国务院生态环境主管部门备案后,可提前选用限值 b,但应设置足够的实施过渡期。

5. 简易瞬态工况法检测汽油车排气污染物

简易瞬态工况法是指轻型点燃式发动机汽车利用简易瞬态工况污染物排放检测系统(简称 VMAS 系统)进行排气污染物浓度测试的方法。基于浓度排放测试的 ASM 工况法只能检测污染物浓度,不能检测出污染物的排放总量,而 VMAS 工况法能够直接获取污染物的排放总质量,且道路相关性较好;能检测 CO、HC 和 NO_x 三种污染物每公里的排放量,并以 g/km 表示,有利于归纳排放因子,估算和统计城市汽车污染物排放总量,对城市制定机动车污染控制规划具有实际意义。VMAS 工况法克服了 ASM 工况法不能检测电喷车 O_2 传感器有问题而造成空燃比失控从而增加排气污染物排放的缺陷,而且与新车检测的相关性好、准确率高,误判率在 5% 以下(以 IM 240 准确率为 100% 计)。

GB 18285—2018 给出了 VMAS 稳态工况的测量方法,以及底盘测功机、尾气分析仪、微机控制系统等设备要求,并给出了排放限值的确定原则和方法。

(1)简易瞬态工况法的检测工况

简易瞬态工况法又称为 IG195、VMAS 试验法,其试验循环包含了怠速、加速、匀速和减速各种工况,能反映车辆实际行驶时的排放特征。在底盘测功机上进行的测试运转循环见表 5-5。

表 5-5 工况运转循环

操作序号	操作	工序	加速度 /(m·s^2)	速度/ (km·h^{-1})	每次时间 操作/s	每次时间 工况/s	累计时间/s	手动换挡时使用的挡位
1	怠速	1	—	—	11	11	11	6sPM[1]+5sK$_1$[2]
2	加速	2	1.04	0.04	4	4	15	1
3	等速	3	—	15	8	8	23	1
4	减速		-0.69	15.69	2		25	1
5	减速,离合器脱开		-0.92	10.9	3	5	28	K$_1$

续表

操作序号	操作	工序	加速度/(m·s²)	速度/(km·h⁻¹)	每次时间 操作/s	每次时间 工况/s	累计时间/s	手动换挡时使用的挡位
6	怠速	5	—	—	21	21	49	16sPM+5sK₁
7	加速	6	0.83	0.83	5	12	54	1
8	换挡				2		56	—
9	加速		0.94	1594M	5		61	2
10	等速	7	—	32	24	24	85	2
11	减速	8	-0.75	32.75	8	11	93	2
12	减速,离合器脱开		-0.92	10.9	3		96	K₂
13	怠速	9	—	—	21	24	117	16sPM+5sK₁
14	加速	10	0.83	0.83	5	26	122	1
15	换挡				2		124	—
16	加速		0.62	1562M	9		133	2
17	换挡				2		135	—
18	加速		0.52	3552M	8		143	3
19	等速	11	—	50	12	12	155	3
20	减速	12	-0.52	50.52	8	8	163	3
21	等速	13	—	35	13	13	176	3
22	换挡	14			2	12	178	
23	减速		-0.86	32.86	7		185	2
24	减速,离合器脱开		-0.92	10.9	3		188	K₂
25	怠速	15	—	—	7	7	195	7sPM

注: 1) PM—变速器置空挡,离合器接合。
2) K_1, K_2—变速器置一挡或二挡,离合器脱开。

按运转状态分解的统计时间列入表5–6和表5–7。

表5–6 按工况分解

工况	时间/s	百分比/%	
怠速	60	30.8	35.4
怠速、车辆减速、离合器脱开	9	4.6	
换挡	8	4.1	
加速	36	18.5	
等速	57	29.2	
减速	25	12.8	
合计	195	100	

表 5-7 按使用挡位分解

变速器挡位	时间/s	百分比/%	
怠速	60	30.8	35.4
怠速、车辆减速、离合器脱开	9	4.6	
换挡	8	4.1	
一挡	24	12.3	
二挡	53	27.2	
三挡	41	21.0	
合计	195	100	

注：1) 测试期间平均车速：19 km/h；
2) 有效行驶时间：195 s；
3) 循环理论行驶距离：1.013 km。

测试时由轻型底盘测功机模拟汽车的加速惯量和道路行驶阻力，使汽车产生接近实际行驶时的排放量。通过五气分析仪和气体流量分析仪，测量汽车排出原始气体氧气浓度和混合稀释气体氧气浓度，然后计算稀释前后气体的稀释比，就可以得到汽车排气实际流量。

（2）简易瞬态工况检测系统组成

简易瞬态工况法检测系统是在轻型底盘测功机系统的基础上，增加五气分析仪和气体流量分析仪，如图 5-6 所示。

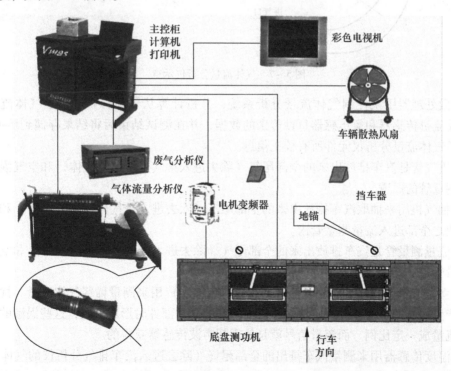

图 5-6 简易瞬态工况检测系统组成

其中底盘测功机要至少能模拟加速惯量和匀速负荷，即能够模拟车辆在道路上行驶时的瞬态工况负荷。控制过程及软件操作执行 GB 18285—2018 标准，用于 VMAS 测量过程的控制、数据测量处理与评价。

五气分析仪在测量过程中测量汽车排气管中排出的 CO、HC、CO_2、NO 和 O_2 的浓度，并将检测结果实时传给主控部分。

气体流量分析仪将测量稀释后气体的氧含量与原排气中氧含量比较，求得质量稀释的比例，通过稀释比和气体流量分析仪测得的流量，计算出每秒的排放体积，然后根据排放体积和五气分析仪测量出来的排放浓度来计算汽车每秒排放出来的污染物质量。

气体流量分析仪的组成部件主要包括微处理器、进气管、抽气机、流量测量管（内装有涡漩流量传感器、氧传感器、压力传感器和温度传感器）、排气管等，如图 5-7 所示。

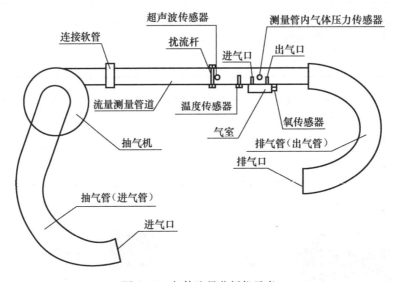

图 5-7　气体流量分析仪示意

1）微处理器用来控制气体流量分析系统，分析计算从气体分析仪器、气体流量分析仪、涡漩流量传感器和氧传感器每秒传来的数据，并在测试结束后将结果存储到缓冲区中。它还包括气体流量分析仪元件所有校正信息。

2）进气管是汽车排放出来的全部尾气（除去进入排气分析仪的气体）和空气混合气进入流量测量管的通道。

3）抽气机用来抽取汽车排放出来的全部尾气（除去进入排气分析仪的气体）和空气混合气，使之全部进入流量测量管内。

4）流量测量管是汽车排放出来的全部尾气（除去进入排气分析仪的气体）和空气混合气的测量管道。

5）涡漩流量传感器（包括扰流杆和超声波传感器）用来测量稀释气体流量。扰流杆是测量和产生涡漩的重要零件，它使气体流经气室的交叉部件时形成涡漩，这些涡漩的线速度与气体流量成一定比例，而流量信号就是依靠超声波传感器获得的。

6）温度传感器用来测量汽车排出的全部尾气（除去进入汽车排气分析仪的气体）和空气混合气温度。

7）氧传感器用来测量在测试过程中稀释气体的氧气浓度改变，也可以测量测试开始时环境空气的氧气浓度。通过与五气分析仪氧气浓度比较，还可以用来计算稀释比率。

8）压力传感器测量涡漩刚从扰流杆流出后波幅和波幅变化的频率，确定涡漩的流出速率。

9）排气管是汽车排放出来的全部尾气（除去进入排气分析仪的气体）和空气混合气的排出管道。

气体流量分析仪测量原理如图 5-8 所示。

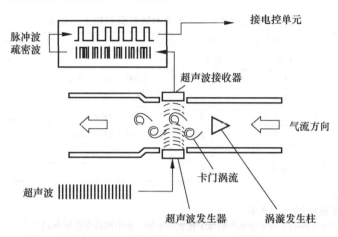

图 5-8 气体流量分析仪测量原理

混合气体由流量测量管进口进入，经过扰流杆后产生涡漩，对超声波发射传感器发射的等幅高频超声波进行干涉，使超声波接收传感器接收到如图 5-8 所示的超声波，其中包络线的频率就是经过扰流杆后所产生的涡漩频率。经过扰流杆后产生的涡旋与气体流量成正比，气体流量大，则经过扰流杆后产生的涡旋就多，反之就少，通过电路进行调节，调节出包络线，用单片机读出包络线的频率，就可以测出气体的流量。

实际流量是由超声涡漩流量计直接测量的流量，没有校正温度和压力。标准流量是实际流量经过温度和压力修正的流量值。

在数据采集过程中，系统将实时测量的排气浓度和流量值传送给 VMAS 的微处理器，并由微处理器按照有关公式计算出每秒的污染物排放质量值。

测试时，将五气分析仪的采样管插入排气管中分析原排放污染物浓度；将气体流量分析仪稀释软管对着排气管，并留有一定的空隙，以保证稀释后的流量达到规定值。通过气体流量分析仪的抽气机吸入车辆排出的全部尾气和部分稀释用空气，并分析得到排气流量。

（3）简易瞬态工况法检测方法

1）试验准备。

五气分析仪通电一段时间后（依据仪器厂家的设定）达到稳定，零位及 HC、CO、NO 和 CO_2 的量距读数稳定在精度要求范围内。在每次开始试验前 2 min 内，分析仪器完成自动调零、环境空气测定和 HC 残留量的检查。使用空气发生器产生调零空气（也可采用其他方式），用调零气体对 HC、CO、CO_2、NO 和 O_2 进行自动调零。环境空气经取样探头、软管、过滤器和水汽分离器过滤，由采样泵送入分析仪后，应直接记录 5 种被测气体的浓度，不需要再进行修正。分析仪测定环境背景污染水平和 HC 残留量，当采集的环境背景样气 HC < 7×10^{-6}、CO < 0.02%、NO < 25×10^{-6}，且取样系统中 HC 残留量浓度高出环境背景样气浓

度不超过 7×10^{-6} 时,仪器可以使用。

测功机开机应预热,测功机停机或不满足温度要求时应自动预热待机。开机预热后,根据底盘测功机设定的程序进行滑行试验,滑行试验合格后方可进行简易瞬态工况的排放检测。在进行排放检测前,系统应根据车辆参数自动设定测功机载荷,或根据基准质量设定试验工况吸收功率值,可采用表 5 – 8 的推荐值。

表 5 – 8 在 50 km/h 等速时吸收驱动轮上的功率

基准质量 (RM)/kg	测功机吸收功率 (P)/kW		基准质量 (RM)/kg	测功机吸收功率 (P)/kW	
	A 类[1]	B 类[2]		A 类[1]	B 类[2]
RM ≤ 750	1.3	1.3	1 700 < RM ≤ 1 930	2.1	2.1
750 < RM ≤ 850	1.4	1.4	1 930 < RM ≤ 2 150	2.3	2.3
850 < RM ≤ 1 020	1.5	1.5	2 150 < RM ≤ 2 380	2.4	2.4
1 020 < RM ≤ 1 250	1.7	1.7	2 380 < RM ≤ 2 610	2.6	2.6
1 250 < RM ≤ 1 470	1.8	1.8	2 610 < RM	2.7	2.7
1 470 < RM ≤ 1 700	2.0	2.0			

注:1. 适用于轿车车辆。
　　2. 适用于非轿车车辆和全轮驱动车辆。
　　3. 对于基准质量大于 1 700 kg 的非轿车车辆或全轮驱动车辆,表中的功率值应乘以 1.3。

试验车辆机械状况应良好,无影响安全或引起试验偏差的机械故障;车辆进排气系统不得有任何泄漏;关闭空调、暖风等附属装备。进行试验前,车辆工作温度应符合出厂规定,过热车辆不得进行测试。车辆驱动轮应位于滚筒上,必须保证车辆横向稳定;驱动轮应干燥防滑。车辆应限位良好,对前轮驱动车辆,试验前应使驻车制动起作用。

2) 检测过程。

根据需要,在发动机上安装冷却水和润滑油测温计等测试仪器。车辆驱动轮停在滚筒上,将分析仪取样探头插入排气管中,深度为 400 mm 以上,并固定于排气管上。检测步骤如下:

① 起动发动机。

按照制造厂说明书的规定,使用起动装置起动发动机。

发动机保持怠速运转 40 s。在 40 s 终了时开始循环,并同时开始取样。

② 怠速。

手动或半自动变速器:怠速期间,离合器接合,变速器置空挡;为了按正常循环进行加速,车辆应在循环的每个怠速后期,加速开始前 5 s 使离合器脱开,变速器置 I 挡。

自动变速器:在试验开始时,放好选择器后,在试验期间,任何时候不得再操作选择器,除非出现如下情况:在加速不能在规定时间内完成,则应按手动变速器的要求,操作挡位选择器或选择器可以使超速挡工作。

③ 加速。

进行加速时,在整个工况过程中,应尽可能地使加速恒定。

若加速度未能在规定时间内完成,如有可能,超出的时间应从工况改变复合公差允许的时间内扣除,否则必须从下一等速工况的时间内扣除。

④ 减速。

在所有减速工况时间内,应使加速踏板完全松开,离合器接合,当车速降至 10 km/h

时,离合器脱开,但不操作变速杆。

如果减速时间比响应工况规定的时间长,则应使用车辆的制动器,以使循环按照规定的时间进行。

如果减速时间比响应工况规定的时间短,则应在下一个等速或怠速工况时间中恢复至理论循环规定的时间。

⑤ 等速。

从加速过渡到下一等速工况时,应避免猛踏加速踏板或关闭节气门。

等速工况应采用保持加速踏板位置不变的方法实现。

⑥ 循环终了时(车辆停止在转鼓上),变速器置于空挡,离合器接合,同时停止采样。

(4) 简易瞬态工况法排气污染物排放限值及结果判定

1) 排放限值。

依据 GB 18285—2018 的要求,采用简易工况法测试,应符合表 5-9 规定限值。

表 5-9 简易瞬态工况法排气污染物排放限值

类别	$CO/(g \cdot km^{-1})$	$HC/(g \cdot km^{-1})$ [1)]	$NO_x/(g \cdot km^{-1})$
限值 a	8.0	1.6	1.3
限值 b	5.0	1.0	0.7

注:1) 对于装用以天然气为燃料的点燃式发动机汽车,该项目为推荐性要求。

2) 结果判定。

采用简易瞬态工况法进行排放检测时,如果检测污染物有一项超过规定的限值,则认为受检车辆排放不合格。排气污染物检测应符合限值 a。对于汽车保有量达到 500 万辆以上,或机动车排放污染物为当地首要空气污染源,或按照法律法规设置低排放控制区的城市,在充分征求社会各方面意见的基础上,经省级人民政府批准和国务院生态环境主管部门备案后,可提前选用限值 b,但应设置足够的实施过渡期。

二、柴油车排气污染物测量

1. 污染物测量项目

汽车环保检验项目见表 5-10。新生产进口汽车入境检验时应按照表 5-10 规定的检验项目进行,且应符合其他标准和法规要求。

表 5-10 测量项目

检验项目	新生产汽车下线	进口车入境	注册登记[1)]	在用汽车[1)]
外观检验(含对污染控制装置的检查和环保信息随车清单核查)	进行	进行	进行	进行[2)]
车载诊断系统(OBD)检查	进行	进行	进行	进行[3)]
排气污染物检测	抽测[4)]	抽测[4)]	进行	进行[5)]

注:1) 符合免检规定的车辆,按照免检相关规定进行。
2) 查验污染控制装置是否完好。
3) 适用于装有 OBD 的车辆。
4) 混合动力汽车的排气污染物抽测应在最大燃料消耗模式下进行。
5) 变更登记、转移登记检验按有关规定进行。

2. 烟度计

(1) 滤纸式烟度计

1) 组成结构和工作原理。

滤纸式烟度计是一种非直接测量仪器,通过检测测量介质被所测烟度污染的程度大小来间接读出烟度的大小。仪器的取样系统通过抽气泵、取样探头从柴油车的排气管内取样,在规定的时间内抽取规定容积的废气,使其通过测量介质(即一张一定面积的洁白滤纸),废气中的碳烟颗粒就吸附在滤纸上形成一个具有一定面积和一定污染程度的黑斑,通过测量系统对黑斑的污染程度进行测量,转换为电信号后再经过放大、处理,最后将测量结果在显示装置上显示出来。该污染度定义为滤纸烟度(FSN),规定全白滤纸的 FSN 值为 0,全黑滤纸的 FSN 值为 10。

滤纸式烟度计主要由取样系统、走纸机构、光电检测系统和控制系统 4 部分组成,目前使用的滤纸式烟度计总体结构如图 5-9 所示。

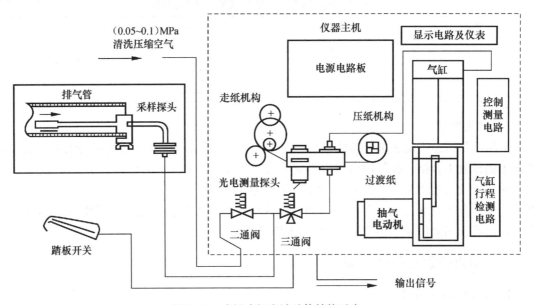

图 5-9 滤纸式烟度计总体结构示意

① 取样系统。

取样系统包括抽气泵、取样探头、取样软管和电磁阀等。抽气泵内有橡胶活塞,取样前将活塞压到底,此时活塞被锁紧机构锁紧(即"复位"状态),当踩下踏板或按下"手动抽气"按钮时,活塞在弹簧力的作用下上升到顶端(即"自由"状态)。在活塞上升过程中,柴油机的排气经取样管并经滤纸过滤后被吸入抽气泵内,滤纸就被碳烟染黑,完成取样过程。

② 走纸机构。

走纸机构主要由走纸电动机、走纸轮、走纸电磁铁和微动开关等组成。

取样时,滤纸被压紧,以便过滤废气。气泵复位时,滤纸被松开,走纸电动机转动,带动从动轮转动,滤纸同时移动。但从动轮只转一圈,微动开关就给走纸机构断电,所以滤纸每次仅走一小段距离。滤纸被废气染黑的部分恰好从夹纸机构处移到光电检测器下方。

③ 光电检测系统。

光电检测系统主要包括光源、硒光电池和指示仪表等，其结构如图 5-10 所示。

当光照射在被染黑的滤纸上时，滤纸反射的光强度与滤纸被染黑的程度有关。滤纸越黑，能反射的光就越少。硒光电池是一种光电转换元件，它接收从滤纸上反射的光，转换为相应的电信号，经过测量电路放大处理，最后显示在指示仪表上。烟度值与反射光强度的关系为

$$R_b = 10 \times (1 - I/I_0) \qquad (5-1)$$

式中，R_b——烟度值；

I_0——洁白滤纸的反光强度；

I——污染滤纸的反光强度。

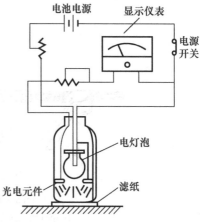

图 5-10 光电检测系统结构示意

④ 控制系统。

控制系统主要包括电磁阀、继电器、脚踏开关和控制按钮等，用于控制抽气、清洗、复位等动作。为了操作使用方便，有的烟度计将抽气、清洗和走纸等操作都分成自动和手动两种方式。

2）滤纸式烟度计使用注意事项。

① 仪器接通电源后应预热 15 min，使仪器处于待测试状态。

② 测量过程中不允许手动复位，每两次测量之间的时间间隔应大于 15 s。

③ 烟度计滤纸使用完后应及时更换新滤纸。

④ 取样探头不得随意扔到地上，以免沙、泥、水等杂物进入仪器内部，造成仪器故障。

⑤ 每周用空压机压缩气体清洗取样管和探头，并对仪器进行校准。

（2）透射式烟度计

透射式烟度计又称为消光式烟度计、不透光烟度计，是利用透光衰减率来测量排气烟度的典型仪器。GB 3847—2018《柴油车污染物排放限值及测量方法（自由加速法及加载减速法）》规定用光吸收系数来度量可见污染物的大小，使用不透光度仪测量压燃式发动机和装用压燃式发动机车辆的可见污染物。要求不透光度仪的显示仪表应有两种刻度：一种为绝对光吸收的单位，为 $0 \sim 4 \text{ m}^{-1}$；另一种为线性刻度，为 $0 \sim 100$。两种刻度的范围均以光全通过时为 0，全暗时为满刻度。

1）透射式烟度计组成结构和测量原理。

透射式烟度计主要由测量单元、控制单元、取样探头、连接电缆等组成，如图 5-11 所示。

透射式烟度计的测量原理如图 5-12 所示。透射式烟度计测量单元的测量室是一根分为左右两半部分的圆管，被测排气从中间的进气口进入，分别穿过左圆管和右圆管，从左出口和右出口排出。左、右两侧装有两个凸透镜，左端装有绿色发光二极管，右端装有光电转换器，发光二极管至左透镜及光电转换器至右透镜的光程都等于透镜的焦距。因此，发光二极管发出的光通过左透镜后就成为一束平行光，再通过右透镜后汇聚于光电转换器上，并转换成电信号。排气中含烟越多，平行光穿过测量室时光能衰减越大，经光电转换器转换的电信号就越弱。

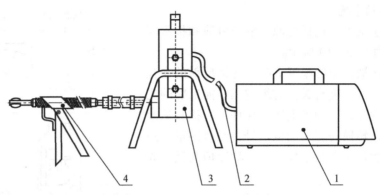

图 5-11 透射式烟度计的组成示意

1—控制单元；2—连接电缆；3—测量单元；4—取样探头

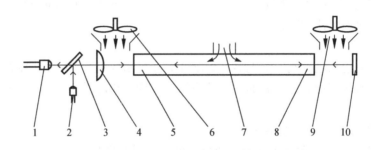

图 5-12 透射式烟度计的测量原理

1—光电转换器；2—绿色发光二极管；3—半反射半透射镜；4—透镜；5—测量室左出口；
6—左风扇；7—测量室入口；8—测量室右出口；9—右风扇；10—反射镜

排气中夹带着许多碳烟微粒，如果让排烟直接接触左右透镜的表面，碳烟微粒将会沉积在上面，并吸收光能，从而影响测量结果。为使光学系统免遭排烟的污染，仪器采用了"空气气幕"保护技术。排风扇将外界的清洁空气吹入左右透镜与测量室出口之间的通道，使透镜表面形成"风帘"，避免其沾染上碳烟微粒。

排气中含有水分。由于排气管的温度较高，刚进入仪器时，排气中的水分仍保持在气态。如果仪器测量室管壁的温度比排气温度低很多，排气中的水蒸气就会冷凝成雾，影响测量结果。为了防止冷凝的影响，测量室管壁的温度应始终保持在 70 ℃ 以上，为此测量室应装有加热及恒温控制装置。

2）透射式烟度计的计量单位。

GB 3847—2005 用光吸收系数作为柴油车排气烟度的评价指标，因此，透射式烟度计应使用光吸收系数 k 作为计量单位，它是光吸收的绝对单位。

光吸收系数是光束被单位长度的排烟衰减的一个系数，是单位体积的微粒数 n、微粒的平均投影面积 A 与微粒的消光系数 Q 三者的乘积。在测量排气烟度时，碳烟颗粒的 A 和 Q 值对于柴油机大部分运行工况变化不大，而且每个颗粒本身的密度也大致相等，因此，可近似地认为光吸收系数与碳烟的质量浓度成正比。

根据光的透射原理

$$\Phi = \Phi_0 e^{-kL} \tag{5-2}$$

式中，Φ_0——入射光通量，lm；
Φ——出射光通量，lm；
k——光吸收系数，m^{-1}；
L——光通道有效长度，m。

有

$$k = -\frac{1}{L}\ln\frac{\Phi}{\Phi_0} \qquad (5-3)$$

有的透射式烟度计用不透光率作为计量单位，不透光率指光线被碳烟吸收而不能到达光接收器的百分率。二者的换算关系为

$$k = -\frac{1}{L}\ln\left(1-\frac{N}{100}\right) \qquad (5-4)$$

式中，N——不透光率，%；
k——光吸收系数，m^{-1}。

3. 柴油车自由加速工况检测

按照 GB 3847—2018 的规定，应按要求进行自由加速烟度试验，用透射式烟度计测得排气光吸收系数 k。

（1）自由加速工况

自由加速工况是指在发动机处于怠速工况下，迅速但不猛烈地踩下加速踏板，使喷油泵供给最大油量。在发动机达到调速器允许的最大转速前，保持此位置。一旦达到最大转速，则立刻松开加速踏板，使发动机恢复至怠速。

（2）自由加速烟度检测方法

1) 车辆准备。

① 柴油发动机应充分预热。检测前，发动机处于怠速工况。

② 采用至少 3 次自由加速过程或其他等效方法对排气系统进行吹拂。

2) 仪器准备。

① 烟度计开机后应充分预热（滤纸式烟度计一般在 5 min 以上，透射式烟度计一般在 15 min 以上）。

② 必要时应进行校准检查。滤纸式烟度计利用烟度读卡检查，透射式烟度计采用自动线性检查或滤光片检查。自动线性检查是仪器自动生成一个 50% 满足量程的检查信号，并自动检查相应的输出是否符合要求；滤光片检查是将滤光片插入仪器检测单元的检查插口内，仪器显示相应读数，检查误差是否在不透光度的 ±2% 范围内。

3) 测量取样。

对于滤纸式烟度计，将抽气泵开关置于加速踏板上，按自由加速工况循环测量 4 次，取后 3 次读数的算术平均值作为所测烟度值。

对于透射式烟度计，至少测量 6 次，计算结果取最后 3 次自由加速测量结果的算术平均值。在计算均值时可以忽略与测量均值相差很大的测量值。

（3）自由加速烟度排放限值

应按照 GB 3847—2018 规定的方法进行检测，其检测结果应小于表 5-11 规定的排放限值。

表 5-11 在用汽车和注册登记排放检验排放限值

类别	自由加速法	加载减速法		林格曼黑度法
	光吸收系数/m^{-1}，或 不透光度/%	光吸收系数/m^{-1}，或 不透光度/%[1]	氮氧化物/ ($\times 10^{-6}$)[2]	林格曼黑度 /级
限值 a	1.2（40）	1.2（40）	1500	1
限值 b	0.7（26）	0.7（26）	900	

注：1) 海拔高度高于 1 500 m 的地区加载减速法可以按照每增加 1 000 m 增加 0.25 m^{-1} 幅度调整，总调整不得超过 0.75 m；
2) 2020 年 7 月 1 日前限值 b 过渡限值为 1 200 $\times 10^{-6}$。

4. 柴油车加载减速工况烟度检测

柴油车加载减速工况烟度检测是用底盘测功机对被检车辆在最接近 70 km/h 时速的挡位加载测量，测取与评价 VelMaxHp（实测最大轮边功率时的转鼓线速度，在进行规定的功率扫描试验中，汽车驱动轮实际输出功率的测量值达到最大时的转鼓线速度）、90% VelMaxHp、80% VelMaxHp 工况下的烟度值。与自由加速烟度测量方法相比，柴油车加载减速工况烟度检测方法和实际道路的相关性较好，但设备造价较高，且对被检车辆要做好安全防护。

（1）柴油车加载减速工况法检测系统组成

柴油车加载减速工况检测系统简称"Lug Down 系统"，其组成如图 5-13 所示。

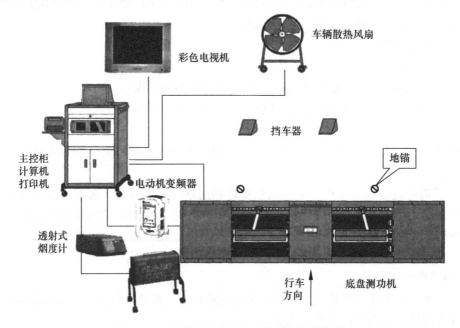

图 5-13 柴油车加载减速工况检测系统组成

柴油车加载减速工况检测系统分为轻型车检测系统与重型车检测系统，在底盘测功机系统的基础上，增加透射式烟度计，在检测过程中测量汽车排气管中排出的排气烟度，并将检测结果实时传给主控部分。同时，控制过程及软件操作执行 GB 3847—2018 标准，用于 Lug Down 测量过程的控制、数据测量处理与评价。

轻型车检测系统基于轻型车（总质量为 3 500 kg 以下的压燃式发动机汽车）烟度排放的测试系统，应能测试最大单轴轴荷为 2 750 kg 的车辆。重型车检测系统基于重型车（总质量为 3 500 kg 以上的压燃式发动机汽车）烟度排放的测试系统，应能测试最大单轴轴荷为 8 000 kg 以下的车辆或最大总质量为 14 000 kg 的车辆；对于用于 3 轴 6 滚筒的底盘测功机应能测试最大双轴轴荷为 22 000 kg 的车辆。

（2）柴油车加载减速工况法检测方法

柴油车加载减速工况法的排放检测由 3 部分组成：第 1 部分是对车辆进行预先检查，以保证受检车辆与证件的一致性和进行检测的安全性；第 2 部分是检查检测系统和车辆的状况是否适合进行检测；第 3 部分是进行排放检测，检测工作由系统控制自动进行，以保证检测过程的一致性和检测结果的可靠性。

1）第 1 部分：预先检查。

待检车辆完成检测登记后，驾驶检测员应将车辆驾驶到底盘测功机前等待检测，并进行车辆的预先检查。预先检查分为车辆身份确认和安全检查，车辆预先检查不合格，不允许进行检测。

在将车辆驾驶到底盘测功机前，检测员还应对受检车辆进行以下调整：

① 中断车上所有主动型制动功能和扭矩控制功能（自动缓速器除外），例如中断制动防抱死系统（ABS）、电子稳定程序（ESP）等。

② 关闭车上所有以发动机为动力的附加设备，或切断其动力传递机构。

③ 除检测驾驶员外，受检车辆不能载客，也不能装载货物，不得有附加的动力装置，必要时，可以用测试驱动桥质量的方法来判断底盘测功机是否能够承受待检车辆驱动桥的质量。

2）第 2 部分：检测系统的检查。

检测系统检查的目的是判断底盘测功机是否能够满足待检车辆的功率需求，同时检查检测系统的工作状态是否正常。

如果待检车辆通过了规定的预检程序，检测员应按规定步骤将待检车辆驾驶到底盘测功机上，然后进行检测准备。由计算机判断测功机是否能够吸收受检车辆的最大功率，如果车辆的最大功率超过了测功机的功率吸收范围，则不能进行检测。

在确认用于通信的系统能够正常工作，除检测员外无其他人员在测试现场逗留后方可开始检测。

3）第 3 部分：检测过程。

检测员选择合适的挡位，将加速踏板置于全开位置，车速尽可能接近 70 km/h。发动机转速稳定后，控制程序将此时的发动机转速设定为最大发动机转速（MaxRPM），并根据输入的发动机标定转速，计算最大功率下的转鼓线速度（VelMaxHP）：

$$VelMaxHP = 当前转鼓线速度 \times 发动机标定转速 / MaxRPM$$

根据下式确定所需最小轮边功率：

$$所需最小轮边功率 = 发动机标定功率 \times (100\% - 功率损失百分比)$$

如果没有特殊要求，功率损失百分比的默认值是 50%。在 PAU 加载之前，通过输入的发动机标定转速和发动机标定功率确定转鼓表面的最大力和功率吸收单元 PAU 的吸收功率。在进行污染物检测前确认转鼓和 PAU 是否可以接受该力和功率。如果最大力或功率超过了测功机的检测能力，将终止测试程序。

如果转鼓和 PAU 可以接受该力和功率，检测控制系统将自动控制 PAU 开始加载减速过程。

① 首先自记录的 MaxRPM 转速开始进行功率扫描，以确定实际峰值功率下的发动机转速。在速度控制模式下，当转鼓速度大于计算的 VelMaxHP 时，速度变化率不得超过 0.5 km/h/s；如果转鼓速度低于计算的 VelMaxHP，则速度变化率不得超过 1 km/h/s。在任何时候，转鼓的速度变化率都不得超过 2 km/h/s。

② 真实 VelMaxHP 的确定：进行功率扫描时，在功率随发动机转速变化的实时曲线上确定最大轮边功率，并将扫描得到的最大轮边功率时的转鼓线速度记为真实的 VelMaxHP。

③ 在获得真实的 VelMaxHP 之后，继续进行功率扫描过程，直到转鼓线速度比实际的 VelMaxHP 低 20% 为止。

④ 在结束了功率扫描并确认了真实的 VelMaxHP 后，控制系统立即改变 PAU 负载，并控制转鼓线速度回到真实的 VelMaxHP 值，以进行加载减速检测。系统按照同样的次序完成对以下 3 个速度段的检测：真实的 VelMaxHP、90% 的 VelMaxHP 和 80% 的 VelMaxHP。

⑤ 将在 3 个检测速度段的测量得到的光吸收系数 k、发动机速度、转鼓线速度和轮边功率的数据作为检测结果。在每个检测点，在读数之前转鼓速度应至少稳定 3 s，光吸收系数 k、发动机转速和轮边功率数据则需在转鼓速度稳定后读取 5 s 内的平均值。

⑥ 加载检测过程结束后，控制系统应及时提示驾驶检测员松开加速踏板并换到空挡，但是不允许使用任何车辆制动装置。

⑦ 在关闭发动机之前，将车辆置于怠速状态至少 1 min，控制系统应自动记录怠速转速数据。

（3）柴油车加载减速工况法烟度排放限值和检测结果判定

1）排放限值。

按照 GB 3847—2018 规定的方法进行检测，其检测结果应小于表 5 - 11 规定的排放限值。

2）检测结果判定。

①如果污染物检测结果中有任何一项不满足限值要求，则判定排放检验不合格。

②车辆排放有明显可见烟度或烟度值超过林格曼 1 级，则判定排放检验不合格。

③加载减速法功率扫描过程中，经修正的轮边功率测量结果不得低于制造厂规定的发动机额定功率的 40%，否则判定为检验结果不合格。

（4）柴油车加载减速工况法烟度检测注意事项

1）要特别注意的是，由于 Lug Down 测试过程中车速较高，故须用挡车器和安全带将车辆固定好。挡车器用来固定非检测车轴的位置以免车辆前后窜动；安全带一端安装在地锚上，一端固定在被测车辆上，避免车辆高速测量时窜出底盘测功机。

2）对非全时四轮驱动车辆，应选择后轮驱动方式。

3）对紧密型多驱动轴的车辆，或全时四轮驱动车辆，不能进行加载减速检测，应进行自由加速排气烟度排放检测。

4）在进行检测系统的检查时，由计算机判断测功机是否能够吸收受检车辆的最大功率，如果车辆的最大功率超过了测功机的功率吸收范围，则不能进行检测。

5）如果发动机冷却液温度低于正常温度，应进行发动机预热操作，这时需要将测功机切换到手动控制模式，检测驾驶员应在小负荷下预热发动机，直到冷却液的温度达到制造厂规定的正常温度范围为止。

6）透射式烟度计不应使用太大尺寸的采样探头，以免受检车辆的排气背压过大，影响输出功率。在检测过程中，必须将采样气体的温度和压力控制在规定的范围内，必要时可对采样管进行适当冷却，但要注意不能使测量室内出现冷凝现象。

第二节　汽车噪声测量

汽车在运行过程中受到内燃机和机械传动机构的影响以及来自路面的冲击，所有的零部件都会产生振动和噪声，从而成为一个包括各种不同性质噪声的复杂噪声源。汽车噪声按性质可分为燃烧噪声、进排气噪声、风扇运转噪声、机械噪声、轮胎噪声和车身噪声等。

不论是评价汽车噪声水平的高低，还是控制汽车噪声，首先都应确知噪声的状况，然后与允许噪声标准进行比较，确定所需减噪量的数值，并以此为依据，采取一定技术措施来控制噪声。在各项控制措施实施后，还要检验噪声控制的效果。因此，噪声的测量是汽车噪声控制与评价的重要组成部分。

一、基本概念

1. 噪声测量中的主要物理量度

（1）声压与声压级

1）声压。

当声波在介质中运动时，使介质的压力在稳定压力附近增加或减少，这个压力的变化量称为声压（它是声波作用在单位面积上的压力值），单位是 Pa。

正常人耳在声波频率为 1 000 Hz 时，能听到最小声压为 2×10^{-5} Pa，称为听阈声压；当声压为 20 Pa 时，会使人耳产生疼痛，称为痛阈声压。

声压大小表示声音强弱。声压大，则声音强（响）；声压小，则声音弱（低）。

2）声压级。

声学上引入"级"的概念，用成倍比关系的对数量来表示声音的强弱，即用声压级 L_p 表示声压的大小。

$$L_p = 10 \lg \left(\frac{p}{p_0}\right)^2 = 20 \lg \frac{p}{p_0} (\text{dB}) \tag{5-5}$$

式中，L_p——声压级，dB；

　　p——声压，Pa；

　　p_0——基准声压，取 2×10^{-5} Pa。

人耳从听阈到痛阈声压的绝对值相差达 100 万倍，因此，用声压或声强的绝对值来表示声音的强弱是很不方便的。此外，通过韦伯等人的大量试验，人们发现，人耳对声音的感觉（听觉）和客观的物理量（声强，或声压）之间并不是线性关系而近似于对数关系，表明人的听觉随着刺激量的增大而逐趋迟钝。在人的听觉范围内，即当声强按 10 倍规律（10、100、1 000）变化时，人耳听起来听觉上只像是按它们的对数（1、2、3）在变化似的。因此，人们引出了一个成倍比关系的对比量即声级，亦称分贝（dB），用来表示声音的强弱大小。所谓级是指实际量与基准量比值的对数，它是一种作相对比较的量纲为 1 的单位。与声强、声压和声功率等物理量相对应，它包括有声强级、声压级和声功率级。

大多数声学测量仪器直接测量声源的声压，因此，声压级 L_p（dB）（分贝）是声学中最常用的测量单位。

（2）声强、声功率与声强级、声功率级

介质中既有振动的动能又有形变的位能，这两部分相加就是声能。

单位时间内通过单位面积的声能平均值称为声强（I）；单位时间内声源放出的总声能称为声功率（P）。

声强级等于声强与基准声强之比的常用对数值的 10 倍。

$$L_I = 10\lg \frac{I}{I_0} \tag{5-6}$$

式中，L_I——声强级，dB；

I——声强，W/m^2；

I_0——基准声强，$I_0 = 10^{-12}$ W/m^2。

声功率级等于计算的声功率与基准声功率之比的常用对数值的 10 倍。

$$L_W = 10\lg \frac{P}{P_0} \tag{5-7}$$

式中，L_W——声功率级，dB；

P——声功率，W；

P_0——基准声功率，$P_0 = 10^{-12}$ W。

声强与声压的平方成正比，即

$$I = \frac{p^2}{Z} \tag{5-8}$$

式中，Z——声阻抗率，等于声速与介质密度的乘积，Pa·s/m。

（3）噪声频谱与倍频程

频谱图是以频率（Hz）为横坐标、以声压级（dB）为纵坐标作出的图形。

将频率划分为若干频率带，所分成的频率带称为频程。频程上下限频率的比例中项称为中心频率。

$$f = \sqrt{f_1 f_2} \tag{5-9}$$

$$\frac{f}{f_0} = 2^n \tag{5-10}$$

式中，f——中心频率；

f_0——上一频程中心频率；

n——$n=1$，称为 1/1 倍频程；$n=1/3$，称为 1/3 倍频程。

2. 噪声评价参数

（1）响度与响度级

1) 响度级。

响度级是指根据人耳判断，和被测声音一样响的 1 000 Hz 纯音的声压级数值，单位为方（phon）。

人耳的可听频率范围是 20~20 000 Hz，且人耳对高频声反应敏感，对低频声反应迟钝。例如，一台空气压气机的高频噪声和一台小轿车的车内噪声（低频）相比，若测量其声压级很可能均为 90 dB 左右，但就人耳的主观感受而言，自然是压气机的高频噪声要强烈与难受得多。

这种主、客观量的差异是由声波频率的不同而引起的。因此，在噪声测量时，就存在着一个客观存在的声音物理量与人耳感觉的主观量的统一问题。如果声频发生变化，其相应的听阈、痛阈的数值也应随之而变化。为使在任何频率条件下主、客观量都能统一起来，就需要把人的听力试验在各种频率条件下一一进行，这种试验得出的曲线就叫等响（度）曲线（见图 5-14）。

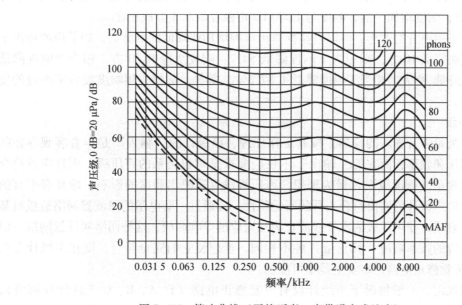

图 5-14 等响曲线（平均听者，窄带噪声或纯声）

因为频率不同时，人耳的主观感觉不同，所以每个频率都有各自的听阈声压级和痛阈声压级。如果把它们连接起来，就能得到听阈线和痛阈线，两线之间按响度的不同可分为若干个响度级，通常分成 13 个响度级，单位是方，听阈线为 0 方响度线，痛阈线为 120 方响度线。两者之间通常标出 10 方、20 方、……、100 方、110 方响度线。

每条等响曲线所代表的响度级（方）的大小由该曲线在 1 000 Hz 时声压级的分贝值而定［就是选取 1 000 Hz 的纯音作为基准声音，其声音听起来与该纯音一样响，该声音的响度级（方值）就等于这个纯音此时的声压级（分贝值）］。例如某声音听起来与声压级 80 dB、频率 1 000 Hz 的基准声音一样响，则该声音的响度级就定为 80 方。

从图 5-14 能看出以下问题：

① 根据声音的声压级和频率（客观物理量）能找到相应的响度级（主观感觉），这样就把声音的主、客观量之间统一起来了。

② 声音的频率对响度级影响很大。在低频范围内，即使声压级具有很高的分贝值，也未必能达到听阈线。由此可见，人耳对低频声的敏感度很差。所以，在噪声治理中重点应优先解决高频声对人耳的损害；但对诸如收听音乐时也会感到低频乐音不丰富，为此可以通过乐器配置或者通过设计电子线路低频补偿网络来加强低频效果，这种补偿方法叫频率计权。

③ 当声音的声压级高达 100 dB 左右时，响度曲线比较平直，说明频率变化对响度级的影响就不那么明显了，即高声压级下频率变化对人耳感觉的影响不明显。

2）响度。

响度级是个相对量，有时需要把它化为自然数，即用绝对值来表示，因此引出一个响度的概念。响度是受声刺激的听觉反应量，用响度单位"宋"来表达感觉上的声音大小。1 宋相当于对频率 1 000 Hz、声压级 40 dB 的纯声（即响度级为 40 方）听觉反应量，即

$$S = 2^{(L_S-40)/10} \quad (5-11)$$

50 方为 2 宋、60 方为 4 宋、70 方为 8 宋，等等，可建立响度的标度。实验证明，响度级每增加 10 方，响度增加一倍，响度与 1 000 Hz 声强度的 0.3 方成正比。

用响度级表示声音的大小，可以直接推算出声响增加或降低的百分数，如某声源经声学处理后，响度级降低 10 方，则相当于响度降低 50%；响度级降低 20 方，相当于响度降低 75%；响度级降低 30 方，相当于响度降低了 87.5%，等等。显然，用响度级表示声音的变化是很直观的。

（2）噪声级

声级计是测量声音强弱的仪器，按其工作原理，声级计的"输入"是声音客观存在的物理量，即声压和频率，而它的"输出"不仅应要求是对数关系的声压级，而且应该符合人耳特性的主观量（响度级）才最为理想，声压级没有反映出频率的影响，即具有平直的频率响应。为使声级计的输出符合人耳的听觉特性，应通过一套电学的滤波器网络造成对某些频率成分的衰减，使声压级的水平线修正为相对应的等响曲线，这种网络叫计权网络。但是每条等响曲线的频率响应（修正量）各不相同，若想使它们完全符合，则在声级计上至少需要 13 套听觉修正电路，事实上是不可能的。

国际组织规定，一般情况下声级计设有三套修正电路（即 A、B、C 三种计权网络），使它所接受的声音按不同的程度滤波。通过频率修正（听觉特性修正）模拟人耳对高、中、低频的不同反应，在选定的频率计权网络测得的声压级称为噪声级。

A、B、C 网络的衰减特性如图 5-15 所示。

A 网络是效仿 40 方等响曲线而设计的，其特点是对低频和中频声有较大的衰减，即使测量仪器对高频敏感、对低频不敏感，这正与人耳对声音的感觉比较接近，用 A 网络所测得的噪声值较为接近人耳对声音的感觉。因此，人们就把 A 声级作为评价噪声的主要指标。

B 网络是效仿 70 方等响曲线，使被测的声音通过时，低频段有一定的衰减。

C 网络是效仿 100 方等响曲线，任何频率都没有衰减，因为 100 dB 的声压级线和 100 方等响曲线基本上是一条重合的水平线，它对各种频率声音，几乎等同对待、不加滤波。C 声级可以代表噪声的客观数值，通常为总声级。

有些声级计为了测量飞机噪声，还设有 D 计权网络。

所以，一般噪声测量结果表示时，都应注明采用的哪种计权网络。如 90 dB（A），即代表用 A 计权网络测量出的声级为 90 dB。

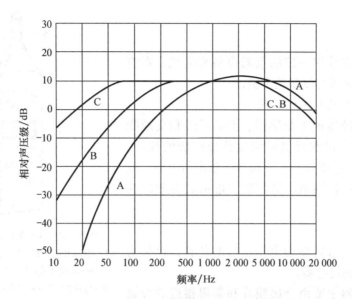

图 5-15　A、B、C 网络的衰减特性曲线

声级计的读数均为分贝（dB）值，但在分别选用这三套计权网络之后，其读数所代表的意义就不相同了。显然选用 C 挡网络测量时，声压级基本上未经任何修正（衰减），其读数还是声压级的分贝值。而 A 挡和 B 挡网络，对声压级已有所修正，故它们的读数不应是声压级，但也不是响度级，因为它们只是分别模仿了 40 方和 70 方这两条特定的等响曲线的频率响应，而不是所有等响曲线的频率响应，所以把 A 和 B 网络的读数称声级的分贝值。

在声级计上同时设置了 A、B、C 三种计权网络时，可起到对噪声频率特性的粗略鉴别作用。比如：

当 $L_p\,\mathrm{dB(A)} = L_p\,\mathrm{dB(B)} = L_p\,\mathrm{dB(C)}$ 时，表明噪声的高频成分突出；

当 $L_p\,\mathrm{dB(A)} = L_p\,\mathrm{dB(B)} > L_p\,\mathrm{dB(C)}$ 时，表明噪声的中频成分较多；

当 $L_p\,\mathrm{dB(A)} > L_p\,\mathrm{dB(B)} > L_p\,\mathrm{dB(C)}$ 时，表明噪声是低频特性。

用这种方法，对噪声的频率特性只能作粗略地估计。

为了便于对各种噪声的强弱进行统一比较，在 GB 7258—2004 中规定用"A"计权（也称 A 声级、听觉修正网络）仪器进行测量，用符号 dB（A）表示。

（3）统计声级

在一定的时间内，对不稳定噪声的各个测量值进行统计、分级评定的表示值，记作 LAn，单位为 dB。实际测量时，在一定时间内，以均匀的时间隔测量噪声的 A 计权声级，然后从大到小依次排列，其中有 10% 的时间所超过的声级叫作峰值噪声级；50% 时间所超过的声级叫作中间噪声级，相当于平均噪声级；90% 时间所超过的声级叫作环境背景噪声级。

（4）等效声级

等效声级评价值的提出是基于能量等效原则，指用能量相等的稳定声级评定某固定点连续变化的 A 声级。

各种评价参数虽有出入，但由任何一个参数的值基本上可求出所有其他参数的值。在一般估计中，只有一种评价参数就够了。近年的趋向是用 A 声级，国际标准组织近几年发表的标准都是用 A 声级表示。经验证明，A 声级的峰值较好地反映了对人干扰的程度。

二、声级计

噪声的测量需采用一定的仪器设备来完成。在汽车噪声测试中，常用的设备是声级计。

1. 声级计的结构和工作原理

声级计是一种能把工业噪声、生活噪声和交通噪声等，按人耳听觉特性近似地测定其噪声级的仪器，其外形结构如图 5-16 所示。声级计一般由传声器、放大器、衰减器、计权网络、检波器、指示表头和电源等组成。

(1) 传声器

它是把声压信号转变为电压信号的装置，也称为话筒，是声级计的传感器。

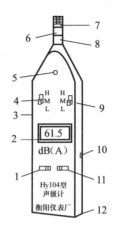

图 5-16 Hy 型声级计外形结构
1—电源开关；2—显示器；3—输出插孔；
4—量程开关；5—灵敏度调节旋钮；
6—传声器；7—防风罩；8—前置放大器；
9—读数保持；10—复位按钮；
11—时间计权；12—电池盖板

电容式传声器主要由金属膜片和靠得很近的金属电极组成，实质上是一个平板电容。金属膜片与金属电极构成了平板电容的两个极板。当膜片受到声压作用时，膜片发生变形，使两个极板之间的距离发生改变，电容量也随之发生变化，从而产生交变电压，其波形在传声器线性范围内与声压级波形成比例，实现了将声压信号转变为电压信号的作用。

电容式传声器是声学测量中比较理想的传声器，具有动态范围大、频率响应平直、灵敏度高和在一般测量环境中稳定性好等优点，得到广泛应用。由于电容式传声器输出阻抗很高，因此，需要通过前置放大器进行阻抗变换。前置放大器装在声级计内部靠近安装电容式传声器的部位。

(2) 放大器和衰减器

一般声级计的放大线路中都采用两级放大器，即输入放大器和输出放大器，其作用是将微弱的电信号放大。输入衰减器和输出衰减器的作用是改变输入信号的衰减量和输出信号的衰减量，以便使表头指针指在适当的位置，其每一挡的衰减量为 10 dB。输入放大器使用的衰减器调节范围为测量低端（如 0~70 dB），输出放大器使用的衰减器调节范围为测量高端（如 70~120 dB）。输入和输出两个衰减器的刻度盘常做成不同颜色，目前以黑色与透明配对为多。由于许多声级计的高、低端以 70 dB 为界限，故在旋转时要防止超过界限，以免损坏装置。

(3) 计权网络

通过计权网络测得的声压级，已不再是客观物理量的声压级（叫线性声压级），而是经过听感修正的声压级，叫作计权声级或噪声级。

从声级计上得出的噪声级读数，必须注明测量条件。

(4) 检波器和指示表头

为了使经过放大的信号通过表头显示出来，声级计还需要有检波器，以便把迅速变化的电压信号转变成变化较慢的直流电压信号，这个直流电压的大小要正比于输入信号的大小。

指示表头是一只电表，只要对其刻度进行一定的标定，即可从表头上直读出噪声级的

dB 值。声级计表头阻尼一般都有"快"和"慢"两个挡。"快"挡的平均时间为 0.27 s，很接近于人耳听觉器官的生理平均时间；"慢"挡的平均时间为 1.05 s。当对稳态噪声进行测量或需要记录声级变化过程时，使用"快"挡比较合适；在被测噪声的波动比较大时，使用"慢"挡比较合适。

声级计面板上一般还备有一些插孔。这些插孔如果与便携式倍频带滤波器相连，可组成小型现场使用的简易频谱分析系统；如果与录音机组合，则可把现场噪声录制在磁带上储存下来，待以后再进行更详细的分析；如果与示波器组合，则可观察到声压变化的波形，并可用照相机将波形摄制下来；还可以把分析仪、记录仪等仪器与声级计组合、配套使用，这要根据测试条件和测试要求而定。

2. 声级计使用注意事项

1）避免在本底噪声大的场所检测。本底噪声是指测量对象的噪声不存在时，周围环境的背景噪声。检测场地的本底噪声应比所测车辆的喇叭声响至少低 10 dB，并保证测量不被偶然的其他声源所干扰。

2）检测时要注意仪表量程的选择应由高到低，防止指针超出刻度线以外。仪器的测量范围 35~130 dB 分为 3 挡：35~80 dB；60~105 dB；85~130 dB。测量前应根据被测声音的大小将量程开关置于合适的挡位，如无法估计其大小，应先将量程开关置于最高挡。测量喇叭声级时，使用 85~130 dB 挡。

3）检测时要避免声级计受反射声、大风和电磁波的影响。

4）声级计要避免受振动和冲击，注意防潮和避免阳光直射。

5）电池式声级计在不使用期间，应取下干电池。如果显示器左下方显示出电压低落标志"→"，则表明电池已低于规定的工作电压，需要更换。在更换电池时，要特别注意应将电源开关置于"关"的位置。每天下班以前一定不要忘记关掉电源开关，否则第二天电池的电能将耗尽。

6）声级计前端的多孔泡沫塑料圆球是风罩，在室外测量或当风速超过 0.5 m/s 时应使用风罩，以减少风噪声的影响。风罩还能保护传声器不受尘埃的损害，因此，在检测站内也应使用风罩。

7）声级计每年要接受有关部门的检定。

3. 声级计的校准

为了保证声级计的测量精度，使用中应经常对其进行校准。目前，在汽车噪声测试中采用电器校正和绝对声压校正两种方法。其中，前者是利用自身所产生的标准电信号来校准放大器等电子线路的增益。如仅进行该项标准，则实际中常因传声器性能变化而难以实现整台仪器校准的目的。而后者则是把一定频率和声压级的声源装于传声器前，并使之发声，检查、调整声级计读数与声源标准值相吻合即可。

常用的标准声源有两种，即活塞发声器和声级校准器。通常，活塞发声器工作频率设计为 250 Hz，而声级校准器工作频率则设计为 1 000 Hz。因而，前者只能校准声压级；后者频率是标准计权网络参考频率，可校准声级计声压级和 A、B、C、D 计权声压级。但从整体精度上看，活塞发声器校准精度比声级校准器要高些。

标准声源的声压级多为 94 dB 或 124 dB。采用 94 dB 标准声压级更接近于一般噪声测量场合，有利于提高校准后声级计的测量准确度，如国产 ND9 声级校准器和丹麦 BK4230 声级校准器。采用 124 dB 校准声压级时，由于声压级较高，故即使在强噪声环境中也能正确校准，如国产 NX6 和丹麦 BK4220 活塞发声器。

（1）活塞发声器

活塞发声器的工作原理如图 5-17 所示，微型直流电动机驱动一方盘形凸轮恒速转动，推动左、右对称的两个小活塞反向运动，活塞的回位由夹持弹簧推动。因而，活塞做四倍（凸轮为方形）于凸轮转速频率的简谐振动，使耦合腔的体积和压力都成正弦规律变化，产生正弦波声音。在一定大气压力下，活塞发声器产生的有效声压是一定的。

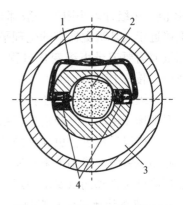

图 5-17　活塞发声器工作原理
1—保持弹簧；2—凸盘轮；
3—耦合器腔室；4—活塞

为了得到正弦波声音，凸轮必须按一定规律加工且必须具有较高的精度。凸轮采用硬质材料制造，并在凸轮与活塞夹间加注润滑油，防止使用中磨损而造成的非线性失真。弹簧的夹持力也要适当，以保持活塞头与凸轮良好接触而无过剩力为最佳。耦合腔与外界大气用毛细管相连通，保持腔内静止压力与外界大气压力相等。电动机转速一定，并在轴上带有恒速离心开关，以保证校准声压频率为 250 Hz。

（2）声级校准器

声级校准器也是一种由电池供电，快速、直接的声级计校准生源，它由振荡器、压电换能器、电源及壳体等组成。其工作原理是：齐纳固定频率振荡器输给压电陶瓷片以固定 1 000 Hz 的振荡信号，使压电片产生弯曲变形，并带动与之相连的锥形膜片振动，从而产生一定声压的声音。校准器的陶瓷压电片采用弹簧支撑，其中心与振膜固连，整个系统调谐于 1 000 Hz。在振膜后面设置一个亥姆霍兹共振腔，其谐振频率也为 1 000 Hz。因而校准器通常工作在 1 000 Hz 共振频率下，输出声压频率稳定。在校准器内部还装有延时电路，当校准按钮按下并马上松开后，该电路可自动保持校准器工作一定时间，以方便校准器的校正操作。

（3）声级计的校准

声级计长时间没使用或使用一段时间后，需对指示表头进行校准，使用"活塞发声器"或"声级校准器"进行。这两种都是标准声级计专用的、由电池供电的标准声源。活塞发声器适合于精密声级计和其他声级测量仪器的声级校准，而声级校准器则适合于普通声级计和其他要求不高的声级测量仪器的校准。两种声级校准设备的使用方法基本相同。

① 活塞发声器。装好活塞发声器的干电池，将发生器插入声级计传声筒，接通发声器电源开关，可在声级计微音膜片上产生 124 dB（A）。当声级上指针若指示到大于或小于 124 dB（A）时，应该用表头指针调零钮进行调节。

② 声级校准器。将声级校准器插入声级计的传声筒，接通电源后，可在声级计微音膜片上产生 94 dB 声压级。

（A）声级，校正频率为 1 000 Hz。

上述两种声级校准器的精度都能满足便携式精密声级计的精度要求。

③ 注意事项。校准设备产生的声压与其耦合容积关系很大，而每种传声器的等效容积又不一定相同，因而声级校准设备都有特定的校准对象，在使用中一般不能互换使用。当用校准设备校准直径与接口不同的传声器时，应使用专用转接器，以保证耦合容积不变。传声

器安装要注意与标准设备接口间的密封,减少校准误差。

如果校正环境大气压力不是标准大气压力,或者条件所限必须用不相配的校准器校准传声器,则必须对标准设备的标称声压级进行修正。对于气压改变带来影响的校正,可直接查校正曲线得到校正值并加到标称值上。由仪器不配套带来的耦合容积变化影响按公式计算修正值。

三、汽车噪声的测量方法

现行的汽车噪声限值及测量方法标准主要有 GB 1495—2002《汽车加速行驶车外噪声限值及测量方法》、GB/T 25982—2010《客车车内噪声限值及测量方法》以及 GB/T 18697—2002《声学 汽车车内噪声测量方法》、GB/T 17250—1998《声学 市区行驶条件下轿车噪声的测量》、GB 16170—1996《汽车定置噪声限值》和 GB/T 14365—2017《声学 机动车辆定置噪声声压级测量方法》等。这里只介绍最常用的两个标准:GB 1495—2002 和 GB/T 25982—2010。

1. 加速行驶车外噪声测量

GB 1495—2002《汽车加速行驶车外噪声限值及测量方法》规定了新生产汽车加速行驶车外噪声的限值及测量方法,适用于 M 和 N 类汽车。

声级计用"A"计权网络"快"挡测量。当使用能自动采样测量 A 计权声级的系统时,其读数时间间隔不应大于 30 ms。

(1) 加速行驶车外噪声测量条件

1) 测量场地。

声场条件:在测量场地的中心(O 点)放置一个无指向小声源时,半球面上各方向的声级偏差不超过 ±1 dB。

测量场地应基本上水平、坚实、平整,并且试验路面不应产生过大的轮胎噪声。

2) 气象。

测量应在良好的天气中进行,测量时传感器高度的风速不应超过 5 m/s。必须注意测量结果不受阵风的影响。可以采用合适的风罩,但应考虑到它对传感器灵敏度和方向性的影响。

3) 背景噪声。

背景噪声(A 计权声级)至少应比被测汽车噪声低 10 dB。

4) 汽车。

被测汽车应空载,技术状况符合该车型的技术条件(特别是加速性能),采用道路上行驶常用的驱动方式。若装有带自动驱动机构的风扇,则应保持其自动工作状态;如装有水泥搅拌器、空气压缩机(非制动系统用)等设备,则不要起动。

(2) 加速行驶车外噪声测量方法

1) 测量区和传声器的布置。

① 加速行驶测量区域按图 5-18 确定。O 点为测量区的中心,加速段长度为 $2 \times (10\text{ m} \pm 0.05\text{ m})$,$AA'$ 线为加速始端线,BB' 为加速终端线,CC' 为行驶中心线。

② 传声器应布置在离地面高 1.2 m ±0.02 m,距行驶中心线 7.5 m ±0.05 m 处,其参考轴线水平并垂直指向行驶中心线 CC'。

2) 汽车挡位选择和接近速度的确定。

本条中所用的符号意义如下:S 表示发动机的额定转速,N_A 表示接近 AA' 线时发动机的

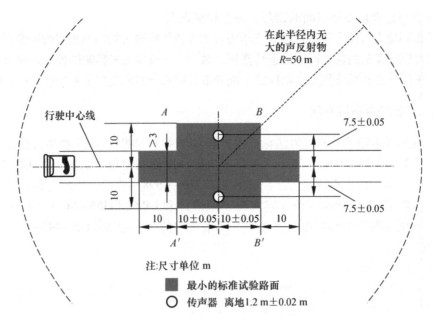

图 5-18 噪声测量场地和测量区及传声器的布置示意

稳定转速。

① 手动变速器。

对于 M_1 和 N_1 类汽车，装用不多于四个前进挡的变速器时，应用第二挡进行测量。

对于 M_1 和 N_1 类汽车，装用多于四个前进挡的变速器时，应分别用第二挡和第三挡进行测量。如果用第二挡测量，汽车尾端通过 BB' 线时发动机转速超过了 S，则应逐次按 5% S 降低 N_A，直到通过 BB' 线时的发动机转速不再超过 S；如果降低 N_A 降到了怠速，通过 BB' 线时的转速仍超过 S，则只用第三挡进行测量。但是，对于前进挡多于四个并装用额定功率大于 140 kW 的发动机且额定功率/最大总质量之比大于 75 kW/t 的 M_1 类汽车，假如该车用第三挡其尾端 BB' 线时的转速超过 61 km/h，则只用第三挡测量。

对于除 M_1 和 N_1 类以外的汽车，前进挡总数为 X（包括由副变速器或多级速比驱动桥得到的速比）的汽车，应该用等于或大于 X/n 的各挡分别进行测量。对于发动机额定功率不大于 225 kW 的汽车，取 $n=2$；对于额定功率大于 225 kW 的汽车，取 $n=3$。如 X/n 不是整数，则应选择较高整数对应的挡位。从第 X/n 挡开始逐渐升挡测量，直到该车在某一挡位下尾端通过 BB' 线时发动机转速第一次超过额定转速为止。

接近 AA' 线时的稳定速度取下列速度中的较小值：50 km/h、对应于 3/4S 的速度（对于 M_1 类和发动机功率不大于 225 kW 的其他各类汽车）或对应于 1/2S 的速度（对于 M_1 类以外且发动机功率大于 225 kW 的各类汽车）。

② 自动变速器。

如果该车的自动变速器装有手动选挡器，则应使选挡器处于制造厂为正常行驶而推荐的位置来进行测量。

对于装有手动选挡器的汽车，接近速度的确定与手动变速器汽车相同；对于无手动选挡器的汽车，应分别以 30 km/h、40 km/h、50 km/h（如果该车道路上最高速度的 3/4 低于 50 km/h，则以其最高车速 3/4 的速度）的稳定速度接近 AA' 线。

3) 加速行驶操作。

汽车以规定的挡位和稳定速度接近 AA' 线，当汽车前端到达 AA' 线时，应尽可能迅速地将加速踏板踩到底（即节气门全开），并保持不变，直到汽车尾端通过 BB' 线时再尽快地松开踏板（即节气门关闭）。

汽车应直线加速行驶、纵向中心平面尽可能接近行驶中心线通过测量区。

4) 声级测量。

在汽车每一侧至少测量 4 次，应测量汽车加速驶过测量区的最大声级。每一次测得的读数值减去 1 dB（A）作为测量结果。如果在汽车同侧连续 4 次测量结果相差不大于 2 dB（A），则认为测量结果有效。

将每一挡位（或接近速度）条件下每一侧的 4 次测量结果进行算术平均，然后取两侧平均值中较大的作为中间结果。

5) 汽车最大噪声级的确定。

对于装有手动变速器的汽车：

① M_1 和 N_1 类汽车，装用变速器不多于四个前进挡。

用第二挡进行测量，直接取中间结果作为最大噪声级。

② M_1 和 N_1 类汽车，装用变速器多于四个前进挡。

分别用第二挡和第三挡进行测量，取两挡中间结果的算术平均值作为最大噪声级。

③ M_1 和 N_1 类汽车，只用第三挡进行测量。

直接取中间结果作为最大噪声级。

④ 除 M_1 和 N_1 类以外的汽车，如前进挡总数为 X，则用大于等于 X/n 的各挡分别进行测量。发动机额定功率不大于 225 kW 时取 $n=2$，额定功率大于 225 kW 时取 $n=3$。取从 X/n 挡开始到发动机未超过额定转速的各挡中间结果中最大值作为最大噪声级。

对于装有自动变速器的汽车：

① 装有手动选挡器。

使选挡器处于制造厂为正常行驶而推荐的位置，取中间结果作为最大噪声级。

② 无手动选挡器。

分别以 30 km/h、40 km/h、50 km/h（如果该车道路上最高速度的 3/4 低于 50 km/h，则以其最高速度 3/4 的速度）的稳定速度接近 AA' 线，取各速度条件下中间结果中最大值作为最大噪声级。

(3) 加速行驶车外噪声限值

汽车加速行驶时，其车外最大噪声级不应超过表 5-12 规定的限值。表中符号的意义：GVM 表示最大总质量（t），P 表示发动机额定功率（kW）。

表 5-12　汽车加速行驶车外噪声限值

汽车分类	噪声限值/dB（A）	
	第一阶段	第二阶段
	2002.10.01—2004.12.30 期间生产的汽车	2005.01.01 以后生产的汽车
M_1	77	74
M_2 或 N_1（$GVM \leq 3.5$ t）：		

续表

汽车分类	噪声限值/dB（A）	
	第一阶段 2002.10.01—2004.12.30 期间生产的汽车	第二阶段 2005.01.01 以后生产的汽车
$GVM \leqslant 2$ t	78	76
2 t $< GVM \leqslant 3.5$ t	79	77
M_2（3.5 t $< GVM \leqslant 5$ t）或 M_3（$GVM > 5$ t）：		
$P < 150$ kW	82	80
$P \geqslant 150$ kW	85	83
N_2（3.5 t $< GVM \leqslant 12$ t）或 N_3（$GVM > 12$ t）：		
$P < 75$ kW	83	81
75 kW $< P < 150$ kW	86	83
$P \geqslant 150$ kW	88	84

说明：1. M_1、M_2（$GVM \leqslant 3.5$ t）和 N_1 类汽车装用直喷式柴油机时，其限值增加 1 dB（A）。

2. 对于越野汽车，其 $GVM > 2$ t 时：
   如果 $P < 150$ kW，其限值增加 1 dB（A）；
   如果 $P \geqslant 150$ kW，其限值增加 2 dB（A）。

3. M_1 类汽车，若其变速器前进挡多余四个，$P > 140$ kW，P/GVM 之比大于 75 kW/t，并且用第三挡测试时其尾端出现的速度大于 61 km/h，则其限值增加 1 dB（A）。

2. 客车车内噪声测量

GB/T 25982—2010《客车车内噪声限值及测量方法》规定了新生产客车车内噪声的限值和测量方法，适用于 M_2 和 M_3 类车辆。

（1）客车车内噪声测量条件

1）声学环境、气象条件。

从汽车辐射的声音只能通过道路表面的反射成为车内噪声的一部分，而不能通过建筑物、墙壁或汽车外的类似大型物体的反射成为车内噪声。在测量过程中，汽车与这类大型物体之间的距离应大于 20 m。

沿着测量路线在约 1.2 m 高度的风速不得超过 5 m/s，其他气象条件不得影响测量结果。

对于所有 A 声级测量，由背景噪声和仪器内部电噪声而确定的测量动态范围下限应至少低于所测声级 15 dB（A），否则试验结果无效。

2）道路条件。

试验路段应该为清洁、干燥、平坦、无冻结的硬路面，且不应有接缝、凸凹不平或类似的表面结构，且测量时应避免通过隧道、桥梁、道岔、车站及会车。

3）车辆条件。

① 发动机。

测量前，发动机的所有运行条件，如燃料、润滑油、点火正时或喷油时间等都应符合制造厂家的规定，发动机应稳定在正常的工作温度范围内。

如果发动机冷却散热器装有挡风门，则应在两种条件下进行测量（打开和关闭），每一组测量的挡风门位置应在试验报告中加以说明，发动机冷却风扇应正常运转。

② 轮胎。

所采用的轮胎应与制造厂家规定的型号一致。

轮胎任意部位花纹深度应不小于 1.6 mm，轮胎的压力应符合制造厂家的规定要求。

轮胎型号和充气压力应在试验报告中加以说明。

③ 车辆的质量状态。

车辆载荷的基本条件应符合 GB/T 3730.2—1996 中规定的整车整备质量。

车辆在测试噪声时应空载，即除驾驶员、测量人员和测试装备外，不应有其他载荷。

④ 窗户、进（出）风口、辅助装置、可调节的座椅。

天窗、所有的车窗、进风口及出风口，如有可能都应关上。

辅助装置，如刮水器、暖风装置、风扇及空调等，在测量过程中不应工作。如果某一辅助装置自动工作，则应将工作条件在试验报告中加以说明。

可调节的座椅应调节到制造厂规定的设计位置。

（2）客车车内噪声测量方法

1）传声器位置。

① 测量点的选择。

一个测量点应选在驾驶员耳旁。

对于城市客车，乘客区按照车内尺寸取测量点，每节车厢分别取中心线上的前中后 3 个点来测量。对于其他客车，在乘客区的前部、中间和后部也应各布置一个测量点。在汽车的纵向轴线附近（不算轴线上的），以前排、中间排（如果是偶数排，排数为 n，对中后置发动机客车则取 $n/2+1$ 排；对前置发动机客车则取 $n/2-1$ 排）和最后排左侧的第一个座位位置作为测量点。对于卧铺客车，以中间列卧铺的前部、中部和最后部的下铺作为测量点（对于 2 列卧铺客车，测量纵向轴线左侧的铺位）。对于双层客车，应增加上层乘客区的后排中间座位作为测量点。

在测试过程中，除驾驶员位置外，所选测量位置上不应坐人。

② 传声器的指向。

传声器应指向客车行驶方向。

2）座位处传声器的位置。

传声器的垂直坐标是无人座椅的表面与靠背表面的交线以上（0.70±0.05）m 处，如图 5-19 所示。水平坐标应在座椅的中心面（或对称面）上向右距离为（0.20±0.02）m。在驾驶员座位上，水平横坐标向右（右置方向盘则向左）到座位中心面的距离为（0.20±0.02）m。

3）卧姿的传声器位置。

卧姿指处于客车的卧铺状态，传声器应放在无人枕头的中部向右距离为（0.20±0.02）m 以上（0.15±0.02）m 处。

4）运行条件。

① 城市客车。

分别在Ⅱ挡 15 km/h 和Ⅲ挡 35 km/h（如Ⅱ挡 15 km/h 和Ⅲ挡 35 km/h 车速下对应的发动机转速超过额定转速的 90%，则取前一挡下 90% 额定转速对应的车速）时全节气门加速两种运行工况下进行测试。当客车达到稳定的上述测试条件时，起动记录装置开始记录，同时尽可能快地使节气门全开，直到发动机转速达到制造厂规定额定转速的 90%，记录停止。

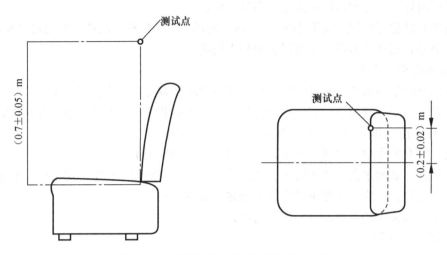

图 5–19 传声器相对于座椅的位置示意

变速器挡位在噪声测试过程中不应改动。

对于自动变速器（含手自一体的）的客车，测试工况为 10~50 km/h 全节气门加速过程。

② 其他客车。

车辆以 90 km/h 或设计最高车速的 80%（两者取较小值）的车速匀速行驶，机械式变速器客车挡位应处于最高挡，自动变速器（含手自一体的）客车应使选挡器处于制造厂为正常行驶而推荐的位置。

5）测量步骤。

① 对于城市客车，分别在相应车速进行Ⅱ挡、Ⅲ挡节气门全开加速试验，每个测量点进行往返各 1 次测量并记录在所规定的加速范围内出现的 A 计权声级最大值，分别计算驾驶员耳旁和乘客区各测点在Ⅱ挡和Ⅲ挡时 4 次测量的算术平均值作为中间结果。

② 对于其他客车，按相应车速匀速行驶试验，每个测量点进行往返各一次测量，每次测量时间至少 5 s，读取稳定噪声测量读数，并记录 A 计权等效声压值。分别计算驾驶员耳旁和乘客区各测点 2 次测量的算术平均值作为中间结果。

③ 不符合一般声级特性的异常读数应予以忽略。测量过程中，如果为间歇噪声，则应重新开始该次测量。

④ 如果 A 计权声级在任何一种运转工况下，2 次测量最大值与最小值之差超过 2 dB（A），则应继续测试，一直到 2 次连续的测量最大读数差值在 2 dB（A）范围内为止，这 2 次测量的算术平均值便可作为测量结果。

⑤ 分别取驾驶员耳旁和乘客区各中间结果的最大值，作为驾驶区和乘客区噪声的最终测量结果。

（3）客车车内噪声限值

GB/T 25982—2010 规定，新生产的 M_2 和 M_3 类客车车内噪声声压级不应超过表 5–13 规定的数值。

表 5-13　各类客车车内噪声声压级限值

车辆种类		车内噪声声压级限值/dB（A）	
城市客车	前置发动机	驾驶区	86
		乘客区	86
	后（中）置发动机	驾驶区	78
		乘客区	84
其他客车	前置发动机	驾驶区	82
		乘客区	82
	后（中）置发动机	驾驶区	72
		乘客区	76

四、汽车噪声测量影响因素分析

传声器的指向性会影响测量结果，因此，必须优先采用全指向传声器。而且噪声声级与测量位置也有关系，应按照相关标准规定的位置进行测量。

对于车外噪声测量，道路条件、风速、风向等气象条件，以及周围环境等，都会对噪声声级产生影响，要注意在符合规定的条件下测量。

汽车车内噪声一般受道路表面结构的粗糙度影响很大，平滑路面可以产生平稳的车内噪声。因此试验的路段应是硬路面，且必须尽可能平滑，不得有接缝、凸凹不平或类似的表面结构，否则将会增加汽车内部的声压级。

测量汽车运行状态下的噪声，则发动机的运转状态不仅直接会对噪声声级产生影响，还会引起进排气的变化，从而间接影响进、排气系统等其他噪声源的声级；车速的不同会引起车身、机械运转系统以及空气阻力等的变化，导致噪声声级的变化。

本章小结

1. 汽车排放污染物是指从汽车发动机排气管排出的有害气体一氧化碳（CO）、碳氢化合物（HC）、氮氧化物（NO_x），从发动机曲轴箱内泄漏到大气中的废气（主要含有 CO、HC、NO_x），从汽油发动机燃料供给系（燃料箱、化油器浮子室、燃油管路）蒸发到大气中的汽油蒸气（HC），以及从柴油发动机排气管排出的黑烟及微粒子。

2. 汽油车排气污染物测量主要是采用双怠速法、稳态工况法、简易瞬态工况法等试验方法，检测排出的 CO、HC、NO_x 等有害气体的浓度。柴油车主要是采用自由加速工况法和加载减速工况法进行排气烟度检测。

3. 废气分析仪从汽车排气管内收集汽车的尾气，并对气体中所含的特定几种成分的浓度进行连续测定，主要由废气取样装置、废气分析装置、显示装置和校准装置等组成，对汽油车排气污染物中的 HC、CO、CO_2 利用不分光红外分析原理进行分析，对 O_2 和 NO 采用电化学电池分析的方法进行分析。

4. 怠速工况指发动机无负载运转状态，即离合器处于接合位置，变速器处于空挡位置（对于自动挡变速器应处于"停车"或"P"挡位）；采用化油器供油系统的车，阻风门应处于全开位置；加速踏板处于完全松开位置。高怠速工况指在满足怠速工况条件下，用加速踏板将发动机转速稳定控制在 50% 额定转速或制造厂技术文件规定的高怠速转速时的工况。

5. 稳态工况又称为加速模拟工况（ASM），指汽车预热到规定的热状态后，加速至规定车速，通过轻型底盘测功机对被检汽车进行道路阻力模拟加载，使汽车保持等速运转的运行状态。检测过程包括两个等速工况段：一是 5025 工况，车速为 25 km/h，按车辆加速度为 1.475 m/s² 时的输出功率的 50% 对车辆加载；二是 2540 工况，车速为 40 km/h，按车辆加速度为 1.475 m/s² 时的输出功率的 25% 对车辆加载。稳态工况法检测系统是在轻型底盘测功机系统的基础上，增加五气分析仪。

6. 简易瞬态工况法又称为 IG195、VMAS 试验法，其试验循环包含了怠速、加速、匀速和减速各种工况，能反映车辆实际行驶时的排放特征。在底盘测功机上进行的测试运转循环为十五工况循环。测试时由轻型底盘测功机模拟汽车的加速惯量和道路行驶阻力，使汽车产生接近实际行驶时的排放量。简易瞬态工况法检测系统是在轻型底盘测功机系统的基础上，增加五气分析仪和气体流量分析仪。

7. 滤纸式烟度计是一种非直接测量仪器，通过检测测量介质被所测烟度污染的程度大小来间接读出烟度的大小。其结构主要由取样系统、走纸机构、光电检测系统和控制系统 4 部分组成。

8. 透射式烟度计又称为消光式烟度计、不透光烟度计，是利用透光衰减率来测量排气烟度的典型仪器。其原理是使被测废气连续通过光源和光接收器之间的一段给定长度的排烟管，利用碳烟对光具有吸收作用，使透光率发生变化来测定排气的烟度。其结构主要由测量单元、控制单元、取样探头和连接电缆等组成。

9. 自由加速工况是指在发动机处于怠速工况下，迅速但不猛烈地踩下加速踏板，使喷油泵供给最大油量。在发动机达到调速器允许的最大转速前，保持此位置。一旦达到最大转速，立刻松开加速踏板，使发动机恢复至怠速。

10. 柴油车加载减速工况烟度检测是用底盘测功机对被检车辆在最接近 70 km/h 时速的挡位，加载测量，测取与评价 VelMaxHp（实测最大轮边功率时的转鼓线速度，在进行规定的功率扫描试验中，汽车驱动轮实际输出功率的测量值达到最大时的转鼓线速度）、90% VelMaxHp、80% VelMaxHp 工况下的烟度值。与自由加速烟度测量方法相比，柴油车加载减速工况烟度检测和实际道路的相关性较好，但设备造价较高，对被检车辆要做好安全防护。

11. 柴油车加载减速工况检测系统分为轻型车检测系统与重型车检测系统，在底盘测功机系统的基础上，增加透射式烟度计，在检测过程中测量汽车排气管中排出的排气烟度，并将检测结果实时传给主控部分。同时，控制过程及软件操作执行 GB 3847—2018 标准，用于 Lug Down 测量过程的控制、数据测量处理与评价。

12. 柴油车加载减速工况法的排放检测由 3 部分组成：第 1 部分是对车辆进行预先检查，以保证受检车辆与证件的一致性和进行检测的安全性；第 2 部分是检查检测系统和车辆的状况是否适合进行检测；第 3 部分是进行排放检测，检测工作由系统控制自动进行，以保证检测过程的一致性和检测结果的可靠性。

13. 响度级是指根据人耳判断，和被测声音一样响的 1 000 Hz 纯声的声压级数值，单位为方（phon）。

14. 声级计是一种能把工业噪声、生活噪声和交通噪声等，按人耳听觉特性近似地测定其噪声级的仪器。噪声级是指用声级计测得的并经过听感修正的声压级（dB）或响度级（phon）。声级计一般由传声器、放大器、衰减器、计权网络、检波器、指示表头和电源等组成。

复习思考题

1. 汽车排放污染物包括哪些主要成分？
2. 废气分析仪的结构组成和工作原理是什么？
3. 汽油车排气污染物的测量方法有哪几种？
4. 透射式烟度计的组成结构和工作原理是什么？
5. 柴油车烟度测量方法有哪几种？
6. 噪声测量中的主要物理量度是如何定义的？噪声评价参数包括哪些？
7. 影响汽车噪声测量的因素有哪些？

第六章
汽车被动安全性能试验

内容提要：

本章的主要内容是实车碰撞试验设施、碰撞试验测量系统、实车碰撞试验、模拟碰撞试验、冲击试验、汽车翻滚试验和行人碰撞保护性能试验。

学习要求：

1. 熟悉实车碰撞试验室的构成；
2. 了解碰撞假人的分类及传感器的位置分布；
3. 了解碰撞试验的电测量系统和光学测量系统；
4. 了解实车正面碰撞和侧面碰撞试验的准备工作；
5. 了解台车冲击试验、安全气囊试验、座椅安全带试验的基本方法；
6. 了解台架冲击试验、摆式冲击试验的基本方法；
7. 了解汽车滚翻试验和行人碰撞保护性能试验的基本方法。

汽车的被动安全性又称为碰撞安全性，是指一旦事故发生时，汽车对车内乘员及外部人员的保护程度。它包括两方面的问题：一个是内部安全性，即事故发生后对车内乘员的保护能力；另一个是汽车外部安全性，即减轻事故中汽车对外部人员伤害的能力。

汽车被动安全性试验以再现交通事故的方式，分析碰撞过程中车内乘员与车辆的相对运动状态、乘员伤害及车辆损坏状态，通过分析结果为改进车辆结构的安全性设计、增设乘员保护装置提供依据；对汽车座椅、头枕、安全带、安全气囊、门锁和门铰链、转向系统、油箱、儿童约束系统等部件进行安全性评价；通过对车身结构强度与吸能、车内凸出物、部件连接部位等进行安全性评价，考核其是否能达到保护乘员安全的作用；通过研究汽车发生碰撞时对人体伤害的机理和人体对碰撞的忍受能力，制定伤害评价指标，确保汽车在发生碰撞时具有乘员的生存空间、能够缓和冲击和防止发生火灾等，从而在事故中最大可能地避免或减缓对乘员造成的伤害。

汽车被动安全性试验分为实车碰撞试验、滑车模拟碰撞试验和台架试验。实车碰撞试验与真实的汽车碰撞事故情形最接近，其试验结果说服力最强，是综合评价汽车被动安全性最基本的试验方法。其他两类试验都是以实车碰撞的结果为基础，模拟碰撞环境的零部件试验。与实车碰撞试验相比，零部件试验费用低、试验条件稳定、试验过程易于控制，很适合于汽车安全部件性能的考核及汽车开发过程中的阶段性验证试验。

各发达国家都对汽车碰撞安全性作出强制性要求，建立了各自的法规体系。我国也陆续发布了一系列标准，主要有 GB 11551—2014《汽车正面碰撞的乘员保护》、GB 20071—2006

《汽车侧面碰撞的乘员保护》、GB/T 20913—2007《乘用车正面偏置碰撞的乘员保护》、GB/T 24550—2009《汽车对行人的碰撞保护》、GB 26134—2010《乘用车顶部抗压强度》、GB 26512—2011《商用车驾驶室乘员保护》、GB 26511—2011《商用车前下部防护要求》、GB 11557—2011《防止汽车转向机构对驾驶员伤害的规定》、GB 27887—2011《机动车儿童乘员用约束系统》等。

第一节 实车碰撞试验设施

一、实车碰撞试验室的构成

由于实车碰撞属于瞬时发生的猛烈冲击,试验中车辆是破坏性的,不能重复进行,所以要求试验设备必须准确无误地实现预先设定的碰撞,各种测量仪器设备能精确地记录下车辆和乘员在碰撞时的运动状态、破坏形态及与伤害相关的动力学响应。因此,建造一个实车碰撞试验系统需要大量的资金。

图 6-1 所示为日本汽车研究所(JARI)的实车碰撞试验室,一个较完善的实车碰撞试验室应包括试验场地、牵引设备、浸车环境室、照明系统、假人标定室、测量分析室及车辆翻转台等,下面对主要设施作一简介。

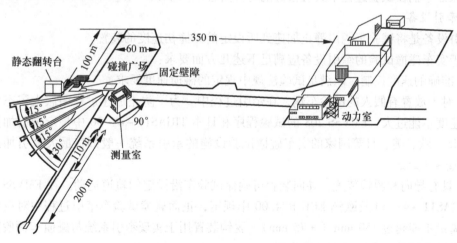

图 6-1 实车碰撞试验室(日本 JARI)

1. 试验场地

由于碰撞过程具有一定的不可预见性,故要求碰撞区足够大,以防止各种不同形态的碰撞过程中车辆与其他设施发生意外的碰撞。

除大型车辆碰撞、护栏碰撞等少数碰撞试验在室外碰撞试验场地进行以外,一般的汽车碰撞试验都是在室内进行。室外碰撞可以进行碰撞速度较高的试验,也可以进行翻滚等难度较高的试验,但是对于温度、湿度等条件的控制较差,受环境影响大,维护比较困难。

室外碰撞试验建设成本低,维护成本稍高;相反,室内碰撞试验建设成本较高,但维护成本低。

室内碰撞场地的牵引设备必须为高功率设备,一般需要 200 kW 以上,室外部分使用重力加速系统。因为室内的碰撞试验室的加速距离可以变长,所以对其加速装置功率要求不太高。

碰撞场地的尺寸根据试验要求而定,要求有一段是水平的。其长度一般要满足平稳加速过程,以保证假人的姿态在加速过程中保持不变。车辆的加速度一般不超过 $0.5g$,并且要有 10 m 的稳速过程,因此对于正面全宽碰撞,加速轨道要在 50 m 以上;两车对撞时一般加速度不超过 $0.3g$,需要的长度至少要 100 m,目前,国内外加速场地一般都在 100 m 以上,室外场地的加速长度更长。正面全宽碰撞对于场地的宽度要求较低,偏置碰撞或是侧面碰撞,考虑到车辆的旋转,为避免车辆碰到周围的障碍物,场地要宽一些,一般在 20 m 左右。室外场地由于建设费用较低,长度和宽度一般都大些。

碰撞场地需要水平布置,否则车辆行驶在场地上时的加速过程不容易控制,并且会改变碰撞过程中车辆的受力状态。

碰撞场地需要平整,车辆行驶没有明显的起伏状态,否则对车辆的牵引比较困难,车辆会跑偏,不能按原来预定的轨迹行驶,导致碰撞试验失败。

除模拟特殊气候状况的试验外,碰撞场地一般不能有水、冰、雪等,以使车辆能够正常行驶,模拟车辆的一般行驶状态。

碰撞场地需要进行涂色处理,可涂成彩色条纹和彩框,或是涂成黑白、黑黄相间的图案,以保证车辆在试验过程中具有很好的可分辨性。

2. 牵引设备

牵引设备是将试验车辆由静止加速到所设定的碰撞初速度的装置。

用于实车碰撞试验的牵引设备应满足下述几方面要求:

1) 准确的速度控制,以满足试验法规中规定的碰撞速度要求。

2) 对于放置有假人的试验车辆,在牵引过程中,为了防止加速过程中假人姿态发生变化,加速度不能过大。FMVSS 208 的试验程序和日本 TRIAS11-4-30 中规定牵引加速度不大于 $0.5g$,欧、美、日等国家的实车碰撞试验设施的牵引系统一般都将最大牵引加速度限制在 $0.2g \sim 0.25g$。

3) 具有导向和脱钩装置。导向装置可确保试验车沿设定的轨道运动。在 FMVSS 208 和日本 TRIAS11-4-30 及欧洲 ECE R94.00 中规定,正面碰撞试验车牵引过程中对设定中心线的偏离量不能超过 150 mm (±75 mm)。脱钩装置用于实现牵引系统与碰撞车辆脱离,以便保证碰撞车辆处于自由状态下发生碰撞。

牵引设备主要有直流电动机牵引和液压马达牵引两种方式。直流电动机牵引方式比较普及,碰撞车辆通过钢丝绳由电动机牵引,根据钢丝绳固定的方式不同又分为闭环牵引和开环牵引两种,电动机闭环牵引方式多采用摩擦传动,速度控制精度高,驱动转鼓尺寸小,节省动力,牵引钢丝绳循环使用,使用方便,但是钢丝绳必须张紧,使用过程中振动较大,该牵引方式在国外应用比较广泛;电动机开环牵引方式速度控制精度高,驱动转毂尺寸大,动力消耗大,较早期的碰撞试验设备多采用该牵引方式。液压马达牵引方式是近几年国外先进碰撞试验室(如美国 VRC)建成的更加先进的驱动方式,比直流电动机牵引方式节省电力,且不受电压波动的影响。

3. 壁障

在实车碰撞试验系统中,碰撞时的试验车辆相作用的物体表面称为壁障。

正面碰撞用固定壁障是一个混凝土主体和可拆装的硬表面的组合体。通常,在固定壁障表面安装若干载荷传感器,用来测量碰撞载荷。日本汽车研究所的固定壁障表面分为三部分,共装有 12 个载荷传感器;也有的在固定壁障表面装有 36~50 个载荷传感器装置,多用于新车开发。按欧洲和美国碰撞法规要求,固定壁障表面与被试车辆前端面成左 30°或右 30°角,这要借助于可拆装部件实现。按照 SAE J850 标准,固定壁障表面至少宽 3 m、高 1.5 m,壁障表面垂直于壁障前的路面,且覆盖一层 19 mm 厚的胶合板,壁障尺寸和结构应足以限制其表面变形量小于车辆永久变形量的 15%。在日本标准 JIS D 1060—1982 中规定,要求壁障宽 3 m、高 1.5 m、厚 0.6 m,质量不低于 70 t。大多数试验室的固定壁障采用固定的混凝土结构,但也有一些试验室为了场地能实现其他碰撞形态,将固定壁设计成能移动的结构,如英国 MARY 的实车碰撞试验台,其固定壁障通过一个气垫顶起,置于一条横向轨道上后可推到一侧,以便于实施汽车与护栏、标志牌等公路设施的碰撞试验。

侧面碰撞和追尾碰撞采用带有吸能表面的移动壁障,如图 6-2 所示。根据 FMVSS 和 SAE J1972 规定,移动壁障有两种冲击表面:一种是 FMVSS 301 规定的用于追尾碰撞试验的平面刚性表面;另一种是 FMVSS 214 规定的用于侧面碰撞试验的吸能表面。该两种表面均可装在一个可移动车辆前端。侧碰撞用的吸能表面由一块平板上固定的吸能缓冲部分构成。按 FMVSS 214 规定,移动壁障:质量 1 360 kg,离地间隙 279 mm,高度 559 mm,宽度 1 679 mm,厚度 483 mm,材料为蜂窝状铝材。追尾碰撞试验移动壁障纵向垂直平面与被试车纵向垂直平面倾斜角不应大于 3°,并且在追尾碰撞开始时,二者中心线处的纵向垂直平面不重合度应小于 ±76 mm。

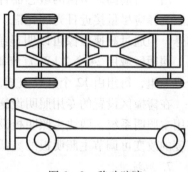

图 6-2 移动壁障

另外,还有偏置碰撞用壁障、柱状壁障和模拟轿车钻入卡车试验用的钻入式壁障等,试验时,可根据不同的碰撞形式选用不同形式的壁障。

4. 车辆动态翻滚试验装置

如图 6-3 所示,将试验车放置在一个倾斜 23°的平台上,平台以 48.3 km/h 的速度运

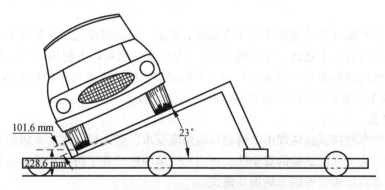

图 6-3 车辆动态翻滚试验装置

动,到达动态翻滚区后,平台与安装在地面上的冲击缓冲器碰撞,使试验车脱离平台,产生动态翻滚。

5. 车辆静态翻转试验装置

在 FMVSS 301 中规定,碰撞试验后分别测量 0°、90°、180°和 270°各个位置的燃油泄漏,如图 6-4 所示。为了实现这项检验要求,在碰撞区附近应建造静态翻转试验台,以便能对碰撞后试验车及时地进行燃油泄漏试验。

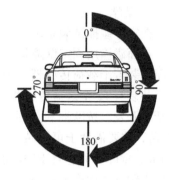

图 6-4 车辆静态翻转试验

6. 照明设备

灯光和照明设备是高速摄影成功的重要保证,光照强度不够、曝光不足、影响反差过小会使画面模糊,导致拍摄失败。在实车碰撞试验中,要求以很高的强度照亮被拍摄的碰撞区域。在固定壁前方 5 m × 2 m 范围内,应能保证 50 000 lux 的照明度。用于室内高速摄影的照明光源主要有钨丝灯、碘钨灯、弧灯和 HMI 灯。

由于目前高速摄像的敏感器件 CCD 是按照日光型光谱设计的,因此,对于照明光源的色温选择应尽量接近日光的光谱。普通照明光源一般采用交流供电,它对于人眼来说看不出闪烁,但通过高速摄像可以明显感觉到频闪效应。因此,应采用无频闪效应的直流镝灯照明。照明区域用 24 个 2 kW 直流镝灯可以满足照明要求,为了不影响拍摄效果,将 24 个等分成两组,每组由 12 个灯具组成,并将它们悬挂在照明拍摄区域上方。

在碰撞区设置的专用照明设施如图 6-5 所示。为了在正面碰撞区域和侧面碰撞区域能共用主照明系统,两块主照明板设置在可移动的悬挂小车上。通过主照明板左、右两侧悬挂高度的改变可调节主照明板的高低和倾斜角度。

7. 地坑

为了解碰撞试验过程当中的车辆损伤情况,需要对车辆底部的损坏过程进行观测和分析。因此,在撞击点下部设置一个观测井,称为观测地坑。地坑内设有反光镜、高速摄影机和照明灯。地坑上盖为一角钢钢筋焊接网格状盖板或钢化玻璃板,既可防止被试车辆掉入坑内,又对摄影无遮挡作用。

为了增强被摄影零部件的可分辨性,试验前一般将车辆底部的动力总成、散热器、前纵梁等对碰撞性能影响较大的部件喷涂不同的颜色并贴标志点,以了解碰撞过程中车辆前端结构内部的变形、运动状态和接触状况。

8. 轨道

轨道是被试车辆或移动壁障实现动力驱动的通道。导轨有单轨、多轨等形式。日本汽车研究所碰撞试验场有 6 条轨道,每间隔 15°有一条轨道,这可以方便地进行正面碰撞、侧面碰撞和其他形式的碰撞事故(诸如步行者与车辆碰撞事故自行车与车辆碰撞事故)的模拟,如果要实现 FMVSS 208 和 214 标准试验,单轨道就足够了。

9. 其他配置

为了满足实车碰撞试验法规中严格的环境温度要求,假人标定室、车辆标态间一般采用独立空调系统。为了保证试验的安全性,在固定壁障两边设置了防止车辆撞击的防护柱,以防止由于意外事故造成失控的车辆损坏建筑。

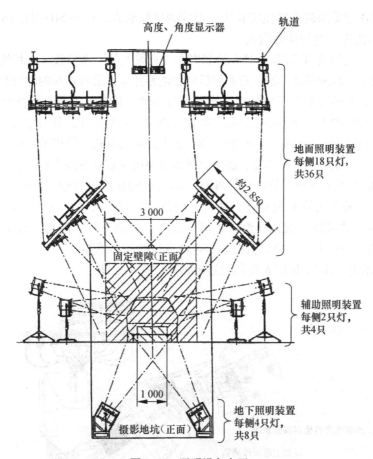

图 6-5 照明设备布置

二、碰撞试验假人

碰撞试验假人（Dummy）又称为拟人试验装置（Anthropomorphic Test Devices），是用于评价碰撞安全性的标准人体模型。在假人上装备有传感器，可用于测量人体各部位的加速度、负荷、挤压变形量等。通过对这些物理量的分析、处理可以定量地衡量汽车产品的碰撞安全性。

由于假人是真人的替代品，故要求假人在尺寸、质量分布、关节的活动、胸部等各部分在受载荷时的变形特性应与人体很相似，应能对人体相对应各部分的加速度、负荷等参量进行测定，还要求个体间的差异小、反复再现性好，并且具有优良的耐久性。

按人体类型的不同，假人分为成年人假人和儿童假人。成年人假人按体型大小又分为中等身材男性假人、小身材女性假人和大身材男性假人。在汽车碰撞试验中最常用到的是中等身材男性假人，其代表欧美男性第 50 百分位成年人的平均身材。为了在设计中考虑不同的人体体型，又按照欧美人体分布的两端极限，分别开发了小身材女性和大身材男性假人。小身材女性假人代表欧美第 5 百分位女性成年人的体型；大身材男性假人代表欧美第 95 百分位男性成年人的体型。儿童假人的身高、体重是指定年龄组儿童的平均身高和体重，而不考虑性别。

按碰撞试验类型假人分为正面碰撞假人和侧面碰撞假人。现在允许作为商品出售的侧面碰撞假人有三种：SID、Euro SID 和 BIO SID。这三种假人都是按照第 50 百分位成年男性的身材开发的，SID 是美国侧面碰撞实验法规指定的试验假人，Euro SID 是欧洲、日本等国家的侧面碰撞试验法规指定的试验假人。

目前应用最广泛的第 50 百分位 Hybrid Ⅲ 男性试验假人是一坐姿假人，其颅骨后盖可以打开以安放测试仪器，其颈部在动态前弯曲和后仰中能够伸缩，沿着颈部的轴线有一拉索，可以限制颈部的拉伸，从而控制其反应特性并增加其耐用性；具有 6 个覆有缓冲材料的弹簧钢肋骨，以模拟人体胸部的力—变形特性，每根肋骨分成左、右两部分，分别与胸椎骨和前胸骨连接，胸骨与胸部位移传感器的探头相接触，该传感器测量胸骨相对脊椎的变形；通常，腿骨总成与手臂总成由钢管制成，根据需要，腿部总成亦可换成安装有各种传感器的特制总成。

在 Hybrid Ⅲ 的头部及胸部的重心位置有三轴或单轴加速度传感器的固定安装架及相应的固定螺纹孔，大腿部可安装负荷计，在胸部安装有位移传感器，这些都是 FMVSS 208 标准中要求的基本测试仪器。根据需要，还可在颈部、颈部下端、胸部、腰椎、骨盆、上股骨、股骨等处选装测量力、力矩、负荷、加速度或位移的传感器。

图 6 - 6 所示为 Hybrid Ⅲ 假人及其测量传感器位置示意图。

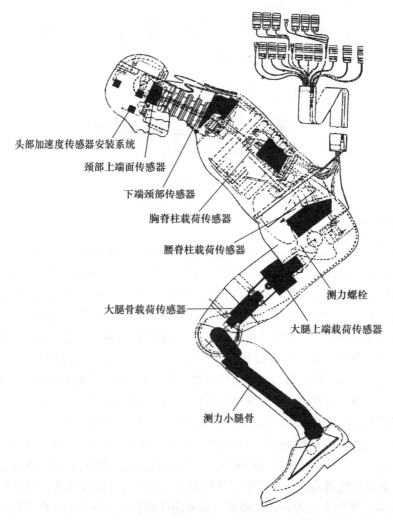

图 6 - 6 Hybrid Ⅲ 假人及其测量传感器位置示意

在新假人应用于试验之前，应先对其胸部、膝部、头部、颈部进行标定试验，要求假人各方面与所规定的性能指标一致。假人在最初的投入使用以及使用过一段时间以后，为了验证其各部位是否还具有逼真的仿生学特性、是否符合法规试验的要求及是否能继续应用于试验中，也必须对假人进行标定。

第二节 碰撞试验测量系统

汽车碰撞试验中，测量技术是关键技术之一。测量系统由电测量系统和光学测量系统构成。电测量系统用于精确地测量碰撞过程中汽车各部位的加速度响应、对固定壁的碰撞力及其乘员伤害评价用的各种响应信号。光学测量系统用于获取直观的二维影像，分析碰撞过程中车体的变形及其乘员的运动形态，适用于从总体上了解碰撞全过程。

一、电测量系统

汽车碰撞试验中的电测量项目主要包括车体加速度响应信号、固定壁障碰撞力和假人动力学响应三方面。

由于碰撞试验中所测量的信号主要是脉冲信号，故对电测量系统的低频性能要求比较高。碰撞试验中使用的各种传感器的量程范围和耐冲击特性要求也较高。SAE J211 为汽车碰撞法规试验的电测量系统制定了 4 个级别的专用频响函数（CFC），从而使不同测试系统所取得的试验结果具有可比性。要求电测量系统的频响特性在斜线的区域内，每一级的频响函数有 F_L、F_H、F_N 3 个特征频率，用 F_H 来定义这个频响函数的级别。表 6-1 列出了 4 级频响函数的特征频率值，表 6-2 所示为各测量项目频响函数的选择。

表 6-1 电测量系统的频响函数特征频率值

CFC	F_L/Hz	F_H/Hz	F_N/Hz	对数标尺	
1 000	≤0.1	1 000	1 650	a	±0.5 dB
600	≤0.1	600	1 000	b	-1 ~ 0.5 dB
180	≤0.1	300	300	c	-4 ~ 0.5 dB
60	≤0.1	60	100	d	-9 dB/octave
				e	-24 dB/octave
				f	∞
				g	-30 dB

表 6-2 电测量的频响函数的选择

电测量项目		CFC	电测量项目		CFC
车身加速度	整车对比	60	乘员	头部加速度	1 000
	碰撞模拟输入	60		胸部加速度	180
	部件分析	600		胸部挤压变形	180
	积分计算车速，位移	180		大腿轴向力	600
固定壁力		60	台车加速度		60
安全带载荷		60	方向盘受力		600
			头部加速度		1 000

1. 试验数据采集与分析

碰撞实验数据有高于 FN 的高频信号存在，尤其是在使用阻尼较小的传感器测量时，信号中高频成分较多。为了放置产生混淆重复，数据采集时要在略高于 FN 处使用模拟滤波器抗混滤波，采样后用数字滤波来实现 CFC600、CFC180、CFC60 的要求。除此之外，采样频率不应低于 FH 的 8 倍。

2. 碰撞过程中车体加速度响应信号测量

为了了解车辆的碰撞性能，一般在试验车车身的非压皱区安置加速度传感器，用于测量车辆的冲击波形。碰撞试验中汽车上加速度信号的测点没有统一的规定，可根据试验目的设置测点，但为了保证测量成功，一般都将测点安装在局部刚度较大的位置，以免传感器安装点的压趋变形造成测量失败或损坏传感器。

3. 固定壁障碰撞力测量

汽车的安全车身在事故中应确保乘员的生存空间并有效地缓和冲击，因而在安全车身研究中，对车身结构的碰撞性能十分关注。测量固定壁障碰撞力分布状况对车身结构刚度分布、吸能性分析及验证计算机碰撞仿真模型等工作都十分有用。所以，在大多数实车碰撞试验系统上都装备有固定壁测力墙，用于测量碰撞力，从而了解汽车前端结构的刚度分布。目前，使用最广泛的固定壁障力测量墙由 36 个测力单元构成，为了提高汽车前端结构刚度分布的分辨率，英国 MIRA 制成了 488 个测力单元的测力墙。

4. 假人动力学响应的测量

电测量系统可以测量碰撞过程中安全带的张力及其试验假人身体各部位的动力学响应信号，用于定量地分析和评价乘员的伤害程度。Hybrid Ⅲ 假人的测量位置如图 6-6 所示。

二、光学测量系统

汽车碰撞是极为短暂的猛烈冲击过程。在碰撞过程中车身变形、乘员运动形态等具有不可预见性，仅使用电测量方法很难全面了解碰撞过程。从全面掌握转瞬即逝的汽车碰撞过程这一点上看，高速影像分析方法是最有效的。在二维影像中包含了丰富的信息，弥补了电测量获得的一维信息对现象描述不直观、不全面的不足。用电测量和同步获取的高速影像进行对照分析可以观察和分析汽车碰撞过程中的丰富信息。

序列影像运动分析方法以时间坐标为媒介，从碰撞过程的序列影像中分析、测量运动参数。序列影像运动分析包括定性分析和定量分析。定性分析是对运动过程的序列影像缓慢回放、逐帧分析，可以看到对于人眼来说发生的太快的事件，从而分析运动过程中的细节。定量分析首先在拍摄前，将运动物体的相关点设置醒目的标志点，然后对所摄取的运动过程的序列影像在像平面内逐帧进行像平面坐标判读，应用摄影测量学的理论，求解待测量点的位置，从而获取运动物体的特征参数。

根据待研究问题的性质，选择适当的拍摄速度，使用多台摄影机或摄像机同步拍摄，获得运动过程的序列影像。只有获得清晰的影像才能进行影像分析，表 6-3 所列示为一些事件发生的平均速度和要求的拍摄速度。

表6-3 事件发生的平均速度和要求的拍摄速度

事 件	平均速度/(m·s^{-1})	拍摄速度/(帧·s^{-1})	事 件	平均速度/(m·s^{-1})	拍摄速度/(帧·s^{-1})
人步行	0.3	16	汽车碰撞	16	500
人跑步	10	250	爆炸	>600	200 000

在汽车碰撞试验中需要多台 500~2 000 帧/s 的高速摄影机从不同角度监测碰撞过程。图 6-7 所示为汽车正面固定壁碰撞试验中摄影机的一种布置方案。

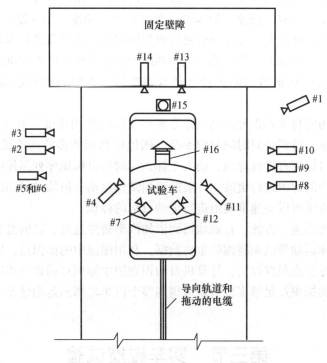

图 6-7 汽车碰撞试验摄像机的布置方案

光学测量系统由照明系统、高速摄影（像）机及分析处理系统组成。高速摄影（像）机是汽车运动图像的记录工具，可分为传统的摄影机、用磁带记录运动图像模拟信号量的摄像机和全数字实时摄像机三类。

传统的摄影机在胶片处理过程中手工操作过多，处理周期很长。当试验完成时无法及时地了解试验结果，而且处理技术要求严格，需要昂贵的仪器和训练有素的摄影专业技术人员才能完成。未受过专业培训的一般工程技术人员很难获得清晰的高质量图像，一旦操作失误将会给费用昂贵的汽车碰撞试验造成严重的经济损失。另外，作为试验结果存储媒介的胶片保存也较为困难。

使用摄像机可以提高图像获取工作的自动化程度，试验完后马上可以回放试验过程，进行定性分析，然后使用多媒体视频卡在微机上将图像数字化后进行定量分析。

数字摄像系统则是利用高速成像技术直接得到数字图像，利用大容量的高速存储器件进行保存，其图像可以直接输入计算机，从而大大提高序列影像获取、处理和分析的自动化程度，使得一般工程技术人员即可操作，试验完成后马上就可以进行试验结果分析。作为试验结果的数字图像更加易于保存。

无论以何种方式得到的图像要进入计算机，由计算机进行存储和分析处理，都必须先将其转化为数字图像。对于传统高速摄影得到的胶片可用扫描仪进行数字化；对于传统普通摄像得到的磁带可用视频卡进行数字化；而对于数字化摄像，不用转化。对于现实中物体图像的数字化存在尺寸分辨率、颜色分别率问题，而对于现实中时间上延续运动的物体图像的数字化还存在时间分辨率的问题，这些问题解决得好坏依赖于图像采集设备。分辨率的高低对图像运动的精度将有重要影响。

分析处理系统根据对序列影像中特定目标位置的标识、跟踪，分析汽车碰撞过程中的各种运动参数（如变形、位移、速度、加速度、相对运动、角度、角速度）。进行序列图像运动分析耗时费力、工作量巨大、处理分析图像数据周期长，必须借助计算机软件来实现。一般软件主要进行以下三方面的工作：数字化序列图像在计算机中的连续重播；任意目标的标识与跟踪；自动分析已标识目标的各种运动状态参数，方便而直观地显示这些运动状态参数。

计算机识别使用的自动辨识和自动跟踪方案在实际的使用中能很好地辨识和跟踪目标，具有较高的工作效率，特别是对时间分辨率高、图像序列帧数多的高速摄像摄影更为有效，但它要求所跟踪的目标带有特殊标识，而人工标识同时可以标识序列图像中任意位置的任意目标，还可对不适当的标识进行更改。一般的序列图像运动分析软件可同时实现以上几种方法，综合使用这些方法可以快速准确地进行运动目标的标识。

使用分析软件可快速、方便、直观地得到诸如汽车碰撞速度、转向盘后移量、车体相对变形和乘员相对车体运动等汽车碰撞的重要数据。利用图像中的标识点，即可实现目标的跟踪和分析。指定了标识点跟踪以后，计算机自动识别图中标识点的运动情况，得出每个点的运动轨迹。汽车上的标识点足够多以后就可得到整个汽车轮廓的运动情况。

第三节　实车碰撞试验

实车碰撞试验是综合评价汽车碰撞安全性能的最基本、最有效的方法。从乘员保护的观点出发，以交通事故再现的方式，分析车辆碰撞过程中乘员与车辆的运动状态和损伤状况，并使用假人定量地评价碰撞安全性能。实车碰撞试验是最终检验汽车安全性能必不可少的试验，同时，在汽车开发过程中为滑车模拟碰撞试验设定试验条件、为计算机碰撞仿真建模中验证计算模型等，实车碰撞试验也是必不可少的环节。虽然实车碰撞试验技术难度大、试验准备周期长、试验费用昂贵，但实车碰撞试验是汽车碰撞安全研究中必需的、不可替代的试验。

实车碰撞试验按碰撞类型可分为车与固定壁碰撞的正面碰撞试验、移动壁与汽车的侧面碰撞试验及追尾碰撞试验、车辆动态翻滚试验及车与车之间的碰撞试验等。一般来说，一个设施完备的实车碰撞试验室至少应该能够完成试验法规要求的碰撞试验，并能够尽可能灵活地再现交通事故中车辆的碰撞形态，以满足汽车碰撞安全性能评价、研究及为实车碰撞试验法规的发展提出新的试验方法的要求。

一、碰撞试验前的准备工作

试验车辆到达试验室后，先测量并记录运达时的车辆质量和前后轴的轴荷，检查和确认车辆外观、配置和车辆的基本参数。

汽车进行碰撞试验前，要排空油箱中的燃油，向油箱中注入水，水的质量为燃油箱额定容量时燃油质量的90%；确认轮胎气压、除燃油外的其他液体、备用轮胎及随车工具等符合规定的技术条件后，测量和记录4个车轮过车轮中心的横切面与车轮护轮板上缘交点的高度，测量与记录车辆质量和前后轴的轴荷，此时车辆质量即为整车整备质量；排空发动机机油、变速箱油、制动液、洗涤液、防冻液、转向助力液等液体，排出液体的质量应予以补偿；排除空调系统中的液体，拆除行李舱地毯及随车工具以及备胎（确定备胎不影响车辆碰撞特性）；安装车载记录仪和加速度传感器；汽车调整到规定的技术状态后，测量和记录4个车轮过车轮中心的横切面与车轮护轮板上缘交点的高度，测量与记录车辆质量和前后轴的轴荷，此时车辆质量即为试验车质量（包括假人和所有测试仪器）。

将可以调节的转向盘置于中间位置，将点火开关关闭，切断蓄电池电源。对于纵向可调节的前排座椅，应使其位于行程的中间位置或者最接近于中间位置的向后位置锁止，座椅滑轨系应处于完全锁止位置；对于高度可以单独调节的前排座椅，应调整至制造厂设计位置或最低位置。若坐垫倾斜角可调，应调整至制造厂设计位置或中间位置；座椅靠背应调节到使3D H装置躯干倾角达到制造厂规定的设计角度或调节到从铅垂面向后倾斜25°的位置。座椅腰部支撑可调节的，应调整至制造厂设计位置或完全缩回的位置。头部高度可调节的，应调整至最高位置。头枕倾斜角度可调节的，应调整至制造厂设计位置或中间位置。座椅扶手应处于放下的位置，若与假人放置位置发生干涉，则允许扶手处于抬起位置。

调整安全带固定点、变速杆、车辆上的活动玻璃、踏板、遮阳板、后视镜，车门应关闭但不锁止，如果安装有活动车顶或可拆式车顶，应处于相应位置并关闭，驻车制动器应处于正常的释放位置。

在碰撞过程中，车上安装的测量仪器不应影响假人的运动。试验前，假人和测量仪器系统的温度应稳定，并尽可能保持在22 ℃~25 ℃范围内。把假人放置在座椅上，躯干和手臂紧靠座椅靠背，手放在大腿外侧，系好安全带；对躯干下部施加一向后的轻微力，同时对躯干上部施加一向前的轻微力，使上躯干从座椅靠背向前倾；保持对躯干下部施加的向后轻微力，同时对躯干上部施加向后的轻微力，使上躯干逐渐回到座椅靠背。将假人定位，测量假人的相对位置，重要部分涂上油彩。

二、实车正面碰撞试验

交通事故统计表明，正面碰撞事故是最常见且造成乘员伤害最多的事故形式，因此，各国对汽车正面碰撞试验都很重视，作为法规由政府强制实施。

实车正面碰撞试验方法是把试验车辆加速到指定的碰撞速度，然后与固定壁进行碰撞，用于模拟汽车正面碰撞事故。由于固定壁不变，可以取得固定的试验特性，并且可以反复进行同样的撞车试验，因此可以用来评价汽车的安全性能。通常情况下，汽车碰撞方向与固定壁垂直，根据碰撞范围的不同可以分为全宽碰撞和偏置碰撞，如图6-8所示。

汽车碰撞方向也可以和固定壁成一定角度，有时还可以在固定壁前面附加各种形状的障碍物，以研究汽车在不同碰撞情况下的特性，图6-9所示为30°斜碰撞。

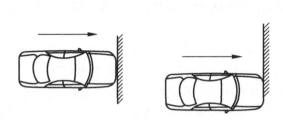

图6-8 正面全宽碰撞和偏置碰撞

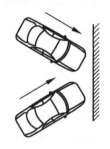

图6-9 30°斜碰撞

我国目前实车正面碰撞试验依据的标准有 GB 11551—2014《汽车正面碰撞的乘员保护》和 GB/T 20913—2007《乘用车正面偏置碰撞的乘员保护》。这两个标准在具体评价指标上有所不同，但均有以下要求：

1）碰撞试验过程中，车门不应开启，前门的锁止系统不应发生锁止。

2）碰撞试验后，不使用工具，每排座位处的门至少有一个能打开，必要时可以改变座椅靠背位置使乘员能够撤离（不适用于非硬顶结构的车辆）；将假人从约束系统中解脱时，如果发生了锁止，应能通过在松脱位置上施加不超过60 N的压力打开该约束系统；不调整座椅，可以从车辆中完好地取出假人。

3）碰撞试验过程中，燃油供给系统不应泄漏。碰撞试验后，如果燃油供给系统存在液体连续泄漏，则在碰撞后前5 min的平均泄漏速率不得超过30 g/min；如果来自燃油供给系统的液体与来自其他系统的液体混合，而且不容易分离和辨认，则在评定连续泄漏时，收集到的所有液体都应计入。

GB 11551—2014对应于ECE R94《关于机动车正面碰撞时对乘员保护的认证统一规定》（00版本，1995年），规定了车辆正面碰撞时前排外侧座椅乘员保护方面的技术要求和试验方法，适应范围为M_1类车，与ECE R94的主要差异为：11551国标规定了正面垂直碰撞，而ECE R94则规定了正面角度碰撞；根据我国人体参数和车型特点，在座椅调节一节中，参照日本保安基准相关内容，增加了相应的调节方法。该标准规定，在碰撞试验过程中，处于前排外侧座位的假人，其头部、胸部和大腿应满足的性能指标分别为HPC不大于1 000、ThPC不大于75 mm、FPC不大于10 kN。

GB/T 20913—2007的技术内容修改采用ECE R94《关于机动车正面碰撞时对乘员保护的认证统一规定》（01版本，2003年），规定了乘用车正面偏置碰撞时前排外侧座椅乘员保护方面的技术要求和试验方法，适用于最大设计总质量不大于2 500 kg的M_1类汽车。根据我国人体参数和车型特点，在座椅调节一节中增加了相应的调节方法。该标准规定，在碰撞试验过程中，处于前排外侧的座位的假人，头部应满足的性能指标（HPC）不大于1 000，合成加速度大于$80g$的时间累计小于3 ms，但不包括头部反弹；颈部伤害指标（NIC）不大于图6-10和图6-11所示值，颈部对Y轴弯矩在伸张方向不大于57 N·m；胸部压缩指标（ThCC）不大于50 mm，胸部黏性指标（V·C）不大于1.0 m/s；大腿压缩力指标（FFC）应不大于图6-12所示力—时间性能指标曲线示值；小腿压缩力指标（TCFC）不大于8 kN，小腿性能指标（TI）在每个小腿的顶部和底部测量均不大于1.3；膝关节位移不大于

15 mm。试验过程中，车门不应开启，前门的锁止系统不应发生锁止。试验后在转向管柱中心所测得的转向盘位移量，垂直向上不大于 80 mm，水平向后不大于 100 mm。

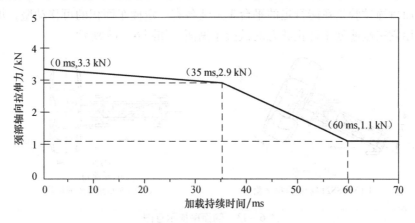

图 6-10　颈部伸张指标

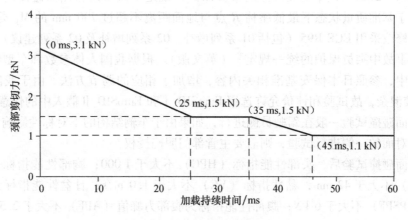

图 6-11　颈部剪切指标

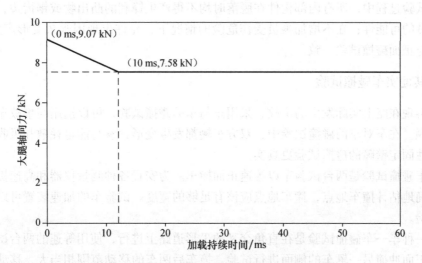

图 6-12　大腿压缩力指标

三、实车侧面碰撞试验

实车侧面碰撞试验是在能行走的平台车上装备有一定撞车面积的可移动壁,加速到一定的速度后,用它来碰撞处于静止状态的试验车侧面,如图6-13所示。

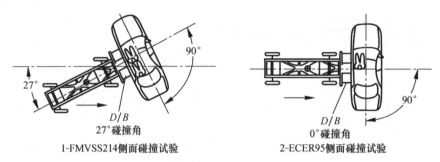

1-FMVSS214侧面碰撞试验　　2-ECER95侧面碰撞试验

图6-13　侧面碰撞示意图

GB 20071—2006《汽车侧面碰撞的乘员保护》规定了汽车进行侧面碰撞的要求和试验程序,适用于基准质量状态下最低座椅 R 点与地面距离不超过700 mm 的 M_1 类和 N_1 类车辆。该标准修改采用 ECE R95(包括01系列增补,02系列增补及02系列建议)《关于机动车侧面碰撞事故中乘员保护的统一规定》(英文版)。根据我国人体参数和车型特点,在座椅调节一节中,参照日本保安基准相关内容,增加了相应的调节方法。由于我国目前生产 M_1 车型比较混杂,故试验和评价允许选用 EuroSID Ⅰ 和 EuroSID Ⅱ 假人中的任意一种。

汽车侧面碰撞试验一般在驾驶员侧进行,如果由于车辆结构的不对称性影响到侧面碰撞性能,需在对面的一侧进行试验,则需要主管部门明确授权。

进行侧面碰撞试验后,头部性能指标(HPC)不大于1 000;胸部性能指标为肋骨变形指标(RDC)不大于42 mm,黏性指标(VC)不大于1.0 m/s;骨盆性能指标为耻骨结合点力峰值(PSPF)不大于6 kN;腹部性能指标为腹部力峰值(APF)不大于2.5 kN 的内力(相当于4.5 kN 的外力)。

碰撞试验过程中,所有内部构件在脱落时均不得产生锋利的凸出物或锯齿边,以防止增加伤害乘员的可能性;在不增加乘员受伤危险的情况下,允许出现因永久变形产生的脱落。其他要求与正面碰撞试验一致。

四、其他实车碰撞试验

为了再现在路上实际发生的事故,采用车与车的碰撞试验,可以选用与事故车型号完全相同的车辆。在车对车的碰撞试验中,双方车辆都发生变形,参与能量耗散和吸收,这样比一方是刚性固定壁障的碰撞试验更真实。

车—车碰撞试验是两台试验车以等速正面撞车。为安置各种测量仪器和高速摄像机,首先应该正确地估计撞车地点,撞车地点应该有足够的宽度。试验车的加速装置可以参考固定壁碰撞试验。

还有一种车—车碰撞试验是在直角交叉的T形道路上进行,使用等速的两台试验车,以一辆车的正面冲撞另一辆车的侧面进行试验。撞车后两车的移动范围相当大,移动方向也不能确定。为此撞车地点需要有足够的面积,否则无法安装测量仪器和高速摄像机。

追尾碰撞试验是在能行走的平台车上装备有一定撞车面积的可移动壁，加速到一定的速度后，用它来碰撞处于静止状态的试验车后面。

另外，还有柱状壁障、钻入式壁障等形式下的实车碰撞试验。在安全气囊的开发中，除了法规试验外，还需进行各种不同碰撞形态、不同碰撞车速的碰撞试验，用于安全气囊电控单元传感系统控制参数的设定。

第四节 模拟碰撞试验

一、台车冲击试验

台车冲击试验是利用平台车产生与实际撞车接近的减速度，以检验乘员保护装置的性能和零部件的耐惯性冲击力，常用于评价乘员保护装置的性能和安全部件的耐冲击能力。与实车碰撞试验相比，台车试验具有简便、再现性好和试验费用低的优点。

通常以实车碰撞试验中在车身上测得的减速度波形为依据，采用与其近似的梯形波或半正弦波为标准波形。从试件响应和零部件损伤来看，对这种模拟试验有重要影响的三个参数是：冲击时的速度、加速度峰值和达到峰值加速度的上升时间或总的脉冲持续时间。试验结果表明，这三个参数不是一定相关的，因此，理想的模拟试验装置应能对这三个参数进行单独的控制或调整，也就是必须能改变脉冲波形，以满足不同标准的要求。

为试验各种汽车安全部件（例如座椅安全带、座椅、转向柱等）和制品的耐冲击性，美、日、英、法、德及荷兰等国的一些制造厂和科研机构已广泛采用 HYGE 冲击试验装置或者有导轨的短驱动长度的模拟碰撞试验装置。这种模拟试验具有不损坏实车及经济和重复性好等优点。

台车冲击试验的类型有冲撞型、发射型以及处于中间状态的碰撞—反作用型。

二、安全气囊试验

安全气囊试验用来评价安全气囊对乘员的保护性能。目前采用的方法是 FMVSS 208、ECE 及 NCAP 等国际标准，主要检验安全气囊的保护性能、气囊控制器的点爆条件和气囊系统与具体车型的匹配。

由于气囊系统总是针对特定车型设计的，故对气囊模块进行试验时，首先要按照此车型的实车环境布置台车。实验一般包括以下几个内容：对同一碰撞车速，在碰撞开始后的不同时刻点爆气囊，根据假人伤害指标、假人与气囊的配合情况，检验气囊的保护效果，确定最佳点火时刻的范围；检验不同碰撞车速下气囊的保护作用；检验气囊控制器点爆气囊的条件。

气囊系统的整车碰撞试验通常要进行多次，对于使用安全带的气囊系统，至少要进行两轮试验。第一轮试验，进行 20 km/h 车速的正面碰撞（气囊应不爆）、30 km/h 车速的正面碰撞、30°碰撞和偏置碰撞（气囊应点爆）、48 km/h 车速的正面碰撞（气囊应点爆），获得汽车结构安全特性及碰撞波形。用获得的试验结果来改进结构设计和设置台车碰撞试验环境，进行台车试验，改进、优化气囊系统。第二轮试验，重复第一轮试验的各种情况，检验气囊的保护效果及气囊控制系统的工作情况。

三、座椅安全带试验

1. 安全带静强度试验

把编织带、带锁、长度调节器、卷轴器和安装固定件等安装在试验装置上，安装时需要使用专用的夹具。安全带强度试验装置由三部分组成：加载油缸及支架组成的加载部分；真车驾驶室及座椅和安全带系统；代替人体的模块。

试验时应保证安全带与模块位置、束紧情况等与实车一致；加载时应保证加载油缸拉动安全带的角度不变。试验时，两油缸同时对腰、肩安全带加载至额定载荷，观察安全带的变形情况，没问题时连续对安全带系统加载至损坏为止，看清损坏部位及情况。

2. 安全带动态试验

动态试验能够更全面地考察安全带总成的强度和伸长量。这种试验是在台车上进行的，供试验的安全带将假人紧缚在台车座椅上。在美国、欧洲、日本及我国都有相应标准规定了该项试验，但各国的安全带动态性能试验方法在碰撞车速、台车加速度波形、试验假人的选用方面各不相同。

试验时应记录台车的冲撞速度，台车的加速度波形、最大加速度、加速度作用的时间以及假人头、胸和腰部的前后、上下和左右方向的加速度波形，作用在安全带上的载荷；相对台车向前的移动量（三点式安全带要在假人的胸部进行测量），座椅安全带安装部位的刚性。

3. 编织带的拉伸和强度试验

取一个适当长度的编织带，将其装在拉力机上。拉力机以一定的速度加载，至编织带拉断为止，并记录断裂时的加载力，然后由加载力—编织带变形图可求得带子的吸能率。

4. 卷收器的卷收性能试验

安全带卷收器的功能是在感受到汽车碰撞或倾翻信号时锁死编织带的进一步拉出，工作性能主要有紧急锁止性能、倾斜锁止角和卷收力等。

卷收器紧急锁止性能常常采用卷收器紧急锁止试验台。试验中要求测量产生锁止的加速度值和加速度上升斜率以及锁止距离。倾斜锁止角试验是评价卷收器在感受倾斜信号时对编织带的锁止功能，试验时将卷收器按照实际装车位置安装在一个可以倾斜的平台上，然后将平台向不同的方向倾斜，随着卷收器的倾斜，编织带被拉出，直到被锁止，从而可以测量出倾斜锁止角。卷收力试验是为了评价卷收器的卷收力是否能满足标准要求，卷收力过小，会造成编织带回卷困难、佩戴时过于松弛及增加碰撞时乘员的前移量；卷收力过大，则会造成乘员佩戴不舒服。

第五节 冲击试验

一、台架冲击试验

台架冲击试验主要用来对车辆的某一零部件进行冲击，评价其冲击吸收性能。

1. 头部冲击试验

车辆前碰撞时,乘员头部的前方会碰撞仪表板、遮阳板、车室内后视镜、座椅靠背的后部等;后碰撞时,乘员头部的后方会碰撞安全枕。因此,做头部冲击试验的目的就是评价这些部件的头部吸收性能。试验的装置有射出式、落下式和摆式冲击试验机,试验时用安装在头部模型上的加速度计测定减速度,用光电管式速度计测定碰撞速度,用磁电开关测定信号标记等。

(1) 仪表板冲击试验

用来评价车辆前碰撞时仪表板的冲击吸收性能,从而有效地保护乘员头部。在 SAE 标准中有相应的规定,但各国法规的试验方法有一些差异,且冲击的位置和方向也有所不同,做试验时应该加以注意。标准规定试验时头部模型产生的减速度连续 3 ms 以上不超过 $80g$。

(2) 遮阳板冲击试验

用来评价遮阳板冲击性能。试验时冲击速度为 3.66 m/s,最大加速度在 $200g$ 以下,且连续超过 $80g$ 的时间在 3 ms 以下。

(3) 椅背后面冲击试验

车辆前碰撞时,后座乘员的头部会碰撞到前面座椅的背面,本试验的目的是评价该部件的冲击吸收性能。各国的法规对本试验的规定基本相同,但 ECE 法规对冲击范围的规定不同,撞车的速度和判定标准与仪表板冲击试验相同。

(4) 安全枕冲击试验

车辆追尾碰撞时,乘员头部后倾会导致颈部损伤。此外,车辆前碰撞时,乘员向前移动停止后会产生返回,这时也会碰撞到安全枕,可能会产生颈部损伤。本试验的目的就是评价安全枕的冲击吸收性能。本试验是安全枕前面的冲击试验,与椅背后面冲击试验相比,其冲击方向相反。

2. 胸部冲击试验

车辆前碰撞时,驾驶员胸部会与转向器发生碰撞。本试验用来评价转向器冲击吸收性能,试验装置有射出式和落下式两种。用安装在转向管柱和转向盘之间的负荷计测定冲击负荷,用光电管式速度计测定胸部模型碰撞速度,用变形计测定转向管柱等的变形,用高速摄影机记录变形状况和碰撞情况。

二、摆式冲击试验

摆式冲击试验是将被试车辆固定,用一定质量的摆锤撞击。这种试验也是一种实车撞车的代用模拟试验。摆式冲击试验所用的设备比较简单,且试验条件稳定、费用少、占地少、试验重复性好、再现性好,是对各种性能进行评价的有效手段。

1. 低速撞车时的保险杠保护性能试验

用于评价车辆入库时的轻微碰撞及路上驻车时的轻度碰撞时保险杠系统的缓冲性能和车体保护性能。试验条件是:在离地高度一定范围内沿车辆纵轴方向打击两次,速度为 5 m/h;在 30°方向打击两次,速度为 3m/h。

摆式冲击试验在摆臂的前端设有模拟保险杠形状的冲击凸出物,凸出物的形状、表面硬度、表面粗糙度等都有一定的要求。试验装置还必须具有可使凸出物中心离地高度在一定范围内上下移动的机构。

2. 侧面及后面撞车时的生存空间试验

移动壁撞车的代用模拟试验，用来评价侧面及后面撞车时的乘员生存空间及门的开闭。试验用的装置基本上与低速撞车时保险杠保护性能试验的装置差不多，但是臂长（5 m 以上）与凸出物相当的装置形状有很大的差异。冲击时摆的冲击中心速度为 35~38 kN/h，摆冲击中心的换算质量为（1 100±20）kg。

进行实际撞车试验和零部件的动态检验时，在同一条件下重现性不好，试验结果也不一定完全表现实际撞车情况。因此，可用静态试验来代替动态试验，鉴定撞车安全性能，尤其是与速度关系较小的试验项目，更适合于静态试验。车身结构和零部件试验广泛采用这种试验方法。

3. 侧门强度试验

汽车在侧面撞车时，为了使因侧门进入车室内产生的危险减到最低，侧门应具有一定的强度。试验时把车体或车辆固定牢靠，以刚度很大的圆柱或半圆柱的压头向车厢内方向压缩侧门，使之变形，测出一定变形所需的压缩载荷。

试验时要注意固定方法要保证不妨碍门的变形，并且在加载过程中车体或车辆不发生移动。此外，还要考虑在加载过程中加载装置回转负荷方向不变的装置及相应的固定办法。

4. 车顶强度试验

用刚度很大的平面压头压缩被试验车的顶盖，压缩位置定在左边或右边风窗玻璃前支柱附近，压缩后该部位产生向车厢内的变形，测定一定变形所需的载荷，用于检测翻车后的车顶强度。

5. 座椅强度试验

为了防止在车辆前碰撞或后碰撞时因座椅及座椅安装装置的破坏和过度变形、椅背锁紧装置的断裂脱开等造成乘员的伤害，座椅应具有一定的强度。对座椅静强度进行评价的方法包括座椅固定强度试验、椅背固定强度试验和椅背强度试验。座椅固定静强度试验是在固定于车身上的座椅横梁上安装横杆，通过钢索在横杆上加向前或向后的拉伸载荷，如果能够承受座椅总质量20倍的负荷，不发生破坏、折断、裂纹等，则认为符合法规的要求。椅背固定静强度试验用同样的装置，在椅背重心上向前加载。法规规定，椅背即使承受本身质量20倍的负荷，固定装置也不能被破坏，不能产生有害的裂纹以及被脱开。椅背强度试验是以落座点为中心，对椅背施加向后的力矩，以评价椅背的静强度。通常采用拉伸试验机进行钢索加载，加载位置、加载方向等没有统一的规定，判定标准在各国法规中也各不相同。

6. 平头车正面撞击试验

摆锤从前向后撞击驾驶室的前部，撞击方向应为水平方向且平行于车辆的纵向中心平面。对于最大设计总质量不大于 7 000 kg 的车辆，撞击的能量应为 29.4 kJ；对于最大设计总质量大于 7 000 kg 的车辆，装机的能量应为 44.1 kJ。

第六节 汽车滚翻试验

汽车高速行驶中的滚翻是汽车最危险的事故形式，虽然发生率不高，但造成乘员死亡比例却很高。为降低滚翻事故造成的人员伤亡，美国政府颁布了轿车车顶抗压强度 FMVSS 216，同时国家高速公路管理局（NHTSA）还把汽车滚翻概率试验纳入了新车评价程序，欧洲则颁布了针对大客车的准静态滚翻法规 ECE R66。目前还没有汽车滚翻动态试验的相关法规，在美国 FMVSS 的平台翻车试验被广泛采用。此外，我国也颁布了 GB 26134—2010《乘用车顶部抗压强度》。

汽车滚翻试验主要包括整车滚翻试验和子系统层次的滚翻试验。

滑车翻车试验方法是到目前为止使用最为广泛的整车滚翻试验方法，该试验方法的相关标准是 SAE J2114。试验车辆放在倾角为 23°的移动台车上，试验车和台车一起加速到 48 km/h 后对台车进行制动，试验车翻出。在车内可以放置混Ⅲ型假人来评估乘员伤害情况。该试验方法用来评估滚翻中车顶结构的强度和约束系统对乘员的保护效果。该方法的缺点是试验一致性无法保证，这可能与试验条件的控制有关。

模拟"Trip – Over"的试验方法是模拟汽车侧向撞击路肩的滚翻试验形式。试验中车辆以一定的速度向前运动，车轮撞击前方放置的高约 15 cm 的模拟路肩，车辆向前翻出。

模拟土壤滚翻试验方法，模拟车辆在侧向运动中从较硬的路面介质到较软的路面介质。试验时车辆放在刚性地板的台车上以一定的速度向前运动，通过撞击减速装置向前方的土壤运动并翻转。

德国汽车俱乐部提出的一种典型的整车试验方法是让被试车辆以一定速度单侧通过一段螺旋上升路面后翻转。

总体上看，整车滚翻试验还没有广泛认可的同一试验标准，现有试验方法的一致性和对事故形式的代表性都存在问题。

子系统层次的滚翻试验方法是一种简便的模拟汽车滚翻的试验方法，主要用于研究滚翻中乘员的运动状态以及约束系统的开发和性能评估。

第七节　行人碰撞保护性能试验

行人交通事故在汽车交通事故中占有很高的比例，特别是在我国由于基础设施相对薄弱、人口众多而存在的以混合交通为主的路面交通，导致人车碰撞事故中行人伤亡率极高。

行人碰撞安全试验包括尸体试验、行人模块试验和行人假人试验等。其中，尸体试验可以直接研究人体伤害，但可重复性差；行人假人还不成熟，有待于进一步开发。二者尚不能作为车辆安全评价标准。欧洲提高车辆安全委员会（EEVC）经过多年研究，先后制定并颁布了 WG10 和 WG17 标准，采用行人模块试验，检验并评价车辆对行人下肢、髋部和头部的伤害。

EEVC 行人保护试验评价方法使用三种形式的冲击器，分别代表行人身体的头部（分为成人与儿童两种）、大腿及骨盆、下肢三个主要部分，通过这三个冲击器对整车或汽车前部与行人碰撞有关的部件进行冲击试验，测量相应的指标性能参数并进行安全性评价。WG17 试验方法是对 WG10 试验方法的改进，欧洲 2003/102/EC 技术指令和 Euro – NCAP 测试规范，均采用由欧盟 EEVC WG17 提出的测试方法。

欧洲 2003/102/EC 技术指令规定，所有车重不超过 2.5 t 的 M_1 类车辆以及由 M_1 类车辆衍生出来的 N_1 类车辆，都需要符合此规范。目前该试验方法已被世界许多国家所认可和采用，其主要由以下几项试验组成：

1) 下腿部与车辆保险杠的冲击测试；
2) 上腿部与保险杠的冲击测试（选择性测试，适用于 SUV 等高底盘车辆）；
3) 上腿部与车辆发动机罩前端边缘的冲击测试；
4) 儿童头部与车辆发动机罩的冲击测试；
5) 成人头部与车辆发动机罩和挡风玻璃的冲击测试。

被测试车辆根据不同的零部件，如保险杠装置、发动机罩前端边缘与前挡风玻璃等，将会有不同的测试方法。

冲击器冲击试验评价方法是目前较为成熟的试验方法之一，在一定程度上能够反映汽车与行人碰撞的安全性特点，这种方法在国际上被广泛推广和应用。

日本的行人头部冲击器试验方法及相应的保护要求，基本原理与欧洲头部撞击仿真器的测试方法类似，都是射出半球形的头部模型撞击车体，但是其撞击仿真器质量、碰撞区域、碰撞速度与角度、仿真器构造仍存在一些差异，总的来说测试条件比欧洲法规更加严苛。

ISO 制定了用于保险杠和发动机罩的冲击器试验方法，与 EEVC 所提出的试验方法相似，其主要目的是用于研究和技术开发，而不是当作法规使用。ISO/TR 15766—2000 标准称为道路车辆、行人保护、行人腿部试验装置的生物保真度评定目标，此标准规定了行人保护的实验室测试程序和行人大腿、膝盖和腿部碰撞测试的装置以及用于行人保护研究的数学模型。此技术报告的适用对象包括行人腿部内部表面（中间）和外部表面（侧面）的碰撞。ISO 11096—2002 标准为道路车辆、行人保护、行人的大腿、腿和膝盖的冲击试验方法，此标准规定了 ISO 3833 规定的机动车一直到总质量 3.5 t 的汽车和成年行人侧面碰撞的模拟试验方法。该试验方法不适用于对行人身体其他部位伤害的测试和评估，也没有直接涉及对儿童或软组织的可能伤害，也不适用于在与行人碰撞事故中激活已设计展开装置的汽车。ISO 14513—2006 标准为道路车辆、行人保护、头部冲击试验方法，该标准规定了模拟成年行人头部和 ISO 3833 规定的客车和轻型卡车一直到总质量 3.5 t 的汽车发生碰撞的试验方法。碰撞装置以 11 m/s 汽车碰撞速度进行碰撞试验，不包括对行人其他部位伤害的测试，也不包括因预先制动而使车身向下俯的汽车。

本章小结

1. 汽车的被动安全性又称为碰撞安全性，是指一旦事故发生时，汽车对车内乘员及外部人员的保护程度。它包括两方面的问题：一个是内部安全性，即事故发生后对车内乘员的保护能力；另一个是汽车外部安全性，即减轻事故中汽车对外部人员伤害的能力。

2. 汽车被动安全性试验分为实车碰撞试验、滑车模拟碰撞试验和台架试验。实车碰撞试验与真实的汽车碰撞事故情形最接近，其试验结果说服力最强，是综合评价汽车被动安全性最基本的试验方法。其他两类试验都是以实车碰撞的结果为基础，模拟碰撞环境的零部件试验。与实车碰撞试验相比，零部件试验费用低、试验条件稳定、试验过程易于控制，很适合于汽车安全部件性能的考核及汽车开发过程中的阶段性验证试验。

3. 一个较完善的实车碰撞试验室应包括试验场地、牵引设备、浸车环境室、照明系统、假人标定室、测量分析室及车辆翻转台等。

4. 碰撞试验假人（Dummy）又称为拟人试验装置（Anthropomorphic Test Devices），是用于评价碰撞安全性的标准人体模型。在假人上装备有传感器，可用于测量人体各部位的加速度、负荷、挤压变形量等。通过对这些物理量的分析和处理，可以定量地衡量汽车产品的碰撞安全性。

5. 按人体类型的不同，假人分为成年人假人和儿童假人。成年人假人按体型大小又分为中等身材男性假人、小身材女性假人和大身材男性假人。按碰撞试验类型假人分为正面碰撞假人和侧面碰撞假人。

6. 目前应用最广泛的第 50 百分位 Hybrid Ⅲ 男性试验假人是一坐姿假人。在 Hybrid Ⅲ 的头部及胸部的重心位置有三轴或单轴加速度传感器的固定安装架及相应固定螺纹孔，大腿部可安装负荷计，在胸部安装有位移传感器，这些都是 FMVSS 208 标准中要求的基本测试仪器。根据需要，还可在颈部、颈部下端、胸部、腰椎、骨盆、上股骨、股骨等处选装测量力、力矩、负荷、加速度或位移的传感器。

7. 在新假人应用于试验之前，应先对其胸部、膝部、头部、颈部进行标定试验，要求假人各方面与所规定的性能指标一致。假人在最初的投入使用以及使用过一段时间以后，为了验证其各部位是否具有逼真的仿生学特性、是否符合法规试验的要求、是否能继续应用于试验中，也必须对假人进行标定。

8. 测量系统由电测量系统和光学测量系统构成。电测量系统用于精确地测量碰撞过程中汽车各部位的加速度响应、对固定壁的碰撞力及其乘员伤害评价用的各种响应信号。光学测量系统用于获取直观的二维影像，分析碰撞过程中车体的变形及其乘员的运动形态，适用于从总体上了解碰撞全过程。电测量项目主要包括车体加速度响应信号、固定壁障碰撞力和假人动力学响应三方面。光学测量系统由照明系统、高速摄影（像）机及分析处理系统组成。

9. 实车碰撞试验按碰撞类型可分为车与固定壁碰撞的正面碰撞试验、移动壁与汽车的侧面碰撞试验及追尾碰撞试验、车辆动态翻滚试验及车与车之间的碰撞试验等。

10. 实车正面碰撞试验方法是把试验车辆加速到指定的碰撞速度，然后与固定壁进行碰撞，用于模拟汽车正面碰撞事故。由于固定壁不变，可以取得固定的试验特性，并且可以反复进行同样的撞车试验，因此可以用来评价汽车的安全性能。通常情况下，汽车碰撞方向与固定壁垂直，根据碰撞范围的不同可以分为全宽碰撞和偏置碰撞，也可以和固定壁成一定角度，有时还可以在固定壁前面附加各种形状的障碍物，以研究汽车在不同碰撞情况下的特性。

11. 实车侧面碰撞试验是在能行走的平台车上装备有一定撞车面积的可移动壁，加速到一定的速度后，用它来碰撞处于静止状态的试验车侧面。

12. 台车冲击试验利用平台车产生与实际撞车接近的减速度，以检验乘员保护装置的性能和零部件的耐惯性冲击力，常用于评价乘员保护装置的性能和安全部件的耐冲击能力。与实车碰撞试验相比，台车试验具有简便、再现性好和试验费用低的优点。

13. 安全气囊试验用来评价安全气囊对乘员的保护性能。目前采用的方法是 FMVSS 208、ECE 及 NCAP 等国际标准，主要检验安全气囊的保护性能、气囊控制器的点爆条件和气囊系统与具体车型的匹配。

14. 座椅安全带试验包括安全带静强度试验、安全带动态试验、编织带的拉伸和强度试验、卷收器的卷收性能试验。

15. 台架冲击试验主要用来对车辆的某一零部件进行冲击，评价其冲击吸收性能，包括头部冲击试验和胸部冲击试验。

16. 摆式冲击试验是将被试车辆固定，用一定质量的摆锤撞击。这种试验也是一种实车撞车的代用模拟试验。摆式冲击试验所用的设备比较简单，且试验条件稳定、费用少、占地少、试验重复性好、再现性好，是对各种性能进行评价的有效手段，包括低速撞车时的保险杠保护性能试验、侧面及后面撞车时的生存空间试验、侧门强度试验、车顶强度试验、座椅强度试验、平头车正面撞击试验等。

复习思考题

1. 汽车的被动安全性是如何定义的？汽车被动安全性试验的作用是什么？
2. 实车碰撞试验室的主要设施包括哪些？
3. 汽车碰撞试验中的电测量项目包括哪些？
4. 汽车被动安全性试验分为哪几类？其特点和适用范围分别是什么？
5. 实车碰撞试验分为哪几类？各类试验的用途分别是什么？

第七章
汽车空气动力性能试验

内容提要：

本章主要介绍汽车空气动力特性及其研究方法，汽车风洞实验室的特点、功能、类型及组成等，重点介绍了汽车风洞试验项目、试验仪器和设备，以及风速、压力、流态等汽车空气动力性能参数的测量方法和原理。

学习要求：

1. 了解汽车空气动力特性及其研究方法；
2. 熟悉汽车风洞实验室的组成结构、类型及功能；
3. 掌握汽车风洞试验项目；
4. 了解风速、压力、流态等汽车空气动力性能参数的测量方法和原理。

第一节 概 述

空气动力性能是汽车的重要性能之一，它对汽车的动力性、经济性、操纵稳定性、安全性和舒适性等有重要的影响。汽车具有良好的空气动力学性能有利于提高汽车的动力性、燃油经济性；有利于改善汽车的操纵性和行驶的稳定性，进而提高汽车的安全性；有利于改善乘坐舒适性。随着汽车设计制造技术的进步和对汽车性能的要求越来越高，汽车的空气动力学性能已成为汽车设计所必须考虑的重要内容。世界汽车工业发达国家都十分重视汽车空气动力性能的理论和实验研究。为获得良好的气动外形，国外大批生产的轿车都需经过 1 000 h 以上的风洞试验。

一、汽车空气动力特性

汽车空气动力特性是汽车的重要性能，它是指汽车在流场中所受到的以阻力为主的包括升力、侧向力的三个气动力及其相应的力矩（即六分力）的作用而产生的车身外部和内部的气流特性、侧风稳定性、气动噪声特性、驾驶室内通风性、空气调节性等特性。

汽车空气动力学是伴随着现代空气动力学技术的进步而发展起来的，目前，汽车空气动力学已经发展成为一门独立的学科。汽车空气动力学主要是应用流体力学的知识，研究汽车行驶，即与空气产生相对运动时，汽车周围的空气流动情况和空气对汽车的作用力（称为空气动力），以及汽车的各种外部形状对空气流动和空气动力的影响。在确定汽车外形初步方案阶段对汽车的空气动力学特性进行评估，在汽车造型设计和样式设计时应当综合考虑美学造型、人机工程学原理和气动造型，获得最佳气动外形的造型，才能使设计出来的汽车在市场竞争中取胜。

二、空气动力性能对整车性能的影响

汽车行驶时，汽车和周围的空气之间会产生相对的气流，气流会从各方面影响汽车的性能。汽车的空气动力学特性与汽车的性能密切相关，对汽车行驶时的动力性、燃油经济性、操纵稳定性、安全性和舒适性等有重要影响。研究表明，汽车受到的气动阻力与车速的平方成正比，当车速接近 65 km/h 时，气动阻力占总阻力的一半，而且随着车速的增大。气动阻力继续增大。在汽车速度不断提高的情况下，改善汽车的气动特性对于减小车辆的气动阻力，从而降低油耗、提高车辆的动力性有至关重要的作用。

汽车的空气动力特性也直接影响汽车的稳定性和安全性，主要包括直线行驶能力、不稳定阵风响应性及侧风稳定性。特别是当汽车在复杂行车环境下高速行驶，受外界作用产生较大的气动力脉动时，其操纵稳定性对行车安全变得更为重要。

表 7-1 列举了受到空气动力特性影响的汽车性能。

表 7-1 受到空气动力特性影响的汽车性能

序号 \ 汽车性能	基本性能	操纵稳定性	冷却性能	舒适性
1	燃油经济性	直线行驶能力	发动机冷却	通风隔热
2	最高车速	不稳定阵风响应性	传动系冷却	空气调节
3	加速性能	侧风稳定性	刹车片冷却	气动噪声

三、汽车空气动力性能的研究方法

汽车空气动力性能的研究方法通常有风洞试验、实车道路试验及理论分析与数值模拟三种方法。

1. 汽车风洞试验

风洞试验是汽车空气动力学研究的重要手段。汽车空气动力学的研究结果和结论，通常都要经过风洞试验的验证，并且最终都是以风洞试验数据为依据的。风洞试验又分为实车风洞试验和模型风洞试验。实车风洞试验的成本很高，通常用来做实车的校核试验和对小型风洞试验结果的标定试验。模型风洞试验采用汽车缩比模型，试验测量方便，花费少；但是由于模型尺寸小，一般难以做到与实车运行的流场完全相似，需要合理地解决阻塞效应和洞壁干扰、地面效应、相似准则等技术问题才能获取准确的风洞试验数据。

2. 实车道路试验

汽车在实际行驶时，环境中不仅存在着风、雨、尘土、阳光等自然现象，还包含着行驶过程中的超车、多车交会、过隧道等现象，这就需要通过实车道路试验来验证这些复杂现象对汽车气动特性的影响。

3. 理论分析与数值模拟

理论分析的方法以实际问题为对象建立数学模型，在相应的边界条件和初始条件下进行数学求解。由于数学求解困难，故复杂的空气动力学问题和现象还难以用理论分析的方法精确求解。

随着计算机技术、流体力学和数值计算的发展，汽车空气动力学数值模拟技术被广泛地应用于计算汽车的空气动力学问题。数值模拟方法的实质是把描述空气运动的偏微分方程组离散成代数方程组，建立可在计算机上求解的算法，得到汽车空气动力特性的数值解。它的优点是：计算速度快、时间短、应用范围广及节省风洞与实车道路试验花费的巨大财力、人力和物力，尤其是对于难以进行风洞试验的场合，如汽车超车、会车等瞬态过程的研究具有突出的优越性。但是，数值模拟方法也有它的局限性，其结果受数学模型的影响较大，另外数值模拟的精度会影响计算结果的可信度，其结论需要由风洞试验加以验证。

第二节 汽车风洞实验室

一、汽车风洞的特点

汽车风洞是用来研究汽车空气动力性能的一种大型试验设施。它用动力装置在其试验段内造成可调节速度的气体流，以进行各种类型的空气动力学试验研究。现代汽车风洞是通过对汽车与空气之间相对运动的力学研究，对汽车产品开发过程中有关减小空气阻力、降低油耗、减少噪声、保障安全性和稳定性，以及发动机冷却等方面进行科学验证和改进的专门设施。

汽车风洞是由航空风洞发展而来，两者的基本原理相同。由于汽车是在地面上行驶，因此，汽车风洞与传统的航空风洞有明显的区别，主要表现在以下方面：
1) 汽车风洞是低速风洞；
2) 汽车风洞的试验段形状不同于航空风洞；
3) 汽车风洞需要考虑地面效应；
4) 汽车风洞需要特定的天平及模型支撑系统。

二、汽车风洞的类型

汽车风洞的类型多样，可以根据不同的标准进行分类。汽车风洞按尺寸大小可分为供微缩模型用的模型风洞和实车使用的实车风洞；根据测试条件或用途分类，汽车风洞还可以分为空气动力风洞、气候风洞和声学风洞等。

模型风洞较实车风洞小很多，其投资及使用成本也相对小些。在模型风洞中只能对缩小比例的模型进行试验，其试验精度也相对低些。实车风洞则很大，建设费用及使用费用极高。目前世界上的实车风洞还不多，主要集中在日、美、德、法、意等国的大型汽车公司。目前，我国同济大学建有实车风洞。气候风洞和声学风洞统称为特种风洞，其余一般风洞都是空气动力风洞。近年来新建的风洞，一般都是气动—声学风洞或气动—气候风洞，或者是气动—声学—气候风洞，这类风洞又称为多用途风洞。

1. 空气动力风洞

空气动力风洞分实车风洞和模型风洞,实车风洞主要进行实车或全尺寸模型的空气动力试验,而模型风洞进行缩尺模型的空气动力试验。

与实车风洞试验相比,缩尺模型的试验费用低,改动方便,其试验量是实车试验的几倍。随着综合性风洞的日益增多以及对原有实车风洞的改造,实车风洞中也可进行缩尺模型的试验。汽车缩尺模型采用的缩尺比通常为 3/8、1/3、1/4、1/5。模型风洞的风速范围为 30~70 m/s。模型风洞汽车试验要求雷诺数相似,但在实际应用上,当以车宽为特征长度的雷诺数大于 2.4×10^6 时,对于多数模型气动力的测量结果是可用的,所以模型试验不要求雷诺数必须一致。

另外,汽车风洞里可安装一些附加设备以提高风洞的试验能力,如加置底盘测功机进行发动机冷却系统冷却能力性能试验、加置降雨装置模拟降雨条件等。

2. 气候风洞

气候风洞也称为全天候风洞,其用途是进行汽车的环境适应性试验或测定汽车在特殊环境条件下的空气动力性能。气候风洞可以模拟不同的气候环境条件,如阳光暴晒、风暴、雷雨、冰雪结霜等,还可以改变气流的温度和湿度等。气候风洞能够提供各种虚拟的气候环境,使试验汽车在任何一种实际可能设想到的虚拟气候环境中进行测试,具有试验环境条件可控、重复性好且不受季节和气候环境的影响等突出优点。

3. 声学风洞

声学风洞也称为噪声风洞,在建造过程中采用了多种降噪措施,背景噪声极低,可以分离并测量出汽车行驶时产生的气动噪声。声学风洞用于研究气流造成的车体噪声,如风噪声、漏风噪声等,是现代汽车重要的研究课题。噪声风洞的设计是通过在风道盖顶和围墙加吸声材料和装置、在转角叶片加吸声材料并整形等措施,使试验段成为无回声室,以大大降低风洞背景噪声,使得汽车上的风噪声测量成为可能。

三、汽车风洞的组成

1. 风洞形式

从结构上看,汽车风洞的形式分回流式和直流式,如图 7-1 所示。回流式风洞又分单回流式风洞(如图 7-2 所示)和双回流式风洞(如图 7-3 所示)两种,其特点是空气沿封闭路线循环流动,气流不受自然风的影响,流态稳定。直流式风洞的特点是气流从大气中吸进,然后从风洞的后部排到大气中去。直流式风洞里的气流受自然风的影响大些,噪声普遍很高。

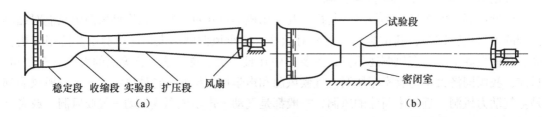

图 7-1 直流式风洞
(a) 闭口试验段;(b) 开口试验段

第七章 汽车空气动力性能试验

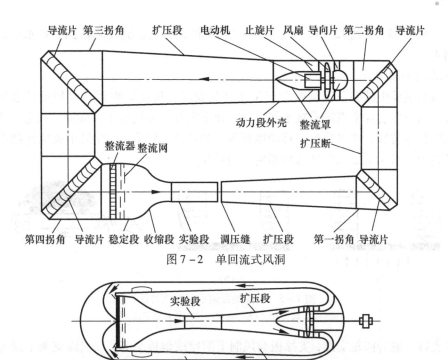

图 7-2 单回流式风洞

图 7-3 双回流式风洞

2. 风洞试验段

试验段型式分闭口试验段、开槽壁试验段和开口试验段，如图 7-4 所示。实车风洞闭口试验段横截面积大多选择在 20 m² 以上；开口或开槽壁试验段阻塞的影响小，试验段横截面积在 12~20 m² 之间。模型风洞多采用闭口试验段型式，试验段横截面积在 12 m² 左右。

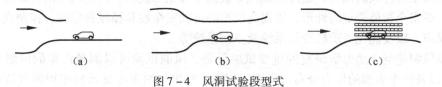

图 7-4 风洞试验段型式
(a) 开口试验段；(b) 闭口试验段；(c) 开槽壁试验段

采用闭口试验段风洞进行试验，模型的高度不应超过模型支撑地板到风洞顶壁高度的 1/3，模型在最大侧偏角下的正投影宽度不应超过风洞试验段宽度的 1/3，阻塞度控制在 5% 以内，这样试验数据可以不进行洞壁阻塞修正。否则，需进行阻塞修正。

风洞试验段的长度一般为模型长度的 2~5 倍。全尺寸风洞试验段的长度在 10~25 m，而一般轿车的实际长度约为 5 m。试验段的长度对空气特性的测定值有影响。

3. 风洞最大风速

实车风洞的最大试验风速一般要求大于或至少不低于汽车的最大车速。现代车的最大车速已超过 200 km/h，而现在的风洞中，奔驰和日产（新）汽车风洞的最大风速为 270 km/h。随着轿车的空气阻力越来越小，其空气动力特性对风速越来越敏感。

4. 风洞收缩比

风洞收缩比的选择直接影响到风洞试验段气流的紊流度、均匀度等。目前风洞的收缩比分布很广,从 1.45∶1 到 12∶1。对于汽车风洞来说,为把紊流度降低到一定水平,收缩比最低选用 4∶1。

5. 地面附面层

由于风洞试验中试验段下洞壁会产生地面附面层,从而影响到试验数据的准确性,因此,通常采用一些装置来消除或减小其影响,使下洞壁气流接近于实际流动状态。常用的装置有附面层吸除装置、吹气装置、移动地板等,如图 7-5 所示。在最小离地间隙小的车型的风洞试验中,特别需要采取措施控制地面附面层。

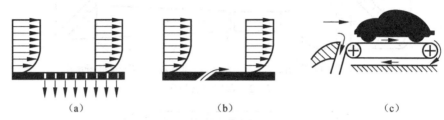

图 7-5 消除地面附面层厚度方法
(a) 吸气法;(b) 吹气法;(c) 移动带法

汽车支撑一般为四轮支撑,支撑板与风洞下洞壁或地板平齐,以消除支架干扰等带来的影响。

四、汽车风洞的用途

最早风洞专门用来研究飞机的气动性能。随着全球汽车工业的发展,风洞试验从航空航天领域扩大到汽车、建筑等一般工业部门。目前,风洞试验已成为研究汽车空气动力性能的最有效手段,被广泛运用于新型汽车的设计和研发之中。新车在造型设计阶段,将汽车制成风洞试验模型进行风洞试验,通过模拟汽车表面空气相对流动,优化汽车的外形设计,寻找最省油、最安全和最美观的外形,以提高汽车的行驶安全性和操纵稳定性,控制汽车内外空气动力噪声,以及优化发动机冷却系统及空调系统等。

汽车风洞是空气动力学研究的重要试验设备。风洞试验可以测量汽车的风阻(即风阻系数),以及汽车表面的压力分布,借助于烟雾、丝带、油膜等显示汽车周围气流流动情况(如图 7-6、图 7-7 所示);还可以用来研究气流绕过车身时所产生的各种效应,如升力、下压力等。

图 7-6 气流通过汽车底部的情形

图 7-7 气流通过汽车顶部的情形

全天候汽车风洞的功能更多，除可以对汽车的空气动力学性能进行测试、评价外，全天候汽车风洞还可以模拟高温、湿热、寒冷、沙漠、雨雪等气候环境，工程师可以对不同气候环境条件下汽车的各项性能进行试验研究（如图 7 - 8、图 7 - 9、图 7 - 10、图 7 - 11 所示），从而大大降低汽车环境试验成本和研发时间。

图 7 - 8　汽车在气候风洞进行低温试验

图 7 - 9　汽车在气候风洞进行高温试验

图 7 - 10　模拟轮胎高速旋转时的风阻

图 7 - 11　汽车在气动—声学风洞进行试验

第三节　汽车风洞试验

汽车风洞试验是将汽车或者汽车模型安置在汽车风洞中，开启风洞产生固定速度的风，采集固定风速下汽车所受到的气动六分力数据，经过数据处理得到六分力系数；也可以采集汽车车身表面气动压力等数据，获得车身表面压力分布；或者借助某些流动显示和测量手段，对汽车周围气流流动情况进行显示和测量。汽车常规风洞试验主要包括以下几种：空气动力测量试验、风速测量试验、压力测量试验、流态观测试验以及风噪声试验等。

一、空气动力测量

1. 汽车空气动力分析

汽车行驶时受到的空气动力可分解为 3 个力和 3 个力矩，如图 7 - 12 所示。作用在汽车上的空气力为空气阻力、侧向力和气动升力,作用在汽车上的力矩有纵倾力矩、侧向力矩和横摆力矩。

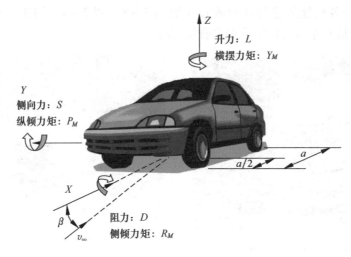

图 7-12 汽车行驶时受到的空气动力

2. 测力天平

汽车空气动力测量试验也叫天平测力试验,是风洞试验中最主要也是最常用的试验。该试验采用空气动力天平(如图 7-13 所示),测量作用在汽车或汽车模型上的空气动力,即测量空间直角坐标系中沿 3 个坐标轴的作用力和绕 3 个坐标轴的作用力矩。试验时,可以测量 6 个分量,也可以只测一个或几个分量。

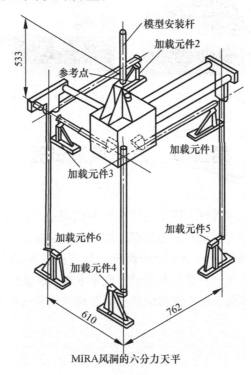

图 7-13 空气动力天平

3. 试验影响因素分析

由于风洞试验中模拟的气流与汽车在道路上行驶时所处的真实气流不可能完全一致,所以风洞试验还需要进行修正。影响风洞试验的因素主要有:

1) 流场品质:来流风速不均匀或紊流度大,会导致测量结果变小。
2) 天平精度。
3) 支架干扰。
4) 雷诺数效应。
5) 地板附面层影响。
6) 洞壁阻塞。

二、风速测量

汽车风洞试验中风速测量主要包括试验风速的测量、汽车内部与外部气流速度和方向的测量,以及一些特殊试验中湍流强度的测量。测量风速的仪器主要有皮托管、翼式风速仪、热线风速仪、测向计及激光流速计等,下面以最常用的皮托管和热线风速仪为例来介绍。

1. 皮托管

皮托管又称风速管,如图 7-14 所示。皮托管测量是依据经典流体力学理论(伯努利定理),利用总压不变原理,由总压孔和静压孔测得的压差经过换算得到风速。

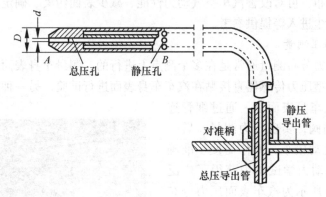

图 7-14 皮托管示意

利用皮托管测量气流速度时,其测量区域的气流必须稳定,且气流方向与皮托管轴向一致。若气流速度低于 3 m/s,则需用其他仪器进行测量。皮托管测量风速的计算公式为

$$v = \sqrt{\frac{2}{\rho}\xi\Delta h} \qquad (7-1)$$

式中,ρ——空气密度,kg/m³;

Δh——被测两点的静压差,N/m²;

ξ——压力落差系数,在风洞流场校测时测定。

2. 热线风速仪

当气流速度较低时,利用热线风速仪(如图 7-15 所示)可以精确测量风速。热线风速仪的测量原理是,将一根通电加热的细金属丝(即热线)置于气流中,热线在气流中的散热量与流速有关,而散热量导致热线温度变化进而引起电阻变化,流速信号即转变成电信

号进行测量。除了测量低风速，热线风速仪还适合于测量脉动风速（如测量紊流度），然后根据测得的瞬时风速随时间的变化情况，进一步分析脉动风速的功率谱。另外，使用多根热线组合的热线风速仪，可以测量二维或三维气流速度分量。

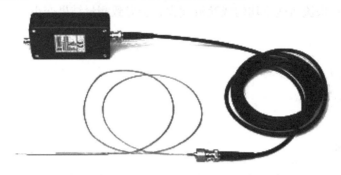

图 7-15　热线风速仪示意

三、压力测量

车身表面气动压力分布对汽车的空气动力特性有重要影响。压力分布试验可以为研究汽车的气动特性和绕模型的流动提供依据。测压试验通过测量车身局部及整体的气流流态，反映车身表面压力分布，可对改善汽车空气动力性能、减少表面污染、确定通风换气进出口位置、避免废气及灰尘进入等提供参考。

1. 车身表面静压测量

车身表面的压力分布测量通常是在多个测点上进行的。测量车身表面的压力分布有两种方法：一种是将微型压力传感器直接贴在汽车车身表面进行试验；另一种是通过在车身表面开孔，将铜管埋入车身表面下，通过细管连接铜管和压力扫描阀，实现压力测量。后一种方法对气流的扰动较小、操作简便、准确度高，在汽车空气动力学试验中获得了广泛的应用。图 7-16 所示为汽车表面压力分布测量试验。

2. 测压传感器

风洞试验常用的测压传感器为电子式，即通过测压元件将压力转换成电流或电压信号，用于测量各种风洞的静态压力和动态压力。压力传感器种类很多，按工作原理可以分为以下六种形式：电阻压力传感器，应变压力传感器，晶体压力传感器，电容压力传感器，电磁压力传感器，谐振式压力传感器。

图 7-16　汽车表面压力分布测量试验

四、流态观测

在汽车风洞中进行流场的显示和测量，已经成为汽车风洞试验的一项重要内容，通过流场的显示和测量，能够更好地理解流场周围的流动。为了观测原本用肉眼看不到的气流，往往采用气流的可视化技术。流态显示的方法主要有烟流法、丝线法和油膜法。

1. 烟流法

烟流法是通过烟流发生器排出高可见度的烟,当烟气绕过汽车车身时,通过光的散射和折射显示烟流中微小粒子的运动,从而显示出汽车周围流场的流态,如图7-17所示。烟流法简单易用,可直接观察车身周围的气流流场以及车身表面的气流分离和尾部涡流等绕流状态,直观形象,而且对风洞的污染小,常被人们使用。为了使烟流不散乱,试验时应使气流速度不大,并保证层流流态,使气流处于稳定状态,试验风速通常选择在10~20 m/s。

图7-17 利用烟流法显示汽车表面气流

2. 丝线法

丝线法是将丝线、毛线等粘贴在要观察的车身表面,由丝线的运动(丝线转动、抖动或倒转)来观察汽车表面边界层的流态、尾流流态及涡流流态,如图7-18所示。丝带法使用方便,也经常被人们所采用。按照丝带的空间位置,可分为两种:表面丝线法和网格丝线法。

3. 油膜法

油膜法主要用于汽车表面污染的研究。油膜法是将不易挥发、黏度较大的油(如煤油、齿轮油及硅油等)与带有一定颜色的指示剂(如碳黑、石墨等)按一定的配方混合,再将其均匀喷涂于车身表面。试验时通过油的流动轨迹就能显示出车身表面上气流的流动方向,进而判断出各流场的流动状况,如图7-19所示。

图7-18 利用丝线法显示汽车表面气流

图7-19 利用油膜法显示汽车表面气流

本章小结

1. 汽车空气动力性能对汽车的动力性、经济性、操纵稳定性、安全性和舒适性等有重要的影响。随着汽车设计制造技术的进步和对汽车性能的要求越来越高，汽车的空气动力性能已成为汽车设计所必须考虑的重要内容。

2. 汽车空气动力性能的研究方法通常有风洞试验、实车道路试验及理论分析与数值模拟三种方法。汽车风洞试验是汽车空气动力性能研究的重要手段。

3. 现代汽车风洞试验室为汽车空气动力性能研究以及改善汽车空气动力性能提供了先进的试验条件和测试手段。汽车常规风洞试验主要包括空气动力测量试验、风速测量试验、压力测量试验、流态观测试验以及风噪声试验等。

复习思考题

1. 汽车的空气动力特性是什么？其研究方法有哪些？
2. 汽车空气动力性能对汽车的整车性能有什么影响？
3. 简述汽车风洞的类型与功能。
4. 汽车常规风洞试验包括哪些试验项目？简述其试验方法。

第八章 汽车总成与零部件试验

内容提要：

本章主要介绍汽车发动机、传动系、车身密封性试验项目、试验方法以及试验仪器设备的组成及原理等。

学习要求：

1. 熟悉汽车典型总成与零部件的试验内容和试验仪器设备；
2. 了解发动机、离合器、变速器、车身密封性试验的基本方法。

第一节 发动机性能试验

一、发动机试验概述

现代汽车行驶的气候、道路及交通条件十分复杂，各类型汽车对发动机各项指标的要求越来越高，故汽车发动机必须具备在各种条件和环境下使用的良好性能。而在发动机的研发及验证过程中，发动机试验是检测发动机性能指标及其可靠性的重要环节，尤其是对发动机试验过程中出现的各类故障或问题进行分析和解决，以提高发动机的技术水平。

发动机试验是将发动机被测系统中所存在的相关参数，通过相应的设备、仪器等装置，进行测试和数据处理的全部过程。发动机试验是发动机生产制造和科学研究工作中不可缺少的一个环节，发动机试验技术和方法是发动机生产、技术开发与保障的必备知识。无论是研发发动机新产品、新技术，还是对其进行技术改进，都需要经过试验来检验。通过发动机试验，检验设计思想是否正确、设计意图是否实现及设计的产品性能是否符合使用要求等。

汽车工程领域通常根据国家标准 GB/T 18297—2001《汽车发动机性能试验方法》等组织实施发动机性能试验。对于有特定用途或要求的汽车，还需要参照有关标准，例如，GB/T 32231—2015《全地形车发动机通用技术条件》和 GB/T 24554—2009《燃料电池发动机性能试验方法》。对于军用汽车的发动机，主要根据 GJB 138—1986《军用汽车发动机试验方法》、GJB 711—1989《军用汽车发动机—试验规程》进行发动机试验。

二、发动机台架试验系统

在工程实际中，发动机试验主要包括台架试验和实车试验两大类。实车试验一般针对已经生产定型的发动机，开展实车动态性能试验和标定试验等，试验目的是检测发动机性能或进行改进试验。由于实车试验时发动机不"解体"，故试验结果较真实。发动机台架试验是将发动机测功设备和各种测试仪表组成一个测试系统，按照规定的方法和要求模拟发动机实际使用的各种工况所进行的试验。

通常，发动机台架试验是在发动机台架实验室内进行的。发动机台架实验室是进行发动机试验研究和技术开发的基础，发动机技术的发展在很大程度上取决于试验台架的技术水平。随着技术的发展，发动机的测试仪器和设备已具有精确、灵敏和自动化程度高的特点，许多高新技术广泛地应用于测试设备和仪器。

1. 台架试验系统的基本要求

由于试验任务和目的的不同，对发动机台架试验系统的具体要求也不同。如对试验研究用的试验台架，应能灵活方便地改变与控制试验条件和参数，便于安装各种精密仪表。而对发动机进行精密测量，则经常需要寻求新的测试方法和测试手段，而对试验台架的自动化程度则要求不高。对需要长期连续运转的耐久性试验台架，则要求有较高的自动化程度，能自行监视报警，自行记录，远距离控制，以防试验人员疲劳和发生意外事故。具体来讲，对试验台架有以下几点基本要求：

1）安装在试验台上的发动机能模拟实际的使用条件或尽可能地接近实际使用条件；
2）便于安装、调整、检查和更换发动机零部件；
3）具有广泛的适应能力，能完成不同机型和不同试验目的的试验项目；
4）有发动机正常工作的监测仪表和测定发动机各项性能参数的精密测量仪表；
5）操作简便、可靠，尽量采用先进技术提高自动化水平及减轻试验人员的劳动强度；
6）有良好的通风、消声、消烟、隔振设施，以尽可能改善试验人员的工作条件。

2. 台架试验系统的组成

发动机台架试验系统是一个集机械、仪器仪表和试验技术为一体的综合系统。台架试验系统主要由试验测试系统和实验室环境系统两大部分组成。测试系统由对发动机进行加载与测量的装置（测功机、燃料供给系统、空气供给系统、冷却系统和控制系统及数据采集系统）组成；实验室环境系统主要包括通风系统、发动机进排气系统和消声与隔声系统，以保证发动机在所需的正常环境中运行，避免室内、外噪声和排放物的污染。图8-1所示为发动机试验系统冷却水系统示意图，图8-2所示为发动机台架试验系统的组成示意图。

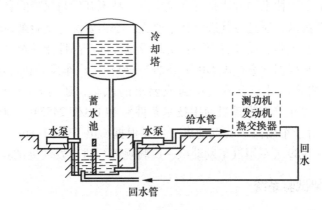

图8-1 发动机试验系统冷却水系统示意图

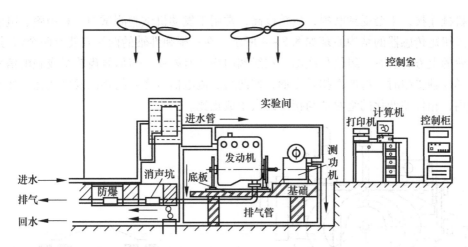

图 8-2 发动机台架试验系统的组成示意图

三、发动机主要性能参数的测量

在发动机的性能参数中，有些参数可以直接测量，有些参数则需利用直接测得的参数或已有数据经过计算求出。针对不同类型的发动机性能试验，可能有上百种参数需要测量或监测。例如，与动力、经济性直接相关的参数，如转速、扭矩、功率、油耗；进排气流量、温度、压力；润滑油和冷却液的流量、温度、压力；排放性能参数；试验环境参数；发动机气缸内的平均有效压力；噪声、振动等。发动机性能参数需要通过相应的仪器和设备，采用不同的方法进行测量。下面选取扭矩、转速和油耗三个发动机主要性能参数分别进行介绍。

1. 发动机扭矩的测量

在发动机的性能试验中，扭矩是个很重要的参数，是评价发动机性能指标的重要依据。发动机转矩采用测功机测量。测功机应能吸收能量或传递动力，并具有测量转矩的装置和特征控制装置。根据扭矩测量原理的不同，测量发动机扭矩的方法分为平衡力法和传递法两种。

（1）平衡力法

平衡力法根据作用力与反作用力相等的原理，通过测量测功机浮动外壳测点受力间接测量发动机的扭矩。平衡力法的测量原理及结构简图如图 8-3 所示，将测功机的外壳通过轴承支撑在支架上，外壳能自由地回转，在外壳上装有力臂，连接载荷单元。工作时在发动机扭矩作用下，载荷单元承受的作用力乘以力臂长度就是扭矩值。

$$M_e = WL \qquad (8-1)$$

式中，M_e——实测有效转矩，N·m；

W——作用在载荷单元上的力，N；

L——力臂长度，m。

（2）传递法

传动轴受到扭矩作用时会产生变形，传递法就是通过测量轴变形，利用应力与应变的关系来测量扭矩的。根据扭矩信号的传输方式，扭矩传感器可分为接触式扭矩传感器和非接触式扭矩传感器。非接触式扭矩传感器使用的是磁、光和感应技术，在其内部的输入和输出之间没有机械连接，不会受到磨损，故精度高，常用于发动机试验测试中。利用磁、电感应的非接触式扭矩传感器的结构原理如图 8-4 所示，在一根弹性轴的两端安装有两个信号齿轮，在两齿轮的上方各装有一组信号线圈，在线圈内均装有磁铁，与信号齿轮组成磁电信号发生器。在弹性轴受扭时，将产生扭转变形，使两组交流电信号之间的相位发生变化。在弹性变化范围内，相位差变化的绝对值与扭矩的大小成正比。

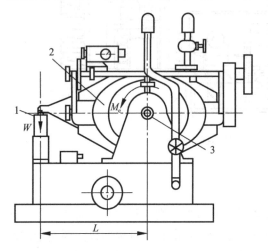

图 8-3　测功机扭矩测量机构
1—载荷单元；2—外壳；3—轴承支架

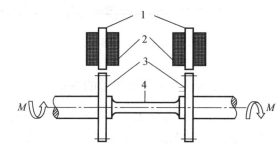

图 8-4　传递法测量扭矩原理
1—磁铁；2—线圈；3—信号齿轮；4—弹性轴

2. 发动机转速的测量

发动机转速是单位时间内曲轴的平均旋转次数。对于发动机转速的测量，可用的传感器有很多种，目前主要采用磁电式转速传感器、光电式传感器和霍尔（Hall）传感器。现以磁电式转速传感器和霍尔传感器为例简要说明其测量方法。

（1）磁电式转速传感器

磁电式转速传感器是利用电磁感应原理，将输入运动速度变换成感应电动势输出的传感器。发动机带动齿轮旋转时，含铁导磁材料的齿轮在磁场中切割磁力线，引起磁通量的周期性变化，因而在线圈中感应出交变的电动势。交变的电动势以脉冲形式输出，齿轮一般制有 60 个齿，轴每旋转一周，电磁传感器能产生 60 个脉冲信号，其频率与转速的数值相同。磁电式转速传感器结构简单、工作安全可靠、转速精度高、测速范围广，大多数测功机都采用此结构。

$$n = 60 \times f/z \tag{8-2}$$

式中：n——发动机的转速，r/min；

z——信号盘齿数；

f——感应电动势频率，s^{-1}。

（2）霍尔转速传感器

霍尔传感器是利用霍尔效应设计的，其核心元件是根据霍尔效应原理制成的霍尔元件。霍尔传感器主要由霍尔元件或霍尔电路、永久磁铁和触发轮等组成，触发轮一般为叶片或轮齿形式，通常装在曲轴或凸轮轴上。图 8-5 所示为霍尔传感器信号发生器的示意图。当叶片进入永久磁铁与霍尔元件之间的空隙时,由于霍尔元件的磁场被触发叶片所旁路(或称隔磁),故霍尔元件不产生霍尔电压;当触发叶片离开空隙后,永久磁铁的磁通便穿过霍尔元件而产生霍尔电压。

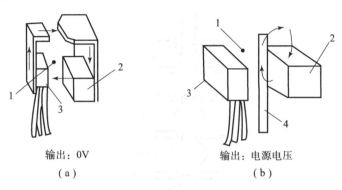

图 8-5 霍尔传感器信号发生器示意图
(a) 有霍尔电压;(b) 无霍尔电压
1—空隙;2—永久磁铁;3—霍尔元件;4—叶片

当发动机工作时,曲轴或凸轮轴带动触发轮转动,使得通过霍尔元件的磁场强度发生变化,从而引起霍尔电压的变化,霍尔元件将输出一个准正弦波电压,然后此信号经过整形电路使信号转换为脉冲电压,利用霍尔电压方波信号的频率可计算出发动机的转速。

3. 发动机燃油消耗的测量

燃油消耗量是评价汽车发动机燃油经济性的重要指标。发动机每小时消耗燃料的数量,叫作小时耗油量,可用容积或质量来表示。燃油质量消耗量的计算公式为

$$G_f = \frac{3.6 \times W}{t} \quad (8-3)$$

式中,G_f——燃料消耗量,kg/h;
t——燃料消耗时间,s;
W——燃料消耗量,g。

在评价发动机经济性时多采用燃油消耗率,以发动机输出固定功率时所消耗的燃油量来表示,其表达式如下:

$$g_e = \frac{1000 G_f}{P_e} (g/kW \cdot h) \quad (8-4)$$

式中,g_e——燃油消耗率,g/(kW·h);
P_e——发动机功率,kW。

测量燃油消耗量的方法包括稳态测量法和瞬态测量法,具体来说有容积法、质量法、采用科里奥利质量流量计以及碳平衡法。容积法和质量法主要用于发动机在台架试验时油耗的稳态测量上,前者一般用于汽油发动机,后者一般用于柴油发动机。进行动态测试时可采用科里奥利质量流量计;进行整车转鼓试验时,燃油发动机的油耗测量一般采用尾气碳平衡法。

(1) 容积式油耗仪

容积式油耗仪是通过测定消耗一定容积的燃油所需的时间来计算容积耗油量。图 8-6 所示为容积式油耗测量仪的结构图。容积式油耗仪采用一种特制的玻璃量杯,由若干不同容

积的玻璃泡串联而成，玻璃泡之间用细玻璃管连通。在每个细玻璃管两侧分别装有光源和光电管。当细玻璃管中有油时，光源发出的光被油折射，光电管接收不到光源的光，电路中不产生脉冲。

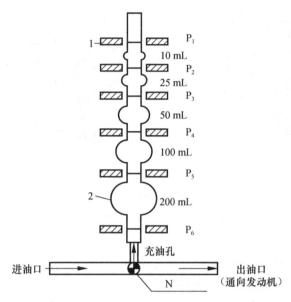

图 8-6 容积式油耗测量仪
1—液面检测器；2—量泡管；N—三通阀

测量油耗时，由量杯向发动机供油，油面逐渐降低。当油面经过第一个细玻璃管时，第一组光电管导通，电路中产生第一个电脉冲。控制系统以第一个脉冲作为计时的起点，当第一个玻璃泡中的燃油消耗完毕时，油面迅速通过第二组光电管，电路中产生第二个脉冲，控制系统停止计时，测得的时间即为 Δt。每个玻璃泡的容积 ΔV 是固定的，乘以汽油的密度 ρ 就是质量 Δg。所以容积法的测量过程实际上是设定 Δg，测量 Δt，最终计算得出 B。

（2）质量式油耗仪

质量式油耗仪是通过测定消耗一定质量燃料所用的时间或测量规定时间内消耗的燃油质量来计算耗油量。图 8-7 所示为质量式油耗仪示意。

质量式油耗仪由称重装置和控制装置组成。称重装置通常利用天平改制，一端为装油杯，另一端为砝码或拉压（位置）传感器。控制装置由电磁阀和运算处理系统组成。电磁阀控制进入油杯的燃油，测量后油杯内燃油达到下限时电磁阀打开，进行充油；当油杯内燃油达到上限时，多余的油会由油杯溢回油箱；测量时电磁阀封闭进油路，单独由油杯供油。在测量时，油杯中油量变化由称重传感器感知，或由另一端的位移传感器感知，变成一个电信号输出，再由二次仪表计算出设定时间内消耗的燃油质量。

（3）科式油耗仪

科式油耗仪又称为科里奥利质量流量计，是基于科里奥利力的原理而设计的，由于它可以直接测量质量流量、精度高及可以同时测量流体密度等优点，故近年来发展迅速，在许多工业领域得到广泛的应用。科里奥利流量计的基本原理是直接或间接测量在旋转管道中（如图 8-8 所示的 Q 形管）流动流体产生的科里奥利力就可以测得质量流量。

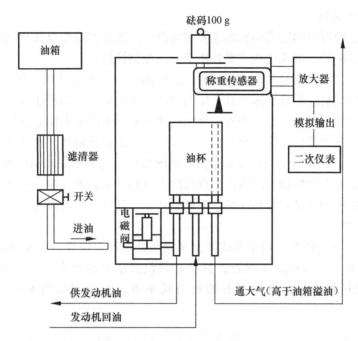

图 8-7　质量式油耗仪

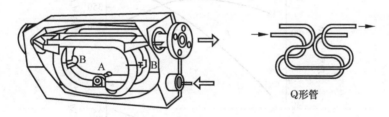

图 8-8　科里奥利质量流量计

科式油耗仪有很多优点，它可用于液体或气体，也可以同时测量密度，而且不受温度、压力的影响；同时还可以进行瞬时油耗测量，测试的响应频率可达 10 Hz，比常规的质量法响应速度快、精度高。

四、发动机基本性能试验

发动机的性能主要指动力性、经济性、排放性能、可靠性和耐久性。发动机性能试验的内容包括一般性能试验、性能匹配调整试验和研究性试验。在国家标准 GB/T 18297—2001《汽车发动机性能试验方法》中，对发动机性能试验的试验目的、试验条件、试验方法、测试项目及数据处理等都有详细的说明。

国家标准 GB/T 18297—2001《汽车发动机性能试验方法》中规定了 10 项发动机一般性能试验的内容和试验方法，这 10 项性能试验分别是功率试验、负荷特性试验、万有特性试验、机械损失功率试验、起动试验、怠速试验、压燃机调速特性试验、各缸工作均匀性试验、机油消耗量试验、活塞漏气量试验。

1. 发动机功率试验

发动机功率试验可以确定发动机的主要性能指标，如最大功率及其相应的转速、最大转矩及最低燃油消耗率等，以及这些主要性能指标的变化特性。

功率试验分为总功率试验和净功率试验，它们的区别在于发动机工作所需的附件不同。总功率试验时，发动机仅带有能保证其工作的附件，如化油器、润滑油泵、点火组件等，没有这些附件发动机就不能工作。它表示发动机运转时能产生的最大性能指标。

净功率试验，发动机应安装在整车上工作时所配备的各种附件，而且这些附件应该是原生产装备件，安装位置应尽可能地与实际安装情况相同。它表示发动机装在汽车上运转时，曲轴端能输出的最大有效性能。随着汽车排放法规日趋严格，为了达到最佳排放值，提高动力性和经济性，匹配调整试验必须在净功率试验状态下进行，所以现代发动机的性能指标常用净功率指标来表示。

功率试验时，发动机节气门全开或柴油泵齿条处于最大位置，在发动机转速范围内均匀地选择不少于8个点的稳定工况点，其中必须包括最大转矩点。测量各稳定工况点的转速、转矩、油耗量，并计算功率和燃料消耗率等，绘制出如图8-9所示的性能曲线图。

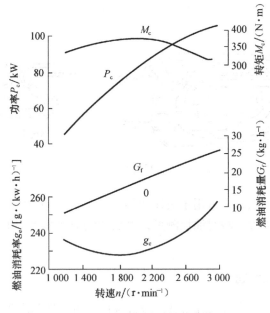

图8-9 发动机试验性能曲线

在进行发动机功率试验时，由于地理位置的不同和气候季节的差异，大气状态——大气压力、湿度和进气温度不同，对主要性能指标会产生较大的影响。这样，测量的数据就没有可比性。所以各国都制定有发动机性能试验标准，严格地规定其试验条件和标准大气状态。现在各国的试验标准都向国际标准（ISO）靠拢。从20世纪90年代开始，美国、日本的试验标准都和ISO标准状况基本一致，欧洲各国都向ECE R85统一。

如果功率试验时不能在标准状态的实验室内进行，则可用修正公式进行修正，换算到标准状态的数值。

2. 负荷特性与万有特性试验

部分负荷性能试验方法一般可分为三种：

1) 在发动机转速不变的条件下，测量不同功率时的燃油消耗率和燃油消耗量，其曲线图如图 8-10 所示，可用来评价发动机的燃油经济性，有时还需测定排放值。这种方法多用于柴油机试验中。

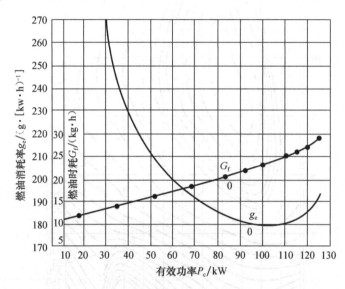

图 8-10 负荷特性曲线

2) 在节气门保持不变的条件下进行试验，即所谓部分速度特性，多用于汽油机。

3) 根据计算或道路试验获得的使用特性数据进行试验，它代表汽车的使用工况，用于评价汽车使用的燃油经济特性，具有实用意义。

还有采用测定排放值的方法来进行试验，以评定排放性能。

万有特性是将发动机四个主要参数——转速、功率、转矩和燃油消耗率绘制在一个曲线图上，它可以表示发动机在整个工作范围内主要参数的相互关系，用它可以确定发动机最经济的工作区域，这个曲线图称为万有特性曲线，如图 8-11 所示。

万有特性曲线由许多条负荷特性曲线或部分速度特性曲线的数据绘制而成，为了使曲线图准确，一般所用的曲线数不应少于 10 条，采用的曲线越多，绘制的万有特性越准确。

3. 机械损失功率试验

发动机的摩擦副在运动中要产生摩擦阻力，形成摩擦损失功率。评价机械摩擦损失大小的指标有摩擦损失功率及机械效率。用公式表示如下：

$$\eta_m = \frac{P_e}{P_e + P_m} \times 100\% \tag{8-5}$$

式中，η_m——机械效率；

P_e——有效功率，kW；

P_m——摩擦损失功率，kW。

测量机械损失功率的常用方法有：

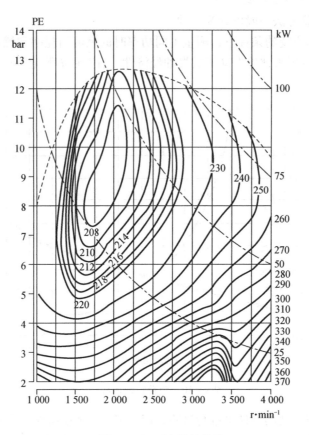

图 8-11 万有特性曲线

(1) 单缸熄火法

在发动机运转工况达到正常状态时，在所测转速下测量功率，为其有效功率 P_e。然后将第一缸熄火，此时发动机转速必然降低，应随即降低负荷，使转速迅速恢复到原来的转速，并测量功率 P_{e1}，则有 $P_e - P_{e1} = P_{i1}$。依次停止其余各缸，可获得 P_{i1}、P_{i2}、…、P_{in}，P_{in} 代表将第 n 个缸熄火后发动机的功率。

其机械损失功率：

$$P_m = \sum_{n=1}^{n} P_{in} - P_e \qquad (8-6)$$

式中，n——缸的号数。

机械效率：

$$\eta_m = \frac{P_e}{\sum_{n=1}^{n} P_{in}} \times 100\% \qquad (8-7)$$

这一方法适用于低速发动机。但目前汽车发动机已发展到高速大负荷的境界，如果这时熄火一缸，必然破坏发动机的平衡，这会带来危害，故现在一般不主张采用此法。

(2) 油耗线延长法

这种方法称 Williams 法。在做负荷特性试验时，可将低负荷时燃油消耗量适当地多测几点，在绘制负荷特性曲线时将油耗线延长与功率坐标相交，如图 8-12 所示，这时交点到坐标 O 点间的负值即为摩擦损失功率。

这种方法仅适用于柴油机。

(3) 电力测功机拖动法

这种方法是由电力测功机拖动发动机运转，测功机所测出的功率即为发动机的摩擦损失功率。在实际测量时，先使发动机带负荷运转，使发动机的机油温度和水温达到正常状态后，将节气门全开，或供油泵齿条位置处于最大位置，切断供油油路，待燃油消耗完（若是汽油机还需断开点火电源），立即用电力测功机拖动发动机运转，测功机测出的功率即为摩擦功率。

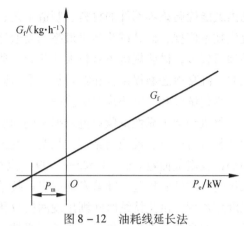

图 8-12 油耗线延长法

这种方法的测试精度高、方法简便，但需昂贵的电力测功机。试验时一定要保证润滑油的温度和水温，以免造成摩擦功率的变化。

用这种方法另一个最大的好处是可以分解发动机，测量每一对摩擦副的摩擦损失功率，为了解发动机摩擦损失的根源和降低摩擦损失提供依据。这对提高发动机性能是必要的，但这时必须增加一些保持水温和油温的加热辅助设备。

(4) 示功图法

作发动机示功图时，从定速运转时的示功图曲线上可知平均指标压力 P_i，从测功机转矩曲线上可知相应点的平均有效压力 P_e，则可计算出摩擦损失的平均有效压力 P_m 及机械效率。

(5) 角加速度法

通过测量发动机加速瞬间的指示转矩、有效转矩和曲轴角速度，可由下式计算出摩擦损失转矩，其公式为

$$M_m = (M_i - M_e - I)\mathrm{d}\omega/\mathrm{d}t \tag{8-8}$$

式中，M_m——摩擦损失转矩，N·m；

M_i——指示转矩，N·m；

M_e——有效转矩，N·m；

I——惯性力矩，N·m；

ω——角速度，rad/s；

t——时间，s。

4. 发动机可靠性试验

发动机的许多零部件都是在较为苛刻的条件下工作的，因而其工作的可靠性和耐久性将标志着发动机在实际使用过程中的可靠程度及工作寿命。因此，在台架上使发动机受到较大的实际交变机械负荷及热负荷，并提高单位时间内的变交次数，以期在较短的时间内考验发动机的可靠性，已成为产品开发及产品质量检测的关键项目。可靠性试验依据不同的考核要求又可分为零部件可靠性试验及整机可靠性试验。

零部件可靠性试验一般是依据产品设计的要求，对某些关键零部件按照特定的试验规范进行验证性试验。由于这些试验往往采取了一些超常规的交变负荷及热负荷工况，故在短时

间内就能检验该零部件的材料、制造工艺、配合间隙等的选择是否合理，为整机可靠性试验提供技术依据，而其试验结果最终仍需通过整机可靠性试验来加以验证。零部件可靠性试验的项目较多，试验规范也有较大的差异，典型的试验项目有活塞快速磨合试验、活塞可靠性试验、缸套冷态磨损试验和缸盖热变形试验、配气部件的快速疲劳试验、轴瓦磨损试验、气缸垫强化试验和气缸垫渗漏试验等。

整机台架可靠性试验规范依据不同的机型及不同的考核目的一般分为全速全负荷试验、超速超负荷试验、模拟道路行驶状况的变工况试验和热冲击试验等，试验持续时间则依据不同的试验规范而定。QC/T 525—1999《汽车发动机可靠性试验方法》介绍了我国目前广泛采用的几种试验规范。随着发动机引进技术的发展，可靠性试验规范已日趋多样化，考核的强度更苛刻，试验持续时间则出现两极分化。但无论采用何种试验规范及试验持续时间，其最终目的是要能准确评价发动机的可靠性。

在进行可靠性试验前，发动机要按产品技术条件的规定进行磨合及进行必要的维护和调整。可靠性试验过程中，应根据有关规定对发动机进行日常维护；记录运行时间（小时数）、转速、负荷、燃油消耗量、机油消耗量、活塞漏气量、排放值、机油压力和进气状态等有关参数；并随时记录故障停车内容及排除时间、维护内容及所用时间和更换的零件及损坏情况等；根据有关要求绘制运行持续时间（小时数）与相关测量参数的关系曲线，计算机能率及故障平均间隔时间。

$$机能率 = \frac{运行时间}{运行时间 + 维护时间 + 故障时间} \times 100\% \qquad (8-9)$$

$$故障平均间隔时间 = \frac{运行时间}{故障停车次数}(h/次) \qquad (8-10)$$

如何对可靠性试验结果进行评价，各国有关标准所掌握的尺度略有差异，但所评价的主要项目大致相同，主要有机件的磨损及损坏情况、动力性下降及经济性恶化的程度、机油消耗量及活塞漏气量的变化情况、排放值的变化情况，以及机能率及故障平均间隔时间。

目前，随着试验工况的复杂化及试验持续时间的加长，为了保证试验工作的顺利进行及减轻操作人员的劳动强度，试验设备已广泛采用电控技术，其能自动检测和记录各控制参数，并具有自动报警、故障判断和自动停机的功能。

第二节　传动系试验

汽车传动系统包括离合器、变速器、传动轴和驱动桥等。汽车传动系的性能对整车的行驶性能、油耗以及其他的多项性能都有影响。从新产品的发展角度来说，为了提高汽车的整体技术指标，改进传动系的性能，对传动系及其主要部件进行性能试验研究具有重要意义。

汽车传动系试验内容按总成零部件大致可分为动力传递性能的评价、变速性能的评价、操纵性能的评价、振动、噪声等安静性能的评价以及扭转强度和耐久性的评价等。

一、离合器试验

汽车离合器主要包括摩擦式、液力式和电磁式三种类型,其中摩擦式离合器应用最广泛。汽车摩擦式离合器主要由盖总成和从动盘总成构成。离合器面片性能试验的主要依据是 GB/T 5764—2011《汽车用离合器面片》,离合器台架试验可参考行业标准 QC/T27—2014《汽车干摩擦式离合器总成台架试验方法》,其性能试验项目分为盖总成试验、从动盘总成试验以及离合器总成试验。

1. 盖总成分离特性和负荷测定试验

该项试验主要测定盖总成的分离特性和负荷特性两组特性曲线。前者是离合器处于实际安装状态,测量分离和接合离合器时,作用于分离杆(指)端的载荷及压盘升程随分离杆(指)端行程变化的关系曲线;后者则是在未装从动盘总成的条件下,对压盘加载和随后卸载过程中,测量作用于压盘上的载荷与压盘位移之间的关系曲线。通过曲线,可以确定出离合器最大分离力、对应规定分离行程的压盘最小升程和工作压紧力。这些参数,可以对离合器动力传递性能、操纵轻便性与分离彻底性进行评价,确定该离合器是否满足设计要求。

在做分离特性试验时,将盖总成按技术要求固定于代用飞轮上,中间装有相当于从动盘总成夹紧厚度的垫块,该装置放于测量台中心,如图 8-13 所示。操纵加载装置使代用分离轴承行程达到规定的最大分离行程,进行 10 次后,分离杆(指)预加规定载荷,将百分表或位移传感器调零;然后以适当的行程增量使离合器分离,直至达到最大分离行程为止;再以相同的行程增量,使离合器接合,直到恢复零位。记录分离和接合时与分离行程相对应的载荷及压盘位移,绘制出分离特性曲线。

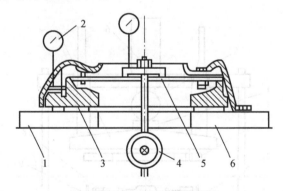

图 8-13 分离特性试验装置

1—测量台;2—百分表;3—垫块;4—载荷测量装置;5—代用分离轴承;6—代用飞轮

在做负荷特性试验时,离合器装置同前,放于如图 8-14 所示的测量台中心。装百分表或位移传感器,使其与压盘或与压盘摩擦表面接触的专用位移测量架相接触,并调零。对压盘施加载荷,使压盘移动 1 mm 左右,取出垫块,然后减载至百分表复零。再继续减载,直至卸掉全部载荷,记录压盘从零位到全部卸掉载荷时的移动量,即为 λ_b。再重新调整仪表,以适当的压盘位移增量对压盘加载,对于螺旋弹簧离合器,加载至超过 λ_b = 2.5 mm 左右,对于膜片弹簧离合器加载超过低谷 1 mm 左右,然后减载,直至卸掉全部载荷。记录压盘上载荷随压盘位移 λ 变化的数值,绘制负荷特性曲线。

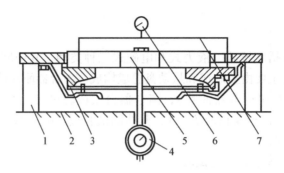

图 8-14 负荷特性试验装置

1—支撑柱；2—测量台；3—代用飞轮；4—载荷测量装置；5—加载器；6—百分表；7—压盘位移测量架

2. 从动盘总成轴向压缩特性（面压特性）、夹紧厚度及平行度测定试验

该项试验主要测定从动盘总成在规定的压紧力作用下的夹紧厚度、平行度及轴向缓冲变形量与压紧力之间的关系，并将测得的结果与产品图纸或有关规定的技术要求进行比较，确定被试离合器从动盘总成是否符合要求。

试验装置如图 8-15 所示。按工作压紧力压缩从动盘总成数次，直至轴向压缩量读数稳定，施加规定的预载荷，然后开始测量。对从动盘总成加载，直至从动盘总成上的载荷达到规定的工作压紧力，记录轴向压缩量 δ 和对应的垂直压力 P，同时测量上下夹板间沿圆周均布三点处的距离，其平均值为从动盘总成的夹紧厚度、最大值与最小值之差即为平行度。以同样方法减载，直至载荷卸到零，记录轴向压缩量 δ 和对应的垂直压力 P，绘制压缩特性曲线。

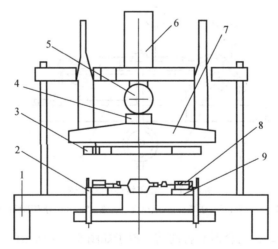

图 8-15 从动盘总成轴向压缩特性试验装置

1—主框架；2—位移传感器；3—预载盘；4—负荷传感器；5—球铰链；6—液压缸；7—上压板；8—从动盘总成；9—下垫板

3. 从动盘总成扭转特性测定试验

从动盘总成的扭转特性对变速器的咔嗒声以及闷鼓声等振动噪声影响很大。在此试验中重点确定扭转减震器的扭转刚度及阻尼转矩，以判断其减振性能对车辆振动噪声的影响。

试验装置如图 8-16 所示。将从动盘总成装到试验台的、与之相适应的花键轴上,并将摩擦衬片部分夹紧。装转角指针或角位移传感器,使之能随盘毂一起转动并处零位。对盘毂施加扭转力矩,转动盘毂,直到与限位销接触为止。卸载至零,反向加载,直到与另一侧限位销接触为止。卸载至零,重复上述步骤两次。在加载与卸载过程中,需记录转角与扭转力矩的对应数值,同时在零位置检查并调整转角及扭转力矩零位。绘制扭转特性曲线,并确定减震器极限扭转角 α_{max}、极限力矩 M_{max},规定转角处的摩擦阻尼力矩 M_h,规定转角范围的扭转刚度 C_d 及对应发动机最大转矩时的转角 α_e。

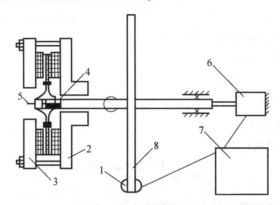

图 8-16 从动盘总成扭转特性试验装置
1—拉压力传感器;2—支撑板;3—夹紧盘;4—花键轴;
5—转角轴;6—角位移传感器;7—X—Y 记录仪;8—扭转力臂

扭转刚度按下式计算求得

$$C_d = \frac{M_e - M_h}{\alpha} \tag{8-11}$$

式中,M_e——发动机最大转矩,N·m;

M_h——规定转角处摩擦阻尼力矩,N·m;

α——规定转角至发动机最大转矩之间转角,(°)。

4. 离合器耐高速试验

该项试验的目的是在规定的转速下确定离合器工作的可靠性或测定连续加速时离合器的破坏转速。离合器高速试验台有两种形式,一种为加速度可调整控制装置,另一种为升温控制的离合器从动盘总成高速试验台,试件均封闭置于破坏舱内。

盖总成装于代用飞轮上,使之处于压紧状态并经动平衡放入封闭破坏舱内,起动并加速被试件,达到规定转速或连续加速至破坏转速时进行试验。

从动盘总成装于试验台的心轴上封闭起来,待破坏舱内温度达到规定温度,保持 5 min,起动并加速被试件,达到规定转速或连续加速至破坏转速时进行试验。

试验结果按技术要求或图纸规定指标进行评价。

5. 离合器热负荷测定试验

试验的目的是确定模拟汽车起步工况下,离合器平均结合一次的滑磨功及连续起步时的发热情况。所谓滑磨功是指离合器在滑磨过程中有多少机械能变成热能。离合器的滑磨功越大,意味着变成热能的量值越多,即离合器摩擦副的发热和磨损也就越严重。

试验是在如图8-17所示的离合器综合性能试验台上进行的。在压盘表面中径处,距工作表面0.5 mm±0.1 mm,埋装热电偶或其他感温元件。按规定配装当量惯量,施加道路阻力矩。

当量惯量用下式确定:

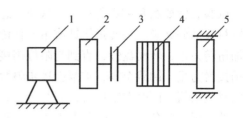

图8-17 离合器综合性能试验台
1—电机;2—惯性飞轮;3—被试
离合器;4—惯量盘;5—制动器

$$J_K = \frac{W \cdot R_T^2}{i_K^2 \cdot i_0^2} \qquad (8-12)$$

式中,J_K——汽车K挡的当量惯量,kg·m²;

W——汽车总质量,kg;

R_T——车轮滚动半径,m;

i_0——驱动桥减速比;

i_K——变速器K挡速比。

道路阻力矩按下式确定:

$$M_T = \frac{W \cdot g \cdot \varphi \cdot R_T}{i_K \cdot i_0} \qquad (8-13)$$

式中,M_T——作用于离合器输出轴上的道路阻力矩,N·m;

φ——道路阻力系数,$\varphi = f\cos\alpha + \sin\alpha$;

f——滚动阻力系数;微型车、轻型车及轿车:$f=0.015$;中、重型车:$f=0.02$;

α——坡度角度,$\tan\alpha = 8\%$;

g——重力加速度,m/s²;

W,R_T,i_K,i_0——同前。

试验样品需经磨合,接触面积需达80%以上,磨合表面温度不超过100℃。复验磨合后的盖总成和从动盘总成,确定夹紧厚度和对应的工作压紧力。安装连接好温度、转矩、转角或转速的测量记录装置。起动电动机,模拟起步工况,进行10次离合器接合试验,记录3次接合过程的各参数,如转矩以及主从动部分转速、温度和滑磨时间,以便计算滑磨功。其余各次仅记录温度变化,并观察发热情况。

滑磨功按下式原理进行处理:

$$A = \int_{t_0}^{t} M_c(\omega_m - \omega_t)\mathrm{d}t \qquad (8-14)$$

式中,A——滑磨功,J;

M_c——摩擦力矩,N·m;

ω_m,ω_t——主从动部分角速度,rad/s;

t_0,t——接合过程的起、止时间,s。

6. 离合器摩擦力矩测定试验

离合器从动盘的摩擦特性、离合器盖总成的工作压紧力和离合器尺寸影响着离合器抗滑性能。离合器摩擦特性就是将上述部件合成为一个离合器总成的转矩传递特性试验,其分为静摩擦力矩测定试验和滑动摩擦力矩测定试验两类。

测量静摩擦转矩时,离合器在试验台上处于完全接合状态,将主(或从)动部分固定,对从（或主）动部分缓慢施加扭转载荷，测量并记录开始打滑时的转矩。

测定滑动摩擦转矩时，从动盘总成固定不动，盖总成旋转，开始强制滑磨循环，直到摩擦表面温度达300 ℃为止，记录对应于室内温度为50 ℃、100 ℃、150 ℃、200 ℃及300 ℃时的滑动摩擦力矩。绘制滑动摩擦力矩随温度变化的关系曲线，计算250 ℃时单位面积的滑动摩擦力矩。

7. 离合器防黏着性能试验

离合器总成防黏着性能试验的目的，就是要测定离合器总成在恒温、恒湿环境中放置一定时间后，在压紧元件无作用的状态下，离合器主、从动部分之间的分离力或分离转矩，以评价离合器的防耐锈蚀抗黏着性能。

将离合器盖总成、从动盘总成及飞轮（或相同材料夹具）装成实车状态，垂直放入已调整好的恒温、恒湿箱内锈蚀12 h，再置于大气中12 h，重复上述过程两次，共72 h。再将试件平放，固定飞轮，旋松盖总成与飞轮间连接螺栓，消除压紧力（螺栓仍在飞轮上），对从动盘毂施加扭转力矩，使从动盘相对压盘和飞轮摩擦表面开始转动的力矩，即为分离扭转力矩。

二、变速器试验

1. 机械式变速器

汽车行业标准QC/T 29063.1—2011 和 QC/T 568.1—2011 规定了机械式变速器的总成技术条件和台架试验方法。

（1）变速器效率试验

变速器效率即为其传动效率，是变速器输出功率与输入功率之比。传动效率标志着变速器的功率损耗水平，其高低将影响汽车的动力性、燃油经济性和排放性。测定变速器的传动效率时，可应用开式试验台（如图8-18所示），也可应用闭式试验台（如图8-19所示）。

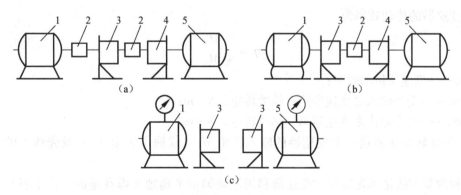

图 8-18 变速器开式试验台

1—输入电动机；2—转矩测量传感器；3—主试件；4—陪试件；5—制动测功机

1）高精度转矩法测量一个变速器的输入转矩（M_1）和输出转矩（M_2）。

这是测量变速器效率最直接的方法，既可在开式试验台上进行，也可在闭式试验台上进行。M_1和M_2的测量，既可以用高精度转矩仪（如图8-18（a）所示），也可以借助测功机

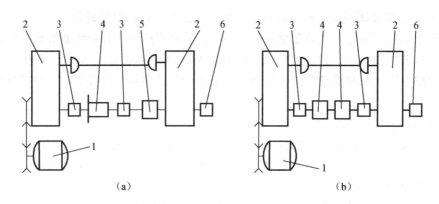

图 8-19 变速器闭式试验台

1—电动机；2—辅助齿轮箱；3—转矩传感器；4—被试变速器；5—陪试变速器；6—加载器

和转矩仪（如图 8-18（b）、图 8-19（a）所示）。将测得的 M_1 和 M_2 值代入下式，可得变速器的传动效率为

$$\eta = \frac{M_2}{M_1 \cdot i} \qquad (8-15)$$

式中，η——变速器传动效率；

M_1——作用在变速器第一轴上的输入转矩，$N \cdot m$；

M_2——作用在变速器第二轴上的输出转矩，$N \cdot m$；

i——变速器所测挡位的传动比。

2) 对接法测量两个变速器的第一轴转矩（M_1 和 M_2）。

采用测量两个输出轴对接的变速器第一轴转矩的方法测定变速器的传动效率（如图 8-18（c）、图 8-19（b）所示），这实质是同时测定两个变速器的效率，即

$$\eta^2 = \frac{M_1'}{M_1} \qquad (8-16)$$

则一个变速器的传动效率为

$$\eta = \sqrt{\frac{M_1'}{M_1}} \qquad (8-17)$$

式中，η——变速器传动效率；

M_1——功率输入之变速器第一轴的转矩，$N \cdot m$；

M_1'——功率输出之变速器第一轴的转矩，$N \cdot m$。

3) 平衡转矩法测量一个变速器的输入转矩 M_1（或输出转矩 M_2）及壳体上的平衡转矩 M_p。

这种测量方法是预先将被试变速器利用滚动轴承平衡地支撑在地面（或平板）上，如图 8-20 所示。

对于汽车通用的同心轴结构式变速器，测出 M_1 和 M_p 之后，可用下式计算变速器的效率

$$\eta = \frac{1 + \dfrac{M_p}{M_1}}{i} \qquad (8-18)$$

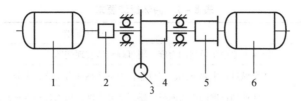

图 8-20 变速器平衡法测转矩

1—电动机；2—转矩传感器；3—拉力传感器；4—试件；5—陪试件；6—加载装置

或测出 M_2、M_p 之后，利用下式计算变速器的效率

$$\eta = \frac{M_2}{(M_2 - M_p i)} \tag{8-19}$$

4) 平衡框架法测量利用框架平衡支撑的一对变速器的第一轴输入转矩 M_1 和作用在框架上的反作用转矩 M'_p。

图 8-21 所示为将一对变速器安装在平衡框架上，应用开式试验台测定变速器传动效率的装置。在测得第一轴输入转矩 M_1 和作用在框架上的反作用力矩 M_p 之后，可按下式计算变速器（一个变速器）的传动效率：

$$\eta = \sqrt{1 - \frac{M'_p}{M_1}} \tag{8-20}$$

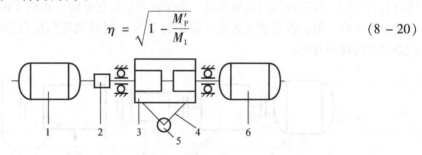

图 8-21 变速器平衡框架法测转矩

1—电动机；2—转矩传感器；3—试件；4—平衡框架；5—拉力传感器；6—加载装置

此外，对于由变速器的传动损失所引起的发热的冷却，采用了水浴法和油浴法。在变速器的传递转矩损失中，有传动齿轮啮合损失、润滑油搅拌损失以及轴承、油封等摩擦损失，这些损失变化是由输入转矩、输入转速或润滑油温等因素确定的。因此，在试验中要一方面要改变输入转矩和转速以及变换挡位，另一方面要求出广泛使用条件下的损失转矩或传动效率。

(2) 润滑试验

为了防止变速器烧坏、摩擦等，同时抑制油温上升，要向变速器内的各润滑部件供给必要而充分的润滑油，并进行确认试验。

试验目的是变速器在各种工作条件下不传递转矩时，评价润滑效能。其方法是先磨合变速器，使每一前进挡都进行为时 30 min 的运转，输入转速等于其最大使用转速的 3/4，当油温超过 140 ℃ 时冷却变速器。在变速器壳的各部位设置窗口，以便视察润滑油的飞溅和润滑油的流动情况，并安装测量油温传感器。试验中要包括高速、上下坡、转圈行驶在内的经过实车考验的全部回转、倾斜（A 和 B 位置）等行驶条件设定的试验循环运转，如表 8-1 所示。采用目测方法观察润滑情况，并对润滑效能作出评价。

表 8-1 循环运转要求

评价项目	运转要求
变速重量	操纵力要采用适当的力度，则可顺利地实现变速
柔软性	在操纵过程中要感到确实可靠，无不适感和滑动感，十分柔顺
节度	各变速挡位置的进入或拔出感到十分明确，切入过程也感到适度
操纵时的噪声	无敲击、滑动、齿轮冲击等噪声
球头柄的形状和位置	适当的球头柄形状和位置有利于操纵的轻便性；另外，其长度和转动方向要适当

(3) 变速器总成动态刚性试验

变速器总成动态刚性是指变速器各轴在传递转矩时抗变形大小的量值。如果轴的动态刚性不足，则会使齿轮的接触偏载，影响其使用寿命。

试验装置如图 8-22 所示。为了得出各轴最大变形量及变形曲线，每根轴需要测 5 处以上，每一处又要测出其垂直方向和水平方向的位移量，求出这一点的空间位移量。在箱体上开窗孔，以便安装所需数量的百分表，将量表触头从变速器壳体相应部位的孔口伸入箱内，对准经磨光的测量部位。正式测量之前，为消除各处间隙，首先要预加一次载荷。卸载后要将百分表调零，然后开始测量变形量。为保证测量数据稳定，在输入轴从零开始，缓慢施加转矩至转矩设计值，连续增量为设计转矩的 25%，同时测量值应包括各挡在正拖和反拖转矩条件下的转矩方向。

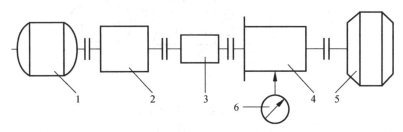

图 8-22 变速器总成动态刚性试验示意
1—电动机；2—减速器；3—转矩传感器；4—试件；5—加载装置；6—百分表

轴的挠度是轴上各部位相对于支撑处的位移，因此，所有测量数据都要去掉各支撑处（轴承作用中心）位移的影响。轴与轴之间的影响（如第一轴对第二轴的影响）也应按同样方法处理。

(4) 变速器耐久性试验

1) 变速器齿轮试验。这里所指的齿轮耐久性试验，主要是指齿轮的弯曲疲劳试验，它的试验条件是根据汽车变速器所匹配的发动机最大转矩和最大转矩时的转速作为变速器台架试验时的输入条件，油温控制在 85℃±5℃，试验顺序是根据变速器排挡循环试验，我国变速器台架试验标准制定较早，对轻、中、重型的试验次数有不同要求。随着高速公路的快速发展，变速器低挡的利用率已大大减少，所以我国标准与世界先进国家比较显得相对落后一些。以轻型车为例，一般国外低挡试验循环数仅占全部试验次数的 2% 左右，而高挡位要占到 45%~60%，同时 I 挡和倒挡的输入转矩仅是其他挡位的 75% 左右。而轿车变速器一般与主减速器为一体，它们在试验时又用另一种规范，如桑塔纳汽车变速器，需要进行正拖（牵引）和反拖（滑行）两种方法加载比例，如表 8-2 所示。

表8-2 正拖和反拖两种方法加载比例　　　　　　　　　　　　%

挡 位	正 拖	反 拖	挡 位	正 拖	反 拖
V	38.7	7.3	II	2.5	0.5
IV	24.8	5.2	I	0.8	0.2
III	16.6	3.4			

加载荷的数值与我国试验标准也不相同，还以桑塔纳汽车为例，它要求进行正反拖加载试验，而且正拖（牵引）加载除IV、V挡（最高挡）加至发机最大转矩的95%以外，其余挡均为100%。反拖（滑行）一律加载25%。

耐久循环寿命各国也不一样，我国 QC/T 568—1999 机械式变速器台架试验方法中规定如表8-3所示。

表8-3 耐久循环寿命

车 型	挡 位				
	I	II	III	IV	V
轻型、微型	50×10^4	350×10^4	700×10^4		
中、重型	50×10^4	170×10^4	500×10^4	$1\,100 \times 10^4$	

西欧国家的变速器试验标准，一般要求试验台驱动动力源分为所匹配发动机和电动机两种，用发动机作为动力源，其总试验时间为 500~600 h，而用电动机作为驱动动力源，试验时间要增加到 700~900 h。同时还有反拖（滑行）试验要求，一般占总试验时间的15%左右；载荷取发动机最大转矩的75%，相对来说比我国标准要苛刻，而对轿车齿轮一般为 100~200 h。如果变速器带有超速挡，其超速挡试验占全部试验时间的60%以上。

2）变速器轴承试验。汽车传动器轴承分为球轴承和锥轴承，球轴承多用于变速器部分，而锥轴承多用于主减速器总成中。然而两种轴承的试验方法也是不同的，一般球轴承在试验前，要查清该轴承的主要设计参数，如尺寸公差、径向和轴向间隙、动态负荷系数、静态负荷系数和允许最大转速（r/min）等，试验要求试件有良好润滑及润滑油温度控制系统。在试验过程中，应该给轴承进行磨合，一般磨合载荷是发动机最大输出转矩的10%，转速为最大工作转速的70%左右，控制油温在 70 ℃ ±5 ℃，进行 5×10^4 次循环试验；然后再进行耐久性试验，耐久性试验时施加100%的发动机最大转矩和最大转矩时转速，润滑油的温度控制在 110 ℃~120 ℃，所施加的载荷和寿命均由设计人员根据产品工作需要而定。如果不能确定，也可以要求不低于对比样品轴承的寿命。

对于锥轴承，由于存在轴向间隙调整问题，所以在耐久性试验之前应进行性能测试，测试方法是在锥轴承轴向施加一固定力（该力大小根据轴承设计手册确定，也可以根据设计人员的设计参数确定），测量轴承旋转力矩，要求该旋转力矩满足轴承在轴向加载、卸载过程中具有一致性，即在一定范围内。然后如同球轴承的耐久性试验方法一样，在试验到一定循环次数后（该循环次数可以由设计人员根据产品设计参数确定）再进行性能复测，视此转矩变化和转矩变化波形稳定性（如有点蚀即转矩跳动）或变化幅值等来确定。

3）同步器（同步环）耐久性试验。汽车同步器耐久性试验必须是满足同步器性能要求的同步器总成，对不能满足性能要求的同步器进行耐久性试验将失去其意义。同步器耐久性试验一般是与操纵机构的耐久性试验同时进行考核的。

我们国家标准要求是变速器各挡进行 10 万次，不产生连续五次换不上挡即为合格品。而国外与我国也有差别，以轻型车为例，在与我国试验标准试验条件一致的情况下，在高挡和低挡一般只进行 2 万 ~ 4 万次试验，而其他挡位要求试验 10 万 ~ 15 万次，相比我国要苛刻。特别是国外还附加有更苛刻的试验条件，即加大离合器的当量惯量，一般增加 20% 左右，然后再试验 5 000 ~ 10 000 次，除了考核连续几次换不上挡以外，还增加测量后备间隙，确定同步器的磨损情况。如果不能满足设计要求，即为不合格品或需要进行重新设计。对于换挡机构也不应该发生断裂、卡住或变形等现象。

4）变速器的磨损试验。汽车变速器的磨损试验是根据变速器在使用过程中，一般是高转速小载荷试验，我国尚无专门的试验标准，欧洲国家一般是施加发动机最大转矩的 60% ~ 70%（也可以由设计人员根据产品设计参数确定），循环次数一般低速挡在 300 万 ~ 500 万次，而高速挡大于 100 万次。试验结束测检齿轮、轴承不应发生点蚀，允许在轴上有轻微的色变和压痕。

2. 自动变速器

（1）台架性能试验

用于评价各变速挡的动力传递性能的试验。试验项目类似于液力变速器试验，大致如下：

1）广泛测定传动状态下各变速挡性能的一般性能试验；

2）测定特别是在发动机节气门全开状态下发动机全开性能的全节气门转矩性能试验；

3）测定定速行驶时道路负载性能试验；

4）测定逆驱动时惯性行驶性能试验；

5）测定输出轴无负载状态时各变速挡损失转矩的无负载损失试验。

另外，在标准中虽无规定，但在装有锁止机构的自动变速器中，在锁止离合器接合状态下进行测定。

自动变速器台架试验装置如图 8 - 23 所示。关于润滑油的状态一般除测定液力变速器的出入口油温外，还要测定油底壳内的油温和管线油压。

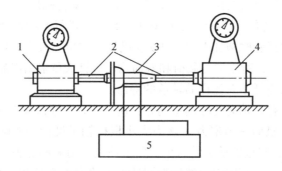

图 8 - 23 自动变速器试验台

1—动力输入测功机；2—传动轴；3—自动变速器；4—动力输出测功机；5—热交换器

除自动变速器总成试验外，还有与此相关的各构成元件的传递性能和损失试验。除液力变矩器的单件性能试验之外，还有油泵的驱动转矩、摩擦接合装置的打滑转矩以及润滑油的搅拌阻力的评价试验。

(2) 变速性能试验

用于评价变速时与锁止离合器接合和分离时的过渡特性（冲击和迟滞），包括根据发动机和整车的惯性质量与行驶阻力负载设定的测功机台架试验和整车行驶试验。前者一般最终还要通过整车进行行驶试验确认。过渡特性一般通过车辆加速用输出转矩（传动轴转矩）以及发动机的转速来判断，同时也采录作用于摩擦接合装置的油压及电子控制自动变速器中的各种控制信号，这些参数对改善特性也起作用。另外，至于在加速和转矩变动等过程中难以明确感觉到的变速以及随着变速是否产生异响的判断，则通过感官评价来弥补。

自动变速器在变速时，一般有通过发动机的负载（阻风门全开等）和输出轴的转速变化而自动变速，以及通过变速杆的区域选择和超速传动开关的手动变速两类变速方法。其试验方法是预先掌握它们的变速条件，在各种运转条件下有意识地使其变速，进行测定。

(3) 摩擦元件试验

一般只取摩擦元件在专用试验机上进行试验，试验机和试验方法由厂家自行决定。采用具有代表性的 SAE NO.2 型摩擦试验机（如图 8-24 所示），可通过供试摩擦元件来制动回转质量，以便检测供试摩擦元件的动态性能（动态摩擦系数、最终动态摩擦系数等）、时效变化、耐久性的惯性型动态试验和使供试摩擦元件微速滑移，以及摩擦元件的静止摩擦系数。

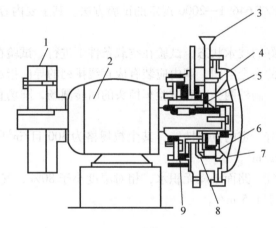

图 8-24 摩擦试验机

1—飞轮；2—电动机；3—注油口；4—离合器板；5—连接被套；6—离合器盘；7—支座；8—压板；9—活塞

(4) 油压制动系统性能试验

取出阀本体总成进行试验，使用可控制压力和流量的油压装置，评价阀的静特性、动特性以及油压控制回路的稳定性等。另外，在电子控制自动变速器中，作为调节器使用的各种电磁阀，结合使用此驱动装置进行试验。

(5) 油泵性能试验

取出油泵单件进行试验，通过可控制转矩和转速的转矩仪在其运转中评价喷油性能、脉动和噪声的大小等。

(6) 变速杆操纵感觉试验

通过变速杆的操纵力或自动变速器外杆的操纵力来评价变速杆的操纵性和节奏感等。

(7) 停车试验

用于评价停车装置输出轴的固定和松开功能的试验，一般采用整车行驶方式。

(8) 其他性能试验

在自动变速器的性能试验中还有有关冷却系统、油量测定系统、润滑性能以及对使用环境的适应性、振动噪声等安静性的评价试验，主要项目有冷却系统性能试验、存油水平试验、通气功能试验、润滑试验、低温试验、高温试验、混入泥、水试验、齿轮噪声试验等。

第三节　车身密封性试验

汽车车身密封性试验包括汽车粉尘密封性、水密封性和气密封性试验，主要考察车辆车身防尘、防水和气体密封性能。

一、粉尘密封性试验

汽车粉尘密封性试验有道路试验法和粉尘洞试验法两种。

1. 粉尘洞试验法

粉尘洞试验法是 QC/T 646.1—2000 规定的试验方法。其主要内容如下：

(1) 试验条件

试验车辆应处在良好的技术状态，试验在空载条件下进行。试验在粉尘洞内进行，粉尘洞应具有满足试验要求的安全空间，洞内应装有成直线排列的导向指示雾灯，左右两边应设有防止汽车撞墙的装置。洞外两头应有试验车掉头的回转圆场，圆场直径要满足试验车转弯加速的要求。

试验所用粉尘应具有一定的抗湿性能，其尘粒规格为 300 目/in^2[①] 以上，试验时洞内粉尘浓度应为 $150 \sim 300$ mg/m³。

试验时应是无雨天气，路面干燥无积水，相对湿度小于 80%，气温为 0 ℃ ~ 40 ℃，沿粉尘洞纵向轴线风速小于 1.5 m/s。

(2) 试验准备

试验所用仪器及精度有以下要求：

1) 粉尘取样仪（2.5%）；

2) 风速仪（0.1 m/s）；

3) 温度计（±1 ℃）；

4) 湿度计（2% ~ 6% RH）；

5) 天平（最小分度值 0.1 mg）；

6) 秒表（±0.5 s/d）；

7) 干燥缸；

8) 滤纸（阻挡效率≥99%）。

试验用仪器应按国家有关计量仪器的规定进行定期检验。试验前，按要求进行检查。试

---

① 英寸为非法定计量单位，1 英寸（in）= 2.54 厘米（cm）。

验前将试验车内外用水冲洗干净并晾干,然后开闭门、窗、孔、口,保持车厢内清洁。每次试验采用同一型号、规格及同一生产厂家生产的滤纸。待用滤纸必须在干燥缸中干燥 6h 以上,将试验中所需要的足够数量滤纸逐张称重,装入编了号的滤纸盒内备用。

(3) 试验方法

1) 采样头安装。安装工作在粉尘洞口进行,车长 L 小于或等于 10 m 的汽车,车内采样头安装在纵向对称面内面内,且位于将车身长度四等分的前后等分点处,共两只。车长 L 大于 10 m 的汽车,车内采样头安装在纵向对称面内,且位于将车身长度六等分的前、中、后等分点处,共三只。车内采样头高度 H 距座椅上表面为 750 mm,吸气口朝上。车外采样头装于后视镜上,左右各一只,吸气口朝前。采样头安装位置如图 8 – 25 和图 8 – 26 所示。

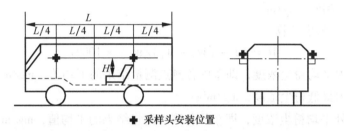

图 8 – 25　车长 L 小于或等于 10 m 的汽车的采样头安装位置

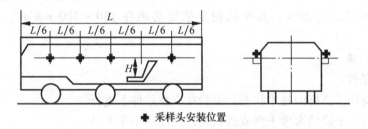

图 8 – 26　车长 L 大于 10 m 的汽车的采样头安装位置

2) 测量车身内部本底粉尘浓度。测量前应再次清除车厢内粉尘,保持门、窗、孔、口处于关闭状态,在车内前采样头内装入一片滤纸,然后打开车内前采样头的粉尘取样仪采样,采样流量 20 L/min,采样时间 15 min,经取样后的滤纸应小心放回原编号的滤纸盒内。

3) 行驶试验。在所有采样头内装入滤纸,然后打开所有粉尘取样仪,调准采样流量为 20 L/min,然后关闭粉尘取样仪。

试验车起步穿过粉尘洞,掉头再进入粉尘洞时打开所有粉尘取样仪采样,试验车以 30 km/h 的车速来回穿过粉尘洞进行试验,记下试验车的连续行驶时间和穿过粉尘洞的实际时间。试验应保证穿过粉尘洞的实际时间大于 3.5 min,连续行驶试验应在 15 min 内结束。试验结束时应先停车,然后关闭粉尘取样仪,经取样后的滤纸应小心放回原编号的滤纸盒内。

4) 滤纸的干燥和称重。取样后的滤纸置于干燥缸中干燥 6 h 以上,与试验取样前置于干燥缸中的时间差不大于 10 min,然后称重,称重结果填入试验记录表。

(4) 试验结果处理

1) 粉尘质量计算。

$$P = P_2 - P_1 \qquad (8-21)$$

式中，P_1——采样前的滤纸质量，mg；

P_2——采样后的滤纸质量，mg；

P——粉尘质量，mg。

2) 粉尘浓度计算。

$$W = \frac{P}{V} \times 10^3 \qquad (8-22)$$

式中，P——粉尘质量，mg；

V——采样体积，L；

W——粉尘浓度，mg/m³。

3) 汽车粉尘密封度计算。

$$M = [1 - (W_n - W_b)/W_w] \times 100\% \qquad (8-23)$$

式中，W_n——车内平均粉尘浓度，即车内各测点测量结果的平均值，mg/m³；

W_b——车内最低粉尘浓度，mg/m³；

W_w——车外平均粉尘浓度，即车外各测点测量结果的平均值，mg/m³；

M——汽车粉尘密封度，%。

4) 试验结果的有效性检验。试验所测得车外左右采样头的粉尘质量与其平均粉尘质量的允许偏差不得超过 20%，其平均粉尘浓度必须在 150～300 mg/m³，否则该次试验无效。

2. 道路试验法

(1) 试验条件

试验车辆应处于良好的技术状态，试验在空载条件下进行。

试验道路应为干燥的多尘土路或砂石路，长度不小于 10 km。

试验时应是无雨天气，路面干燥无积水，风速小于 1.5 m/s。当风速大于 1.5 m/s，但小于 3 m/s 时，风向与行驶方向夹角不得大于 30°。

(2) 试验准备

试验用仪器应按国家有关计量仪器的规定进行定期检验。试验前，按要求进行检查。试验前将试验车内外用水冲洗干净并晾干，然后开闭门、窗、孔、口，保持车厢内清洁。每次试验采用同一型号、规格及同一生产厂家生产的滤纸。待用滤纸必须在干燥缸中干燥 6 h 以上，将试验中所需要的足够数量滤纸逐张称重，装入编了号的滤纸盒内备用。

(3) 试验方法

1) 采样头安装。安装工作在试验道路起点进行，车长 L 小于或等于 10 m 的汽车，车内采样头安装在纵向对称面内面内，且位于将车身长度四等分的前后等分点处，共两只。车长 L 大于 10 m 的汽车，车内采样头安装在纵向对称面内，且位于将车身长度六等分的前、中、后等分点处，共三只。车内采样头距地板高度 H：微型客车为 800 mm，轻型客车为 1 000 mm，中型、大型与特大型客车为 1 200 mm，吸气口朝上。车外采样头装于车身前部，并与车内采样头同高，距车身外侧 200 mm 处左、右各一只，吸气口朝前。

2) 测量车身内部本底粉尘浓度。测量前应再次清除车厢内粉尘，保持门、窗、孔、口处于关闭状态,在车内前采样头内装入一片滤纸,然后打开车内前采样头的粉尘取样仪采样,采样流量 20 L/min,采样时间 15 min,经取样后的滤纸应小心放回原编号的滤纸盒内。

3) 行驶试验。试验开始时,应先打开粉尘取样仪,调准流量后再起步,试验车速为 30 km/h,被试车辆尾随扬尘车连续行驶 15 min,车距为 10~15 m。试验车驾驶员应有意识追逐灰尘,使整车行驶于被扬起的尘土中,采样流量为 20 L/min,车外粉尘浓度应不小于 100 mg/m³。当车外粉尘浓度大于 300 mg/m³ 时,允许降低采样流量至 15 L/min。试验结束时应先停车,然后关闭粉尘取样仪,经取样后的滤纸应小心放回原编号的滤纸盒内。

4) 返程试验。重复上述 2)、3) 步,进行返程试验。

5) 滤纸的干燥和称重。取样后的滤纸置于干燥缸中干燥 6 h 以上,与试验取样前置于干燥缸中的时间差不大于 10 min,然后称重,称重结果填入试验记录表。

(4) 试验结果处理

试验结果处理方法同粉尘洞试验法。

二、水密封性试验

车身水密封性能主要考核车辆在雨天、洗车环境中,关闭门、窗及孔盖时防止水进入客舱、行李舱的能力。通常在人工淋雨试验条件下对车辆车身水密封性能进行检验。

1. 术语及其定义

渗:所谓渗是指水从缝隙中缓慢出现,并沿着内护面漫延开去的现象。

慢滴:指水从缝隙中出现,并且以小于等于 60 滴/min 的速度离开车身内护面,断续落下的现象。

快滴:指水从缝隙中出现,并且以大于 60 滴/min 的速度离开车身内护面,断续落下的现象。

流:指水从缝隙中出现,并沿着或离开车身内护面连续不断地向周围或向下流淌。

2. 试验条件

(1) 环境条件

淋雨试验时,气温应在 5 ℃ ~ 35 ℃,气压应在 99 ~ 102 kPa 范围内。在室外淋雨试验台上进行试验,应选择晴天或阴天,并且风速不超过 1.5 m/s。

(2) 车体受雨部位及其降雨强度

淋雨试验时,无行李舱的客车,车体受雨部位及其降雨强度见表 8-4,有行李舱的客车,车体受雨部位及其降雨强度见表 8-5。

表 8-4 无行李舱的客车车体受雨部位及其降雨强度

受雨部位	降雨强度/(mm·min^{-1})
前围上部	8~10
侧围上部、后围上部、顶部	4~6
注:1. 前围上部是指车体前部,风窗下周边密封胶条下沿至车顶的部分; 2. 侧围上部是指车体侧面侧窗窗框下沿至车顶的部分; 3. 后围上部是指车体后部后窗下周边密封胶条下沿至车顶的部分。	

表 8-5 有行李舱的客车车体受雨部位及其降雨强度

受雨部位	降雨强度/(mm·min^{-1})
前部	8~10
侧面、后部、顶部	4~6
底部	6~8
注：1. 前围上部是指车体前部，风窗下周边密封胶条下沿至车顶的部分；	
2. 侧围上部是指车体侧面侧窗窗框下沿至车顶的部分；	
3. 后围上部是指车体后部后窗下周边密封胶条下沿至车顶的部分。	

(3) 喷嘴布置要求

前、后部喷嘴的轴线与客车基准 Y 平面平行，与铅垂方向的夹角为 30°~45°，喷嘴朝向车体。侧面喷嘴的轴线与客车基准 X 平面平行，与铅垂方向的夹角为 30°~45°，喷嘴朝向车体。顶部喷嘴的轴线与客车基准 Z 平面垂直，喷嘴朝向车体。底部喷嘴位于客车基准 Y 平面两侧，其轴线与客车基准 X 平面平行，与铅垂方向的夹角为 30°~45°，喷嘴上仰朝向另一侧车体。

底部喷嘴与地板下表面距离为 300~700 mm，其余部位喷嘴与车体外表面距离为 500~1 300 mm。

喷嘴布置应保证规定的车体外表面都被人工雨均匀覆盖，不存在死区。

(4) 淋雨要求

喷嘴的喷射压力为 69~147 kPa，淋雨时间为 15 min。

3. 淋雨设备

(1) 淋雨设备组成和工作原理

淋雨设备主要由水泵及其驱动电动机、底阀、压力调节阀、节流阀、截止阀、水压表、流量计、输水管路附件、喷嘴、蓄水池、支架和喷嘴架驱动调整装置等组成，如图 8-27 所示。

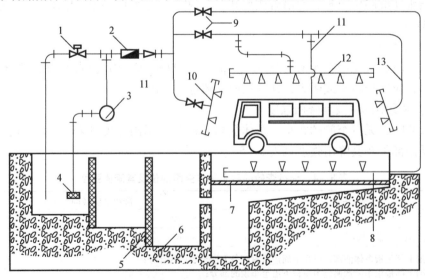

图 8-27 淋雨设备组成简图

1—压力调节阀；2—流量计；3—水泵；4—吸水口滤网；5—滤网；6—多级沉淀池；7—盖板；
8—底部淋雨管路；9—闸阀；10—前部淋雨管路；11—侧面淋雨管路；12—顶部淋雨管路；13—后部淋雨管路

淋雨时,水泵由电动机驱动,水从蓄水池内不断泵入主管路,经过压力调节和流量调节进入淋雨管路,通过喷嘴射向车体表面。喷射出的水被收集流入蓄水池,经过多级沉淀、过滤后,循环使用。

(2)淋雨设备性能和参数

1)淋雨面积:应保证被试车的外表面让喷嘴喷出的人工雨均匀覆盖,不存在死区。

2)降雨强度:降雨强度应满足表8-4、表8-5的要求。

3)喷射压力:喷射压力为69~147 kPa。

4)水泵流量与扬程:水泵流量应比实际所需最大流量大5%~10%,扬程不小于40 m。

5)喷嘴布置:喷嘴布置应保证规定的车体外表面被人工雨均匀覆盖,不存在死区并符合相应的降雨强度,若需经常对外廓尺寸差别较大的多种车型进行防雨密封性试验,则应将淋雨管路的喷嘴架设置成可移动调节的。

4. 试验程序

(1)降雨强度测定

淋雨试验前应对淋雨室的降雨强度进行测定,使其符合表8-4和表8-5的要求。强度测量主要有自身测定和外部测定两种方法:

1)自身测定法。该方法适用于淋雨管路上安装有流量阀的系统,并且对应于降雨强度规定值不同的受雨部位的管路应分别安装。通过调节管路的节流阀控制流量,用式(8-24)计算降雨强度:

$$Q_Y = \frac{3F_0 A_0}{50} \qquad (8-24)$$

式中,Q_Y——流量,m^3/h;

F_0——车体待测部位规定降雨强度,mm/min;

A_0——车体待测部位对应标准面积,m^2。

2)外部测定法。外部测定法可利用图8-28所示的容器测定降雨强度。

将容器的软管与待测淋雨喷嘴连接,被连接的喷嘴应间隔选取,进水阀和放水阀都处于开启状态。起动淋雨设备开始喷水,状态稳定后关闭进水阀,待容器内的水放尽后关闭放水阀。开启进水阀,同时计时,2 min后立即关闭进水阀,再关闭淋雨设备。用量杯测量容器内积存的水量,用式(8-25)计算降雨强度:

$$F = \frac{QK}{6A} \times 10^{-3} \qquad (8-25)$$

式中,F——降雨强度,mm/min;

Q——容器内积存水量,mL;

K——被测淋雨管路中全部喷嘴个数;

A——被测淋雨管路对应的淋雨面积,m^2。

(2)喷嘴喷射压力测定

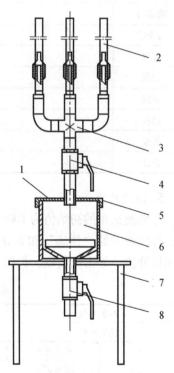

图8-28 测定降雨强度的容器结构示意

1—通气孔;2—软管;3—集流管;
4—进水阀;5—盖;6—容器;
7—支架;8—放水阀

淋雨试验前应对喷嘴喷射压力进行测定，使其压力在 69~147 kPa 之间。测试时选择任意喷嘴，用橡胶软管与水压表连接，开启淋雨设备喷水，即可测定喷射压力。

（3）试验

测定工作完成后，将试验车辆停放在淋雨场地指定位置。试验人员进入车内，关闭所有门窗，起动淋雨设备，待淋雨设备喷水进入稳定状态时即为试验开始，5 min 后观察车室内渗漏水情况，填入表 8-6。

表 8-6 渗漏情况记录

检查部位	渗漏处数计扣分值					
	渗（每处扣1分）	慢滴（每处扣3分）	快滴（每处扣6分）	流（每处扣14分）	小计
风窗					
侧窗					
顶盖					
后窗					
驾驶员门					
乘客门					
行李舱					
前围					
后围					
侧围					
地板					
其他					
合计					

5. 评价标准

每辆被试车的初始值为 100 分，按每出现一处"渗"扣 1 分，每出现一处"慢滴"扣 3 分，每出现一处"快滴"扣 6 分，每出现一处"流"扣 14 分累计，减去全部所扣分值即是实际得分值，如出现负数，仍按零分计。各种客车防雨密封性限值见表 8-7。

表 8-7 各种客车防雨密封性限值

客车类型		限值/分	客车类型		限值/分
轻型客车		≥93	特大型客车、铰接式客车		≥84
中型客车	旅游客车	≥92	大型客车	旅游客车	≥90
	团体客车	≥90		团体客车	≥88
	城市客车	≥88		城市客车	≥87
	长途客车	≥90		长途客车	≥87

三、气密封性试验

汽车车室气密封试验，是通过建立车室内与车室外一定的压力差（正压差或负压差）来测定车室内部的空气泄漏量的大小，从而评价汽车车室的密封性能的。可采用从车室内吸气的办法使车室内形成一定的真空度(即负压法),来测量车室内部空气泄漏量;也可采用向车室内送气的方法,在车室内与车室外建立一定的压力差(即正压法),来测量车室内的空气泄漏量。本节主要介绍正压法。

1. 试验设备

该试验采用车室气密封试验台进行试验,如图8-29所示。工作时,送风机由电动机带动送风,在送风筒的中间位置装有孔板,用来测定进风量。整个装置安装在高度可调的升降台上,以适应各种车型的门窗高度。

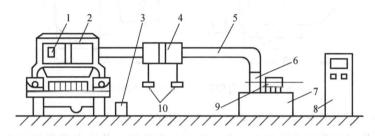

图8-29 气密封试验台布置图

1,3—温度、湿度、压力传感器;2—被试样车;4—孔板;5—管道;
6—风机;7—升降台;8—控制柜;9—电动机;10—压力传感器

用车窗模板代替前排左侧车门的门玻璃。车窗模板为5 mm厚的塑料板件,外部尺寸应以能够插入左前车窗为准,并在模板中间开一圆孔。通风筒通过此孔进入车室,并依此确定进口喷嘴的基准位置。用胶带纸密封好车窗模板与车门门板之间的缝隙。胶带纸应该对表面凹凸不平的区域具有良好的黏合性。

试验时送风机向车室内送风,采用PID压力闭环系统控制车室内、外压差恒定。通过测定位于送风筒中孔板两侧的压力差值,即可计算出车室的空气泄漏量。计算公式如下:

$$Q = 0.012\ 51 \times \alpha \times \varepsilon \times d_T^2 \times \sqrt{\Delta p_1 / l_1} \qquad (8-26)$$

式中,Q——车室空气泄漏量值;

α——流量系数;

ε——流束膨胀系数;

d_T——孔板在工作温度T时的实际直径,mm;

Δp_1——孔板前、后压差,Pa;

l_1——流过孔板的空气密度,kg/cm^3,即

$$l_1 = l_{20} \times \frac{p_1 \times T_{20}}{T_1 \times p_n \times Z} \qquad (8-27)$$

式中,l_{20}——20 ℃、101.325 kPa状态下空气密度(1.204 6 kg/m^3);

p_n——标准大气压(101.325 kPa);

Z——空气压缩系数。

2. 试验方法

(1) 试验准备

1) 对试验样车进行全面检查,标出密封性薄弱环节。

2) 将空调装置或暖风装置的电动机开关置于"关"的位置。

3) 将位于仪表板外侧、发动机舱内侧的蒸发器进、出口密封好。

4) 将压力传感器置于车室的中央，具体安装位置如图 8-30 所示。

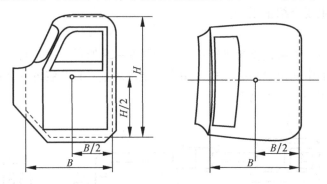

图 8-30　压力传感器在车室中央的位置示意

5) 再次检查所有的车门、车窗是否已经关闭好。

6) 粘贴。将车门升降器摇到下止点，装上车窗模板，并使车窗模板与车门外门板粘贴在一起。对于起皱的区域，胶带应顺势粘贴；对于不规则表面（如凸凹表面），胶带应沿着轮廓线粘贴，不要押平胶带。调整车室气密封试验台的高度和斜度，将送风筒的出风口装于车窗模板中央的孔中，并用胶带密封好模板与送风筒之间的所有缝隙。

（2）车室总泄漏量测试

开动电动机，带动送风机向车室内送风，使车室内压力恒定在规定的压力值，并按照式 (8-26) 计算出泄漏量。

（3）车室局部泄漏量测试

对于车室某一部位的泄漏量，可以将这一部位用胶带密封好，进行泄漏量测试，然后与车室总泄漏量进行比较，即可计算出该局部的泄漏量。

本章小结

1. 总成与零部件是汽车的重要组成部分，对汽车的各项性能都有重要影响。汽车总成与零部件质量的好坏直接决定汽车产品的质量。因此，汽车总成与零部件试验是汽车研制、开发和试验中必不可少的重要环节。

2. 由于汽车总成与零部件的结构和功能不同，故其试验测试要求、试验方法和设备也都不同。为了准确评价总成与零部件的功能、性能以及与整车性能的关系，除了进行总成与零部件的台架性能试验外，还应将总成与零部件组装在一起，在整车上进行试验。

3. 发动机的主要性能有动力性、经济性、起动性能、热平衡性能、排放性能、可靠性及耐久性等。发动机试验是将发动机被测系统中所存在的相关参数，通过相应的设备、仪器等装置，进行测试和数据处理的全部过程。发动机性能试验一般在发动机试验台上进行。

4. 汽车传动系的性能对整车的行驶性能、油耗以及其他的多项性能都有影响。汽车传动系试验内容按总成零部件大致可分为动力传递性能的评价、变速性能的评价、操纵性能的评价、振动和噪声等安静性能的评价以及扭转强度和耐久性的评价等。

5. 汽车悬架装置的性能对汽车的平顺性、操纵稳定性、行驶安全性、经济性和可靠性等有重要影响。影响汽车悬架装置性能的主要因素是减震器的工作性能。汽车悬架试验是指在悬架试验台上对悬架特性（悬架吸收率）进行试验。

6. 汽车车身密封性试验包括汽车粉尘密封性、水密封性和气密封性试验，主要考查车辆车身防尘、防水及气体密封性能。

复习思考题

1. 发动机试验包括哪几种类型？其特点是什么？
2. 发动机台架试验系统的组成和功能是什么？
3. 简述电涡流测功机的测功原理和主要测量参数。
4. 离合器试验包括哪些试验项目？每个试验项目用于测定离合器的什么性能？
5. 机械式变速器效率试验包括哪几种试验方法？各自的特点是什么？
6. 简述自动变速器性能试验项目。
7. 汽车车身密封性试验包括哪几种？

第九章
汽车环境适应性试验

内容提要：

本章主要介绍汽车地区环境适应性试验项目、试验方法及试验设施和设备，主要包括自然环境暴露试验、低温地区适应性试验、高温湿热地区适应性试验、高原地区适应性试验以及干热沙漠地区适应性试验。

学习要求：

1. 熟悉典型气候环境条件对汽车主要性能的影响；
2. 了解汽车自然环境暴露试验、低温地区适应性试验、高温湿热地区适应性试验、高原地区适应性试验以及干热沙漠地区适应性试验的试验项目和试验方法。

第一节 概 述

汽车在户外使用时，会受到高温、低温、高湿、光照、气压、雨雪、风沙等气候因素的影响和长期作用，不仅会影响汽车的使用寿命和性能的正常发挥，严重时可使汽车功能失效，危及消费者生命财产安全。随着汽车工业的快速发展，国内外汽车企业为了拓展国际汽车市场，使汽车能够适应全球各种气候环境条件，进而提升其产品的市场竞争力，针对全球不同区域的气候特点，大力开展汽车环境适应性试验研究，确保其产品的环境适应性能满足要求。

环境适应性试验是贯穿于汽车研制、定型、生产和使用等过程中的一项重要基础性工作，是汽车环境适应性设计的基础和有效手段。通过环境适应性试验，可以发现汽车设计中存在的缺陷，并采取必要的纠正或防护措施，提高汽车的环境适应能力。本章主要介绍几种典型气候区域的汽车环境适应性试验，主要包括：汽车自然环境暴露试验（气候老化试验），低温地区适应性试验，高温、湿热地区适应性试验，高原地区适应性试验，干热、沙漠地区适应性试验。

一、环境适应性的概念

GJB 4239—2001《装备环境工程通用要求》中，将环境适应性（Environmental Worthiness）定义为：装备（产品）在其寿命期预计可能遇到的各种环境的作用下，能实现其所有预定功能与性能和（或）不被破坏的能力，是装备（产品）的重要质量特性之一。

汽车的环境适应性主要与其选用的材料和总成及零部件的环境适应性，以及所采取的耐环境措施等有关。一旦汽车完成生产定型，其环境适应性也就基本固定。由于不同环境对汽车影响的机理与作用不同，故准确表述汽车的环境适应能力十分困难。环境适应性要求一般在汽车研制要求、产品定位中予以明确，通常只能对某一类环境提出定量与定性要求，一般要求汽车在一定的环境因素强度下不受损坏或能正常工作，且其各项性能参数符合设计要求。

二、环境影响因素

我国地域辽阔，地形复杂多样，从北往南纬度跨度较大，从东往西海拔高度相差也较大，特殊的地理条件造就了我国多样的气候特征，而且气候具有明显的地域性特征。汽车在各种自然环境因素的交互作用下，功能、性能和寿命均会受到影响。长期研究表明，影响汽车环境适应能力的主要气候因素是气温、湿度、气压、太阳光（辐射）和风沙等。表9-1所示为典型气候环境因素对汽车的影响。

表9-1 气候环境因素对汽车的影响

环境因素	主要影响	典型故障
高温	加热效应	金属氧化、结构强度减弱、发动机"开锅"、元器件损坏
低温	结冰、脆化、物理收缩	起动困难、结构强度减弱、材料变脆、磨损增大、密封失效
湿热	吸收湿气、锈蚀	电强度和绝缘电阻降低、电气性能下降、功能下降
低气压	低气压效应	动力系统工作不稳、动力性、经济性下降、散热能力变差、密封失效
太阳辐射	加热效应和光化学效应	材料膨胀、破裂、老化、脆化、绝缘失效、密封失效、材料软化发黏
沙尘	磨损、堵塞	磨损增大、机械卡死、过滤器堵塞、电气性能变化
盐雾	化学反应、锈蚀、腐蚀	机械强度下降、电化腐蚀、电气性能变化、材料腐蚀
雨水	降落、扑击和渗透效应	熄火、侵蚀表面、元器件失灵

三、汽车环境试验的类型

汽车环境适应性试验，就是在自然或人工模拟环境中，对和环境密切相关的汽车材料、总成与零部件以及整车进行的环境试验。通过特定环境条件下的试验，测量汽车的各项性能参数的变化规律，并检验是否符合设计要求，从而对汽车在各种环境条件下的适应能力进行评价。

依据试验目的、试验场所和试验条件，汽车环境试验可以分为自然环境暴露试验、地区环境适应性试验、电磁环境适应性试验和实验室环境模拟试验等。

1. 自然环境暴露试验

汽车自然环境暴露试验，也叫汽车气候老化试验，是将汽车长期暴露在典型自然环境中，考核和研究环境对汽车气候老化的演变规律，验证与评价汽车整车、零部件及材料在典型的大气环境条件下的耐候性和稳定性。自然环境暴露试验一般要选择在有代表性的各种典型自然环境中进行。进行自然环境暴露试验时，应根据汽车可能遇到的各种自然环境，确定自然环境暴露试验的场地和时间，同时应确定需要进行试验的材料、构件、部件和设备等。根据我国实际气候环境条件，应着重考虑的典型严酷自然环境有寒冷环境、湿热环境、高原环境、干热沙漠环境，如表9-2所示。

表9-2 我国的典型严酷自然环境

自然环境	代表性地区	主要环境因素	影响
寒冷环境	内蒙古、黑龙江部分地区（漠河）	温度低（-41℃）	材料强度下降、硬化、断裂，电气接触不良，发动机起动困难、冻结堵塞
湿热环境	东南沿海、海南岛（江津）	高温、高湿、降雨大、盐（度）大	结构材料腐蚀、电化学腐蚀、霉变
高原环境	云贵、青藏高原（拉萨）	强辐射、低气压、氧含量小、温差大	材料弹性、绝缘与密封性能下降，过热，发动机功率下降，电弧放电等使设备产生误动作
干热沙漠环境	"三北"地区（敦煌）	沙尘多、湿度小、高温、雨量小、温差大	沙尘磨损、卡死、静电、光学仪器受干扰

2. 地区环境适应性试验

现代汽车应满足全天候、多地域复杂自然环境条件下的使用要求。因此，必须在实际使用环境条件或者极端自然环境条件下，考查汽车的耐环境能力以及正常工作的能力。汽车地区环境适应性试验也称为使用环境试验，目的是确定汽车在实际使用过程中，各种自然环境对其性能产生的影响。汽车地区环境适应性试验是考核、验证和研究汽车环境适应性的重要手段，在汽车的研制、生产和使用阶段均有广泛的应用。

地区环境适应性试验一般考核低温、高温、高原、湿热、戈壁、沙漠、淋雨、冰雪、盐雾等各种大气环境条件对汽车性能的影响。在进行地区环境适应性试验时，应针对不同的试验环境条件，制定试验大纲，明确试验条件、测量参数、试验方法，以及环境失效判据等。试验结束后，应提交使用环境试验报告，并针对不同类型的汽车确定使用环境、试验环境及要求。

3. 电磁环境适应性试验

汽车的电磁兼容性（EMC）是指汽车及零部件或独立技术单元在其电磁环境中能令人满意地工作，又不对该环境中任何事物造成不应有的电磁干扰的能力。随着现代电子技术在汽车上的广泛应用，汽车性能得到提高的同时其电磁敏感性也越发明显。汽车电磁兼容性对于现代汽车和军用车辆至关重要，它关系到汽车的安全性、排放控制的有效性、节能的有效性、智能控制的可靠性以及军用车辆的作战效能和生存能力等。现代战场的电磁环境空前复杂，静电、雷电、电磁辐射、电磁脉冲等各种自然的或人为的效应交互作用。军用车辆装备作为重要的作战平台，其必然受到战场复杂电磁环境的影响，使其生存与工作面临严重的威胁。

电磁环境适应性试验就是通过对静电参数、电磁兼容性的测试来衡量车辆装备及元器件的抗电磁干扰能力。汽车电磁环境适应性试验一般分为以下几个等级进行：

1) 整车电磁辐射干扰试验（即整车对外的干扰）；
2) 整车辐射抗扰性试验（抗外界电磁干扰、抗车内电磁干扰）；
3) 整车及零部件静电放电试验；
4) 电气部件的干扰试验；
5) 电子部件或电子控制系统的电磁抗扰试验。

4. 实验室模拟环境试验

实验室环境模拟试验也称为人工模拟环境试验，是指在实验室内按规定的环境条件和负载条件进行的试验，按其目的可分为环境适应性研制试验、环境响应特性调查试验、安全性环境试验、环境鉴定试验、环境验收和环境例行试验等。

汽车环境模拟实验室可以模拟汽车在道路上行驶的气候条件（风速、温度、湿度、高低气压、日照、淋雨等）和汽车运行状态（车速、行驶阻力、冷热负荷、振动等），以测定汽车整车、总成与零部件的实车运行情况。在环境模拟实验室中进行整车、总成、零部件及材料试验具有不受地区、季节及时间限制，可复现自然条件和模拟极限环境条件，可在相同环境条件下多次重复试验，有利于评估和详细分析试验数据等优点。

四、汽车环境试验仿真技术

随着环境对汽车影响的广泛深入，以及汽车的结构和技术日趋复杂，导致汽车环境适应性试验工作量和难度越来越大。汽车环境适应性试验不仅组织实施困难，而且需要高额的经费支持，很多试验项目难以在实验室或试验场进行。环境试验仿真技术作为一种经济、有效的手段，已经成为装备环境适应性试验中一个重要的发展方向。

汽车环境试验仿真技术（又称汽车虚拟环境仿真试验技术）是应用数字仿真技术，对汽车在实际环境中产生的环境效应及其对汽车性能的影响进行分析、评价和预测的技术。环境试验仿真技术能够提高环境试验与评价的有效性，不受气候环境影响，试验周期短，费用低，是进行汽车环境适应性研究的有效手段。在国外发达国家，该技术被广泛应用于武器装备系统的论证、试验与评价。但是，由于汽车环境适应性问题的复杂性和特殊性，如何发挥环境试验仿真技术的优势，弥补现有环境试验的不足，更好地满足汽车设计研制、生产和使用中对汽车环境适应性的评价要求，是汽车环境试验技术发展的一个重要课题。

第二节 汽车自然环境暴露试验

汽车自然环境暴露试验，也称汽车气候老化试验。汽车是全天候户外使用的产品，由多种材料构成，汽车气候老化试验的主要对象是汽车用非金属材料，如塑料、纺织品、皮革、橡胶、密封胶、黏接剂、涂料、玻璃等，在使用过程中受光照、热、雨水、风沙等各种气候环境因素的影响，发生的变色、变形、龟裂、粉化等老化现象。

在自然环境中引起气候老化的因素有很多，包括自然环境、生物、人为等，其中自然环境中最主要的三大影响因素是太阳光/辐射、热/温度、水/湿度。汽车材料或零部件的老化通常是由这些环境因素共同作用的结果。

由于汽车用非金属材料老化是一个较漫长、渐进的过程，故往往不易引起人们的重视。但是，材料老化会随时间的延长而加剧，最后导致失效，影响汽车外观和使用寿命。为了满足汽车耐候性方面的质量要求，提升产品市场的竞争力，国内外大型汽车企业对汽车气候老化试验相当重视，不断改进试验技术、研制新的试验设备、开发新的试验方法，以准确、快速、有效地评价汽车的耐候性。

一、汽车气候老化试验类型

1. 自然气候老化试验

自然气候老化试验也称为自然环境暴露试验，它是一种将材料和产品长期暴露于某种自然环境中，以确定该种自然环境对材料和产品老化影响的试验。自然气候老化试验通常可以分为直接暴露试验、太阳跟踪聚光暴露试验和特殊暴露试验。

（1）老化试验的典型气候

世界各地的气候存在很大的差异，选择适当的自然环境条件进行试验非常重要。美国经过长期的研究发现，亚热带气候与干热沙漠气候具有广泛的代表性，在这两种典型自然环境下进行气候老化试验，老化效果明显。在我国，长期研究表明，海南湿热内陆地区是理想的气候老化试验地点。

（2）国内外典型自然环境暴露试验场

汽车作为全天候使用的户外产品，环境适应性能是一个重要的评价指标，国内外汽车企业对汽车自然环境暴露试验非常重视，各大主要的汽车企业在世界各地典型气候区均建设了专门的自然环境暴露试验场，如美国通用公司在美国凤凰城、德国大众公司在德国的狼堡、日本的丰田公司在冲绳岛分别建设了自然环境暴露试验场。

我国从 20 世纪 50 年代中期开始，在多部门的领导下，先后在海南岛、敦煌、拉萨、广州、重庆江津、海拉尔等地建立了湿热、沙尘、高原、寒冷等自然环境试验站，可开展汽车材料、零部件及整车的各种自然环境暴露试验。

2. 实验室气候老化试验

实验室气候老化试验是一种快速、有效的模拟环境试验，可以部分取代漫长的自然环境暴露试验。为了能够比自然环境试验更快速评估材料或产品的耐老化性能，人们通常采用模拟太阳光的人工光源试验设备对被试样品进行加速老化试验，来实现加速老化试验的目的。实验室气候老化试验不受日夜循环、季节变化和气候条件的限制，材料暴露的温度、热循环、湿度和水分可以得到控制。实验室加速老化试验的另一个优点是重复性和再现性好，可以独立控制每个老化因素。由于实验室气候老化试验不能完全模拟自然环境条件，因此，还不能完全代替自然环境暴露试验。

二、汽车整车自然暴露试验

汽车整车自然暴露试验就是在选定的暴露场地按要求摆放、操作、检测的自然暴露试验方法（如图 9 - 1 所示），主要是对汽车最终用户停放环境暴露过程的模拟。由于汽车整车自然暴露试验条件与汽车最终可能的使用环境条件相近，所以试验过程中暴露出的问题、试验检测的结果真实可靠。

图 9 - 1 整车跟踪太阳户外暴露试验

1. 试验场地及试验车状态要求

汽车整车自然暴露试验需要在规定的典型试验场进行，对停放整车试验的试验场地的要求：具有提高空气相对湿度的草地（湿热气候）或增加试验样品热负荷的沥青地面（干热气候）。暴露场应有排水设施，确保停车处遇到雨水天气不会长时间积水。

整车应南北朝向自然放置于暴露场内。为了使整车以及尽可能多的零部件处于最严酷的停放状态，试验时应按照表9-3使试验车有关零部件处于要求的状态。

表9-3 整车自然暴露试验零部件状态

零部件名称	试验时状态
车门、车窗和通风系统	紧密关闭
遮阳板	驾驶员位置上的遮阳板在上位，副驾驶员位置上的遮阳板在下位
头枕	驾驶员侧的头枕在高位，副驾驶员侧的头枕在低位
扶手	乘坐时置于放下位置
转向盘	调到最高位置
窗遮阳帘	置于卷起位置
玻璃车顶内盖板	若有玻璃车顶，则其内盖板放在遮住玻璃一半的位置

在整车自然暴露试验过程中需要对车辆进行清洁和维护。车辆外部，每周湿洗一次；车辆内部，每月清理一次。

2. 检测评估

整车自然暴露试验检测项目包括暴露试验前、后整车及其零部件的表观老化性能和使用性能。整车使用性能检查每周进行一次，表观检测和其他检测每两个月进行一次。车辆检测一般应安排在车辆清洁并充分晾干后进行。

（1）表观检测

一般应选择在晴天，于自然光线充足、不受阳光直射的地方进行。检测时可采用5~10倍放大镜，对检测部位进行细微观察。检测项目包括颜色和光泽变化、起泡、裂纹、锈蚀、长霉、起霜、零部件变形和表面发黏等。

（2）性能检测

整车每周起动一次并运行一段时间（如40 min），检查项目包括：空调、音响及车灯的工作情况是否正常；刮水器、风窗洗涤器、除霜装置、玻璃升降器、门锁、内锁提钮、行李舱及发动机盖等性能是否正常；发动机、变速器等工作情况及电池充电性能等是否正常。

（3）气味检测

在阳光直射及车辆温度最高的时候，由专人检测车内气味并进行评级。

（4）其他检测

零部件适应性检测、划痕腐蚀性检测等。

第三节 低温地区适应性试验

一、低温对汽车使用的影响

我国东北、西北和华北等地区冬季严寒期长，气温低（最低达-50 ℃左右），降雪多，这些气候特征对汽车的使用会产生许多不利的影响。汽车在低温地区使用时存在以下主要问题：发动机起动困难；总成及零部件磨损严重；燃料消耗量增加；材料性能变化，易损坏；行车安全性和可靠性下降。

汽车低温地区适应性试验通常包括：冷起动性能试验；驾驶室采暖除霜试验；适应性行驶试验。汽车低温地区适应性试验，重点试验和验证在极端寒冷（-40 ℃左右）气候条件下汽车的综合性能，如冷起动性能、驾驶室采暖和除霜性能、车门等能否正常开启、汽车能否正常行驶、各种电气设备能否正常运行、各种管路系统是否畅通、高分子材料的性能以及汽车防侧滑系统是否符合设计要求等。

二、试验条件

我国按照冬季气温值分为一般地区、寒区和严寒地区。一般地区是指最低气温在 -5 ℃以上的地区；寒区是指最低气温在 -5 ℃ ~ -30 ℃的地区；严寒地区是指最低气温在 -30 ℃以下的地区。

汽车进行低温地区适应性试验时，被试车辆不得少于 2 辆，水冷发动机要加注防冻液，所用燃油、润滑油应与试验环境温度相适应；发动机罩及散热器装上保温装置；如有发动机预热装置，应装备完整。试验的气候条件，在寒区冬季严寒时期，气温为 -40 ℃ ~ -5 ℃。

三、试验仪器与设备

汽车低温地区适应性试验可以在低温实验室内进行，也可以在寒区实地进行。低温实验室不受外界气候环境的影响，不受季节限制，环境温度控制精度高、稳定性好。

1. 低温实验室的构成

1）低温试验间：能模拟低温环境状态，具有密封、保温、防腐以及足够的地面承载能力；低温试验间的大门应能保证试验车辆通过，具有良好的保温性能；低温试验间要设有防潮、照明、排烟接口、保温除霜观察窗、通信线路接口、报警器等装置，保证试验安全、有效地进行。如果低温试验间安装了底盘测功机，还可以完成车辆在低温条件下的各种行驶工况的模拟试验。

2）制冷系统：提供冷源，包括制冷压缩机、冷却器、蒸发器、管线、阀门、电源和配电柜等。

3）通风系统：排除试验间内有害废气和不洁气体，更换与补充试验间的新鲜和低温空气，维持试验规定的低温状态。

4）冷却系统：冷却制冷机组、测功机及发动机，包括水泵、管路、阀门、冷却水塔和水池等。

5）试验通用系统：包括试验控制、数据采集与处理以及配电系统等。

6）控制间：放置试验控制设备及测量仪器，是试验人员进行试验操作、控制及观察的场所。

2. 试验项目

1）汽车发动机低温起动性能试验：发动机极限起动温度试验；发动机冷起动辅助装置的性能测试及匹配试验。

2）发动机低温性能试验：发动机暖机试验；发动机低温性能匹配试验。

3) 汽车寒区适应性试验：汽车驾驶室采暖试验；汽车除霜系统试验；汽车起步性能试验。

4) 其他性能试验：刮水器低温性能试验；非金属材料适应性试验；燃料、润滑油、冷却液、液压油等的低温性能试验。

四、冷起动性能试验

1. 试验条件

汽车在不同环境温度下进行起动性能试验，应按汽车的使用说明书或有关技术资料的规定，选用相应牌号的燃油、机油和冷却液；安装上专用起动附件，如低温辅助起动装置（燃油加热器、加注起动液装置、预热塞等）和保温装置（发动机保温罩、散热器保温装置及蓄电池保温箱等）。

试验分别在（-10 ± 2）℃、（-35 ± 2）℃、（-40 ± 2）℃三个环境温度条件下进行。试验前发动机必须已停止运转在 12 h 以上，其水温、油温与环境温度基本平衡（温差在 ±13 ℃以内），蓄电池容量不低于额定值的 75%。

2. 试验方法

将试验车放置在低温实验室内或符合试验对环境温度要求的室外（图 9-2、图 9-3），在试验温度下冷却发动机机油和冷却液温度与环境温度一致即可。试验前测量并记录：试验地点环境条件，燃油、机油、冷却液和发动机缸盖（风冷发动机）的温度，蓄电池的电压。每次起动，起动机拖动发动机的时间不得超过表 9-4 所示的规定。

图 9-2 寒区实地冷起动试验

图 9-3 低温实验室冷起动试验

表 9-4 起动性能试验环境温度及时间

试验类别	环境温度/℃	拖动时间/s
一般起动	-10 ± 2	15
低温起动	-35 ± 2	30
极低温起动	-40 ± 2	30

起动机接通后，在规定的拖动时间内，发动机能起动并自行运转，即为起动成功；若在规定的拖动时间内，无断续起动声，未能自行运转，即为起动失败；若期间有断续起动声，可延长拖动时间（延长时间不得超过 15 s），若能自行运转，亦为起动成功。起动试验允许

连续进行3次,间隔不小于2 min。试验时应测量和记录:起动次数、拖动时间、发动机起动转速(拖动转速)、蓄电池电压、起动机的电压和电流,并绘制起动时发动机转速、起动电流、电压随时间变化的曲线。

使用低温辅助装置起动发动机时,试验前应记录该装置的名称、型式(号),以及装置使用说明书规定的数据等。试验操作步骤同上,辅助起动装置按其使用说明书操作。

五、驾驶室采暖试验

1. 采暖性能要求

汽车驾驶室采暖性能试验主要检验、测量汽车在寒区使用时驾驶室的采暖性能。GB/T 12782—2007中规定,在环境温度(−25±3)℃下采暖试验进行到40 min或在(−15±2)℃下试验进行到35 min时,汽车采暖性能应达到以下要求:驾驶员、副驾驶员足部温度不低于15 ℃;乘客足部温度不低于12 ℃;驾驶员、副驾驶员头部温度比足部温度低2 ℃~5 ℃。

2. 试验条件

汽车采暖性能试验可以在低温实验室或户外进行。试验应在无雨雪的天气进行,环境温度为(−25±3)℃或(−15±2)℃,风速小于3 m/s。试验车辆应处于整车整备质量状态,车上乘员2~3人。试验开始前,起动发动机至发动机冷却液温度处于稳定状态。安装独立燃烧式暖风装置的汽车,在试验开始前10 min点燃暖风装置,进行预热。

3. 试验方法

试验前先确定测温点(如图9−4所示),安装好试验仪器后清洁汽车风窗玻璃内外表面,然后起动汽车进行预热。当发动机冷却液温度处于稳定状态时,打开全部车门及车窗,15 min后全部试验人员进入车内,关闭车门、车窗及通风孔。

汽车用直接挡以40 km/h(乘用车以60 km/h)的稳定车速行驶,驾驶员起动全部采暖装置,并调到最大采暖位置,同时试验人员开始记录各测温点的温度;

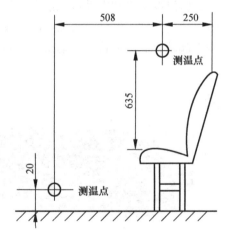

图9−4 驾驶员位置测温点示意

试验开始后,每隔5 min测量、记录一次各测温点的温度。试验开始和结束后,各测量一次环境温度、风速及风向;试验结束后,绘制各测温点的温度—时间变化曲线。

六、适应性行驶试验

行驶试验在三种道路上进行,总行驶里程6 000 km,其中冰雪覆盖率50%以上的一般公路上行驶3 000 km,冰雪覆盖率80%以上的乡村土路或林间道路上行驶2 000 km,在全部冰雪覆盖的耕作地、荒野路行驶1 000 km。

在实际行驶中,记录气象数据、行驶时间、里程、速度、挡位使用情况、发动机机油消耗率(L/100 km)、燃料消耗率(L/100 km)、维修工时、零部件损坏情况,特别注意因低温而造成的损坏、失效情况等。试验记录还应包括驾驶员、乘员对汽车有关性能(平顺性、操稳性、制动性、行驶安全性）的评价意见及随车工具的适用性。

第四节 高温、湿热地区适应性试验

一、高温对汽车使用的影响

夏季，我国大部分地区都比较炎热，尤其是南方，日照时间长，太阳辐射强度大，气温高。东南沿海地区在梅雨和台风季节，阴雨连绵、闷热潮湿，空气中盐分含量较高。高温、湿热气候会对汽车产生不利影响，导致发动机功率下降、燃烧不正常、机油变质加快、零部件磨损严重、金属腐蚀加剧、车辆散热性能变差、供油系统容易产生气阻、轮胎易损坏等。

高温、湿热地区适应性试验主要包括：汽车热平衡能力道路试验；汽车隔热通风试验；供油系可靠性试验。试验时，同一试验项目不少于 2 辆试验车，试验在亚热带高温季节进行，气温在 35 ℃以上，相对湿度在 85% 以上，风速在 3 m/s 以下。

二、试验仪器与设备

1. 高温实验室的构成

高温实验室（如图 9-5、图 9-6 所示）是评价汽车在高温、高热环境下的耐热性、耐日晒等环境适应性能的实验室。汽车高温实验室主要由以下几部分构成：

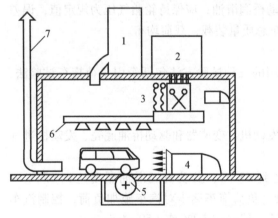

图 9-5 高温实验室结构示意
1—新鲜空气；2—冷凝环路；3—电热器；
4—鼓风机；5—转鼓；6—氙灯；7—排气

图 9-6 高温实验室示意

1) 日照装置：在实验室顶壁与侧壁均匀安置红外线灯，灯光照射强度及光照区域均可按试验要求进行调节。模拟炎热的阳光，测试汽车各部位的温升及受热状态。

2) 加热装置：采用电加热与蒸汽加热两种形式，一般大型实验室采用蒸汽加热。

3) 供风装置：模拟汽车实际行驶的迎面行驶风，再配以风道及风速调节装置。风道出口截面积很小，风速调节范围尽可能地覆盖汽车的车速。

4）路面辐射装置：再现路面热辐射状态，一般将加热箱铺装在试验地面上。

2. 试验项目

1）冷却性能试验：在炎热地区和夏季高温条件下，通过检测发动机冷却液温度、机油温度、燃油温度及气阻，对汽车冷却散热性能进行评价试验。

2）动力性能试验：在高温条件下，当燃油及进气温度上升时测试发动机功率及汽车动力性能。

3）耐热性能试验：在汽车高速行驶、爬坡行驶以及停车怠速等行驶工况下，评价汽车总成及零部件以及车身各部位的橡胶件、塑料件的耐热性。

4）空调性能试验：在高温、湿热、强烈日照条件下，检测驾驶室内的温度、湿度、风速和通风换气等，评价汽车内环境的舒适性。

三、汽车热平衡能力道路试验

在热带、酷暑地区或高温实验室模拟高温条件下，对汽车热平衡能力进行评价试验，进而确定汽车的极限使用许用环境温度和常规使用许用环境温度等。

1. 试验条件

无雨、无雾，环境温度不低于 30 ℃，风速不大于 3 m/s。如环境温度低于 30 ℃，则应详细记录试验时的环境温度、湿度和大气压力等气象参数。试验道路按 GB/T 12534 的规定，要有足够长的高速跑道，纵坡度小于 0.1%。

试验前应按汽车使用说明书与有关技术条件的规定和要求对汽车进行技术检查和保养，尤其是节温器、冷却风扇、散热器膨胀阀等；按汽车使用说明书规定的型号、数量更换发动机冷却液、发动机润滑油、变速器润滑油及驱动桥润滑油；应保持轮胎气压为规定值，误差不超过 ±10 kPa；按汽车使用说明书规定的汽车总质量装载，载荷均布。

2. 试验方法

汽车热平衡能力道路试验的方法很多，常用的三种试验方法包括牵引负荷拖车试验法、爬长坡试验法及底盘测功机试验法。

（1）牵引负荷拖车试验法

试验前在发动机进出水软管处、主油道、发动机、变速器和驱动桥油底壳、发动机进气管及发动机舱各安装一只温度传感器。

试验汽车进行预热行驶，当冷却液温度达到 65 ℃、发动机润滑油温度达到 65 ℃ ~ 70 ℃ 时，汽车以 Ⅱ 挡、节气门全开的状态行驶。负荷拖车逐步对汽车施加负荷，控制汽车发动机转速稳定在最大扭矩转速或额定功率转速，偏差在 ±2% 或 ±50 r/min。

各试验工况开始后即以每 20 s 的时间间隔测量一次各点的温度并计算各冷却介质温度与环境温度的差值。当连续 4 min 各冷却介质温度与环境温度的差值无升高的趋势且变化均在 ±1 ℃ 以内时，即认为汽车达到热平衡，该试验工况结束。

以汽车热平衡时 4 min 内各冷却介质冷却常数的均值计算许用环境温度：

$$T = T_L - (K_{C1} + K_{C2})/2 \quad (9-1)$$

式中，T——许用环境温度，℃；

T_L——冷却介质许用最高温度，℃；

K_{C1}——正向行驶冷却介质冷却常数均值，℃；

K_{C2}——反向行驶冷却介质冷却常数均值,℃。

图 9-7 所示为 CA141 型和 CA141K5 型载货汽车进行散热性能试验测得的发动机各种转速下的沸腾进气温度曲线。由该图可见，CA141 型载货汽车冷却液沸腾时的临界气温为 47 ℃，它发生在最大扭矩转速 1 400 r/min 工况；而 CA141K5 载货汽车为 48 ℃，它发生在最大功率转速 3 000 r/min 工况。就是说，这两种载货汽车可以分别在 47 ℃、48 ℃ 以下的气温工作，而冷却液不沸腾。

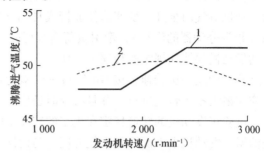

图 9-7 载货汽车散热性能试验沸腾进气温度曲线
1—CA141 型汽车；2—CA141K5 型汽车

(2) 爬长坡试验法

试验要求在天气晴朗、干燥、气温 30 ℃ 以上、风速 3 m/s 以下的气候条件下进行；试验道路为连续的上坡坡道，并且其上坡路段要占坡道总长的 90% 以上；坡道总长应达到 5~10 km，最大坡度要达到 8%，平均坡度约为 5%。

试验车经过预热行驶后，在坡道路段的始端停车，运转发动机，使其出水温度达 80 ℃ 以上，起步并根据试验车及坡道状况选择适当挡位，将加速踏板踩到底，使汽车加速上坡行驶，同时每隔 200 m 测定一次发动机出水温度及大气温度，直至发动机热状态平衡或冷却液沸腾时为止。试验连续进行三次，试验结果取三次试验结果的平均值。

(3) 底盘测功机试验法

由底盘测功机给试验车施加负荷，使发动机在规定的转速下运转。同时，为了使试验车发动机获得汽车行驶时的冷却条件，使用鼓风机以汽车行驶时吹向发动机的风速向汽车正面送风。其他的试验条件及试验操作方法等与牵引负荷拖车试验法完全相同。

底盘测功机试验法的优点较多，例如室内试验条件容易控制、试验数据准确可靠、干扰因素少、试验不受道路和气候条件的影响、试验时间短及试验结果可比性高等。

四、汽油车供油系可靠性试验

该试验用于考查汽油车的供油系在高温条件下的工作能力，以评价汽车的高温适应性。

1. 试验前准备工作

检查并调整汽车的技术状态，使之完全符合该车使用说明书或有关技术文件的要求。对于冷却系，必须确保试验时冷却液不沸腾；对于供油系，油路必须清洗干净，管接头及密封面的密封必须良好，不得漏油、漏气，更不允许随意改变油路的布置；检查汽油泵泵油量及泵油压力，两者均应达到规定值；检查化油器油面高度及节气门，油面高度应达到要求值，节气门应能全开。另外，不得拆除发动机罩、挡泥板及隔热板等影响发动机通风散热的部件。

车辆检查、调整结束后，在汽油泵出口及发动机出水软管处各安装一只温度传感器，并在试验车上不受发动机热负荷影响的部位安装两只温度传感器（一只遮阳，一只不遮阳）。

2. 试验方法

(1) 牵引负荷拖车试验法

试验应在坡度小于±1%的环形平坦的路面上进行。试验开始时，试验车进行预热行驶，然后发动机节气门全开，变速器挂Ⅱ挡或Ⅲ挡（依据该车爬坡时常用挡位选择），分动器挂高挡（指带分动器的汽车），牵引负荷拖车行驶，同时用负荷拖车调整试验车的负荷，使试验车的发动机保持在规定的转速下工作。

试验时的发动机转速，按 GB 1334—77 规定应在最大功率转速下进行，但试验证明该试验还应在最大扭矩转速进行，并且必要时还应在上述两转速之间选取数种转速进行试验。

当试验车发动机的转速稳定在规定的转速下时开始记录，每隔 2 min 记录一次燃油泵出口处油温、发动机出水温度及大气温度。与此同时，注意发动机的工作状况是否正常，直至燃油泵出口处油温平衡或发生气阻为止。

如果上述试验未出现气阻现象，则在燃油温度平衡后停车，然后使发动机按制造厂规定的怠速转速运转，同时每隔 1 min 记录一次发动机出水温度及大气温度，并观察发动机工作是否正常，直至燃油温度平衡或发生气阻现象为止。

如果仍未发生气阻现象，则在燃油温度平衡后再次用Ⅱ挡起步，分动器挂高挡，节气门全开，加速至发动机最大功率转速，同时观察起步加速过程中是否产生气阻现象。

如果还没有发生气阻现象，在燃油温度平衡后，停车并将发动机熄火，然后每隔 1 min 记录 1 次燃油温度和大气温度。4 min 后起动发动机，起动两次未成者，即认为发动机起动不起来。同时，在此期间迅速摘下负荷拖车。

如果汽车起动起来了，则用Ⅱ挡起步，分动器挂高挡，发动机节气门全开，连续换挡加速，直接车速升到 60 km/h 为止，与此同时，观察起步、加速过程中是否有气阻现象发生。

（2）爬长坡试验法

本项试验要求在连续的上坡坡道上进行，坡道的平均坡度为5%左右，最大坡度为8%，坡道长 5~10 km，上坡路段应占坡道总长度的 90% 以上。

试验开始时，试验车进行预热行驶，然后在选定的坡道上按坡道状况选用适当的变速器挡位，在保证安全的前提下以尽可能高的速度强速爬坡行驶。与此同时，每隔 2 min 记录一次燃油温度、发动机出水温度及大气温度，并注意观察有无气阻现象发生。

当行驶到距坡顶 500 m 处时，停车并将发动机熄火，然后每隔 1 min 记录一次燃油温度、发动机出水温度及大气温度。停车 10 min 后，起动发动机，并使汽车起步、加速行驶至坡顶，同时观察起步和加速行驶过程中有无气阻现象发生。

试验结束后，计算汽车的平均车速及平均大气温度（以所有测点的平均值为本次试验的大气温度值）。另外，还可以根据需要，增加海拔高度为 4 000~5 000 m 的高原地区的行驶试验。

五、汽车隔热通风试验

汽车在炎热气候条件下行用时，对驾驶室、乘员室的隔热、通风性能等进行试验评价。

1. 试验条件

（1）车辆状况

驾驶室或乘员室的密封和隔热层、车身油漆、通风装置和门窗状况应符合车辆出厂条件；温度测量的线路应整齐，不影响驾驶和试验的操作；试验前应做好车内的清洁吸尘工作。

(2) 气象条件

天气晴朗；环境温度在 35 ℃ 以上，指汽车行驶试验时周围环境下通风处的空气温度，测量点的温度计离地面的高度为 1.5 m；相对湿度在 30%~95%；风速不大于 3 m/s。

(3) 试验道路

平整、硬实的沥青或水泥路面，坡度不大于 5%。

(4) 评价人员

评价人员应尽可能由不同性别、年龄、身高的人员组成；评价人员的身体状况应良好；评价人员应是熟悉车辆且经过相关培训的人员；评价人员要有熟练的驾驶技能。

2. 试验方法

试验前根据车辆的用途和内部布置情况，在驾驶室顶棚中央处、驾驶员与乘员的座椅靠背中央的上部、驾驶员与乘员的脚部等位置安装温度传感器。

车辆以最高车速的 40% 行驶（≤60 km/h）；打开全部车窗，使通风装置处于全开/半开/自动位置，记录各测点温度及主观评价结果（舒适、良好、较闷热、闷热）；车辆以 80 km/h 以上的速度行驶，关闭车窗，打开空调，各测点温度稳定在 23 ℃ ±1 ℃ 后开始试验，调整空调风机，记录温度及主观评价结果；评价人员交换位置，重复试验。

试验结束后，按评价结果——舒适（10~9 分）、良好（8~6 分）、较闷热（5~3 分）、闷热（2~1 分）对车辆隔热通风的好坏进行评价。

第五节　高原地区适应性试验

一、高原对汽车使用的影响

我国高原面积广大，海拔超过 1 000 m 的高原面积约有 358 万 km²，约占我国国土面积的 37%，其中具有代表性的有青藏高原、内蒙古高原、黄土高原和云贵高原。高原地区的环境特点是海拔高、气压低、光照及紫外线强、地形复杂。汽车在高原地区行驶时，由于海拔高、气压低、空气稀薄、道路复杂，造成发动机动力性下降、经济性变差、发动机易"开锅"、排放恶化、行车安全性降低；强紫外线使材料的弹性、绝缘性及密封性等性能下降。

汽车高原地区适应性试验可以在海拔 3 000 m 以上的高原地区或高原环境实验室内进行。高原地区适应性试验主要考查汽车的动力性、附属专用设备及其他各种使用性能是否满足高原地区特殊气候、地理条件下的使用要求。汽车高原地区适应性试验主要有以下内容：

1) 汽车爬长坡试验；
2) 附属、专用设备适用性试验；
3) 适应性行驶试验。

二、试验仪器与设备

1. 发动机高海拔（低气压）模拟试验台

(1) 发动机高海拔（低气压）模拟试验台的工作原理

发动机高海拔（低气压）模拟试验台可以在平原地区模拟高原环境的大气状况，进行汽车发动机性能试验，研究及评价发动机及其附件（如涡轮增压器、风扇离合器、空气压缩机、燃油加热器等）在不同海拔环境下的动力性、经济性、排放性以及起动性能。图9-8所示为一种发动机高海拔（低气压）模拟试验台的结构示意图。

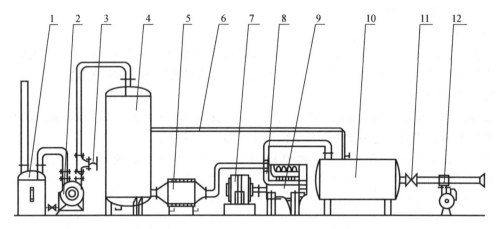

图9-8 发动机高海拔（低气压）模拟试验台示意图

1—气水分离器；2—水环真空泵；3—排气调压阀；4—排气稳压箱；5—热交换器；6—低压起动连通管；7—测功机；8—废气涡轮增压器；9—发动机；10—进气稳压箱；11—进气节流阀；12—空气流量计

大气压力、环境温度及湿度等对发动机的性能都有影响，在这三个参数中，随海拔变化最大的是大气压力，并且对发动机的性能影响最大。因此，发动机高原环境模拟试验的关键是准确模拟发动机进、排气的低气压状态。发动机高海拔（低气压）模拟试验台通过进气节流，利用发动机运行过程中进气抽吸作用，实现进气低压模拟；在发动机排气管后用真空泵抽吸，实现排气背压模拟；同时通过在发动机曲轴箱内保持同样的真空度模拟高海拔大气压力。

（2）发动机高海拔（低气压）模拟试验台的用途

通过发动机高海拔（低气压）模拟试验台，开展对发动机高原适应性的研究，探索其性能指标随海拔变化的规律，为改善燃烧过程、降低油耗和碳烟排放，以及为开发设计适合高原地区使用的新型发动机提供依据和资料。另外，发动机高海拔（低气压）模拟试验台不仅可以对发动机不同海拔高度下的动力性、经济性以及排放性能进行试验研究，还可以通过试验研究发动机附件在不同海拔高度下的适应性问题，如发动机空气压缩机不同海拔高度下压力的变化情况、风扇转速的变化情况以及发动机散热器的压力变化情况等，这些针对发动机附件的研究工作为改善发动机整体性能研究提供了参考和依据，有助于发动机高海拔环境适应性问题的进一步研究。

2. 高原环境模拟实验室

发动机高海拔（低气压）模拟试验台仅能模拟发动机进气和排气的低气压状态，当进行发动机整机及其冷却系高原性能模拟试验时有很大的局限性。随着环境模拟试验技术的发展，国内外普遍采用全天候封闭的高原环境模拟试验舱，对发动机或整车进行高原性能试验研究。实验室模拟的海拔、温度和湿度范围逐渐扩大，控制精度也越来越高，同时紫外线强度等环境参数也被纳入实验室模拟范围。其中具有代表性的高原环境模拟实验室有一汽技术中心发动机高原环境实验室、北汽福田高原环境实验室及 TNO 气候海拔环境模拟实验室等。图 9-9 所示为 TNO 气候海拔环境模拟实验室的结构示意。

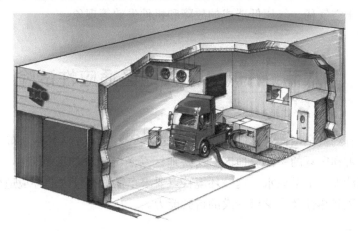

图 9-9 TNO 气候海拔环境模拟实验室的结构示意

三、试验条件

试验在海拔 2 800 m 以上、大气压力 550 mmHg（73 kPa）以下条件下进行。试验汽车不少于 2 辆，整车、各总成及零部件的制造、装配和调整及使用的燃料和润滑油应符合试验汽车技术条件的规定；其他条件符合 GB/T 12534—1990《汽车道路试验方法通则》中的规定。对装有增压器等高原专用设备的车辆，要注意检查、调整和保养，使其符合技术条件要求，如设计中没有专用设备，则不得自行安装。

四、试验项目

1. 汽车爬长坡试验

本试验主要检查汽车的动力性、发动机和传动系的热状况、燃料消耗情况及排挡使用情况等，比较其指标与设计值的差异，评价其适应能力。

试验坡道应是表面平整、硬实、干燥的盘山公路，坡长 8~10 km，上坡路占总坡长的 90% 以上，最大纵向坡度在 8% 以上。试验时节气门全开，合理使用挡位，在保障安全的前提下尽可能高速行驶。试验中，每行驶 0.5 km 记录一次行驶里程、车速、时间、发动机转速、出水温度、机油温度、变速器和驱动桥油温、大气压力、气温、风速、风向等，同时应记录各挡位使用次数和所占比例、燃料消耗量（L/100 km）、发动机最高转速等。

2. 附属、专用设备试验

（1）发动机低温、低气压起动性能试验

冷起动措施试验按照本章"低温地区适应性试验"中冷起动性能试验进行。

（2）高原增压器使用试验

同一类型试验车 2 辆，其中 1 辆试验车安装有增压器，进行爬长坡试验，绘制各项性能对比曲线，对发动机增压器使用效果进行评价。

3. 适应性行驶试验

本试验总行驶里程 5 000 km，其中在高原地区有铺装路面的干线公路上行驶 3 000 km，无铺装路面的凹凸不平路上行驶 1 500 km，越野公路上行驶 500 km。

试验中的要求和数据的测量记录同沙漠地区适应性行驶试验。试验中应特别记录海拔高度、气压以及由于空气稀、气压低造成的故障和机件失效等现象。

第六节　干热、沙漠地区适应性试验

我国西北部有约占全国面积 13.6% 的大片戈壁、沙漠地区，主要分布在新疆南部、甘肃西北部、内蒙古和宁夏的一部分地区。这些地区受潮湿气流的影响较小，致使环境干燥、昼夜温差大、风沙大、干旱缺水。这一环境特点要求车辆具有较好的环境适应性，良好的散热性、驾驶室通风隔热性及在戈壁沙漠的行驶能力。

一、试验条件

试验在干燥、炎热的戈壁沙漠地区进行，植被覆盖率不大于 20%；试验中最高气温在 40 ℃ 以上，相对湿度在 50% 以下。试验车辆不少于 2 辆，整车、各总成及零部件的制造、装配和调整及使用的油料应符合试验汽车技术条件的规定，其他条件符合 GB/T 12534—1990《汽车道路试验方法通则》的规定。

二、试验项目

汽车在干热（沙漠）地区的适应性主要是试验评价汽车发动机冷却系、供油系和驾驶室通风隔热装置、空调装置及其他各种使用性能，以及其是否满足戈壁、沙漠地区特殊气候、地理条件下的使用要求。

1. 散热性能试验

试验前调整和保养冷却系，在发动机进出水口、润滑系主油道、机油池等处安装热电偶，选择平坦沙地并记录沙层情况（深度、承受压力等）。试验时，汽车先预热行驶，使发动机出水温度达 70 ℃，然后在试验路段内全节气门，视路面阻力适当换挡，高速行驶直到发动机出水温度保持平衡或冷却水沸腾为止。试验往返行驶各 1 次，记录试验开始和终了时的大气温度、地面温度、沙地表面温度和风向、风速、大气压力、相对湿度等环境参数，汽车行驶中每 2 min 测量一次发动机进出水温度（风冷发动机为缸盖温度）、机油温度和大气温度，记录行驶时间、距离及排挡使用情况。计算汽车平均技术速度，绘制温升曲线。在试验中，若因供油系不正常工作而影响试验，则应采取措施然后再进行试验。

2. 汽油车供油系可靠性试验

该试验用于考查汽油车辆供油系在高温条件下的工作能力，以评价汽车的高温适应性。试验前检查并调整汽车的技术状态，使之符合该车使用说明书或有关技术文件的要求。试验时冷却液不沸腾；供油系油路清洗干净；管路接头及密封件良好，不得漏油、漏气；不得随意改变油路布置；检查汽油泵泵油量及泵油压力，均应达到规定值；不得拆除发动机罩、隔热板等影响发动机通风散热的部件。

试验方法同本章第四节中"汽油车供油系可靠性试验"。试验时先预热行驶，使发动机出水温度达 70 ℃，然后在试验路段全节气门合理选用挡位高速行驶，至油温平衡或者供油系工作不正常为止。若供油系无不正常现象发生，则待水温平衡后停车熄火，10 min 后起动发动机，节气门全开，加速行驶 500 m，观察起动和加速过程中有无供油不正常现象。试验中，每隔 2 min 记录一次各测点（油泵进出口、化油器进口）及冷却水温度，绘制温升曲线，同时记录供油不正常现象行驶时间、路程和挡位使用情况。

3. 驾驶室通风隔热试验

该试验前的准备及试验方法同本章第四节中"汽车隔热通风试验"。试验时，先预热行驶，打开驾驶室门，使室内外温度一致，并记录该温度；然后在车门窗、通风装置及空调装置等都打开或关闭两种情况下分别进行全节气门高速行驶和正常行驶。记录各过程中的测点温度，以此评价驾驶室的通风和隔热性能。

4. 总成热状态试验

在汽车底盘各总成上安装热电偶传感器。测点主要有：发动机进出水（或缸盖）、机油、变速器及驱动桥润滑油等。试验时，汽车先预热行驶，在保证安全的条件下尽量高速行驶直至发动机达到热平衡为止，记录试验开始和终了时的大气温度、地面温度、风速、风向、大气压力、相对湿度等。汽车行驶中每 2 min 测量一次各测点温度，记录行驶时间、距离及排挡使用情况。

5. 适应性行驶试验

适应性行驶试验总行驶里程 5 000 km，其沙漠地区有铺装路面的一般公路上行驶 2 000 km，无铺装路面的凹凸不平道路上行驶 2 000 km，植被覆盖率 20% 以下的沙漠荒野上行驶 1 000 km。

行驶过程中合理选用挡位，挡位利用率不低于 70%。试验中数据记录同寒冷地区适应性行驶试验，其中应特别注意机件磨损及乘坐舒适性、驾驶室密封性及行驶安全性的评价。

本章小结

1. 汽车是露天行驶的交通工具，无论在何种环境条件下使用，汽车的各项性能及组成材料都将受到各种气候环境条件的影响。我国是汽车使用环境最严酷的国家，高温、高原、高寒、高湿等环境条件对汽车的环境适应性提出了更高的要求。

2. 汽车环境适应性试验，就是在自然或人工模拟环境中，对和环境密切相关的汽车材料、总成与零部件以及整车进行的环境试验。汽车环境适应性试验可以分为自然环境暴露试验、地区环境适应性试验、电磁环境适应性试验和实验室环境模拟试验等。

3. 地区环境适应性试验是贯穿于汽车研制、定型、生产和使用等过程中的一项重要基础性工作，是汽车环境适应性设计的基础和有效手段。通过环境适应性试验，可以发现汽车设计中存在的缺陷，并采取必要的纠正或防护措施，提高汽车的环境适应能力。

4. 汽车自然环境暴露试验，也称汽车气候老化试验，包括自然气候老化试验和实验室气候老化试验两种。

5. 典型气候区域的汽车环境适应性试验，主要包括低温地区适应性试验，高温、湿热地区适应性试验，高原地区适应性试验，干热、沙漠地区适应性试验。

复习思考题

1. 什么是环境适应性？
2. 汽车环境适应性试验的项目及意义是什么？
3. 汽车整车自然环境暴露试验包括哪些检测评估项目？
4. 分析比较汽车实验室环境模拟试验与实地试验的优缺点。
5. 低温、高温湿热、高原及干热沙漠环境条件对汽车性能各有什么影响？
6. 简述汽车地区环境适应性试验的试验项目。

第十章 汽车可靠性与耐久性试验

内容提要：

本章主要介绍汽车可靠性与耐久性试验的概念和类型，特殊条件下的可靠性试验，以及汽车可靠性与耐久性行驶试验的试验准备、试验方法与试验数据处理等。

学习要求：

1. 熟悉汽车可靠性与耐久性试验的概念和类型；
2. 了解汽车可靠性行驶试验与可靠性行驶试验数据的处理方法；
3. 了解汽车在特殊条件下的可靠性试验内容。

第一节 概 述

可靠性和耐久性是汽车的重要性能之一，它与汽车设计技术、全面质量管理、原材料和协作件质量的控制等密切相关，是汽车产品质量好坏的重要评价指标。随着我国汽车工业的飞速发展，汽车产品的可靠性及耐久性日益受到人们的重视。汽车可靠性和耐久性试验是汽车产品定型和质量考核过程中的重要环节之一，也是检验汽车产品是否合格的有效途径，在汽车开发试验过程中占据十分重要的地位。

可靠性和耐久性均是汽车的重要使用性能之一。汽车耐久性试验一般容易被误认为就是可靠性试验，其实可靠性和耐久性既有区别又无明显的界限。一般情况下，可靠性方面的问题大部分可在较短的里程内发现，而以后往往是重复已经出现的问题，尤其是采用快速强化试验方法的情况下，试验周期将大为缩短；而耐久性需要较长的里程和时间。可以认为，可靠性试验是耐久性试验的组成部分，而耐久性试验是可靠性试验的延续和补充。

一、汽车可靠性与耐久性定义

1. 汽车可靠性

汽车可靠性是指汽车产品在规定的条件和规定的里程（时间）内，完成规定功能的能力。可靠性包括 4 个主要因素，即对象、规定条件、规定时间及规定功能。对象是指所研究的系统或总成，汽车可靠性试验中的对象即试验汽车。规定条件是指汽车的使用条件，如道路、载荷、气象、环境及汽车的使用方法、维修方法、存放条件和驾驶员的技术水平等。规定时间是指某一特定使用时间，如可靠性行驶试验里程（时间）、保用期、第一次大修里程及报废期等。规定功能是指汽车使用说明书或设计任务书中明确的基本功能，例如，动力性、燃料经济性、噪声性能及排放性能等。对于不能完成功能的现象，称为失效或者故障，也就是不可靠。在汽车可靠性中，将故障分为两大类，其一是零部件损坏导致汽车停驶或工作不正常的突发性故障，称为硬故障；其二是使汽车性能不稳定或性能下降到最低限度以下的渐衰性故障，称为软故障。我国已有规范《汽车可靠性行驶试验方法》（GB/T 12678—1990）指导其汽车可靠性试验。

在汽车可靠性研究中，通过可靠性试验了解整车及其各系统的关系，了解总成、零部件的失效情况，获得可靠性数据、资料，从而提高汽车产品的可靠性水平。

2. 汽车耐久性

汽车耐久性是指汽车在规定的使用和维修条件下，达到某种技术或经济指标极限时，完成功能的能力。整车耐久性试验是汽车开发试验中最重要的一个环节，通过耐久性试验可以验证汽车在各种使用环境中能否长时间、长距离地保持要求的功能和性能。我国已有规范《汽车可靠性行驶试验方法》（GB/T 12679—1990）指导其汽车耐久性试验。

汽车发生耐久性损坏是指汽车构件的疲劳损坏已变得异常频繁；磨损超过限值，材料锈蚀老化；汽车主要技术性能下降，超过规定限值；维修费用不断增长，已达到继续使用时经济上不合理或安全不能保证的程度，其结果是更换主要总成或大修汽车。

二、汽车故障定义与分类

现行汽车行业标准 QC/T 34—1992《汽车的故障模式及分类》、QC/T 900—1997《汽车整车产品质量检验评定方法》规定了汽车故障类型与分类。

按照故障的发生条件，汽车故障分为两种：汽车在规定的条件下使用，由于汽车自身固有的问题而引起的故障称为本质故障；汽车不按规定使用而引起的故障称为误用故障。本质故障用于可靠性统计，误用故障不用于可靠性统计。

《汽车产品质量检验评定办法》中对故障是按其造成整车致命损伤（人身重大伤亡及汽车严重损坏）的可能性（概率）进行简单分类的。规定致命损伤概率接近 1 的称为致命故障，概率接近 0.5 的称为严重故障，概率接近 0.1 的称为一般故障，概率接近 0 的称为轻微故障或安全故障。故障分类的具体规定详见表 10 – 1。

表 10 – 1 故障分类规定

故障类别	故障概率/%	故障说明
致命故障	20	危及行车安全，导致人身伤亡，引起主要总成报废，造成重大经济损失，或对周围环境造成严重危害
严重故障	5	影响行驶安全，导致主要总成、零部件损坏或性能显著下降，且不能用随车工具和易损备件在短时间（30 min）内修复
一般故障	1	造成停驶或性能下降，但一般不会导致主要总成、零部件损坏，并可用随车工具和易损备件或价值很低的零件在短时间（30 min）内修复
轻微故障	0.4	一般不会导致停驶或性能下降，不需更换零件，用随车工具在短时间（5 min）内能轻易排除

这种以危害程度分类汽车故障并不严谨，是一种粗略的分类方法，而且以主观判断为基础。但由于汽车故障的情况非常复杂，譬如 QC/T 900—1997 的附录 G 中就给出 4 896 个故

障范例，其中动力系统 1 228 个、传动系统 755 个、行驶系统 875 个、车身系统 916 个。因此针对汽车故障部位进行大致分类也不失为一种可行方法。

三、汽车可靠性与耐久性试验的类型

由于汽车使用地域的道路状况、气候环境等存在较大差异，汽车在使用过程中要承受各种各样的机械负荷（如载荷、应力、压力和加速度等）以及环境负荷（如温度、湿度、气压等）的共同作用。因此，汽车可靠性与耐久性试验必须考虑到各种道路条件及气候环境条件。

1. 汽车可靠性试验类型

汽车可靠性试验可以按试验地点、试验目的、试验周期及试验方法分为多种类型。按试验地点可分为实验室可靠性试验和道路可靠性行驶试验；按试验目的可分为可靠性鉴定试验、可靠性考核试验、可靠性测定试验以及可靠性研制试验；按试验周期可分为常规可靠性试验、加速（强化）可靠性试验；按试验方法可分为常规可靠性试验、快速可靠性试验、极限条件可靠性试验和特殊环境可靠性试验。

（1）快速可靠性试验

将对汽车寿命产生影响的主要条件集中实施（所谓的载荷浓缩），使其在尽可能短的时间内获得相当于常规试验长时期内得到的试验结果，即在专门的汽车强化试验道路上进行的具有一定快速系数的可靠性试验。这类试验通常在试验场进行。

（2）常规可靠性试验

常规可靠性试验是在公路或一般道路上，使汽车以类似或接近汽车实际使用条件进行的试验。该试验是最基本的可靠性试验，试验周期较长，但试验结果最接近实际的状况。

（3）极限条件可靠性试验

极限条件可靠性试验是指对汽车施加在实际使用条件下可能遇到的少量极限载荷所进行的试验。例如发动机超转速运行、冲击沙坑等试验，主要是指对车身及其附件的试验。

（4）特殊环境可靠性试验

汽车在各种恶劣环境条件下进行的可靠性试验，如高原试验、寒冷冰雪试验、高温湿热试验、盐雾试验以及暴晒试验等。

2. 汽车耐久性试验类型

汽车耐久性试验按照试验方式可分为三类：实际使用道路试验、试验场试验和实验室试验。

（1）实际使用道路耐久性试验

实际使用道路耐久性试验是指汽车在公共道路（如山路、乡村公里、城市道路、省道、国道、高速路）和典型气候环境（如高温、湿热、高寒、高原等）条件下，重现整个设计寿命周期内疲劳损伤的试验。

（2）试验场耐久性试验

试验场耐久性试验是整车耐久性试验中最常用的试验方式。试验样车在试验场内特定的试验道路上，按照特定的试验规范驾驶来重现汽车在整个设计生命周期内的疲劳损伤。试验场用于耐久性试验的道路主要有高速路、卵石路、鱼鳞坑路、搓板路、比利时路、起伏路、摇摆路、破损路、方坑、坡道等，通过这些道路能够模拟汽车使用中的最恶劣工况，进而达

到考核汽车耐久性能的目的。

(3) 实验室耐久性试验

实验室耐久性试验也称为台架模拟耐久性试验,是指在实验室内利用计算机处理有关路面信号,在液压伺服系统上精确地模拟汽车行驶工况,来观察和分析汽车各总成及零部件损坏的原因。由于汽车耐久性试验往往是具有破坏性或严重损耗的试验,试验周期长且费用高。因此,实验室耐久性试验不受气候环境的影响,能够大大地缩短试验周期,节省人力和费用。

四、可靠性试验应注意的问题

1. 零部件可靠性试验是基础

零部件可靠性试验比整车试验时间短、费用少,试验条件容易控制,样本容量也可大一些。用于整车试验的零部件(尤其是重要的总成部件)必须通过台架可靠性试验考核。

2. 正确选择试验载荷

可靠性试验方法与指标限值规定得是否科学、合理的检验标准;按这种方法得出的结论是否符合用户的结论,是否满足预期的对整车可靠性的要求。为了这一点,选定正确的试验载荷(包括加载大小、方向、性质、方式、循环次数等)是最为重要的。载荷定得过低,台架试验虽然通过了,但整车使用却表现出很低的可靠性。如目前汽车行业中采用的减震器、灯泡等台架试验方法,其中载荷要求太低,台架试验是通过了,可是在用户中反映仍很差。这样的规范不但不起好的作用,反而成为制造厂保持低标准的依据,妨碍技术进步。当然,载荷也不能定得过高,过高会使设计过于保守、增加费用且难以达到标准规定的技术要求。

试验载荷规范要通过实际测定来确定,还要通过可靠性试验结果来验证。一般来说,试验场模拟用户条件,台架试验模拟试验场。图10-1所示为试验载荷确定过程示意图。

在确定载荷规范时,要注意零部件的受力状况和环境条件,不能轻易在台架试验中进行简化。例如,不能简单地把后桥的受力简化为只受上下垂直方向的载荷,把斜向安装的减震器的侧向惯性载荷忽略,或忽略转向球头销磨损试验中的泥沙影响等。

3. 试验样品的质量检查

可靠性试验的样品必须符合质量要求,这主要是针对开发时期而言。如果样品未经过逐道工序仔细检查就投入试验,待试验中发现了故障,查出来是因为零部件没有按图纸要求进行加工,则时间和经费都已损失。不符合图纸要求的样品,原则上不应该送去做试验,这是一条既简单,然而又常常被忽视的道理。

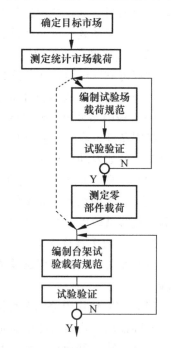

图10-1 试验载荷确定过程示意

4. 试验数据的完整与准确

可靠性试验往往要花费较长时间,伴随着试验人员的是繁重而枯燥的工作。因此,特别要注意实行严格、仔细的试验情况监测办法,使失效现象能够及时被发现并记录下来,数据的遗漏会造成评价的错误,在寿命试验台上要应用现代监测技术发现失效现象并及时停机。在试验场试验时,试验驾驶员要自觉严格按试验规范要求驾驶汽车并运用自己的经验及时判断故障。不正确的数据会得出不正确的结论,用不正确的结论去指导设计与生产,贻害无穷。

5. 试验结果失效与可靠性分析

对试验中发现的故障(或失效)要按正确的方法进行可靠性分析和失效分析。

整车可靠性试验之后,至少要进行下列统计分析:

1) 可靠性、维修性评价。
2) 故障数分析,按子系统的分布排列图(如图10-2所示)进行。
3) 累计故障数分析,随时间的变化曲线(如图10-3所示)进行。

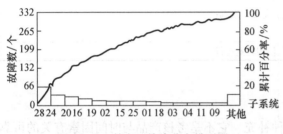

图10-2 某车型故障分布排列图

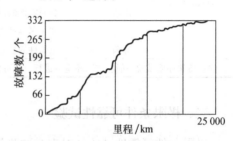

图10-3 某车型累计故障数图

4) 故障的危害度分析,按危害度进行故障排序。

6. 确保试验安全

汽车整车、发动机及零部件试验都带有相当的危险性,必须制定严格的安全制度并贯彻实施,才能保证试验中人和机件的安全。例如,高速跑道上要制定专门的交通规则,驾驶员进场之前要经过专门训练考试取得驾驶证。此外,还要设置保证安全、防止事故及事故后及时处理的保护设施,以及通信、监测、报警、防火、灭火、急救等系统。

第二节　特殊条件下的可靠性试验

一、特殊环境可靠性试验

这里所讲的特殊环境主要是指特殊的气候环境。特殊的气候对汽车的性能、可靠性及耐久性都有影响。一般环境下可靠的汽车产品,在特殊气候环境条件下不一定可靠,因此要对汽车进行特殊环境下的可靠性试验。在我国,特殊的气候环境条件主要分布在严寒地区、高原地区和湿热地区,俗称"三高"环境区域。表10-2列出了这些地区的主要环境因素以及主要的可靠性问题。

表10-2 特殊气候地区的主要环境因素及可靠性问题

地区	主要环境因素	主要可靠性问题
严寒地区	低温 冰雪	冷起动困难、制动性变差； 冷却液、润滑液、燃油冻结； 非金属零件硬化失效，采暖除霜装置的性能、特殊维修性问题
高原地区	低气压 低温 风沙大 强紫外线辐射	动力性下降、起动性能恶化； 冷却液沸腾、供油系气阻； 橡胶塑料易劣化、变形、开裂、变脆，涂料褪色、粉化，密封失效； 人的体力下降，增加维修难度
湿热地区	高温 高湿度 强辐射（阳光） 雨水 盐雾 霉菌	冷却液沸腾； 金属零件易腐蚀； 供油系气阻； 金属零件的浸蚀与腐蚀； 非金属零件的老化、变质、发霉； 电器件的故障

注：特殊环境试验一般在实际环境下进行，也可以在气候实验室进行。

二、极限条件可靠性试验

极限条件可靠性试验是对寿命试验的一种补充，它不是考核产品与时间因素有关的可靠性指标，而是要在较短的时间内观察汽车承受极限应力的能力。表10-3列举了一些极限试验的例子。

表10-3 极限条件可靠性试验举例

试验项目	试验目的	说明
沙地脱出试验	判断传动系的强度	后轮置于沙槽，前进、后退使汽车冲出
泥泞路试验	判断驾驶室、车架的锈蚀及橡胶件的损坏程度	泥水地深300 mm、长50 m，泥水槽中行驶
急起步试验	判断传动系及悬架、车架的强度	在平路及坡路上拖带挂车，由发动机最大转矩、转速急起步，反复操作
急制动试验	判断制动器、前轴转向系的强度	在路面摩擦系统高的混凝土路面上直行及转弯时，以最大强度制动
垂直冲击试验	判断悬架、车身的强度	汽车以较高速度驶过单个长坡或连续长坡
急转向试验	考核转向机构的强度	以可能的速度、最大的转向角进行前进、倒退，反复行驶操作
空转试验	考验传动系的振动负荷	原地将驱动桥支起，以额定转速的110%~115%连续运转，传动轴有一定的不平衡量

第三节 汽车可靠性行驶试验

一、试验准备

汽车可靠性行驶试验周期长（通常行驶10 000~30 000 km），试验项目多，试验中突发事件随时可能发生，并且有一定的危险性，因此，要求试验准备充分，保障及时有力。

1. 试验道路选择

可靠性行驶试验主要是在各种路面上行驶，以全面考查其性能。试验用的各种道路及在各种路面上行驶的里程数，根据车辆的类型不同而有不同的要求。表10-4所示为微型货车常规可靠性试验行驶规范。常规可靠性试验的试验道路有以下几种路面。

表10-4 微型货车常规可靠性试验行驶规范

序 号	试验道路类别	行驶里程/km	占有比例/%	要 求
1	高速公路	11 000	50	应高于85%最高车速行驶，转绕时间不少于1 h
2	山区道路	6 600	30	装用四挡变速器时，应以二挡行驶660 km
3	平原公路	4 400	20	平均速度在60 km/h以上
	总计	22 000	100	

（1）平原公路

路面平整度为C级或C级以上的平原微丘公路的要求，最大坡度小于5%，路面宽阔平直，视野良好，能以较高车速持续行驶距离大于50 km。

（2）坏路

路基坚实，路面凸凹不平的道路；有明显的搓板波、分布均匀的鱼鳞坑等；路面不平度为E级或E级以下，试验车在这种路面上行驶时应受到较强的振动和扭曲负荷，但不应有太大的冲击。

（3）山区公路

平均坡度大于40%，最大坡度为15%，连续坡长大于3 km，路面平整度为C级以上。

（4）城市道路

大、中城市交通干线街道，路面平整度为C级以上。

（5）无路地段

很少有车辆行驶的荒野地区，例如，沙漠、草地、泥泞地、灌木丛、冰雪地及水滩等。无路地段主要用于越野汽车及其他特种车辆的耐久可靠性试验，选择无路地段时，应考虑到汽车应能有一定的行驶速度，并能保证安全试验。

（6）试验场可靠性试验道路

试验场可靠性试验道路一般包括具有固定路形的特殊可靠性道路（如石块路、卵石路、鱼鳞坑路、搓板路、扭曲路、凸块路、沙槽、水池、盐水池等）、高速跑道、坡道、砂土路等。

2. 车辆准备

一般汽车可靠性试验都在性能试验之后进行，而试验汽车的技术状况及装配、调整检查都在性能试验之前进行，因此，刚进行完基本性能试验的汽车，可无须进行任何检查而直接进行可靠性试验。对于仅进行可靠性行驶试验的汽车，应对其进行以下准备。

接到试验样车后，记录试验样车的制造厂名称、牌号、型号、发动机型号、底盘型号等各主要总成型号及出厂日期，并为试验车编试验序号。

检查试验样车各总成、零部件、附件、附属装置及随车工具的装备完整性，以及外部紧固件的紧固程度、各总成润滑油（脂）和各润滑部位的润滑状况及密封状况，并使其符合该车技术条件及 GB 7258—2017 的有关规定。

检查蓄电池电压、点火提前角、风扇皮带张力、发动机气缸压力、化油器的节气阀及阻风阀的开启压力、喷油泵齿条最大行程、发动机怠速转速、制动踏板与离合器踏板的自由行程、转向盘自由转角、轮毂轴承松紧程度、转向轮最大转角、轮胎气压及制动鼓（盘）与摩擦衬片（块）的间隙等装配、调整状况，使其符合该车技术条件及 GB 7258—2017 的有关规定。

3. 试验仪器

在汽车可靠性行驶试验中，除了进行基本性能试验所需仪器外，还需要行驶工况记录仪、排挡分析仪、燃油流量计、半导体温度计、发动机转速表、坡度计、路面计、气象仪、秒表、精密测量量具、照相机等，以及特殊试验要求所选定的专用仪器及设备。

除进行以上准备外，还应准备好各种汽车备件、维修用的工具及人员的救护工作等。

二、试验方法

可靠性行驶试验根据车辆型式、用途不同，试验方法和要求也不相同，常规可靠性行驶试验按国家标准 GB/T 12678—1990《汽车可靠性行驶试验方法》执行，试车场内快速可靠性试验按各试验场标准执行。

1. 可靠性行驶试验中的驾驶操作

在确保安全的前提下，尽可能高速行驶，同时避开不符合要求的异常路况，以免使试验车受非正常冲击挤压，造成零部件非正常损坏；试验中要正确选择挡位，不能空挡滑行；在 100 km 里程内至少应有 2 次原地起步、连续换挡加速及 1 次倒挡；行车 200 km，至少制动 2 次；下坡行驶采用脚制动和发动机排气制动，不许发动机熄火；在城市道路行驶时，每 1 km 要制动 1 次；在山区道路行驶时，每 100 km 至少进行 1 次起步停车，夜间行驶里程不得少于总行驶里程的 10%。

2. 试验中的故障判断与处理

1) 故障一般凭感觉判断，对于不易判断的故障也可通过测量确定。

2) 加强检查，注意发现故障。各项检查包括接车检查、停车检查、行驶检查、收车后检查以及定期保养检查等。

3) 故障处理。汽车发生故障应立即停车，经过检查判明原因后，原则上要及时排除。如发生的故障不影响行驶安全及基本功能，且不会诱发其他故障，也可继续进行试验观察，直至需要修理时为止。

3. 试验中的汽车维修

维修通常有预防性维修和故障后维修。前者是指为预防发生故障而安排的强制性保养维修，后者是指故障发生后进行的维修。

（1）预防维修

预防维修的内容有对各总成、零部件进行紧固、调整、润滑、清洗及更换易损件等。预防维修时间为从试验准备工作开始至全部准备工作结束所用时间。保养维修人数定额为每车 2 人，不足或超过定额人数时，可将维修时间折算到标准人员的时间。预防维修费用包括使用的材料、设备及工时的费用。在进行预防维修时，如果发现非预防维修项目出现故障，即认定为试验车辆可靠性行驶试验中发生的故障，其判断与维修记录按正常程度进行。

（2）故障后维修

维修范围仅限于和故障有直接关系的部位。维修方式应根据具体情况，采取最快、最经济的维修方式，其中包括更换零部件。在更换零部件时，更换的零部件应该是与原装件同一批生产的合格品，或是经设计师确认的改进后的合格品。维修时间包括排除故障所需全部时间，即故障诊断时间、维修准备时间、实际修理时间、试车调试时间及清理修理场地时间。诊断时间指从确定故障产生的范围起，至查明故障原因为止的一段时间；准备时间指由发生故障到正确判断出故障的延迟时间及从确定维修人员起到维修人员取得工具完成维修准备工作时的全部时间；修理时间指排除故障而进行拆卸和更换零部件，修理加工、调整，以及加注润滑油（脂）和冷却水的时间总和；试车调试时间指从再次起动开始，包括运转中的调整、验证，到确认汽车已经达到完好状态为止的时间。如果需要重新修理，重新修理时的各项时间应另计。维修费用包括维修时使用的材料、设备及工时的费用。

4. 试验过程记录规范

由于汽车可靠性依靠统计方法进行评价，所以在试验过程中要严格、认真地进行记录。试验过程中必须进行的记录包括：

1）接车记录。接车时应填写接车记录表。
2）行车记录。从接车开始只要开动试验车，就必须填写行车记录卡。
3）汽车故障维修记录。试验过程中，只要发生了故障，就必须填写故障、维修记录卡。
4）预防维修记录。试验过程中所进行的预防维修，都要认真填写预防维修记录卡。

5. 试验中汽车性能测试

除特殊要求之外，在可靠性行驶试验初期和结束后各进行一次发动机外特性测试及汽车性能测试，以确定试验汽车经过规定里程的可靠性行驶试验后性能指标是否达到设计要求或国家规定的限值，以及其性能的稳定程度。

检测内容通常包括（检测项目应根据试验类别与试验规程中的规定来确定，并非所有车型对下列项目都检测）：动力性（最高车速、最小稳定车速及加速性能），燃料经济性（等速行驶燃料消耗量、多工况燃料消耗量及限定条件下行驶燃料消耗量），制动性（制动距离、制动减速度、制动稳定性及驻车制动），噪声，排放物浓度，操纵稳定性，平顺性及车身密封性等。

上述性能的测试方法按相应的国家标准及专业标准执行，性能试验前车辆的调整项目按性能试验规范的规定，不得进行其他项目的维修与调整。

6. 试验结束后汽车的拆检

（1）拆检

试验汽车可靠性行驶试验项目全部结束之后，为了检查各总成内部结构的磨损状况及其他异常现象，需要解体汽车进行检查。拆检时应按预定的内容有计划、有步骤地进行，要边拆检边记录（或摄影），同时应按相应试验规程的规定对主要总成（包括发动机、离合器、变速器、转向器、驱动桥等）进行部分或全部拆检。对拆检发现的问题应及时分析、判明原因，并记录拆检的详细情况。

检测方法一般为感官评价，也可以根据实际需要进行测量，一般项目多为零件的磨损精密量。

（2）确定主要零部件磨损程度

可靠性行驶试验前后，要对试验汽车主要零件进行精密测量，测量精度由零件的制造精度确定。对于用磨、拉、铰加工的零件,测量精度为 0.002~0.005 mm;对于高精度零件及为了保证较高配合精度而分组选配的零件(如发动机部分运动件),其测量精度,外径为 0.002 mm、内径为 0.001 mm。

通常设计人员应将测量件的测量项目、测量部位、测量精度、测量次数、零件名称、零件图号、测量量具号等填写在绘有零件简图的测量卡上,使测量人员可以完全依照测量卡的要求进行测量。精密测量中,对同一零件几次测量的量具精度、测量条件、方法及部位等应完全一致。对于高精度零件,两次测量时的室温应接近,并尽可能接近 20 ℃。

另外,拆检中发现的潜在故障不计入故障指标统计,检验时间不计入维修时间。

三、试验数据处理

国家标准 GB/T 12678—1990 规定,汽车可靠性试验期间,应该对有关数据进行统计,试验结束后对评价指标进行计算。试验数据包括以下几项:

1. 行驶工况统计

可靠性行驶试验中,每日每班填写行车记录卡,试验员依据试验驾驶员填写的行车记录卡(严格而论,试验员每天都要检查行车记录卡,确认当日发生故障的实际情况)定期统计有关试验参数:实际行驶里程、平均技术车速、变速器各排挡使用次数及里程或时间的占有比例、制动次数和时间等。以上项目可依据试验要求做相应增减。

2. 故障统计

可靠性行驶试验中,当日班发生的故障应详细地填写在行车记录卡上,故障描述要真实详尽,并记录发生故障的时间、里程,故障发生的现象,故障判别及故障排除措施等,以备试验员能够将故障清楚真实地反映在试验报告上。

试验中定期将行车记录卡上填写的故障按单车发现故障的里程顺序统计于故障统计表,故障种类栏目中应填写"本质故障"或"误用故障"。"本质故障"为试验汽车在正常试验状态下产生的,是试验车辆本身潜在的、非人为的故障;"误用故障"为试验汽车在可靠性试验中,使用、保养、维修等未按规定执行而出现的故障,属于责任的、人为的故障。

故障统计中,只考虑"本质故障","误用故障"不计入故障数。同一里程里不同零件发生故障时应分别进行统计,分别计入故障频次;同一零件同一里程出现不同模式故障时也分别统计,分别计入故障频次,如果同一零件发生几处模式相同的故障,则只统计一次,故障类别按最严重的统计。

3. 汽车可靠性评价指标及其计算方法

(1) 平均首次故障里程($MTTFF$)

平均首次故障里程即汽车出厂后无须维修而能够持续工作的平均里程。其数值按下式计算:

$$MTTFF = \frac{S'}{n'} \tag{10-1}$$

式中,$MTTFF$——平均首次故障里程估计值,km;

n'——发生首次故障的车辆数,辆;

S'——无故障行驶的总里程,km;

$$S' = \sum_{j=1}^{n} S'_j + (n - n')S_e \tag{10-2}$$

式中，S'_j——第 j 辆汽车首次故障里程（只计 1、2、3 类故障），km；
　　　n——试验车辆数，辆；
　　　S_e——定时截尾里程，km。

（2）平均故障间隔里程（MTBF）

$$MTBF = \frac{S}{\gamma} \tag{10-3}$$

式中，$MTBF$——平均故障间隔里程估计值，km；
　　　γ——总试验里程 S 中发生的 1、2、3 类故障总数；
　　　S——总试验里程，km；

$$S = \sum_{i=1}^{K} S_j + (n-K)S_e \tag{10-4}$$

式中，K——中止试验车辆数，辆；
　　　S_j——第 i 辆汽车中止试验里程，km。

平均故障间隔里程置信下限值按下式计算：

$$(MTBF)_L = \frac{2S}{X^2[2(\gamma+1)\alpha]} \tag{10-5}$$

式中，$(MTBF)_L$——平均故障间隔里程置信下限值，km；
　　　$X^2[2(\gamma+1)\alpha]$——自由度为 $2(\gamma+1)$、置信水平为 α 的 X^2 分布值，推荐取值为 0.1 或 0.3。

平均故障间隔里程置信下限值也可以由表 10-5 检出系数 δ，然后按下式计算：

$$(MTBF)_L = \delta \cdot MTBF \tag{10-6}$$

表 10-5 定时截尾求置信下限值 MTBF 应乘的系数

故障数 γ	置信度（单侧）				故障数 γ	置信度（单侧）			
	70	80	90	95		70	80	90	95
1	0.410	0.333	0.258	0.211	19	0.860	0.805	0.731	0.683
2	0.542	0.466	0.377	0.317	20	0.864	0.810	0.737	0.689
3	0.630	0.543	0.449	0.387	21	0.868	0.814	0.743	0.693
4	0.679	0.597	0.500	0.437	22	0.871	0.819	0.750	0.700
5	0.714	0.622	0.521	0.455	23	0.874	0.823	0.756	0.706
6	0.740	0.659	0.571	0.507	24	0.877	0.828	0.762	0.711
7	0.760	0.684	0.595	0.534	25	0.880	0.839	0.766	0.717
8	0.790	0.705	0.617	0.556	30	0.891	0.843	0.783	0.737
9	0.790	0.720	0.634	0.573	40	0.907	0.870	0.808	0.769
10	0.802	0.733	0.649	0.590	50	0.917	0.876	0.832	0.792
11	0.812	0.745	0.664	0.602	60	0.925	0.887	0.841	0.803
12	0.820	0.757	0.674	0.615	70	0.931	0.897	0.851	0.822
13	0.823	0.761	0.688	0.627	80	0.936	0.906	0.860	0.831
14	0.835	0.771	0.697	0.639	90	0.940	0.908	0.868	0.839
15	0.841	0.780	0.704	0.649	100	0.943	0.917	0.877	0.847
16	0.846	0.788	0.711	0.659	200	0.960	0.939	0.913	0.889
17	0.852	0.795	0.718	0.668	300	0.976	0.960	0.942	0.933
18	0.856	0.800	0.724	0.676					

（3）当量故障数

$$\gamma_D = \sum_{i=1}^{3} \varepsilon_i \cdot \gamma_i \qquad (10-7)$$

式中，γ_D——当量故障数；

ε_i——第 i 类故障系数，其值依次为 $\varepsilon_1 = 100$，$\varepsilon_2 = 10$，$\varepsilon_3 = 0.2$；

γ_i——第 i 类故障数。

(4) 当量故障率

$$\lambda_D = 1\,000 \frac{1}{S} \sum_{i=1}^{n} \gamma_{Dj} \qquad (10-8)$$

式中，γ_D——当量故障率，次/1 000 km；

γ_{Dj}——第 j 辆汽车当量故障数。

(5) 千千米维修时间

$$TM_m = 1\,000 \frac{TR_m + TP_m}{S} \qquad (10-9)$$

式中，TM_m——千千米维修时间，h；

TR_m——总试验里程 S 内发生故障后维修时间总和，h；

TP_m——总试验里程 S 内预防维修时间总和，h。

(6) 千千米维修费用

$$MC = 1\,000 \frac{C}{S} \qquad (10-10)$$

式中，MC——千千米维修费用，元；

C——总试验里程 S 内维修费用，元。

(7) 有效度

所谓有效度是指产品在规定的使用与维修条件下，任意时刻维持其规定功能的概率。作为可维修系统的试验汽车，通常用有效度对其进行最终的综合评价。有效度的计算公式为

$$A = \frac{S}{S + S_D} \qquad (10-11)$$

式中，A——有效度，%；

S_D——维修停驶里程，km/h；

$$S_D = \frac{1}{1\,000} V_a \cdot MT_m \cdot S \qquad (10-12)$$

式中，V_a——试验汽车平均技术速度，km/h。

对于快速可靠性试验，必要时可以对上述评价指标的计算方法进行修正。

第四节　汽车耐久性行驶试验

一、试验准备

1. 试验道路选择

汽车行驶道路尽可能包括各地区典型道路，对道路的要求参照 GB/T 12678—1990 中

4.2 规定的道路类型。汽车试验场用于耐久性行驶试验的道路主要有：高速路、卵石路、鱼鳞坑路、搓板路、比利时路、起伏路、摇摆路、破损路、方坑、标准坡道等，通过这些道路能够模拟客户使用中的最恶劣工况，进而到达考核产品耐久性能的目的。

在各种道路上行驶的里程分配参照汽车常规可靠性行驶试验里程分配的规定，载货汽车在山路、凸凹不平的坏路上行驶里程不得少于总行驶里程的30%；客车在山路、凸凹不平坏路上行驶的里程不得少于总行驶里程的20%。在保证行驶安全的条件下，汽车在平路上应以较高的车速行驶，不得脱挡滑行；试验中夜间行驶里程应不少于总里程的20%。

2. 试验车辆

试验汽车的数量参照 GB/T 12679—1990《汽车耐久性行驶试验方法》中的规定。汽车耐久性行驶试验可采用汽车常规可靠性试验的同一组汽车，整车、总成及零部件的制造装配调整质量应符合该车技术条件的规定。

3. 试验仪器设备

在耐久性行驶试验中，除了进行汽车常规可靠性试验所需仪器外，还需要测量汽车整车、总成及零部件疲劳损坏的专用仪器及设备。

除进行以上准备外，还应准备好各种汽车备件、维修用的工具及人员的救护工作等。

二、试验方法

汽车耐久性行驶试验按照国家标准 GB/T 12679—1990《汽车耐久性行驶试验方法》执行，各汽车试验场内耐久性行驶试验可按各试验场相应的汽车产品耐久性试验规程执行。

1. 耐久性试验项目

整车耐久性行驶试验项目及试验程序见表 10-6。

表 10-6 耐久性行驶试验项目及程序

序 号	试验项目	说 明
1	验收试验汽车，磨合行驶	磨合行驶最后 1 000 km 时测量机油消耗量
2	发动机性能初试	按照 JB 3743—1984 中 8.4 的规定仅测量发动机的总功率
3	汽车主要零件的初次精密测量	按照 GB/T 12679—1990 中 6.5 的规定进行
4	装复汽车后的 300 km 磨合行驶	检查汽车各总成工作性能、工作声音和工作温度，尤其是转向、制动、各类仪表和灯光的工作性能
5	使用油耗测量（初测）	按照 GB/T 12545—2001 中第 8 章的规定测量平均使用燃料消耗量
6	汽车性能初试	按照 GB/T 12678—1990 中 6.4 的规定进行汽车性能测试
7	耐久性行驶试验	按照 GB/T 12679—1990 中 6.9 的规定进行
8	发动机性能复试	按照 GB/T 12679—1990 中 6.4.1 项进行，根据发动机性能的初、复试结果，统计出发动机性能变化率
9	使用油耗测量（复测）	每 50 000 km 测量一次限定条件下的平均使用燃料消耗量
10	汽车性能复试	操纵稳定性、平顺性及车身密封性试验
11	汽车主要零件的精密复试	按照 GB/T 12679—1990 中 6.5 的规定进行，根据初、复测结果，统计出说明零件磨损特性的参数
12	装复汽车，编制试验报告	按照 GB/T 12679—1990 中第 8 章的规定

备注：1. 各项顺序一般不能随意变动；
2. 对于汽车耐久性行驶试验中同时安排有使用试验或者常规可靠性试验的，只需衔接，不必重复上述程序；
3. 在试验中若发动机已大修或者更换，则第 8、9、10、11 项必须在报告中注明。

2. 试验中故障的判断和处理

试验中故障的发现、判断和处理，汽车的维修以及试验记录均按照第三节"汽车耐久性行驶试验方法"中的规定进行。

3. 汽车耐久性损坏判定

汽车发生耐久性损坏可以从故障类别上判断，或者从汽车维修和保养费用上判断，只要其中有一种情况出现，即判定汽车发生了耐久性损坏。

（1）从故障类别上判断

同一辆汽车的发动机、驾驶室（货车）、车身（客车）、转向系、变速器、驱动桥、前轴和车架等总成中总共发生了两次致命故障，即判定该车发生了耐久性损坏。两辆以上（包括两辆）汽车的同一种总成发生致命故障，即判定这两辆以上（包括两辆）汽车发生了耐久性损坏。每辆车在同一总成上发生了10次严重故障折算为该车的一次致命故障；整车动力性降低25%或燃料消耗量增加30%均判定为致命故障。

（2）从汽车维修费用上判断

汽车维修和保养费用达到了汽车出厂价格的80%，即判该车发生了耐久性损坏。汽车维修和保养的工时费、设备费用参照本地区汽车保修规范中有关规定处理，材料费应包括更换的配件费用和轮胎费用，其中自制件按厂价计，外购件按售价计，不包括燃料费。

三、试验数据处理

在汽车耐久性行驶试验中需要定期整理与统计的数据主要有：

1）行驶里程、行驶时间、各种道路的里程比例、平均车速、平均燃料消耗量和机油消耗量、各类故障次数、故障级别和形式、汽车维修和等级保养费用、材料费用（故障统计和故障统计原则可参照第三节"汽车耐久性行驶试验方法"中的规定进行）。

2）发动机台架试验数据。

3）整车性能试验数据。

4）主要零件磨损数据。

本章小结

1. 可靠性和耐久性是汽车的重要性能之一，也是汽车产品质量好坏的重要评价指标之一。汽车可靠性和耐久性试验是汽车产品定型和质量考核过程中的重要环节之一，也是检验汽车产品是否合格的有效途径。

2. 不断改进汽车产品的可靠性是汽车工业的一个重要发展方向。在汽车可靠性研究中，通过可靠性试验了解整车及其各系统的关系，了解总成、零部件的失效情况，获得可靠性数据、资料，从而提高汽车产品的可靠性水平。汽车可靠性与耐久性行驶试验是验证汽车可靠性与耐久性的重要手段，也是检验汽车产品是否合格的有效途径。

复习思考题

1. 汽车可靠性试验与耐久性试验以及汽车故障的定义是什么？

2. 分析比较汽车可靠性试验与耐久性试验之间的联系和区别。
3. 汽车可靠性试验包括哪几种类型？
4. 汽车可靠性试验应该注意哪些问题？
5. 分析比较汽车特殊环境可靠性试验与极限条件可靠性试验的区别是什么。
6. 汽车耐久性试验包括哪几种类型？各有什么优缺点？

第十一章 汽车定型试验

内容提要：

本章主要介绍汽车定型试验的实施条件、实施程序、试验要求以及定型试验报告的撰写等，并以载货汽车定型试验规程为例详细介绍汽车定型试验的实施过程。

学习要求：

1. 熟悉定型试验的实施条件和实施程序；
2. 了解汽车定型试验的要求；
3. 了解载货汽车定型试验的主要内容和实施步骤。

第一节 定型试验的实施条件和程序

汽车定型试验是指新研制的汽车或有重大改进的汽车，在批准设计定型前，对其结构、性能、质量进行全面考核的试验，检查其产品的各项参数和性能指标及可靠性是否达到经过批准的设计任务书或技术条件要求，为汽车产品的鉴定审查提供全面、公正、科学的判定依据。新型或改型汽车的样车设计完成，正式投入批量生产以前，需由定型委员会指定国家汽车工作主管部门确认的汽车新产品鉴定试验单位组织实施定型试验，定型试验合格的车辆方可进行批量生产。

汽车定型试验项目因汽车类型和用途而有所不同，通常按照设计定型试验大纲中规定的项目进行。汽车定型试验项目通常包括整车参数测量、整车性能试验、可靠性行驶试验和环境适应性试验等。目前我国已实行的汽车定型试验规程有：GB/T 1332—1991《载货汽车定型试验规程》，QC/T 252—1998《专用汽车定型试验规程》，QC/T 256—1998《液化石油气汽车定型试验规程》，GJB 4527—2002《军用越野汽车设计定型试验规程》，GB/T 19750—2005《混合动力电动汽车定型试验规程》，GB/T 18388—2005《电动汽车定型试验规程》，GB/T 13043—2006《客车定型试验规程》，QC/T 75—1998《矿用自卸汽车定型试验规程》，GB/T 23335—2009《天然气汽车定型试验规程》。

一、汽车定型试验实施条件

样车进行定型试验前应具备以下实施条件。

1) 研制单位应确认定型试验的车辆符合设计任务书、设计图样及技术条件的要求。

2)为保证定型试验的准确性,研制单位需向试验单位提供规定数量的试验样车。各类汽车定型试验所需样车数目见表 11-1。

表 11-1 定型试验所需样车数

车　型		样车数/辆
载货汽车	总质量≤14 t	≥5
	总质量>14 t	≥4
客车	年产量小于 600 辆	1
	年产量多于或等于 600 辆	2
轻型客车		≥4
微型客车		≥6
专用汽车		≥2
重型矿用自卸车	载总量≤40 t	≥2
	载总量>40 t	1
军用越野车	已定型底盘的试验车	≥2
	其他	≥4

3)研制单位应提供试验样车的以下技术文件:
① 经主管部门批准的设计任务书和技术条件;
② 设计图样;
③ 装配、调整技术条件;
④ 使用保养说明书;
⑤ 试验车的制造与装配调整记录;
⑥ 试验车的研制试验报告和主要总成的台架试验报告。

二、定型试验的实施程序

汽车定型试验的主要步骤如图 11-1 所示。

汽车定型试验的实施一般按以下程序执行。

(1)申请设计定型

具备实施条件后,研制单位可按有关规定向主管定型委员会提出定型试验申请,由该委员会批准并指定国家汽车工业主管部门确认的汽车新产品鉴定试验单位组织实施定型试验。

(2)组织定型试验

试验单位根据定型委员会批准的文件和相应试验标准规定,接受研制单位提交的试验样车、技术文件图样,然后制订试验大纲和实施计划,并征求研制单位意见后呈报主管定型委员会批准。试验的具体实施内容按批准后的大纲和计划执行。

(3)执行定型试验

试验单位按试验大纲和计划进行试验,试验期间发现下列情况之一时,试验单位有权中止试验,并上报主管定型委员会,待研制单位改进后方可恢复试验。

① 转向系、制动系的效能不能确保行车安全;
② 样车性能指标与设计任务书的要求相差较大;
③ 主要零部件损坏,研制单位又不能及时提供合格配件;

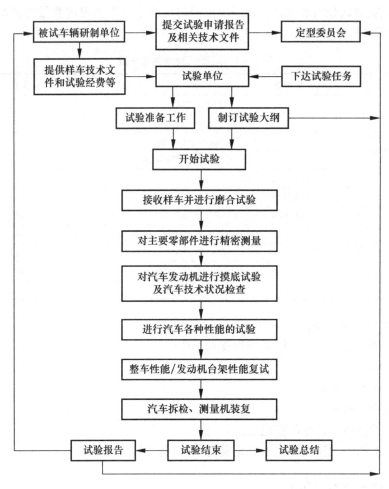

图 11-1　汽车定型试验流程

④ 零件损坏频繁，影响试验工作正常进行；

⑤ 试验中重点考核的主要总成及关键零部件（试验大纲中应明确）在正常试验中损坏需要更换。

(4) 定型试验结束，撰写定型试验报告

试验中应根据试验进展情况，定期分阶段写出试验情况简报，并及时报送上级主管定型委员会和研制单位。定型试验结束后，应按国家标准中定型试验报告的格式编写试验报告及定型试验工作总结材料，上报主管定型委员会，并将试验报告提交研制单位和使用单位。

第二节　汽车定型试验的要求

不同类型和不同用途的车辆，定型试验的内容和步骤有所不同。为了规范汽车定型试验,中华人民共和国工业和信息化产业司 2010 年发布了第 109 号文《车辆生产企业及产品生产一致性监督管理办法》,对汽车定型试验检测机构和汽车定型试验项目及试验标准提出了如下规范性要求。

一、定型试验检测机构要求

汽车定型试验应由工信部授权的检测机构进行,定型试验检测机构要严格遵照工信部工产业〔2009〕第 26 号《道路机动车辆产品检验工作监督管理规定》进行汽车产品的定型试验。

二、定型试验项目及依据标准

不同类型和不同用途的汽车,如改装车、半挂车、新能源汽车及专用汽车进行定型试验时,定型试验项目及依据标准应按照表 11-2 中的规定执行。

表 11-2 汽车定型试验项目及依据标准

检验项目			依据标准
整车主要技术参数	尺寸参数		GB/T 12673—2019
	机动性和通过性参数		GB/T 12673—2019
	整车质量参数		GB/T 12674—1990
基本性能	滑行		GB/T 12536—2017
	动力性能	最高车速	GB/T 12544—2012
		最低稳定车速	GB/T 12547—2009
		加速性能	GB/T 12543—2009
		最大爬坡度	GB/T 12539—2018
	经济性能	等速行驶燃油消耗量	GB/T 12545.2—2001
	制动性能		GB 7258—2004 中 7.13.1 条
专项性能	舒适性	平顺性	GB/T 4970—2009
		防雨密封性	QC/T 476—2007
	操纵稳定性	稳态回转	GB/T 6323.6—2014
		转向回正	GB/T 6323.4—2014
		转向轻便性	GB/T 6323.5—2014
	可靠性		GB/T 12678—1990

注:1. 当产品变化或同一产品进行扩展、变更引起基本参数、基本性能或专项性能变化时,应进行相应项目试验。
    2. 加速性能、等速油耗应有试验曲线。
    3. 平顺性评价使用等效均值 L_{eq}。

新能源汽车应按照工信部工产业〔2009〕第 44 号《新能源汽车生产企业及产品准入管理规则》的要求,依据 GB/T 18388—2005《电动汽车定型试验规程》、GB/T 19750—2005《混合动力电动汽车定型试验规程》等相应试验规程进行主要技术参数、基本性能、专项性能及可靠性试验。专用汽车除按表 11-2 中规定的项目进行试验外,还应依据相应的国家、行业标准和规范性要求,对专用装置结构、功能进行试验,结果应符合要求。

第三节　载货汽车定型试验

本节以载货汽车为例，介绍载货汽车定型试验的主要内容和实施步骤。对于客车、专用汽车、矿用自卸汽车、天然气汽车、电动汽车、混合动力车电动汽车的定型试验可参考有关标准。

一、试验样车验收及磨合行驶

本项工作按研制单位规定进行，并做好登记和磨合行驶记录。

二、整车参数测量

整车参数测量主要包括：
1）整车外部尺寸、驾驶室内部尺寸测量；
2）质量参数测量；
3）转向参数（最大转角及定位参数）测量；
4）最小转弯半径测量；
5）驱动轮滚动半径测量。

三、主要零部件精密测量

此项工作在磨合之后、发动机台架试验之前进行，测量项目见表 11-3。此项工作是与以后的拆检测量相对应的，即对试验前、后测量结果加以比较，评价主要零部件的磨损情况。

表 11-3　汽车拆检测量项目

序 号	零部件名称	测量项目	序 号	零部件名称	测量项目
1	发动机		3	转向机构	
①	缸筒	圆柱度	①	主销	直径
②	活塞	销孔内经	4	制动系	
③	活塞销	直径	①	制动鼓或盘	圆柱度
④	曲轴	轴径直径	②	摩擦衬片或衬块	厚度
			③	空气压缩机	缸筒、圆柱度
⑤	轴瓦	厚度	5	车轮	
⑥	凸轮轴	凸轮高度、轴径	①	轮胎	花纹高度
⑦	气门弹簧	自由高度			
2	离合器		6	车身	
①	摩擦衬片	摩擦衬片厚度	①	纵、横梁立柱	对角线长度偏差
②	压力弹簧	自由高度	②	门、窗框	对角线长度偏差

四、发动机台架性能试验

主要测量发动机特性曲线，找出最大功率以及最大功率或扭矩对应下的发动机转速，为以后试验提供依据。本试验与后面的发动机台架性能复试相对应，以比较试验前、后发动机性能的变化情况。

五、汽车技术状况检查行驶

具体做法参考 GB/T 12677—2016《汽车技术状况行驶检查方法》进行。

六、车速表校正

按 GB/T 12548—2016《汽车速度表、里程表检验校正方法》进行。

七、基本性能试验

1）滑行试验：按 GB/T 12536—2017《汽车滑行试验方法》进行。
2）动力性能试验：直接挡（常用挡）加速性能试验；原地起步连续换挡加速试验；最高车速、最低稳定车速试验；爬陡坡试验。
3）燃料经济性试验：最高挡等速行驶燃料消耗量试验；多工况燃料消耗量试验。
4）汽车制动性能试验：冷态制动效能试验；制动系部分失效效能试验；制动稳定性试验；热衰退性能试验；涉水恢复试验；驻车制动试验。
5）操纵稳定性试验：蛇形试验；转向回正性试验；转向轻便性试验；稳态回转试验。
6）行驶平顺性试验：只进行随机输入行驶试验。

八、污染控制项目试验

1）排放污染物测量包括汽油车急速工况下 HC 及 CO 浓度测量，柴油车自由加速工况下排气烟度测量。
2）汽车噪声测量。
3）无线电干扰试验，按 JB 3093—1982 进行。

九、安全项目试验

1）汽车刮水器刮水效果试验。
2）后视镜性能测定，按 JB 4186—1986 进行。
3）视野性能测定，按 JB 4186—1986 进行。
4）密封性试验包括防雨密封性试验，按 GB/T 12479—1990 进行；防尘密封性试验，按 GB/T 12478—1990 进行。

十、地区适应性试验

（1）寒区适应性试验

包括冷起动性能试验，按 GB/T 12535—1990 执行；采暖性能试验，按 GB/T 12782—2007 执行；除霜性能试验，按 JB 3599—1984 执行；冰雪路行驶试验，行驶里程不少于

200 km。

(2) 炎热地区适应性试验

包括冷却系冷却能力试验，按 GB/T 12542—2009 进行，供油系抗气阻能力试验，按 GB/T 12781—1991 进行；驾驶室通风隔热性能试验，按 GB/T 12546—2007 进行；行驶试验在道路上行驶不少于 200 km。

(3) 高原适应性试验

试验在海拔 2 500 m 以上，考核汽车的动力性、燃料经济性、制动效能及散热性能等并进行不少于 200 km 的行驶试验。

十一、可靠性行驶试验

强化可靠性试验，在试验场进行，试验按各试验场标准执行。常规可靠性行驶试验，总里程为 50 000 km，各类路面所占比例为：山区公路占 30%，平原公路占 40%，凸凹不平路 30%。

十二、汽车性能复试

可靠性行驶试验结束后，应进行试验车的性能复试。复试前可按该车的使用保养说明书进行必要的保养与调整。

十三、发动机台架性能复试

发动机台架外特性试验。

十四、汽车拆装测量

性能复试结束后，对发动机、离合器、变速器、驱动桥、制动器、转向器等主要总成进行解体检查，对其主要零件进行测量，汽车拆检测量项目见表 11 - 3。

第四节 定型试验报告

定型试验结束，试验单位应提交定型试验报告。定型试验报告的主要内容和格式如下：

1) 前言：介绍试验任务的来源，研制单位、试验单位及试验基本情况。
2) 目录。
3) 任务来源。
4) 试验目的。
5) 试验方案的确定依据。
6) 试验依据的主要标准。
7) 试验条件。
8) 试验内容和结果。
9) 试验结论与改进意见。

10）附件：包括图表、曲线、照片和各种专项及台架试验报告，必要的技术资料，试验人员、职务等。

11）试验日期。

本章小结

1. 汽车定型试验是汽车在鉴定之前进行的，是检验汽车的各项参数和性能指标及可靠性是否达到设计任务书或技术条件要求的重要保证，为汽车产品的鉴定审查提供全面、公正、科学的判定依据。

2. 不论汽车的类型和用途有何不同，汽车必须通过权威部门的定型试验，且各项性能参数和技术指标合格之后才能进行批量生产。

3. 汽车定型试验项目因汽车类型和用途而有所不同，通常按照设计定型试验大纲中规定的项目进行。汽车定型试验项目通常包括整车参数测量、整车性能试验、可靠性行驶试验和环境适应性试验等。

复习思考题

1. 什么是汽车定型试验？
2. 汽车定型试验的目的与意义是什么？
3. 汽车定型试验的实施条件是什么？
4. 简述汽车定型试验的实施程序。

第十二章 汽车虚拟试验技术

内容提要：

本章主要介绍汽车虚拟试验技术的概念、汽车虚拟试验系统以及虚拟试验在汽车试验中的应用。

学习要求：

1. 熟悉虚拟现实技术和虚拟试验技术的概念及特点；
2. 掌握汽车虚拟试验系统的分类及功能模块；
3. 了解虚拟试验技术在汽车试验中的应用。

第一节 概 述

随着计算机技术的不断发展，软件与硬件性能的不断提高，汽车虚拟试验技术在汽车的开发、研制和试验过程中得到了越来越广泛的应用。汽车虚拟试验是一种先进的计算机试验仿真技术，利用它可以在虚拟试验环境条件下，用软件部分或全部代替硬件，借助交互式技术和试验分析技术，使设计者在汽车设计阶段就能对产品的性能进行评价或试验验证。汽车虚拟试验以其低成本、高效能、灵活可靠等特点，改变了传统的汽车试验方法，必将成为未来汽车试验的一个重要组成部分。

一、虚拟现实技术

虚拟现实（Virtual Reality，VR）是一种可以创建和体验虚拟世界的计算机系统，虚拟世界是虚拟环境或给定仿真对象的全体。虚拟环境是由计算机生成的，通过视、听、触觉等作用于用户，使之产生身临其境感觉的交互式视景仿真。虚拟现实的三大特征是：沉浸感、交互性和想象力。虚拟现实技术是一种集计算机图形学、人工智能、网络技术、数据库技术、多媒体技术等于一体的综合系统技术，被广泛应用于军事、医疗、航空、汽车、机械等多个领域。

虚拟现实技术是利用计算机创建一种虚拟环境，人可以通过视觉、听觉和触觉与虚拟环境进行交互，产生和真实世界一样身临其境的感觉。通过该技术，以对象的数学模型为基础，用软件替代硬件来建立虚拟试验环境，求得对实物原型系统的规律性认识。虚拟试验可在虚拟环境中完成多种试验，甚至可以完成在真实环境中无法进行的项目，并取得接近于真实试验的数据结果。

二、虚拟试验技术

从广义上讲，任何不使用或部分使用实际硬件来构造试验环境，完成实际物理试验的方法和技术都可以称为虚拟试验。虚拟试验也可以定义为在虚拟环境中进行的试验。虚拟试验基于仿真试验系统，使设计者在设计阶段就能对产品的性能进行评价或体验。具体来讲，就是在计算机系统中采用软件代替部分硬件或全部硬件来建设各种虚拟的试验环境，使试验者可以如同在真实的环境中一样完成各项预定的试验项目，使所取得的试验效果接近或等于在真实环境中所取得的效果。

汽车虚拟试验技术是在 CAD/CAM/CAE 技术及多体系统动力学基础上发展起来的，以高性能计算机系统为支撑平台的针对车辆测试的系统及产品建模、仿真分析和试验技术。它是随着计算机图形学、多媒体技术、人工智能、人机接口技术、并行技术、传感器技术、网络技术等一系列技术的迅速发展而建立起来的新技术，可将汽车的数学模型导入到虚拟试验场景中，对汽车的各种性能进行仿真、可视化，真实地再现汽车的试验过程。

在新车型的论证和规划阶段，利用虚拟试验技术对所论证汽车的性能进行预测，可以使制定出的汽车技术指标更加科学、合理；在新车型设计开发阶段，利用虚拟试验技术能保留设计方案中存在的问题，及时进行虚拟验证改进，可以缩短设计开发周期；在汽车设计定型试验阶段，利用虚拟试验技术可以预测车型满足设计任务书情况，辅助验证实车试验结果，提高试验可信度。

三、虚拟试验的优点

虚拟试验不仅可以作为真实试验的周期准备工作，而且可以在一定程度上替代传统的试验。与传统试验相比它具有以下优点：

（1）可重复性

采用虚拟样机代替实物试验，可以非常灵活地改变试验参数和试验条件反复试验，试验不受场地、时间和次数的限制，可对试验过程进行回放、再现和重复。

（2）节省经费

可以大幅度减少样车制造试验次数，缩短产品试验周期，提高试验效率，降低实际试验的费用。

（3）安全可靠

虚拟试验可以避免真实试验的危险性和危害性，科学试验中很多试验不仅花费大，也存在很大的潜在危险，尤其是探索性的试验，如汽车碰撞试验。

（4）可控性好

现实中一些高难度试验，涉及的参数多、环境复杂、费时费力、试验条件不容易控制，采用虚拟试验可以人为地设计和灵活地改变复杂的环境和众多的参数进行重复试验。

（5）获取信息的多样性

一次虚拟试验可以把系统各个部位及环节的各种信息采集下来，并以多种形式（文字、数据、曲线、图形、动画等）展现出来，而实际试验由于数据采集记录和测试条件的限制，一次试验所获得的信息量十分有限。

第二节 汽车虚拟试验系统

一、虚拟试验软件平台介绍

1. MSC.ADAMS 软件

MSC.ADAMS 软件使用交互式图形环境和零件库、约束库、力库,创建完全参数化的机械几何模型,建立系统动力学方程,可对虚拟机械系统进行静力学、运动学和动力学分析,输出位移、速度、加速度和反作用力曲线。MSC.ADAMS 软件是进行汽车虚拟试验最常用的工具平台之一,用户利用该软件可以预测和分析汽车的静力学、运动学和动力学特性。

2. MSC.NASTRAN 软件

MSC.NASTRAN 软件是应用最为广泛的有限元分析软件之一,可以进行汽车的静力学分析、结构动力学分析、多体运动学分析、热传导分析、空气动力学分析和流—固耦合分析等。

3. MSC.EASY5 软件

MSC.EASY5 软件是面向多学科动态系统和控制系统的仿真软件,用于在汽车的概念和系统级设计阶段快速地建立完整、可靠的功能化虚拟样机模型,进行汽车控制系统、机械系统、热力系统、燃料系统、电力驱动系统、发动机、传动系等虚拟试验。

二、虚拟现实系统的分类

虚拟现实系统是利用各种先进硬件技术和软件工具,设计出合理的硬件、软件及交互手段,使参与者能够交互地观察和操纵所生成的虚拟世界。虚拟现实系统按其交互和浸入程度的不同,可以分为以下几类:桌面式虚拟现实系统(Desktop VR);增强式虚拟现实系统(Augmented VR);分布式虚拟现实系统(Distributed VR);沉浸式虚拟现实系统(Immersion VR)。由于桌面式虚拟现实系统和分布式虚拟现实系统在汽车虚拟试验中应用最广泛,故下面主要介绍这两种虚拟现实系统。

1. 桌面式虚拟现实技术

桌面式虚拟现实技术是目前最常用的虚拟现实技术之一。桌面虚拟现实技术主要是利用个人计算机来产生三维空间的交互场景,它将计算机屏幕作为用户观察虚拟环境的窗口,参与者需要使用手拿输入设备或位置跟踪器,来驾驭虚拟环境和操纵虚拟场景中的各种物体。在桌面虚拟现实系统中,参与者可以通过计算机屏幕观察 360°范围内的虚拟环境,可以通过交互操作使虚拟环境的物体平移和旋转,从各个方向观看物体;也可以在虚拟环境中浏览。但参与者并没有完全沉浸,他仍然会受到周围现实环境的干扰。

2. 分布式虚拟现实技术

分布式虚拟现实技术是虚拟现实技术与计算机网络技术相结合的产物,代表了目前虚拟试验系统发展的趋势。分布式虚拟现实系统基于网络的虚拟环境,将位于不同物理位置的多个用户或多个虚拟环境通过网络相连接,使分散的用户参与到同一虚拟场景,并在其中进行自然的交互,从而使用户的协同工作达到一个更高的境界。它的特点主要表现在五个方面:分布性、交互性、异构性、时空一致性和开放性。

三、汽车虚拟试验系统

汽车虚拟试验系统主要由输入模块、虚拟试验模块以及评价模块三部分组成,如图12-1所示。把汽车模型导入到虚拟环境中,根据用户的输入控制命令,对汽车模型进行运动学、动力学分析,利用分析数据在虚拟场景中"虚拟再现汽车试验过程",用户通过各种传感器感受并体验该车的性能,得出性能的评价,根据评价进行修改模型参数,该过程可不断重复,进行汽车参数的修改,直至汽车获得最优性能。下面对其进行简单描述。

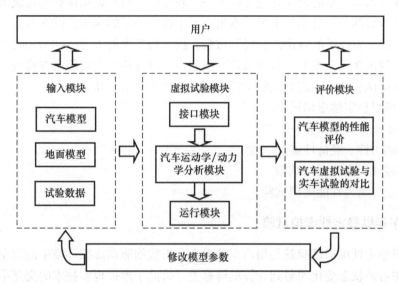

图12-1 汽车虚拟试验系统框架结构

(1) 输入模块

输入模块主要是提供汽车、地面参数化模型等信息的输入,在该模块中,也可输入实车试验的数据,用于与虚拟试验比较。

(2) 虚拟试验模块

虚拟试验模块主要包括动力学分析模块、接口模块以及虚拟试验运行模块。动力学分析模块主要是根据车辆的参数化模型、驾驶员的行为实时计算车辆的性能参数,为虚拟试验模块提供仿真数据;虚拟试验运行模块主要是为用户提供逼真的虚拟试验环境,实现虚拟车辆在试验过程中的各种状态变化并将该信息反馈给用户;接口模块将车辆实时仿真运算部分、虚拟运行环境部分、传感器等接口设备以及用户有机连接成一体。

(3) 性能评价模块

在该模块中,用户综合考虑不同工况下虚拟试验的各种感觉体验,对车辆的性能进行评价,根据评价结果修改车辆模型的参数,进行优化设计。该方法突破了以往评价标准难以建立、指标很难确定、可视化差等不足。在该模块中,也可对虚拟试验与实车试验进行对比,根据差别对车辆模型进行修正。

第三节　虚拟试验在汽车试验中的应用

汽车试验是汽车设计与开发过程中最为关键的环节之一，是检验汽车设计合格与否的最佳途径。先进有效的汽车试验手段可以大大降低汽车开发费用、缩短开发周期。由于制造样车和样车的修正会消耗大量的人力、物力和财力，若想在竞争异常激烈的汽车工业中立于不败之地就必须不断取得突破，而虚拟试验正是诸多国内外汽车企业所瞄准的目标。

虚拟试验技术为汽车的设计开发开辟了一个新途径，汽车虚拟试验必将成为未来汽车试验的一个重要组成部分。日本的丰田、本田、五十铃，美国的通用，欧洲的大众等大型汽车企业对汽车虚拟试验技术的应用研究极为重视，投入相当大的人力、物力和财力。与西方发达国家相比，我国在汽车虚拟试验领域还刚刚起步，研究单位主要集中在高校。

目前，虚拟试验技术在汽车试验中的应用主要集中在以下几方面：
1）汽车操纵稳定性虚拟试验。
2）汽车平顺性虚拟试验。
3）汽车动力性、经济性虚拟试验。
4）汽车碰撞安全性虚拟试验。
5）汽车空气动力性能虚拟试验。

一、汽车操纵稳定性虚拟试验

汽车操纵稳定性虚拟试验就是用汽车动力学分析数据驱动虚拟环境中的汽车模型，将其在试验过程中各种状态变化映射到计算机屏幕上，借助于虚拟现实技术的交互手段，使研究人员产生"身临其境"的感觉，体验车辆在各种工况下的性能，并对其进行评价。然后在此基础上，改变诸如车辆参数、道路条件、驾驶员控制机理等试验的条件和参数，分析、验证理论和假设的正确性，实现设计人员在设计早期评价汽车的操纵稳定性能，修改设计缺陷。

1. 虚拟试验系统功能及构成

操纵稳定性虚拟试验系统应具备以下主要功能：
1）虚拟场景与汽车模型、路面模型等之间的信息传递。
2）导入驾驶员的控制信息，对车辆进行动力学和运动学分析，获取车辆性能参数。
3）逼真地反映试验过程，驾驶员可沉浸到试验中，体验车辆的状态变化。
4）对汽车操纵稳定性进行评价。

图12-2所示为汽车操纵稳定性虚拟试验系统的流程。输入模块包括转向盘转角输入和加速、制动踏板的输入，其输入信号经过计算机接口、数据采集，进入虚拟试验模块。虚拟试验模块包括汽车动力学模型和虚拟试验场景两部分，虚拟试验场景又由虚拟路面模型和虚拟汽车模型构成。汽车动力学模型是进行汽车虚拟试验的主体，而虚拟试验场景是进行汽车虚拟试验的载体。后处理模块的主要功能是对虚拟试验过程进行回放、再现，以及对试验结果进行评价和分析处理。

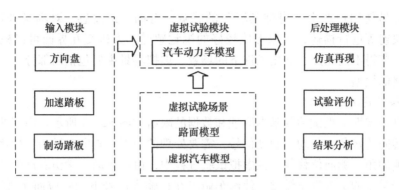

图 12 – 2 汽车操纵稳定性虚拟试验系统流程

2. 汽车动力学与实体模型

(1) 动力学模型

汽车动力学模型是虚拟试验系统中的关键部分。为了更好地反映真实的汽车状态，要求考虑尽可能多的自由度去建立整车模型。但是整车自由度越多，动力学微分方程就越复杂，计算机的工作量就越多，这样就会对计算机硬件的性能提出更高的要求。在建立整车动力学模型时，可利用多体系统动力学软件 ADAMS/CAR，采用参数化建模方法建立汽车操纵稳定性的动力学模型，将汽车整车分为前悬架、后悬架、转向系、轮胎等模块，分别建立各个子模块的虚拟样机模型，再将各子模块装配成整车模型，建立如图 12 – 3 所示的汽车整车动力性分析模型。

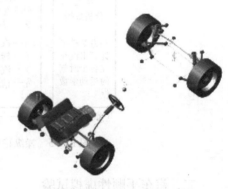

图 12 – 3 汽车动力学分析模型

(2) 汽车实体模型

实体结构建模就是赋予汽车模型三维实体结构、材质、颜色等外观特征。采用 3DMax 或其他 CAD 软件建立汽车整车和部件的三维实体模型，图 12 – 4 所示为某型试验汽车的实体结构模型。

图 12 – 4 汽车结构实体模型

3. 虚拟试验场模型

虚拟试验场景是与用户最直接的接触部分，逼真的虚拟试验场景能真实地反映实际的实车状态，更容易使用户产生"身临其境"的感觉，有助于沉浸感。对场景进行诸如光照、雾化、纹理映射等进行描述，可以形成较好的视觉感受。人机交互界面可以根据需要改变光、雾信息，获得不同光照、雾化条件下的场景。虚拟场景主要包括两部分，一是虚拟汽车模型；二是路面模型。

4. 汽车操纵稳定性模拟

汽车操纵稳定性虚拟试验的基本原理和数据的映射如图 12 – 5 所示。模型的输入信号主要有汽车的转向轮转角、驱动与制动信号，需要处理的数据有转向盘转角、横摆角速度、侧向加速度、侧倾角、侧向位移等。在虚拟试验过程中，由汽车动力学仿真产生的结果数据驱动虚拟试验场景中的虚拟汽车模型，使汽车做出在该输入信号下的响应而实现汽车的运动；系统既要根据试验过程的变化不断刷新场景，又要根据仿真分析数据实时地改变虚拟场景中汽车的状态，协调好汽车各部件之间的运动，场景与汽车的变化要保持同步，才能为驾驶员提供一个逼真的试验过程，产生与真实试验运动相同的效果。

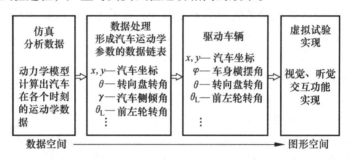

图 12 – 5　操纵稳定性虚拟试验原理以及数据映射流程

二、汽车平顺性虚拟试验

平顺性虚拟试验是指在汽车物理样车试制之前，为了对新产品的平顺性有一个较为清楚的了解，评价该车的乘坐舒适性是否满足设计要求，从而避免在试制出物理样车并对其进行平顺性试验后，发现平顺性不满足要求而重新更改设计所造成的试制费用和设计时间的巨大浪费。

汽车平顺性虚拟试验主要包括以下步骤：首先，建立包括乘员在内的试验汽车的三维实体模型；其次，建立虚拟试验场的场景模型，场景模型范围的大小要满足试验车辆行驶距离的要求，不同的道路应有不同的道路场景，如随机路面道路场景、波形路面道路场景、比利时路面道路场景等，以及凹陷、凸起等；然后，获取平顺性的动力学数据，可以采用实车道路试验和平顺性动力学模型两种方法获得汽车平顺性动力学的数据；第四，在虚拟试验开发平台上对虚拟试验的各种资源进行编程调用，实现车辆在虚拟试验场中的运动及车辆平顺性的虚拟再现；最后，进行汽车平顺性试验数据的显示，考查其平顺性指标，评价汽车的平顺性能。

平顺性虚拟试验系统基本组成如图 12 – 6 所示。

1. 虚拟试验场的构建

虚拟试验场的建立是平顺性虚拟试验中重要的组成部分。虚拟试验场景只有具有真实感才能体现虚拟试验的本质意义。汽车平顺性的道路试验就是让汽车以一定的速度在道路上行

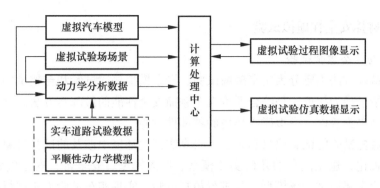

图 12-6 平顺性虚拟试验系统基本组成

驶，检测驾驶员座椅、车身、车轮等处振动加速度的值及其固有频率。所以，汽车平顺性虚拟试验需要建立适用于道路试验的虚拟试验场。试验道路为随机路面或其他各种等级的公路。

虚拟试验场景主要由道路、汽车、天空、山脉、河流、农田、草地、交通标志、路旁的建筑和树木等对象构成。图 12-7 所示为汽车平顺性虚拟试验场景。

图 12-7 平顺性虚拟试验场景

2. 平顺性动力学模型

汽车的动力学分析数据是进行平顺性试验的前提条件。汽车平顺性动力学主要研究汽车的垂直运动、侧倾运动及俯仰运动，这三种运动涉及了汽车的乘坐舒适性、行驶安全性、悬架动行程。建立平顺性动力学模型的方法有三种，第一种是基于微分方程的平顺性动力学模型；第二种是建立整车的数字化样机模型，通过仿真分析得到平顺性动力学数据；第三种方法是通过实车道路试验测试获得动力学数据。

3. 汽车平顺性模拟

汽车平顺性道路试验就是让汽车以一定的速度在道路上行驶，检测驾驶员座椅、车身、车轮等处振动加速度的值及其固有频率，使用场景漫游来表现其平顺性，即观察驾驶员、车身、车轮等处振动位移的大小。

三、汽车碰撞安全性虚拟试验

1. 汽车被动安全虚拟试验

汽车碰撞试验方法主要分为实车碰撞试验、滑车模拟碰撞试验和台架试验。其中实车碰撞与真实事故情景最为接近，是综合评价汽车碰撞安全性能的最基本方法。其他两类试验都以实车碰撞的结果为基础，模拟碰撞环境的零部件试验。

依据实车碰撞试验的试验项目和方法，将真实试验环境中涉及的试验对象、试验设备以及试验条件虚拟化，建立汽车的几何实体模型、假人模型、安全带、安全气囊及壁障等模型；建立虚拟汽车碰撞试验场模型，并进行仿真试验，实现实车试验无法进行的碰撞试验。

汽车虚拟碰撞试验的实施主要分为以下几个步骤：

（1）建立汽车虚拟碰撞试验模型

（2）建立虚拟汽车碰撞试验场

虚拟试验的各个对象的模型都建立以后，还要建立一个软件试验平台。在这个平台上可以设置试验的项目、导入试验对象、输出试验结果。试验人员正是依靠和这个平台的交互操作来控制试验的进程的。

（3）各种虚拟原型在虚拟试验场中的调用

建立了虚拟试验场以后，就可以调用各种虚拟模型，将它们呈现在同一个虚拟环境中，然后定义碰撞的试验条件，如汽车的速度、碰撞的位置和接触条件，并开始模拟试验。

（4）试验结果的存储、分析和回放

通过分析碰撞试验过程中的车身应力分布、车身变形云图以及能量和加速度曲线等汽车碰撞性能的评价指标，对试验汽车的安全性进行评价。

2. 整车及假人有限元模型

建立被测汽车的虚拟模型是进行虚拟碰撞试验的首要任务。虚拟碰撞试验时，假人的伤害值是考核汽车安全性的主要依据。首先，根据汽车总质量、总体尺寸和类型等基本信息，建立汽车及假人的几何实体模型（如图 12-8 所示），假人模型的结构尺寸及质量应与实际假人保持一致。然后，需要根据碰撞试验项目将几何模型网格化。最后，要定义汽车各个部分的材料、各部间之间的连接形式，如焊接、铆接等。乘员保护虚拟碰撞试验还需要建立假人的模型；另外，根据试验项目的不同，可能还要分别建立安全带、安全气囊以及壁障等模型。

图 12-8　整车及假人有限元模型

3. 移动变形壁障模型

移动变形壁障模型是进行侧面虚拟碰撞试验的基本工具。移动变形壁障模型由移动台车和变形吸能块模型组成（如图 12-9 所示），它们又分别由吸能块、车架、车桥、车轮、通风装置和配重等部分组成。

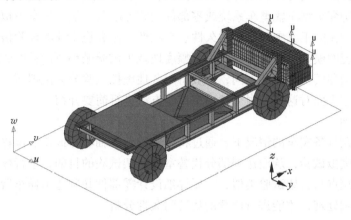

图 12-9　移动变形壁障模型

4. 侧面碰撞计算机仿真

汽车碰撞试验包括正面碰撞、侧面碰撞、尾撞和翻滚等类型。统计数据显示，在汽车各类碰撞事故中侧面碰撞发生的概率约为 27%，造成的损伤成本约为 42.4%；正面碰撞的发生概率约为 59%，造成的损伤成本约为 49.7%。因此，汽车侧面碰撞与正面碰撞安全性的研究是汽车被动安全性研究的重要和热点内容。图 12-10 所示为侧面碰撞虚拟试验模型及碰撞试验效果，图 12-11 所示为汽车正面实车碰撞与虚拟碰撞试验对比。

图 12-10　侧面碰撞虚拟试验模型及碰撞试验效果

图 12-11　正面实车碰撞与虚拟碰撞试验对比

四、整车耐久性虚拟试验

汽车结构失效的主要表现是疲劳损伤,所以在汽车有限元分析中结构的耐久性分析是其重要的一部分。目前我们可以利用计算机模拟试验室台架试验以及实车的试验场道路试验,通过仿真分析,研究某型车辆整车系统或零部件的疲劳耐久性能。汽车虚拟试验场持续深入研究在恶劣的、变化的工况中对汽车耐久性、平顺性、操纵稳定性的试验仿真能力,汽车虚拟试验场具备传统的模拟试验能力,并能大幅度地减少试验循环所消耗的时间和成本。

根据应用范围和模拟途径的不同,一般将耐久性虚拟试验分为虚拟试验台、混合试验道路和虚拟试验场。下面对这三种耐久性虚拟试验方法进行简要介绍。

1. 虚拟试验台

这种方法是在具备实车的情况下,通过将已知的轮轴轴心力或轮心位移作为计算机模拟的输入条件进行虚拟试验,从而达到部分代替室内台架试验的目的,进行样车零部件疲劳寿命的预测。它的缺点与台架试验类似,需要详细设计零部件并制造出样车后,经过试验场道路试验数据采集和处理,才能进行后续的疲劳耐久性分析。

2. 混合试验道路

这种方法通过仿真原型车虚拟道路试验,得到原型车的轮轴力信号,并以此为基础预估新开发车型的轮轴力信号,通过分析计算出结构的动态应力应变场,进而预测目标零部件的疲劳寿命。

3. 虚拟试验场

由于整车结构的工作条件具有一定的随机性,因此,必须在仿真分析中引出标准统一的道路载荷谱,这也是汽车行业发展的必然要求。虚拟试验场模型化了汽车的悬架结构、轮胎及路面载荷等特征参数,以便对研究对象进行仿真分析。虚拟试验场的优点在于能够获得准确的路面载荷谱,并充分考虑了整车系统中的各类非线性因素,无论是车型的概念设计阶段还是后期样车试验阶段都可以应用这种方法。

五、汽车虚拟试验评价

虚拟试验的评价主要考虑虚拟试验与实车试验的对比,主要比较两个方面:

1)客观方面:把虚拟试验与实车试验相对应的各个参数变化情况进行对比,验证车辆模型的正确性;

2)主观方面:对比虚拟试验与实车试验过程中驾驶员的主观感受等信息,根据这些信息检验虚拟试验的逼真度。

本章小结

1. 汽车虚拟试验技术是伴随现代汽车工业的蓬勃发展而产生的一项新兴技术,它将计算机仿真技术、电子技术、通信技术和测试技术结合起来,借助先进的交互式技术和试验分析技术,使设计者在设计阶段就能对汽车的各项性能进行试验评价或体验。

2. 汽车虚拟试验技术通过在计算机上模拟真实的汽车试验环境、试验条件和试验工况,对汽车进行虚拟仿真试验,可以在汽车生产制造之前预测汽车的动力性、经济性、操纵稳定性、平顺性、安全性及空气动力性能等各种性能。

3. 虚拟试验技术在汽车试验中的应用，大大缩短了汽车的研发周期，降低了汽车试验的成本，具有广阔的发展空间，必将对传统汽车试验带来革命性的变化和推动作用。虚拟试验技术为汽车的设计开发开辟了一个新途径，汽车虚拟试验必将成为未来汽车试验的一个重要组成部分。

复习思考题

1. 什么是虚拟现实技术？
2. 汽车虚拟试验的目的和意义是什么？
3. 分析比较桌面式虚拟现实技术和分布式虚拟现实技术的区别。
4. 汽车虚拟试验系统由哪些模块组成？各自的功能是什么？

第十三章 汽车试验场

内容提要：

本章主要介绍汽车试验场的功用、类型、国内外典型汽车试验场的概况及其发展趋势，以及汽车试验场典型试验道路与设施的组成和作用等。

学习要求：

1. 熟悉汽车试验场的功用及分类；
2. 掌握汽车试验场典型试验道路与设施的组成和作用；
3. 了解国内外典型汽车试验场的特点及发展趋势。

第一节 概　　述

汽车试验场，亦称试车场，是重现汽车使用过程中遇到的各种道路条件和使用条件，进行汽车整车道路试验的场所。汽车试验场也是汽车开发，尤其是整车开发不可缺少的重要设施之一，在汽车开发过程中占有十分重要的地位。通过汽车试验场提供的一些特殊试验条件，可以获得一系列评价汽车整车性能的参数，这些参数包括汽车的动力性、燃油经济性、制动性、操纵稳定性、平顺性、通过性等参数。同时还可以评价汽车的各个系统和总成，如发动机、变速器、制动器、转向装置、悬架、减震器和轮胎等各个方面的综合性能。

汽车道路试验是考核和评价汽车质量的最终技术措施和手段，而汽车试验场则是专供汽车进行道路试验用的场所。为满足汽车的试验要求，汽车试验场的主要试验设施是集中修筑的各种各样的试验道路，包括汽车能持续高速行驶的高速环形跑道、高速直线跑道、可靠性强化试验路段、耐久性试验跑道、爬坡试验路以及特殊试验路段（如噪声试验路段、比利时路、搓板路、波形路、扭曲路、越野路、涉水路等）。

汽车试验场是重现汽车使用中遇到的各种各样的道路条件和使用条件的试验场地。试验道路是实际存在的各种各样的道路经过集中、浓缩、不失真的强化并典型化的道路。汽车试验场的道路试验设施集中、仿真程度高、可比性好、路面功率相对不变，使得试验条件真实化、典型化，测试手段标准化、专业化。因此，汽车在试验场试验比在实验室或一般行驶条件下的试验更为严格、更为科学、更为准确、更为迅速、更为实际。汽车试验场试验可以大大地减少试验周期，从而加快汽车开发的周期，为新型汽车快速进入市场提供方便。

第二节 汽车试验场的功用及分类

一、试验场的功用

汽车试验场是重现汽车使用中遇到的各种各样的道路条件和使用条件的试验场地。试验道路是实际存在的各种各样的道路经过集中、浓缩、不失真的强化并典型化的道路。汽车在试验场试验比在实验室或一般行驶条件下的试验更严格、更科学、更准确、更迅速、更实际。

汽车试验场的主要功用是：
1) 汽车产品的质量鉴定试验。
2) 汽车新产品的开发、鉴定和认证试验。
3) 为试验室零部件试验或整车模拟试验以及计算机模拟确定工况和提供采样条件。
4) 汽车标准及法规的研究和验证试验等。

由于控制技术和计算机的高速发展，汽车的部分行驶工况能够在试验室进行模拟试验和用计算机进行仿真计算，如在整车振动试验台上模拟汽车在道路上行驶的振动情况，在驾驶模拟器上模拟汽车的加速、制动、侧滑、甩尾和高速失控等极限工况，用虚拟试车场（Virtual Proving Ground）技术进行仿真计算等。但这并不意味着汽车试验场的作用的减少，恰恰相反，这些先进的试验手段应用的前提是汽车在实际道路上行驶的各种工况数据，这些数据大部分是在试车场采集的。现代化试验技术将汽车道路试验与试验室内的试验研究紧密配合、相互验证、相互依存、相互补充，达到全面检验和评价汽车性能和可靠性的目的。

二、试验场的分类

汽车试验场按其功能进行分类，一般可分为专用汽车试验场和商用汽车试验场。专用汽车试验场通常隶属于某大型汽车生产厂家，其主要功能是为本公司汽车新产品的开发、新车定型及产品质量控制提供试验手段；商用汽车试验场则向全社会开放，为各类客户提供全方位的汽车道路试验条件和技术服务，并侧重于安全、公害、商检等法规性试验和产品定型试验等。

汽车试验场按地域进行分类，可分为热带、寒带、温带和高原试验场；按所有权分为政府、军队、企业和科研机构拥有的试验场；按行业可分为汽车试验场、轮胎试验场、拖拉机试验场和工程机械试验场；按规模分为大型、中型和小型试验场，其中大型试验场面积在 $10\ km^2$ 以上，试验道路总长超过 $100\ km$，种类相对比较齐全，多属于综合性试验场。随着计算机技术的发展，又出现了虚拟试验场和数字化试验场。

第三节 国内外典型汽车试验场

一、国外典型汽车试验场

由于汽车试验在汽车开发过程中处于极为重要的地位，国内外许多汽车企业都投入巨额资金修建大型的汽车综合试验场。早在1917年美国就兴建了世界上第一个汽车试验场——阿泊汀汽车试验场。第二次世界大战后，随着世界汽车工业近百年的高速发展，欧美及日本等国的各大汽车公司为发展本国汽车工业、占领世界汽车市场，纷纷斥巨资修建大型汽车试验场。近30年来，随着世界汽车工业的发展，各国汽车试验场的水平、数量和规模更是以前所未有的速度迅速发展。据统计，目前全世界各地约有100多个不同类型的试验场。比较著名的汽车试验场有美国通用汽车公司的Milford汽车试验场、日本汽车研究所的JARI汽车试验场、英国汽车工业研究协会的MIRA汽车试验场等。表13-1所示为世界各国有代表性的部分汽车试验场及其主要技术参数。

表13-1 国外典型汽车试验场

试验场名称	总面积/km²	高速环道		
		形状	长度/km	设计最高车速/(km·h⁻¹)
Milford (GM)	16.2	圆形	7.2	177
Romeo (Ford)	15.6	长圆形	8.0	225
Chelsea (Chrysler)	16	长圆形	7.6	225
Volkswagen	10.6	电话听筒形	20.5	190
Ohio (TRC)	30	长圆形	12	225
MIRA	2.63	三角形	4.4	145
JARI	2.5	长圆形	5.5	190

国外规模较大的综合性汽车试验场面积在10 km²以上，试验道路总长超过100 km，种类相对比较齐全，美国的三大汽车公司（通用、福特、克莱斯勒）都有这样的大型综合试验场。例如，通用汽车公司（GM）的Milford汽车试验场，占地面积16.2 km²，试车道路总长200 km，是目前最具代表性的汽车试验场，如图13-1所示。德国大众汽车公司（VW）在Ehra-Lessin的试车场是目前欧洲最大的汽车试验场，其总体布置很有特色，电话听筒形高速环道周长达20.5 km。

在各有特色的汽车试验场中，中小型规模的占大多数，其中综合性试验场由于受面积所限，布置上相对比较紧凑，但试验道路和设施的种类比较齐全，亚洲和欧洲大部分试验场均属于此类，如欧洲汽车工业协会（MIRA）汽车试验场、日本自动车研究所（JARI）汽车试验场等。在中小型试验场中，很大一部分是汽车零部件公司为满足产品开发和法规要求而修建的专用功能试验场，如德国WABCO公司设在汉诺威附近的试验场，其主要试验道路是附着系数从0.15~0.5以上五条制动试验路，以满足该公司开发和评价制动防抱死系统ABS、ASR、EBS等的需要。

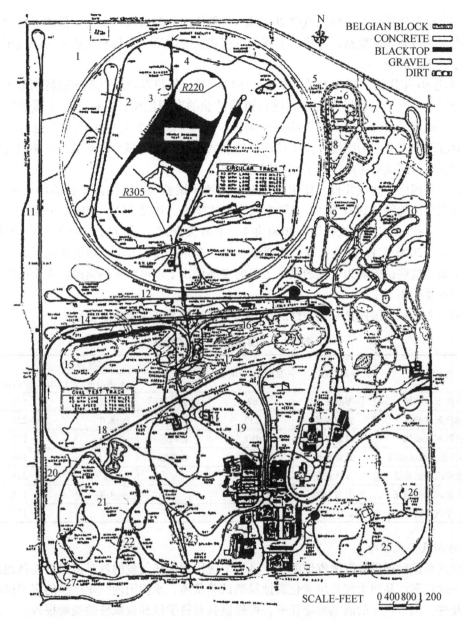

图 13-1 通用汽车公司 Milford 汽车试验场

专用功能试验场也有大型的，如美国通用汽车公司在梅萨（Mase）的沙漠热带汽车试验场，总面积 18 km²。当地气候干燥，夏季最高温度可达 45 ℃，是鉴定发动机冷却系、供油系以及整车的动力性、经济性、空调系统等性能的理想试验环境。

二、国内汽车试验场

20 世纪，我国汽车试验场的建设远远落后于发达国家，这也是长期以来我国汽车工业发展缓慢的重要原因之一。在 20 世纪 80 年代以前，我国没有自己的汽车试验场，汽车道路试验只能借用社会公路、山路和机场进行，严重地影响了我国汽车开发的进程。1958 年，一汽技术中心在海南省琼海市开始建设我国第一个汽车试验场——海南汽车试验场，但是最初只是一个汽车热带试验基地；直到20世纪80年代末，海南汽车试验场修建了以比利时石块路为代表的可靠性试验路，才建成了我国真正意义上的第一个具有比较完善的汽车道路试验设施的汽车试验场。

20世纪80年代初，国外大批汽车进入中国市场，使得客户对汽车质量特别是可靠性有了更高的要求。汽车试验场作为汽车进行道路试验的专用场所，是提高汽车质量的重要环节。因此，得到了政府部门及企业的高度重视。1990—2002年是我国汽车工业跨越式发展时期。随着汽车工业作为国民经济支柱产业地位的确立，国内多个汽车试验场相继建成，标志着我国整车道路试验手段进入了国际先进行列。

目前，我国已经建成并投入使用的共有七大汽车试验场：海南汽车试验场（1987年）、安徽定远汽车试验场（1991年）、襄樊东风汽车试验场（1992年）、交通部公路交通试验场（1995年）、一汽农安汽车试验场（2000年）、上海大众汽车试验场（2002年）、黑河冬季汽车试验场（2006年）。保定长城、比亚迪、华晨金杯、长安大学也相继建成了较小规模的汽车试验场。这些试验场为中国的汽车工业的发展做出了不可磨灭的贡献，在中国汽车产业中发挥着重要作用。

表13-2所示为国内具有代表性的部分汽车试验场及其主要技术参数。

表13-2　国内主要汽车试验场

名称	地点	总面积/公顷①	高速环道		
			形状	长度/km	设计车速/(km·h^{-1})
海南汽车试验场	海南琼海	62	电话听筒形	7.2	177
定远汽车试验场	安徽定远	239	长圆形	8.0	225
襄樊汽车试验场	湖北襄樊	167	长圆形	7.6	225
交通部公路交通试验场	北京通州	242	长圆形	20.5	190
一汽农安汽车试验场	吉林农安	96		12	225
上海大众汽车试验场	上海安亭	160		4.4	145
黑河冬季汽车试验场	黑龙江黑河			5.5	190

1. 海南汽车试验场

海南汽车试验场设在海南省琼海市，是一个现代化湿热气候的汽车道路试验基地，也是我国唯一的汽车产品耐大气环境老化腐蚀暴晒试验基地，承担国内汽车产品的定型试验、质量考核及进、出口汽车的商品鉴定任务，可提供具有科学性和权威性的检验报告。海南汽车试验场内各种试验道路纵横交错，可按国际标准进行整车、发动机和汽车用非金属材料等近百个项目的检测。海南汽车试验场有可靠性试验路、ABS路、强化腐蚀试验路和曝晒场。

2. 定远汽车试验场

定远汽车试验场隶属于解放军原总装备部，现隶属陆军，是国内唯一的军用汽车试验科研基地，也是我国军工产品定型委员会职能机构和国家级汽车新产品鉴定定型试验机构，主要担负新型军用汽车的选型与定型试验及质量抽检试验，也承担民用汽车的鉴定定型试验。只有经过这里鉴定试验合格的军用车辆才能正式列入我军装备序列。试验场于1980年开始建设，场区占地面积2.39 km^2，试验道路覆盖面积6.0 km^2，内有山坡、树林、草滩、洼地

---

① 1公顷=0.01平方千米。

沼泽和水塘等。目前，试验场已建成了高速试验环道、综合性能试验路、可靠性耐久性试验路、场区试验山路和越野路等汽车试验所需的各种试验道路系统，还建有汽车整车参数实验室和汽车电子光学实验室等室内实验设施。试验场内汽车试验专用山路，综合可靠性试验路长 17 km，蜿蜒于丘陵地带，有自然山路、蛇形路、砂石路、波形路、过水路、陡坡急弯。山路最大纵坡为20%，一般为10% ~ 18%，根据不同的要求组成不同的闭合回路。各类典型试验路长 6 km，有比利时石块路、整齐和半整齐石块路、3 种扭曲路、大小搓板路和经向搓板路、大小卵石路、鱼鳞坑路、涉水路、泥泞路和转向圆场等。其他试验设施有砂槽、灰尘洞、4 条陡坡（最大60%）及淋雨设施等。

3. 襄樊汽车试验场

襄樊汽车试验场按照英国汽车工业研究协会（MIRA）提供的技术设计建造，路面布局合理，道路参数科学，能够满足国内外汽车法规试验、定型试验、研究性试验、产品开发试验的技术要求。

图 13 - 2 所示为襄樊汽车试验场的布置示意图，其设计和施工经过英国 MIRA 的技术咨询，在试验道路种类和路面参数上有些是相近和相似的。1998 年在北京通州区建成的交通部公路交通试验场，高速环道设计车速达到 190 km/h，从一个侧面反映出汽车高速试验的需求。

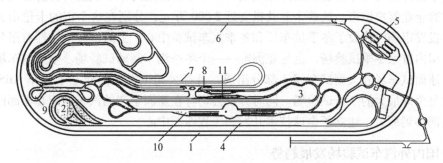

图 13 - 2　襄樊汽车试验场的布置示意图
1—高速环道；2—圆广场；3—比利时石路；4—综合性能路；5—标准坡道；6—2#环道；
7—2#综合路；8—涉水池；9—灰尘洞；10—1#综合路；11—溅水池

4. 交通部公路交通试验场

交通部公路交通试验场（简称北京通县试验场）是可同时进行汽车工程、交通工程及公路工程试验研究的大型综合性试验基地，建有碰撞安全实验室、整车排放实验室、发动机实验室、汽车保修设备实验室，拥有招待所、餐厅、维修车间、独立试验车库、加油站等完善的配套服务设施。试验场拥有目前国内设计平衡车速最高（190 km/h）的全封闭高速循环跑道、可进行 ABS 及路面抗滑等试验的不同摩擦系数试验路、长直线性能试验路、可靠性与耐久性试验路、操纵稳定性测试广场、外部噪声测试广场、6% ~ 60% 的 8 条标准坡道以及涉水池、溅水池等其他汽车性能试验设施。试验场包括搓板路、卵石路、高速路、坡路、山路等整车测试路面，此外还包括尾气排放、发动机性能、碰撞安全等专业试验。

5. 一汽农安汽车试验场

一汽农安汽车试验场位于吉林省长春市西北部，北纬44°，是具有寒带气候特点、设施先进、功能齐全的汽车试验基地。它主要承担一汽集团汽车新产品的整车及主要总成的性能试验，同时亦可承担国内各厂家主要产品和进口样车的质量考核、鉴定及各种专项试验，且此试验场有侧风试验设备。

6. 上海大众汽车试验场

上海大众轿车试车场是轿车专用试车场，是上海大众为开发轿车新产品、提高产品的市场竞争能力而投资兴建的轿车试验基地，是基于德国大众和奥迪公司试车场数十年使用经验基础上，严格按照德国大众现行技术标准建设而成。上海大众轿车试车场拥有高速环道、坡道试验、声道试验、中国典型道路试验等各种试验路段，由上海大众汽车有限公司规划建设，包括高环道路、强化试验道路、耐久交变试验道路、坡道、动态试验区和制动试验道路等，满足汽车开发过程中各种整车性能试验、道路耐久试验及技术鉴定试验等方面的需求。强化测试道有15种特殊路面，有拱形不平整路面、比利时路面、"搓衣板"路面、盐水通道、铁路岔道、"驼背"弯道、横枕木、坡度测试道、坑洼道路、"薄饼"障碍测试道、泥泞道路、转向测试道和斜线坑洼测试道等。

7. 黑河冬季汽车试验场

黑河，号称中国的"阿拉斯加"。寒冷的气候，崎岖蜿蜒、凸凹不平的山路，使黑河被誉为中国汽车界天然的冬季试验场。德尔福、联合汽车电子、西门子、天合、大陆特威斯等国际汽车零部件公司每年都会在黑河做大量ABS、ESP匹配的冬季试验，目前已吸引3家冬季汽车试验企业落户该市。这些企业共投资近2 000万元，分别在这个市的卡伦山林场、市中俄木材批发市场内建设了冬季试车厂和冬季汽车试验中心。上海汽车制动器有限公司在黑河建立了国内首家冬季试验场，也是亚洲唯一一个冬季汽车制动试验场。整个试车场由陆地试车场、冰面试车场和大型试车间3部分组成。万都公司也在黑河建立了汽车ABS冬季试验场，它是全球最大的冬季试验场。同时万都公司将在亚洲生产的汽车的配套零部件冬季试验项目全部移到那里，建立了全球技术开发和工程匹配中心。

三、国内外汽车试验场发展趋势

1. 汽车试验法规日趋全球化

作为汽车试验场来说，同一型号的车在不同试验场的试验结果所暴露的车辆故障形式应基本相同，出现故障的试验里程应比较接近，试验结果应同时满足各国标准的要求。

随着汽车工业全球化步伐的不断推进，汽车市场必将进入一个全新的时代，但试验技术、法规的不统一，使得汽车企业在进行全球采购时面临很多阻碍，所以各国汽车试验场的试验标准、安全、环保等法规必将向规范化、标准化的统一性方向靠拢。对于我国的汽车工业来说，必须尽快采用全球通行的汽车技术法规和标准，使所有技术法规、标准和合格评定程序符合我国加入WTO入世文件中的承诺，与国际接轨。

2. 计算机虚拟、仿真技术与实车试验技术的相结合

随着控制技术和计算机仿真技术的高速发展，汽车的部分行驶工况能够在试验室进行模拟试验或者采用计算机仿真技术进行虚拟试验。通过使用汽车虚拟试验平台，设计、研发人员可以对车辆设计所需的各项技术指标和参数进行模拟测试，在计算机模拟试验和实车道路试验之间建立一定的相互关系，为实车道路试验提供经济、有效的参考数据和方案。目前，许多发达国家都在积极开展这方面的研究。

当然，这并不意味着汽车试验场的作用在减少，恰恰相反，这些先进的试验手段应用的

前提是汽车在实际道路上行驶的各种工况数据,而这些数据大部分是在试车场采集的。计算机虚拟、仿真技术与实车道路试验技术、室内试验与室外道路试验的紧密结合将是汽车试验场及汽车试验技术发展的总趋势。

3. 建立具备汽车产品开发的综合性试车场

国内试车场的建设由于诸多因素的制约,存在各种不足。海南、定远试车场都是供货车、轿车通用的试车场,路谱偏强;东风、一汽试车场的高环设计车速偏低;而北京通州试验场主要致力于汽车与交通运输相互联系方面的研究;上海大众试车场是主要针对轿车试验的专业试车场。

国外很注重汽车研发试验的研究和车辆产品开发试验设施的建设,各国大型汽车企业集团的汽车试验场正处于蓬勃发展阶段,表现出大科学化、高投入化、全球化、超前化和现代化五大趋势。可以说建设具有国际先进水平且能满足汽车研究、开发和法规试验需要的综合性汽车试验场将是我国以后试车场的必然趋势。

4. 合理布置汽车研发的试验道路,提高土地的利用率

试车场的效率问题涉及两个方面:土地的有效利用率和试验的工作效率。在许多情况下,这两个方面是相互矛盾的,如高速环道与长直线性能路的兼用问题、长直线与低附路、噪声路、大车和小车试验的兼容问题等。西班牙旧 IAOA 试车场的耐久性试验道路中,部分路段采用两种不同强度的路面铺装,改变车辙达到输入强度不同的路谱,极大地提高了土地的利用率。解决这些问题的实质就是在它们之间找到利益最大化的平衡点。随着汽车研发试验设施的建设,试车场需要更大的占地面积,在土地资源越来越匮乏的情况下,必须合理布置试车场试验道路,提高土地的利用率。

第四节 汽车试验场典型试验道路与设施

由于规模和功能的差别,各汽车试验场的试验道路和设施的种类、几何形状、路面参数等各有不同,甚至同样的设施有不同的名称。下面仅就常规项目进行说明。

一、高速环形跑道

常见的环形跑道形状有椭圆形、听筒形、三角形和圆形等。高速环形跑道(如图 13 - 3 所示)一般由进行直线加速的平坦直线部分和维持高速转弯的带倾斜的曲线部分,以及连接这两部分的过渡曲线部分构成。

(1) 直线段

直线段与高速公路相似,纵坡尽量小,如果兼作性能试验路,则要求纵坡不大于 2%。横坡一般是内倾单向坡,坡度能够确保雨水及时排掉,过大的横坡会使驾驶员长期紧握转向

图 13 - 3 高速环形跑道

盘而疲劳。为了测试突然遭遇到侧向风时其对车辆行驶状态的影响，某些试车场在直线段一侧设有横向风发生装置。

（2）圆曲线段

高速环道的设计车速和最大允许车速直接受圆曲线段半径和横断面形状控制。

质量为 M 的汽车在半径为 R 的道路上以速度 v 行驶时，除汽车本身的重力外，同时产生离心力 F_c，如图 13-4 所示。

$$F_c = M \times \frac{v^2}{R} \quad (13-1)$$

为了使汽车不产生侧向力，必须使汽车的重力 G 和离心力 F_c 的合力 N 垂直于路面，此时：

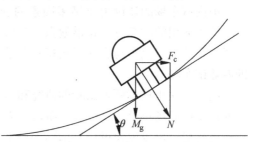

图 13-4　汽车在弯道行驶时的受力

$$v^2 = gR\tan\theta \quad (13-2)$$

行驶车速 v 称为平衡速度，在高速环道的设计中，一般取最外车道的平衡速度为设计车速。

从上式中可知，提高圆曲线半径 R 和倾斜角 θ 都可以提高设计车速，但是半径 R 受场地条件限制，倾斜角也不能过大。过大的 θ 角不仅会使施工困难，而且由于离心力引起的汽车附加载荷增加了汽车的负荷和悬架的变形，在持续高速行驶中增加了爆胎的危险，驾驶员也因承受过大的垂直加速度而容易紧张和疲劳。

圆曲线横断面的设计，希望从内侧到外侧平衡速度从低到高是连续变化的，因此，倾斜角 θ 应该从内侧到外侧逐渐增大。最大 θ 角的设定主要取决于施工的难度，同时考虑不使汽车附加载荷过大，一般认为，附加载荷不超过 30% 是合适的。为满足上述要求，横断面一般采用指数方程，即

$$y = x^n \quad (13-3)$$

式中，y——圆曲线超高；

x——横断面的水平投影。

指数 n 的选择，对圆曲线段的车道宽度、平衡车速从低到高的变化速率以及土方工程量都有直接影响。

（3）过渡曲线段

过渡曲线段是高速环道在直线段与圆曲线段之间的过渡段。汽车从直线段经缓和曲线段到圆曲线段，有上下、绕垂直轴横摆和绕纵轴旋转等运动，为了使汽车平顺地过渡，恰当地选择过渡曲线的形状和长度是十分重要的。现有的高速环形跑道过渡曲线段的曲线形状有两种：欧拉螺旋曲线和麦克康奈尔曲线。

二、高速直线跑道

高速直线跑道（如图 13-5 所示）主要用于汽车的动力性能、经济性能和制动性能等各种基本性能试验。高速直线跑道一般长 2 500~4 000 m、宽 8~18 m，纵向坡度接近于 0°，车速可达 200 km/h。跑道两端有回转弯道。为了保证汽车在高速行驶时的安全性，要求回

转弯道的过渡区段有足够的长度,特别是汽车的制动器突然失效时,可使汽车的行驶速度逐渐降低至一定数值。

图 13-5　高速直线跑道

三、可靠性和耐久性试验路

可靠性强化试验道路主要用来进行车辆可靠性和耐久性行驶试验,目的是在很短的行驶里程内暴露车辆结构的可靠性和强度方面的薄弱环节。

1. 比利时路(石块路)

比利时路是汽车行业一致认同的汽车可靠性行驶试验路,长从几百米到几千米,宽 3.5 ~ 4.0 m,几乎每个试车场都有,因为这种路最早取自比利时某些失修的石块路,所以又称比利时路。襄樊试车场石块路环路长 2 667 m,包括两条直线段和 S 形弯道,花岗岩石块基本尺寸为(长×宽×高)225 mm × 125 mm × 170 mm,路面参数等效采用了英国 MIRA 石块路数据,标准差 15 ~ 28 mm,是考核汽车轮胎、悬架系统、车身、车架以及结构部件的强度、振动和可靠性的比较理想的试验道路。图 13-6(a)所示为不规则比利时路,图 13-6(b)所示为规则比利时路。

(a)　　　　　　　　　　　　　　(b)

图 13-6　比利时路(石块路)
(a) 不规则比利时路;(b) 规则比利时路

2. 大卵石路

大卵石路是将直径 310~180 mm 的大鹅卵石稀疏地、不规则地埋入水泥混凝土路槽中，如图 13-7 所示。大卵石高出地表部分的高度为 40~120 mm，铺砌成几百米长的大卵石路。汽车在大卵石路上行驶时，除了引起垂直跳动外，不规则分布的卵石还会对车轮、转向系和悬架系统造成较大的纵向和横向冲击。大卵石路是大中型载货汽车、自卸车等可靠性试验路之一。

图 13-7　大卵石路

四、扭曲路

如图 13-8 所示，扭曲试验路是用来考核汽车车身与车架的抗扭曲性能，以及对差速器、万向节及悬架进行试验，同时还可以用来进行汽车承载系统快速的抗扭曲可靠性试验。

图 13-8　扭曲路

扭曲路一般由左右两排互相交错分布的凸块组成，凸块形状以梯形最简单，也有正弦波形或环锥形，作用都是一致的。汽车在这种试验道路上行驶时，其承载系统发生扭曲，前后轴交叉地倾斜，使汽车产生强烈的扭曲，以检验车辆的车架、车身结构强度和各系统的连接强度、干涉等。凸块高度一般为 80~200 mm，分别修筑成甲、乙、丙等扭曲路。如海南试车场，规定大中型载货汽车要通过 200 mm 的甲种扭曲路，微型车只需通过 80 mm 的丙种扭曲路。

五、搓板路

如图 13-9 所示，搓板路呈波浪式高低不平形状，采用水泥混凝土修筑，每个凸起近似于正弦曲线形状，左右凸起相互对应或相互交错地排列。搓板路一般长 600~800 m，波距为 500~900 mm，波峰高约 25 mm。汽车以较高车速在搓板路上行驶时，簧下质量呈高频振动，簧上质量较平稳。为了造成左右车轮的相位差，搓板路通常将左右两侧的搓板错位布置或斜置某一角度。搓板路用于汽车的振动特性、平顺性、舒适性和可靠性试验。

图 13-9 搓板路

六、操纵性、稳定性试验道路

1. 转向试验圆场

转向试验圆场是汽车操纵性、稳定性试验的常用设施，如图 13-10 所示。圆形广场的直径一般为 100 m，内倾坡度或外倾坡度小于 0.5%，路面平坦均匀，而且能长期保持比较稳定的附着系数，可供汽车转向或绕"8"字形行驶试验，主要用作测量和评价汽车的转向特性。有的圆形广场还设有淋水或溢水设施，用来测试汽车在湿滑路面上的回转特性。为研究汽车高速行驶状态下的操纵性和稳定性，美国通用汽车公司 Milford 试车场建有周长 500 m 的近似方形的广场，两端设有加速用的半环形跑道。

图 13-10 转向试验圆场

2. 多附着系数制动试验路

多附着系数制动试验路亦称易滑路，如图 13-11 所示，中间是加宽的试验段，长 200 m 以上，两端设有加速跑道。试验段由几种不同附着系数的路面对接或并接成组合路面，以检验汽车从高 μ（附着系数）路到低 μ 路或左右两侧车轮各在高 μ 路和低 μ 路面上制动的稳定性，这是研究汽车防抱死装置（ABS）不可缺少的试验道路。

图 13-11　多附着系数制动试验路

各种附着系数的路面用不同的耐磨材料铺砌，两侧装有淋水量可调的喷头，可以形成湿滑路面，最低时可达到 $\mu=0.15\sim0.3$，相当于冰雪路面的效果。英国 MIRA 试车场用玄武岩瓦铺砌的低 μ 路是比较有代表性的易滑路，路面上有 100 mm × 100 mm 的含水槽，起到及时恢复制动时被汽车前轮破坏的水膜的作用。

3. 横向风路段

横向风路段用来试验横向阵风对汽车操作性和稳定性的影响，即考查高速行驶的汽车在突遇横向阵风时，其运动特性是如何变化的。横向风路段一般是试验场内某直线跑道中的一段，在该路段的一侧相隔几十米安装横向送风装置，以模拟汽车在行驶时所遇到的横向阵风。

七、标准坡道

标准坡道是常用坡道从 10% ~ 60% 并列布置或阴阳坡两面布置的数条坡道，坡长不小于 20 m。40% 以上的坡道要采取防滑措施，坡顶和坡底的广场能保证汽车方便地掉头。标准坡道用于汽车爬坡性能、停车制动器驻坡性能、坡道起步和离合器研究开发等试验。图 13-12 所示为坡度为 60% 的坡道。

图 13-12　标准坡道

八、通过性试验设施

通过性试验设施用来进行越野汽车的地形通过性与地面通过性试验。以定远汽车试验场为例，其地形通过性设施占地46亩[①]，整体呈不规则形状，分上下两部分。上部分修建的设施有40%的侧坡、弹坑、垂直台阶、水平壕沟、驼峰等，下部分修建的设施有路沟和凸岭等。地面通过性试验设施主要有翻耕地、沙地、稻田地、泥泞地、沼泽地。部分通过性试验设施如图13-13所示。

图13-13　通过性试验设施
(a) 涉水池；(b) 浅水池；(c) 水平壕沟；(d) 凸岭

九、噪声测试路

噪声试验路用来进行汽车的车内噪声试验和车外噪声试验，一般包括超静路段和噪声发生路段。超静路段也称无声路段，是由水泥或沥青铺设，其路面极为平坦。噪声发生路段由混凝土、石块或沥青与石块铺设，或者用龟甲状的石块排列而成，其路面呈有规律的凸凹不平状。

十、越野试验路

越野试验路是四轮驱动车辆和自卸车等商用车辆进行越野试验不可缺少的路面，如图13-14所示。越野道路条件比较苛刻，主要包括砂石路、碎石路、块石路、泥泞路、坑

---

① 亩为非法定计量单位，1亩 = 666.67平方米。

洼路等典型越野路面，以及连续弯道、急弯、起伏、陡坡、凸岭、侧坡等复杂地形。越野试验路主要用于考核越野汽车在无路地区的行驶和通过能力。

(a)

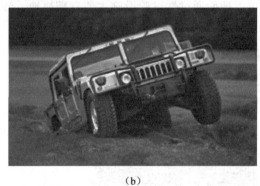
(b)

图 13-14　越野试验路
(a) 块石路；(b) 坑洼路

十一、山路

山路一般利用自然地形修筑，用于考核汽车发动机、传动系、转向系统、悬架系统和制动系统的使用性能。中国定远汽车试验场区山路由主线和两条支线组成，全长 6 825 m，宽 7 m，双向车道，全程混凝土铺装，路面平度为 ISO 标准 A 级。山路最大纵坡 20%，平均坡度 >8%，连续坡长 >800 m，最小转弯半径 30 m，设计车速：主线 >45 km/h，支线 >30 km/h。

十二、寒区试验路

寒区试验路一般建在高寒、降雪量较大的地区，为寒区使用的汽车提供试验条件。寒区试验路多由结冰、压实的雪地、深雪等组成的直线、转弯、上下坡、台阶、左右轮不同路面和山地等构成，用于各种基本的寒区性能试验、操纵稳定性、起停车控制、加速性及制动性能试验，如图 13-15 所示。

(a)

(b)

图 13-15　寒冷地区试验路
(a) 冰面试验路；(b) 雪地试验路

本章小结

1. 汽车试验场是重现汽车使用过程中遇到的各种道路条件和使用条件，进行汽车整车道路试验的场所。汽车试验场也是汽车开发，尤其是整车开发不可缺少的重要设施之一，在汽车开发过程中占有十分重要的地位。

2. 汽车试验场的主要试验设施是集中修筑的各种各样的试验道路，包括汽车能持续高速行驶的高速环形跑道、高速直线跑道、可靠性强化试验路段、耐久性试验跑道、爬坡试验路以及特殊试验路段，如噪声试验路段、比利时路、搓板路、波形路、扭曲路、越野路、涉水路等。

3. 汽车试验场的试验道路是实际存在的各种各样的道路经过集中、浓缩、不失真的强化并典型化的道路。汽车试验场的道路试验设施集中、仿真程度高、可比性好、路面功率相对不变，使得试验条件真实化、典型化、测试手段标准化、专业化。

4. 随着汽车工业的快速发展，为了重现汽车使用中遇到的各种道路条件、使用条件和气候环境条件，汽车试验场正朝着科学化、综合化、虚拟化、数字化等方向发展。新型汽车试验场的试验设施和种类相对比较齐全、综合性强，试验条件更加接近实际。

复习思考题

1. 汽车试验场的功能与作用是什么？
2. 汽车试验场按其功能可以分为哪几大类？
3. 简述国内外汽车试验场的发展趋势。
4. 高速环形跑道在汽车试验中发挥的作用是什么？
5. 可靠性和耐久性试验路段主要有哪些？各自的功能是什么？

附 录

汽车试验常用标准目录

标准编号	标准名称
汽车整车标准	
GB 1495—2002	汽车加速行驶车外噪声限值及测量方法
GB 11551—2014	乘用车汽车正面碰撞的乘员保护
GB 11557—2011	防止汽车转向机构对驾驶员伤害的规定
GB 19578—2014	乘用车燃料消耗量限值
GB 20071—2006	汽车侧面碰撞的乘员保护
GB 20072—2006	乘用车后碰撞燃油系统安全要求
GB 26511—2011	商用车前下部防护要求
GB 26512—2011	商用车驾驶室乘员保护
GB 27887—2011	机动车儿童乘员用约束系统
GB/T 1332—1991	载货汽车定型试验规程
GB/T 12534—1990	汽车道路试验方法通则
GB/T 12535—2007	汽车起动性能试验方法
GB/T 12536—2017	汽车滑行试验方法
GB/T 12537—1990	汽车牵引性能试验方法
GB/T 12538—2003	两轴道路车辆重心位置的测定
GB/T 12539—2018	汽车爬陡坡试验方法
GB/T 12540—2009	汽车最小转弯直径、最小转弯通道圆直径和外摆值测量方法
GB/T 12541—1990	汽车地形通过性试验方法
GB/T 12542—2009	汽车热平衡能力道路试验方法
GB/T 12543—2009	汽车加速性能试验方法
GB/T 12544—2012	汽车最高车速试验方法
GB/T 12545.1—2008	汽车燃料消耗量试验方法 第1部分：乘用车燃料消耗量试验方法
GB/T 12545.2—2001	商用车辆燃料消耗量试验方法
GB/T 12546—2007	汽车隔热通风试验方法
GB/T 12547—2009	汽车最低稳定车速试验方法
GB/T 12548—2016	汽车速度表、里程表检验校正方法
GB/T 12673—2019	汽车主要尺寸测量方法
GB/T 12674—1990	汽车质量（重量）参数测定方法
GB/T 12677—1990	汽车技术状况行驶检查方法
GB/T 12678—1990	汽车可靠性行驶试验方法

续表

标准编号	标准名称
GB/T 12679—1990	汽车耐久性行驶试验方法
GB/T 12782—2007	汽车采暖性能要求和试验方法
GB/T 14172—2009	汽车静侧翻稳定性台架试验方法
GB/T 15089—2016	机动车辆及挂车分类
GB/T 19233—2008	轻型汽车燃料消耗量试验方法
GB/T 19514—2004	乘用车 行李舱 标准容积的测量方法
GB/T 20913—2007	乘用车正面偏置碰撞的乘员保护
GB/T 24550—2009	汽车对行人的碰撞保护
GB/T 27840—2011	重型商用车辆燃料消耗量测量方法
QC/T 252—1998	专用汽车定型试验规程
GB/T 19750—2005	混合动力电动汽车定型试验规程
GB/T 23335—2009	天然气汽车定型试验规程
GB/T 18388—2005	电动汽车定型试验规程
GB/T 13043—2006	客车定型试验规程
QC/T 658—2009	汽车空调制冷系统性能道路试验方法
QC/T 271—1999	微型货车防雨密封性试验方法
QC/T 577—1999	轿车客厢内部尺寸测量方法
QC/T 646.1—2000	汽车粉尘密封性试验 粉尘洞法
QC/T 728—2005	汽车整车大气暴露试验方法
QC/T 732—2005	乘用车强化腐蚀试验方法
QC/T 759—2006	汽车试验用城市运转循环
GB 7258—2017	机动车运行安全技术条件
GB 18565—2016	道路运输车辆综合性能要求和检验方法
GB 21861—2014	机动车安全技术检验项目和方法
GB/T 14365—2017	声学 机动车辆定置噪声测量方法
GB/T 17250—1998	声学 市区行驶条件下轿车噪声的测量
GB/T 18697—2002	声学 汽车车内噪声测量方法
车辆动力学标准	
GB/T 4970—2009	汽车平顺性试验方法
GB/T 6323—2014	汽车操纵稳定性试验方法
QC/T 480—1999	汽车操纵稳定性指标限值与评价方法
客车标准	
GB/T 13043—2006	客车定型试验规程
QC/T 476—2007	客车防雨密封性限值及试验方法
QC/T 677—2001	卧铺客车平顺性随机输入行驶试验方法

续表

标准编号	标准名称
汽车发动机标准	
GB 3847—2018	柴油车污染物排放限值及测量方法（自由加速法及加载减速法）
GB 11340—2005	装用点燃式发动机重型汽车曲轴箱污染物排放限值及测量方法
GB 14762—2008	重型车用汽油发动机与汽车排气污染物排放限值及测量方法（中国Ⅲ、Ⅳ阶段）
GB 14763—2005	装用点燃式发动机重型汽车燃油蒸发污染物排放限值及测量方法（收集法）
GB 17691—2018	重型柴油车污染物排放限值及测量方法（中国第六阶段）
GB 18285—2018	汽油车污染物排放限值及测量方法（双怠速法及简易工况法）
GB 18296—2019	汽车燃油箱及其安装的安全性能要求和试验方法
GB 18352.6—2016	轻型汽车污染物排放限值及测量方法（中国第六阶段）
GB 20890—2007	重型汽车排气污染物排放控制系统耐久性要求及试验方法
GB/T 17692—1999	汽车用发动机净功率测试方法
GB/T 18297—2001	汽车发动机性能试验方法
GB/T 19055—2003	汽车发动机可靠性试验方法
QC/T 526—2013	汽车发动机定型 试验规程
QC/T 591—1999	汽车柴油机涡轮增压器试验方法
QC/T 631—2009	汽车排气消声器总成技术条件和试验方法
QC/T 637—2000	汽车发动机曲轴弯曲疲劳强度试验方法
QC/T 748—2006	汽车发动机气门—气门座强化磨损台架试验方法
QC/T 812—2009	柴油机曲轴箱油气分离器技术条件和试验方法
QC/T 901—1998	汽车发动机产品质量检验评定方法
转向系统标准	
QC/T 302—1999（2009）	汽车动力转向动力缸台架试验方法
QC/T 303—2014	汽车转向油罐技术要求和试验方法
QC/T 304—1999（2009）	汽车转向拉杆接头总成台架试验方法
QC/T 306—1999（2009）	汽车动力转向控制阀总成台架试验方法
QC/T 529—2013	汽车动力转向器总成台架试验方法
QC/T 563—2014	汽车转向盘 试验方法
QC/T 647—2013	汽车转向万向节总成性能要求及试验方法
QC/T 648—2015	汽车转向拉杆总成性能要求及试验方法
QC/T 649—2013	汽车转向传动轴总成性能要求及试验方法
QC/T 650—2000	汽车转向拉杆球头销性能要求及试验方法
QC/T 29096—2014	汽车转向器总成台架试验方法

参 考 文 献

[1] 安相璧. 汽车试验工程 [M]. 北京：国防工业出版社，2006.
[2] 周宏. 汽车试验技术 [M]. 上海：同济大学出版社，2015.
[3] 张钰成. 汽车工程试验技术 [M]. 北京：清华大学出版社，2017.
[4] 杨志华. 汽车试验学 [M]. 北京：机械工业出版社，2018.
[5] 胡湘洪. 可靠性试验 [M]. 北京：电子工业出版社，2015.
[6] [美] 凯拉什·卡布尔迈克尔·佩希特. 可靠性工程 [M]. 北京：国防工业出版社，2018.
[7] 恩云飞. 电子元器件失效分析技术 [M]. 北京：电子工业出版社，2015.
[8] 林连雷. 面向虚拟试验的虚拟环境构建技术 [M]. 北京：科学出版社，2018.
[9] 何耀华. 汽车试验技术（第2版）[M]. 北京：机械工业出版社，2019.
[10] 余志生. 汽车理论（第6版）[M]. 北京：机械工业出版社，2018.
[11] 王望予. 汽车设计（第4版）[M]. 北京：机械工业出版社，2017.
[12] 杨志华. 汽车试验学 [M]. 北京：机械工业出版社，2016.
[13] 邓宝清，等. 汽车试验学 [M]. 长沙：中南大学出版社有限责任公司，2016.
[14] 杜丹丰. 汽车试验学（第2版）[M]. 北京：人民交通出版社，2017.
[15] [美] 雅各布·弗雷登（Jacob Fraden）. 现代传感器手册：原理、设计及应用（原书第5版）[M]. 宋萍，等，译. 北京：机械工业出版社，2019.
[16] 徐宏伟. 常用传感器技术及应用 [M]. 北京：电子工业出版社，2017.
[17] 胡向东. 传感器与检测技术 [M]. 北京：机械工业出版社，2018.
[18] 郑艳玲，张登攀. 工程测试技术 [M]. 北京：电子工业出版社，2011.
[19] 熊诗波，黄长艺. 机械工程测试技术基础（第3版）[M]. 北京：机械工业出版社，2011.
[20] 秦树人. 机械工程测试原理与技术（第2版）[M]. 重庆：重庆大学出版社，2011.
[21] 张学利，刘富佳. 汽车燃油经济性检测 [M]. 北京：人民交通出版社，2010.
[22] 毛彩云，王海林. 汽车检测与诊断实验教程 [M]. 北京：机械工业出版社，2010.
[23] 韩应键，戴映云，陈南峰. 机动车排气污染物检测培训教程 [M]. 北京：中国质检出版社，中国标准出版社，2011.
[24] 张军，王志洪. 底盘及整车实验教程 [M]. 成都：西南交通大学出版社，2011.
[25] 张雪莉. 机动车排气污染物检测技术 [M]. 北京：清华大学出版社，2010.

[26] 郭孔辉. 汽车操纵动力学原理 [M]. 南京：江苏科学技术出版社, 2011.
[27] 张金换, 杜汇良, 马春生, 等. 汽车碰撞安全性设计 [M]. 北京：清华大学出版社, 2010.
[28] 夏均忠. 汽车检测技术与设备 [M]. 北京：机械工业出版社, 2009.
[29] BOSCH 有限公司. BOSCH 汽车工程手册（中文第 3 版）[M]. 魏春源, 译. 北京：北京理工大学出版社, 2009.
[30] 中国汽车技术研究中心标准化所, 中国质检出版社第三编辑室. 汽车标准汇编 2010 [M]. 北京：中国标准出版社, 2011.
[31] 汽车标准目录 2011 [M]. 中国汽车技术研究中心标准化所, 2011.
[32] 日本自动车技术会. 汽车工程手册（整车试验评价篇）[M]. 北京：北京理工大学出版社, 2010.
[33] 尹安东. 汽车试验学 [M]. 合肥：合肥工业大学出版社, 2011.
[34] 宣兆龙. 装备环境工程 [M]. 北京：国防工业出版社, 2011.
[35] 陆启凯. 汽车气候老化试验技术 [M]. 广州：华南理工大学出版社, 2010.
[36] 周金宝. 军用车辆装备试验工程概论 [M]. 北京：中国科学技术出版社, 2011.